Alfonso Gálvez

Esperando a Don Quijote

New Jersey
U.S.A. - 2023

Esperando a Don Quijote by Alfonso Gálvez. Copyright © 2023 by Shoreless Lake Press. American edition published with permission. All rights reserved. No part of this book may be reproduced, stored in retrieval system, or transmitted, in any form or by any means, electronic, mechanical, photocopying, recording or otherwise, without written permission of the Society of Jesus Christ the Priest, P.O. Box 157, Stewartsville, New Jersey 08886.

CATALOGING DATA

Author: Gálvez, Alfonso, 1932–2022
Title: Esperando a Don Quijote

        First Printing   New Jersey, 2007
     Second Printing   New Jersey, 2023

Library of Congress Control Number: 2023909386

ISBN: 978-1-953170-31-6 (hardcover)
      978-1-953170-32-3 (e-book)

Published by
Shoreless Lake Press
P.O. Box 157
Stewartsville, New Jersey 08886

Muchos de sus discípulos, oyéndole, dijeron: "Dura es esta enseñanza, ¿quién puede escucharla?" Conociendo Jesús en su interior que murmuraban de esto sus discípulos, les dijo: "¿Esto os escandaliza? ¿Y si vierais subir al Hijo del hombre a donde estaba antes? El Espíritu es el que da la vida, la carne de nada aprovecha; las palabras que os he dicho son espíritu y vida. Sin embargo, entre vosotros hay algunos que no creen." En efecto, Jesús sabía desde el principio quiénes eran los que no creían y quién le iba a entregar. Y decía: "Por eso os he dicho que ninguno puede venir a mí si no le es concedido por el Padre." Desde entonces muchos de sus discípulos se echaron atrás y no andaban ya con él. Por esto preguntó Jesús a los doce: "¿También vosotros os queréis marchar?" Simón Pedro le respondió: "Señor, ¿a quién iremos? Tú tienes palabras de vida eterna, y nosotros hemos creído y sabemos que Tú eres el Santo de Dios." Jesús les respondió: "¿No os elegí yo a los doce? Sin embargo, uno de vosotros es un diablo." Hablaba de Judas, hijo de Simón Iscariote, pues era éste, uno de los doce, el que le iba a entregar.

(Jn 6: 60–71)

PRÓLOGO

Desde el primer momento en que fueron pronunciadas, las palabras del Señor sonaron como algo maravilloso y extraño a la vez. Demasiado maravillosas para unos y demasiado extrañas para otros. Pero, en general, resultaron para todos bastante incomprensibles. Desde entonces han pasado veinte siglos, y ahora el mensaje del Maestro aparece cada vez más como una cosa extraña, incluso para aquéllos que a sí mismos se consideran cristianos: justamente como si fuera una doctrina de locos y para locos. Y la verdad es que, si el problema se mira con ojos puramente humanos, la repulsa del Evangelio por parte del mundo casi parece lógica. Algo así como lo que sucede con los alimentos refinados, que no son precisamente lo más adecuado para paladares groseros; tanto más cuanto que, por lo que a esto se refiere, el mundo se encuentra cada vez más lejos de ser un buen *gourmet*. La sabiduría de la cruz, que ya en los primeros tiempos del cristianismo causaba escándalo, nunca había sonado a locura tanto como ahora.

El Evangelio es la doctrina del Amor verdadero, o del Amor perfecto, incomprensiblemente ofrecido al hombre. Y, aunque es verdad que el hombre ha sido creado a imagen y semejanza de Dios (que es Amor, según 1 Jn 4:8), y que, por lo tanto, ha sido hecho por el Amor y para el amor, sin embargo, después de la caída, la creatura humana ha quedado bastante disminuida para comprender en profundidad muchos conceptos; y entre ellos el del Amor. Incluso éste menos aún que ningún otro; siendo como es el Amor lo más grande que existe en el Cielo y en la Tierra y aquello que todo lo llena. Como dijo Dante en su inmortal poema de *La Divina Comedia*:

El amor, que al sol mueve y las estrellas.

Desde que la inteligencia y el corazón humanos quedaron empequeñecidos por culpa del pecado, la posibilidad de ambos de abrirse al Amor perfecto se enfrenta con graves riesgos y no pequeños inconvenientes. No tuvo que esperar mucho tiempo el Señor para comprobar que sus palabras eran rechazadas: *Desde entonces muchos de sus discípulos se echaron atrás y no andaban ya con Él.*[1] La verdad es que la apertura y correspondencia en donación al Amor perfecto, a través de la fe, son un verdadero don del cielo que jamás puede fundamentarse en la llamada sabiduría humana: *Para que vuestra fe se funde, no en la sabiduría de los hombres, sino en el poder de Dios.*[2]

Es evidente que el Evangelio es cosa de locos. Aunque hay que tener en cuenta, por extraño que parezca, que el concepto de locura es de los más oscuros y controvertidos que existen. A primera vista parece que todo el mundo está de acuerdo con respecto a su significado, de manera que no sería entonces sino el uso incorrecto de la razón, o lo que podría llamarse también *lo irracional*. Pero no hace

---

[1] Jn 6:66.
[2] 1 Cor 2:5.

falta examinar a fondo este concepto para darse cuenta enseguida que se trata de una descripción bastante simplista. Hace ya bastante tiempo que se considera como algo normal la desconfianza en la razón; y hasta se ve como anormal y disparatado la pretensión de que la razón pueda llegar a alcanzar alguna verdad objetiva. Y por más que se diga lo contrario, es lo cierto que en el mundo moderno es frecuente considerar racional solamente lo irracional. Hasta el punto de que va resultando cada vez más difícil que la gente se ponga de acuerdo acerca de lo que es razonable y de lo que no lo es. Porque mientras que para algunos el mundo actual se ha vuelto loco, otros en cambio consideran locos a los que dicen tal cosa. Además es indudable que, con respecto a la sabiduría y a la locura, coexisten un concepto humano y otro divino que, no solamente son distintos, sino incluso contrarios y opuestos: *Pues la sabiduría de este mundo es necedad ante Dios, según lo que está escrito: "Él atrapa a los sabios en su propia astucia". Y también: "El Señor conoce lo vanos que son los pensamientos de los sabios".*[3] Y en otro lugar se dice, por si quedaba alguna duda: *Pues la predicación de la cruz es una necedad para los que se pierden; mas para los que se salvan (para nosotros) es poder de Dios. Pues está escrito: "Destruiré la sabiduría de los sabios y rechazaré la prudencia de los inteligentes". ¿Dónde está el sabio? ¿Dónde el escriba? ¿Dónde el escrutador de este mundo? ¿No convirtió Dios en locura la sabiduría de este mundo?*[4] Indudablemente la Biblia no anda con rodeos. No solamente piensa que la sabiduría humana (lo que la racionalidad humana consideraría opuesto a la locura) es distinta y diferente de la divina (que es para ella la verdadera sabiduría), sino que, además, no duda en calificarla con la máxima dureza: *Esa sabiduría no desciende de lo alto, sino*

---

[3] 1 Cor 3: 19–20.
[4] 1 Cor 1: 18–20.

que es terrena, animal y diabólica.[5] De manera que, aun en el supuesto de que los hombres se pusieran de acuerdo con respecto a los conceptos de lo que es razonable y de lo que es locura (lo cual está muy lejos de darse), todavía habría que comparar los dos conceptos con aquellos que Dios tiene acerca de esas cosas. En la seguridad de que la respuesta se hallaría precisamente en la contradicción, puesto que lo que es la sabiduría para el hombre es necedad para Dios, y viceversa.

Aunque, de todos modos, la contradicción tiene su razón de ser. Porque no cabe duda de que, aunque el mundo no se ponga de acuerdo acerca de lo que es razonable y de lo que no lo es, la verdad es que el mundo tiene su propia sabiduría, aceptada por todos aunque sea en la pura práctica. Una sabiduría que es totalmente contraria al Evangelio, por supuesto: *La sabiduría de la carne es muerte, pero la del Espíritu es vida y paz. Porque la sabiduría de la carne es enemistad de cara a Dios.*[6] Existe, por lo tanto, un código de conducta que, si por una parte es sabiduría para Dios, por otra es para los hombres locura y necedad. Y dado que ese código es precisamente el Evangelio, puede afirmarse con absoluta seguridad que, al menos para el mundo, el Evangelio es cosa de locos. Y seguramente para Dios también, pues es bien posible que Él lo considere como una cariñosa y feliz locura, en efecto; pero una locura que es, por otra parte, el único camino cuerdo que el hombre puede seguir.

Ya hemos visto antes que los conceptos de lo razonable y de lo irrazonable dependen con frecuencia de que se adopte el punto de vista de Dios o el del hombre: lo que es inteligencia para uno es necedad para el otro. Y, de todos modos, como ya he dicho, los hombres, no solamente no se ponen de acuerdo acerca de lo que es

---

[5] San 3:15.
[6] Ro 8: 6–7.

Prólogo

razonable y de lo que no lo es, sino que sólo admiten como único punto de coincidencia la verdad inconcusa de que el Evangelio es una locura. Locura de atar, si queremos hablar claro. Sin embargo, para Dios las cosas son notorias: la pretendida sabiduría del mundo es necedad, mientras que el Evangelio es la única locura razonable. Lo que equivale a decir que lo único razonable para Dios es precisamente la actitud que nosotros calificamos como la de *estar locos*.

Probablemente es una banalidad calificar todo esto como un mero juego de palabras. El problema es demasiado grave como para despacharlo de ese modo. Todavía se está discutiendo acerca de si Don Quijote estaba realmente loco o si lo estaban más bien los que lo rodeaban. No está demasiado claro que Cervantes procediera del mejor modo al hacer morir a Don Quijote en su cama, rodeado de los suyos y con su sano juicio recobrado. Hasta hay quien se pregunta si tal *sano juicio* era realmente más razonable que su locura. De todos modos, ¿acaso no sentimos también nosotros como cierta nostalgia de algo indefinible cuando leemos que Cide Hamete Benengeli deja definitivamente su péñola para decirnos, en forma de final feliz, que Don Quijote ha muerto después de haber recobrado su razón, reintegrándonos de esa manera, como quien tal no dice, al mundo de los cuerdos? Probablemente todos hemos presentido de algún modo, a la vista de la pretendida cordura del mundo, que tal vez exista algún tipo de locura más razonable que lo que estamos viendo cada día. Una locura, además, que es más necesaria para el hombre que lo que el mundo está acostumbrado a considerar como inteligencia. Tal vez por eso casi nos parece lógica la osadía de Erasmo escribiendo el *Elogio de la Locura*. Y es que el hombre se había vuelto loco por causa del pecado, el cual tuvo su origen a su vez en el desamor. A partir de entonces solamente otra locura, aunque ahora de amor sobreabundante, podía devolver al hombre al camino de la cordura.

O dicho de otro modo: una locura de amor capaz de curar la suprema insensatez de la falta de amor: *Pues ya que el mundo, por su propia sabiduría, no conoció a Dios en su divina sabiduría, Dios quiso salvar a los creyentes por la locura de la predicación.*[7] Parece claro que es imposible resolver el problema de lo que es realmente razonable, y de lo que no lo es, sin tener en cuenta lo que Dios ha hecho por el hombre y lo que le ha enseñado.

---

[7] 1 Cor 1:21.

I

LA LÓGICA O LA GRAN DESCONOCIDA

Cualquiera con sentido común pensaría que no se puede ser buen pastoralista si nunca (o casi nunca) se ha practicado la cura de almas, incluyendo por supuesto la necesaria experiencia de haber ejercido el ministerio en alguna parroquia difícil (suponiendo que exista alguna fácil). Lo mismo que no puede ser buen carpintero el que no ha trabajado en la madera, ni buen electricista el que jamás ha tenido nada que ver en el campo de la electricidad. Pero las verdades de simple sentido común, a las que la gente llama de Perogrullo, apenas si tienen cabida en el mundo eclesiástico, en el que todo lo que sucede es diferente; algo así como si se tratara de una especie de *País de las Maravillas* en el que, como una nueva Alicia, alguien se encontrara viviendo repentinamente.

Allá por los años sesenta del pasado siglo tuve que asistir en Madrid, durante quince días, a un cursillo de preparación para los sacerdotes que habíamos sido destinados a ejercer el ministerio en América del Sur. Por más que muchas veces me lo pregunté a mí mismo (no hubiera podido acudir a nadie para resolver mis dudas sin suscitar el escándalo), jamás pude averiguar la rara especie de misterioso entrenamiento que podría necesitar un sacerdote español para ejercer el ministerio en Hispanoamérica.[1] El estudio y práctica de la entonces llamada *revisión de vida* —inefable hallazgo de los pastoralistas de aquellos años, considerado como lo más próximo a la definitiva piedra filosofal de la Evangelización— agotó casi todo el tiempo del cursillo. Después tuve ocasión de comprobar la utilidad que podían reportar tales nuevos métodos para mis indiecitos de los Andes. Aunque lo más admirable para mí, en aquellos momentos, era la extraordinaria seguridad[2] con la que se exponían y se aceptaban aquellas fórmulas socio–pastorales; o más bien casi mágicas, diría yo.

Aunque lo presentía vagamente, aún no era consciente de lo que estaba sucediendo. No hubiera sido posible otra cosa, dados mis pocos años, mi escasa formación, y la gran dificultad que supone calificar lo que ocurre en los momentos de grandes transiciones en la Historia. Pero estábamos asistiendo, sin saberlo, a un cambio de gran transcendencia: la Iglesia fundada por Jesucristo, animada por el Espíritu Santo, regida por la ley de la caridad, orientada por la Fe, guiada por el Magisterio, alimentada por los Sacramentos, caminando bajo la *bienaventurada Esperanza* (Tit 2:13), cobijada bajo el estandarte de la Cruz de su Señor y de la que se le había concedido participar (Ro 8:17; Ga 2:19), estaba siendo sustituida por la Iglesia

---

[1] El desarrollo del cursillo, más los años que transcurrieron después, me confirmaron en mi creencia de la poca utilidad de todo aquello.

[2] Era asombroso el efecto cuasi infalible que parecía haberle sido asignado a la nueva receta. Me aturdía el pensamiento de la asombrosa supervivencia de la Iglesia sin ella durante veinte siglos: otra prueba aún más palmaria de su divinidad.

La Lógica o la Gran Desconocida

sociológica, de la paz mundanal y del bienestar puramente humano. Había comenzado el camino que conduce del Paraíso Celeste al Paraíso Terrestre. La Iglesia de los Pastores de almas quedaba atrás para ir dando paso a la Iglesia de los Expertos y de la burocracia tecnificada. El Buen Pastor iba a ser sustituido por el Buen Administrador o por el Buen Político: *El primer "Ay" ha pasado; mira que vienen todavía otros dos "Ayes" después de éste.*[3]

Pero la breve historia de las cosas que sucedieron en aquel *Cursillo* no ha llegado aún a su punto culminante. Y me sigo refiriendo con ello, no se olvide, a la extraña ausencia de lógica que allí parecía ser lo normal.

Porque lo más extraordinario del caso fue que ninguno de los *profesores* encargados de mentalizarnos, con vistas a nuestro nuevo destino, había estado jamás en América: ni en la Septentrional ni en la Meridional. Y aún más todavía: tal cosa no parecía llamar la atención de nadie, ni suscitar la extrañeza de nadie.

La verdad es que los recuerdos que conservo de aquel cursillo, o lo que fuera aquello, son poco agradables. Para asistir a él tuve que abandonar en mi parroquia muchas actividades que a mí se me antojaban importantes, sin que las enseñanzas recibidas parecieran compensar el doloroso sacrificio de tiempo. Como yo era entonces demasiado joven, y seguramente bastante impaciente, me admiraba de la aparente tranquilidad de los otros sesenta sacerdotes que se encontraban allí. Se comportaban como si no tuvieran que hacer absolutamente otra cosa, y parecían convencidos de la enorme importancia y transcendencia de aquel cursillo. Mientras que yo no

---

[3] Ap 9:12. El fenómeno vino a coincidir, en pura lógica, con la llamada promoción de los seglares. En los Estados Unidos sobre todo ya se podía adivinar que se caminaba con rapidez hacia una Iglesia laica (manejada por un enjambre de burocracia laica y monjas expertas), situación agravada por la carencia de sacerdotes y la indiferencia en poner remedio al grave problema de las vocaciones.

podía liberarme de la angustiosa sospecha de que estábamos perdiendo el tiempo. Ahora que han pasado muchos años, y con más conocimiento de las cosas por mi parte, he de confesar que la sospecha de entonces se ha convertido en certeza de ahora.

Como mi capacidad de admiración aún no se había saturado por aquella época, fueron muchas las cosas que en aquellos momentos suscitaron poderosamente mi atención. Una de ellas, por ejemplo, fue el increíble y cómico asunto de los *apuntes*. Todo el mundo los tomaba incansablemente, con celo digno de encomio y como si palabra venida de lo Alto se tratara. Curiosamente incluso los profesores anotaban cualquier cosa que dijéramos los alumnos, por peregrina que fuera; apenas había comenzado a hablar alguien, cuando ya estaba el profesor de turno tomando notas de la cuestión con un entusiasmo que a mí me dejaba perplejo. No es necesario añadir que la mayoría de las observaciones que hacíamos los alumnos no destacaban por su brillantez; lo que no era obstáculo para que el profesor las anotara con extraordinario interés, dándonos a todos la impresión de que estaba en juego algo así como la salvación del mundo. A menudo me he preguntado cuál pudo ser el destino de tales y tantas anotaciones; y aunque nunca he llegado a averiguarlo —¿El Archivo Histórico de Simancas? ¿La Biblioteca Nacional...?— siempre he sospechado que no fue otro que la papelera. Una conclusión a la que seguramente he llegado por culpa de mi malicioso carácter. El transcurso del tiempo me hizo comprobar que la práctica de este sistema estaba bastante extendida en los ambientes eclesiásticos de entonces; por lo que he llegado a pensar que tal vez estaba fundamentada en complejas razones que yo, en mi simplismo, nunca he sido capaz de comprender. Hasta he llegado a pensar en la posibilidad de que los *expertos* no pretendieran con ella otra cosa que infundirnos confianza a los simples ciudadanos de a pie; y de ahí el intento de demostrarnos la importancia que le concedían a nuestras pobres ocurrencias y el gran respeto de que eran merecedoras por su parte, a pesar de todo. Sin embargo y pese a todo, como las tonterías son siempre tonterías y nunca he creído en la fecundidad de su contenido, sigo pensando en el cesto de los papeles como su meta final. Por lo cual soy un decidido partidario de la sencillez y de que las personas nos mostremos simplemente como somos, sin olvidar nunca por eso la práctica del mutuo respeto. Nunca he sido capaz de creer que insensateces como las que he oído con frecuencia en esas ocasiones puedan interesar a nadie. Por eso no me gusta que alguien demuestre demasiado empeño en *mostrarme* respeto, y me conformo simplemente con su actitud respetuosa. Pero es evidente que la naturalidad no es la virtud dominante en el mundillo eclesiástico; tal parece que, cuando se pierde altura en lo sobrenatural, hasta lo que es meramente natural se queda bajo mínimos.

Lo que más me asombró, sin embargo, de las cosas que sucedieron en nuestro famoso cursillo fue la prolija explicación de un nuevo, asombroso y revolucionario método de pastoral. Nos fue presentado bajo el nombre de *revisión de vida*; aunque he de decir, para ser exactos, que no fue el método propiamente lo que suscitó mi admiración. En realidad no pude comprender cómo aquel hallazgo podía considerarse revolucionario; además de que yo ya lo conocía desde mucho antes en su aplicación a la pastoral (incluidos los resultados). De todos modos le dedicamos la mayor parte del tiempo y de las clases. Y estoy seguro de que, al final de los quince días, todos los asistentes al curso habíamos llegado a la misma conclusión, por más que definitiva: Por fin disponíamos, entre las pruebas de la divinidad de la Iglesia, de una concluyente; que venía a consistir, en resumen, en el hecho increíble de que hubiera podido subsistir durante veinte siglos sin emplear el método de la *revisión de vida*. Los tratadistas de apologética podían respirar ya tranquilos. Pero, por si alguien aún lo desconoce, el método no consistía en otra cosa (lo que sigue no es una broma) que en una simple reflexión en la que se sustituía la vía deductiva por la inductiva: se elegía un simple hecho de la vida corriente y se iban induciendo sobre él los principios generales. Dada la finalidad del *cursillo*, ahora sí que podía asegurarse con toda verdad que nos hallábamos ante el auténtico *descubrimiento de América*, ya que no del Mediterráneo. Al fin el Nuevo Mundo, gracias al revolucionario método, iba a poder ser definitivamente evangelizado.

Por supuesto que habrá quien piense que estoy exagerando. Lo que es perfectamente comprensible, en cuanto que es lo mismo que yo pensaría si no lo hubiera vivido por mí mismo. Es uno de los peligros que ha de afrontar quien se atreva a dar cuenta de esta clase de hechos, ya que no hay más remedio que admitir que, resultan fabulísticos y difíciles de creer para las personas normales. Una vez más, como sucede tan a menudo, la realidad supera a la imaginación. Y de todos modos cualquiera acaba dándose cuenta de que lo que suele llamarse *normalidad* no es precisamente un estado muy normal entre la gente, sobre todo en algunos ambientes bien conocidos y característicos.

Por lo que a mí se refiere, confieso que me siento incapaz de comprender el hecho de la importancia otorgada a la utilización de unos simples métodos didácticos cuyo relativo valor, por otra parte, tampoco voy a negar. Quizá haya influido en semejantes sobreestimaciones el espejismo de lo novedoso, aunque pienso que existe todavía alguna razón más profunda y preocupante. Creo que se trata de una pérdida del sentido de lo sobrenatural —lo mismo podría decir que se trata de una crisis de fe— que ha conducido, a su vez, a una sobreestimación de los medios, de una parte; y a un error de valoración con respecto a su debida jerarquización, de otra. Como es lógico y como cualquiera puede suponer, yo no tenía nada contra la llamada *revisión de vida*, y mi malestar no provenía de otra cosa que de la resistencia a creer que aquello pudiera ser la panacea universal de todos los males.[4]

Aunque la mayor gravedad del problema no está para mí en la estimación hipertrofiada que suele hacerse de los medios, puesto que los fracasos subsiguientes se encargan siempre de poner las cosas en su sitio. Creo que lo peor consiste en el error de estimación que conduce al olvido, o por lo menos a la marginación, de los medios sobrenaturales que no pueden faltar nunca en cualquier tipo de pastoral. Si se practica con sinceridad y generosidad la vida de oración y sacrificio (por ejemplo), se puede añadir luego enhorabuena toda la *revisión de vida* que se quiera; que tampoco vendrá mal. Aunque si acaso no se le añade es muy posible que al final resulte lo mismo.[5] La pastoral ha de hacerse a través de unos valores constantes e inalterables cuyo auténtico contenido es sobre todo sobrenatural. Sobre la base de esos valores pueden utilizarse todos los métodos que se consideren oportunos —con tal que no se olvide nunca su condición

---

[4] A lo largo de los años, he tenido ocasión de comprobar a menudo, y con no poca curiosidad, la extraña tendencia de bastantes clérigos a otorgar un carácter *mágico* —también podríamos decir *infalible*— a procedimientos pastorales puramente naturales.

[5] Aunque esto último suscite el escándalo de los *expertos* pastoralistas y sociólogos, me mantengo en lo dicho. Por otra parte ya me imagino que alguien va a objetar que la vida sobrenatural se sobreentiende siempre, y que nadie trata de marginarla al utilizar estos métodos. Lo cual seguramente es verdad. Y es exactamente lo que se puede decir —y no voy yo a juzgar de las intenciones—, *pero no lo que de hecho se hace*; como puedo yo mismo atestiguar según lo que he visto en cuarenta años de vida pastoral. De hecho la realidad demuestra que se abusa de estos métodos, mientras que son ignorados en cambio los de carácter sobrenatural. Y la gente (incluido el clero) acaba creyendo solamente en aquello que es lo único que oye.

Por lo demás, ¿quién se acuerda hoy en día de la *revisión de vida*?

de métodos—, en la seguridad de que se conseguirán buenos resultados. Sin embargo, cuando se olvida o se margina lo sobrenatural, no puede esperarse otra cosa que el fracaso; con las decepciones y desalientos consiguientes que nunca se sabe a dónde pueden conducir. La teología avanzada, que durante mucho tiempo estuvo criticando una supuesta *cosificación* de los sacramentos, ha venido a caer a su vez en el fenómeno de los *cosismos*, mucho más grave que el denunciado por ella: ayer fue la revisión de vida, mientras que hoy se trata del compromiso con los marginados, del pacifismo, del consumismo, o del machismo, por ejemplo.[6] Estoy dispuesto a creer que la existencia cristiana es compatible con la puesta en práctica de múltiples y frecuentes revisiones de vida —cuantas más, mejor—, y con llevar a cabo lo que hoy se entiende por compromiso con los marginados. Pero me parece peligroso llegar a pensar que *todo está en alguna de esas cosas*. Si esa actitud supone además el olvido de otros elementos de la vida cristiana no menos necesarios, el peligro puede hacerse grave. El Evangelio es demasiado rico y polifacético como para pretender encerrarlo en un solo frasco. En principio se puede echar mano de todo para que los hombres lo conozcan: de todo lo humano y de todas las cosas que Dios ha creado;[7] pero no debe permitirse que alguien intente agotarlo en la estrechez de ciertas concepciones idealísticas que, por ser puramente humanas, siempre son parciales y fragmentarias.

---

[6] Este último caso es uno de los rasgos más curiosos que he tenido ocasión de observar en las preocupaciones de la Iglesia norteamericana de hoy; aquejada, por otra parte, de tantos graves y verdaderos problemas que sin embargo no parecen inquietar a nadie. Después, con el transcurso de los años, han ido surgiendo otros aún más graves. Quizá por no haber atendido, desde el principio, a los verdaderamente importantes.

[7] Tertuliano se sentía orgulloso de pregonar la paridad de lo cristiano con lo humano.

II

LOS SEGLARES AL PODER

Uno de los fenómenos más interesantes de los que tuvieron lugar en los años que siguieron al Concilio, con consecuencias para la Iglesia sólo de Dios conocidas, fue el terremoto que se produjo con la llamada *promoción de los seglares*. Transcurridos los primeros instantes de la conmoción, todo el mundo estaba convencido de que, habiendo padecido hasta ahora los seglares la más completa de las pretericiones y la más injusta de las discriminaciones, había sonado por fin la hora de ponerlos en su lugar.

Un sacerdote amigo me contó en cierta ocasión algo que había oído referir a su vez a un eclesiástico de prestigio. El hecho dejaba bien clara la importancia que la Iglesia concede actualmente a los seglares —según afirmaba el tal eclesiástico— y se refería a que la guardia suiza del Vaticano saludaba ahora marcialmente a los obispos y a los seglares; pero no a los sacerdotes. Como es lógico, no creí en la veracidad de lo que me contaba mi amigo; pues si bien es cierto que no todos los locos están en el manicomio, es inverosímil que la guardia suiza haya llegado a tales extremos, por muy al día que se encuentre con respecto a los hallazgos de la nueva teología. Pero lo sorprendente de todo esto no es tanto la historia en sí —absolutamente imposible de admitir—, sino el hecho de que personas sensatas hayan podido creerla y contarla como cierta. Parece que el ilustre personaje, no solamente la tenía por verdadera, sino que incluso le concedía un valor de demostración incontrovertible (ya se sabe: *Roma locuta*, etc.). Expresé a mi amigo la fundada creencia de que, en el increíble supuesto de que tal disparate fuera cierto, lo único que quedaría demostrada sería la insensatez de la guardia suiza; o en todo caso la del monseñor de turno que hubiera ordenado el desaguisado.

La verdad es que nunca llegué a comprender bien el problema de la promoción de los seglares; seguramente porque tampoco fui capaz de entender jamás la necesidad de que los seglares fueran *promocionados*. Mi ingenuidad me llevó siempre a pensar que los laicos tenían en la Iglesia un puesto específico y fundamental, tan bien definido y especificado que no necesitaban en modo alguno ser promocionados *desde arriba*; y menos aún mediante el añadido de atributos y competencias clericales. Para los simples como yo resulta difícil de entender que los seglares tengan que convertirse en una especie de clérigos o sacristanes para ser más seglares. Confieso que, ya por aquella época, tal pretensión por parte de los expertos y teólogos de moda me sonaba a otra nueva forma de clericalismo. Ahora estoy convencido de algo más, cual es que las reivindicaciones en favor de los laicos han preocupado siempre a los clérigos más que a los seglares. Por aquellos años, al menos por lo que se refiere a España, la gente corriente vivía mejor o peor su cristianismo —desde luego con más fe que ahora—, sin cuidarse demasiado de las inquietudes teológicas de los expertos de vanguardia. Tengo para mí que el desasosiego no nació en los lugares donde transcurre la vida del cristiano de a pie, sino en los laboratorios de alquimia pastoral. Lo que demuestra, una vez más, la admirable capacidad de la naturaleza humana para manipular los problemas: o bien inventando algunos falsos o inexistentes, o bien dando de lado a los que son verdaderamente importantes. Las razones de todo esto quizá no sean fáciles de explicar, y desde luego no soy yo el indicado para hacerlo; pero es posible que tengan algo que ver con ese extraño *complejo de clericalismo* que parece ser mal endémico de tantos hombres de iglesia. El hecho innegable es que la *promoción* se hizo sobre todo a base de clericalizar a los seglares, lo cual puede ser un indicio a favor de lo que estoy diciendo.

Así es como tuvo lugar la copiosa lluvia de *ministerios* que cayó sobre los laicos y que perturbó para siempre la tranquilidad de su existencia cristiana.

Es indudable que el fenómeno apareció como un remedio al grave problema de la escasez de vocaciones sacerdotales, uno de los más graves que tiene planteados hoy la Iglesia. Sin embargo reconozco que, por mi parte, siempre abrigué graves dudas acerca de que fuera esa la buena solución al problema. Dejando aparte la cuestión de su utilidad allí donde *realmente sean necesarios* (ya que esa y no otra fue la intención con que fueron creados), es necesario admitir que se produjo al respecto —y se sigue produciendo— un abuso de tamaño y extensión inconmensurables.[1]

Entre otros efectos —quizá mucho más importantes— es indudable que los ministerios (o su sobreabundancia) pueden determinar que los fieles sientan difuminarse sus ideas acerca del sacerdote y

---

[1] Hoy en día no es raro encontrar en los Estados Unidos parroquias *con más de cien ministros de la Eucaristía*.

de su necesidad. Siempre he pensado que los grandes problemas no pueden resolverse con soluciones de momento. Mientras que sí que es necesaria, a mi modesto entender, una gran renovación de la vida cristiana; con el consiguiente fomento de la vida de oración y de la auténtica espiritualidad, junto con la promoción —en este caso verdaderamente necesaria— de la figura del sacerdote. Pues, aunque parezca increíble, cierta teología irresponsable llegó a creer prácticamente que la promoción de los seglares no podía hacerse sino sobre la base de disminuir la imagen del sacerdote. En los años que siguieron al Concilio Vaticano II ya hubo quienes dijeron que, si aquél había sido el Concilio de los Obispos y de los laicos, probablemente llegaría un día en que tendría que celebrarse otro para dignificar al sacerdote y ponerlo en el lugar que le corresponde dentro de la Iglesia. Un buen deseo del que hoy apenas si parece acordarse nadie. El hecho es que, ante la necesidad de elevar la condición de los seglares, parece que se ideó, como el mejor método para ello, el de hacerles participar, en todo lo posible, de la condición de clérigos. Claro que las cosas no fueron presentadas de esa manera: la *participación de los seglares en la liturgia* y su *presencia más activa en los sacramentos* y, en general, en la vida de la Iglesia, fueron frases muy gastadas por aquellos años. Pero *de hecho* fue así como se hicieron. Han pasado ya bastantes años desde que acabó el Concilio y no puede decirse que los resultados hayan sido alentadores.

    Fue una gran pérdida para la Iglesia la frustración de la gran intuición de Escrivá de Balaguer, el fundador del *Opus Dei*. Fue él quien pudo haber puesto los cimientos doctrinales de la auténtica consagración o santificación de los seglares. Su feliz idea fue fácilmente comprendida por la mente genial de Pío XII, quien se apresuró a alentarla y ponerla en marcha.[2] La cuestión era dema-

---

[2] De entonces datan la Constitución *Provida Mater Ecclesia*, del 2 de Febrero de 1947, y el Motu Proprio *Primo Feliciter*, del 12 de Marzo de 1948.

Los seglares al poder 25

siado importante, puesto que estaba en juego el nacimiento de una nueva forma de asociación para los seglares, capaz de encauzar de modo correcto sus legítimas aspiraciones de santificación y consagración. Y me refiero, claro está, a los Institutos Seculares. Para Escrivá de Balaguer había dos cosas suficientemente claras: que los seglares tenían que santificarse como seglares, sin dejar de serlo, y que los Institutos Seculares habían de ser justamente *seculares*, ni más ni menos. El fundador del *Opus Dei* supo ver claramente las consecuencias de la separación existente entre lo *secular* y lo *religioso*, marcando para ello unas distinciones netas que la doctrina tiene ya por definitivas: de una parte los seglares y los sacerdotes seculares —englobados unos y otros bajo el concepto de *secularidad*—, y de otra los religiosos. Escrivá de Balaguer elaboró un buen cuerpo de doctrina, acerca de la santificación y consagración de los seglares, en el que incluyó también la teología de los votos. El *Opus Dei* evolucionó en su estructura jurídica en años posteriores, y es ahora cuando parece negar que el propósito de los votos estuviera en la mente del fundador.[3] De todos modos, como no tengo intención de emprender discusión alguna a este respecto, me limitaré a decir que para mí es evidente que Escrivá de Balaguer quiso incorporar todos los elementos de la consagración de los religiosos a la vida secular; aunque de tal manera que los seglares —y también los sacerdotes seculares— *no perdieran ninguna de las peculiaridades que propor-*

---

[3]Sin embargo poseo pruebas concluyentes de que tenía tal propósito y de que efectivamente lo llevó a cabo. Lo que, por otra parte, dado el entorno histórico en el que se desarrollaron los hechos, era algo enteramente razonable y lógico. En mi opinión, era lo mejor que Escrivá pudo haber hecho en aquel contexto.

Los sucesos que tuvieron lugar en los años siguientes fueron la causa de que el fundador abandonara la forma jurídica de Institutos Seculares —en mi opinión, con toda razón—. Hoy en día el *Opus Dei* está configurado canónicamente como Prelatura Personal.

ciona su propio carisma. El propósito de Escrivá de Balaguer poseía el acierto indiscutible de subrayar que los seglares no perdieran nunca su carácter ni su condición de tales, tanto en el fondo como en la forma. Justo es reconocer que lo consiguió y que puso con ello las bases para avanzar definitivamente en la estructuración de lo que pudieron haber sido los Institutos Seculares.

Pero la teología posterior a Pío XII no supo, o no quiso, comprender el problema,[4] y los Institutos Seculares dejaron de ser *seculares* apenas nacidos. Desde entonces la promoción de los seglares en la Iglesia se ha hecho por la vía de su clericalización. Si a eso se añade las extrañas manipulaciones de que ha sido objeto esta doctrina, hay que reconocer que el efectivo compromiso de vida cristiana, por parte de los seglares, ha quedado reducido de hecho con frecuencia a un compromiso de carácter político, más o menos disimulado, con etiquetas religiosas. Precisamente cuando parecía que la Acción Católica había sido superada,[5] aparece el fenómeno de los seglares

---

[4] Quizá no fue un acierto feliz la decisión de Pío XII de poner a los recién nacidos Institutos Seculares bajo la dependencia de la Sagrada Congregación de Religiosos. El hecho es que los Institutos Seculares han continuado así hasta ahora, y las pocas esperanzas que algunos abrigaron de que el Concilio, o el nuevo Código, dispusieran las cosas de otra manera se vieron frustradas.

[5] La Acción Católica, o *la participación de los seglares en el apostolado jerárquico de la Iglesia*, vive su época de esplendor en los pontificados que van de Pío XI a Pío XII. Después desaparece prácticamente. En su última época, al menos en España, las diversas ramas especializadas en las que se fue fragmentando, sobre todo las de apostolado obrero, sufrieron la infiltración de elementos de ideología comunista que incluso llegaron a controlarlas por completo. Ese fue el final de la J.O.C. y de la H.O.A.C., por ejemplo, y hasta el mismo sindicato comunista español *Comisiones Obreras* nació en ese ambiente. La bienintencionada *participación en el apostolado jerárquico* quedó reducida a una serie de reivindicaciones de carácter social primero, y de tinte claramente político después. La mayoría de estas asociaciones fueron utilizadas por los marxistas con el pretexto de combatir la dictadura de Franco, a la sombra de las bendiciones de obispos y sacerdotes, más o menos ingenuos y bienintencionados.

Los seglares al poder

que no se limitan ya a *participar*, sino que incluso *intervienen*, y muy activamente por cierto, en el apostolado jerárquico realizando tareas que en otro tiempo se consideraron propias y exclusivas de los clérigos. Era el comienzo de una época en la que muchos laicos iban a entrar a formar parte de una nueva entidad híbrida (mitad clérigos y mitad seglares), cuya misteriosa naturaleza jurídica aún no ha explicado del todo la doctrina canónica.

Debo aclarar que nada tengo en contra de las tareas clericales realizadas por seglares, si se hacen conforme a Derecho y si es que así lo exigen las necesidades pastorales. En esto como en todo es la Iglesia la que tiene la palabra, y a mí solamente me corresponde acatar sus decisiones. Me entristece sin embargo la posibilidad de que, con ocasión de la búsqueda de soluciones a ciertos problemas, se lleve a cabo una promoción de los seglares que tal vez no sea la mejor; y que se les prive además —lo que aún sería más grave— de una auténtica participación en los misterios de la vida cristiana que tendría que llevarse a cabo según su *status* propio. Me resulta difícil, por ejemplo, creer que los seglares *participan* más de la misa por el hecho de intervenir en las lecturas o de administrar la eucaristía. Y, aunque admito la posibilidad de que tales cosas pueden ser buenas a veces para el fomento de la vida cristiana, es evidente que existe el peligro de quedarse a la mitad del camino. En primer lugar es posible que no estemos haciendo otra cosa que fabricando una nueva especie de sacristanes; y quizá se está olvidando también la necesidad de que los seglares saboreen el misterio de su auténtica participación en la vida y en el destino de Cristo. Autorizar[6] a un buen padre de familia para que administre la eucaristía es sin duda

---

[6] Esta palabra es ya de por sí expresiva; en cuanto que sugiere la idea de que se trata de algo que no corresponde por derecho al *status* propio de la persona en cuestión.

una experiencia interesante; aunque todo el mundo estará de acuerdo en que lo verdaderamente importante es lograr que sea un padre de familia cristiano (pues es evidente que no va a ser más cristiano simplemente por el hecho de administrar la eucaristía). Su verdadera *promoción* como cristiano laico se hará realidad por el camino del cumplimiento de sus obligaciones propias y específicas; viviendo como cristiano sus deberes profesionales, además de los no menos delicados e importantes de esposo y padre de familia. Sería lamentable que tal o cual padre de familia, demasiado embebido quizá en las facultades que se derivan de su *promoción* a las tareas clericales, o excesivamente consciente tal vez de la importancia de su nuevo *status*, olvidara o no comprendiera bien el significado de su auténtica participación en la vida y en la muerte de Cristo: una tarea que tiene que llevar a cabo *como seglar*, tanto en el fondo como en la forma.

Es posible que alguien piense que ambas cosas no son incompatibles; lo cual puede ser cierto, al menos en principio. Pero lo que demuestra la realidad de cada día es que la gente se dedica con mayor intensidad a lo más sobresaliente o llamativo y, por supuesto, a lo que exige menos esfuerzo. La participación en la liturgia de la palabra, por ejemplo, exige mucho menos esfuerzo que el que se necesita para cumplir fielmente y a diario los delicados deberes profesionales; o los no menos difíciles que se derivan del papel que se ocupa en la familia. Aunque es evidente que ambas tareas no son incompatibles, tampoco hace falta ser demasiado realista, ni muy conocedor de la naturaleza humana, para adivinar lo que va a ocurrir. Si a eso se añade la posibilidad —que en realidad es un hecho— de que la doctrina insista siempre en la primera tarea y olvide sistemáticamente la segunda, el peligro de desviaciones aumenta todavía más. La serenidad y el equilibrio en el comportamiento no son actitudes demasiado corrientes. Pero es que, además, como vengo diciendo, el laico tiene que santificarse como laico *también en la forma*, lo cual es un requisito importante que se suele olvidar. Y todo el mundo estará de acuerdo en que la administración de algunos sacramentos, o la participación en la liturgia de la palabra, por ejemplo, por más que sean cosas convenientes o necesarias en ciertos momentos, *no son tareas propias y peculiares de los seglares*; o si se quiere decir más técnicamente, *no puede considerarse que constituyan su forma específica de santificación.*

Igualmente me parece interesante que las religiosas administren la eucaristía, si es que se demuestra la necesidad de que lo hagan. Aunque temo que tan nuevas y variadas tareas van a hacer que olviden lo esencial, tal como le sucedió a la Marta del Evangelio. De donde creo que lo necesario y urgente en este momento para ellas es fomentar su vida interior, practicando la oración y el sacrificio; sin olvidar las obras de caridad y apostólicas específicas de su propio Instituto o Congregación, y según su espíritu de religiosas. A pesar de que el actual triunfalismo hoy en boga afirme lo contrario, estamos asistiendo a la mayor crisis de la vida religiosa que ha conocido la historia de la Iglesia. Las religiosas han abandonado sus conventos y han marchado a las parroquias a administrar la eucaristía, a desempeñar el oficio de catequistas y a realizar otras tareas por el estilo; con el fin, según se dice, de dar al mismo tiempo un testimonio de vida cristiana. Hasta se ha visto conveniente que vivan fuera de sus casas religiosas, desde el momento en que son muchos los que piensan que es lo más apropiado para mejor sintonizar con los problemas y preocupaciones del mundo. Y no cabe duda de que se trata de interesantes y revolucionarias innovaciones con respecto a las costumbres del mundo antiguo. La única objeción que cabría poner aquí gira en torno al hecho comprobado de que, cuando se pone demasiado énfasis en el testimonio como tal, se corre el peligro de olvidar el importante detalle de que el testimonio tiene que darse sobre *algo*. Pero mal testimonio de vida cristiana se puede dar cuando la vida interior y el espíritu propio se han relajado. Por lo demás, y a pesar de que los documentos y estadísticas oficiales digan lo contrario, ahí están los hechos de la vida real: los conventos vacíos, el repliegue de las Órdenes e Institutos religiosos por falta de personal, la falta de vocaciones, el abandono de la vida de oración, el olvido de la ascética, la pérdida de interés por las virtudes clásicas que se concretaban en los votos, y la tibieza y relajación generales de la vida religiosa. Todo lo cual es clara demostración de la existencia de una crisis como nunca se había conocido.

Por otra parte, la pretensión de que con la ayuda ministerial que prestan las religiosas —administrando la eucaristía, por ejemplo— los sacerdotes quedan más descargados de sus tareas, y disponibles por lo tanto para otras actividades, está por demostrarse todavía. Lo que realmente se está produciendo es una pérdida del sentido sacro de la eucaristía y una disminución de la fe en la presencia real; tanto por parte de los simples fieles como de las personas consagradas. Tal vez haya supuesto un gran avance la presencia de las monjas administrando la eucaristía en las iglesias; y si tal cosa es cierta debemos alegrarnos de la mejora. Ahora solamente falta que aparezcan de nuevo las monjas dedicadas a la oración: las que a pesar de que nunca salen a la calle ni a las parroquias, y que precisamente por eso no están en situación de dar testimonio, son sin embargo las que sacan adelante a la Iglesia; sin olvidar por ello a las que se dejan la vida por amor de Dios en los hospitales, asilos, leproserías, lugares de enseñanza u otras actividades de caridad. Son éstas las que parecen auténticas mujeres consagradas a Dios, y más preocupadas por vivir su entrega de amor a Dios (en la oración, en el sacrificio, en la pobreza, en la castidad y la obediencia) que por reivindicar los derechos de la mujer en la Iglesia o ir pregonando por todas partes su compromiso con los marginados.

Los seglares al poder

En cuanto a los Institutos Seculares, de los que he dicho antes que a pesar del nombre no parecen de ningún modo seculares, creo que eso se debe en parte a que se ha hecho de ellos un cajón de sastre en el que cabe todo. Lo que puede ser bueno a efectos de simplificar clasificaciones, pero que ya no lo es tanto cuando casi anula la posibilidad de que posean un espíritu específico y acorde con el fin para el que nacieron. Por lo que a mí respecta, me sonrío comprensivamente cuando los Institutos Seculares anuncian convocatorias para sus Congresos, por ejemplo: ante todo advierten a sus socios que no se olviden de llevar los libros adecuados para rezar el Oficio Divino. Personalmente soy un enamorado del Oficio Divino, el cual he rezado diariamente durante casi cuarenta años a excepción de las contadas ocasiones en las que la enfermedad me lo ha impedido. Pero no puedo imaginarme, por más que lo intento, a un ejecutivo o a una madre de familia rezando o cantando las horas canónicas. Y lo mismo podría decir de ciertas costumbres —loables en otros contextos— que se practican en muchos de esos Institutos; me refiero por ejemplo a la práctica de que los seglares guarden silencio durante las comidas, a fin de permitir la lectura de vidas de santos u otros escritos piadosos en el así llamado *refectorio*. Aunque tales costumbres son propias y específicas de la vida religiosa, legítimamente compartidas algunas de ellas con el clero secular —como el rezo del Oficio Divino—, tienen muy poco que ver con el estilo propio de santificación de los seglares.[7] Incluso existe el des-

---

[7]Nada tengo en contra de que los seglares recen el Oficio Divino, aunque es indudable que se trata de un ministerio muy peculiar de los religiosos y de los clérigos. Y, si bien fomentar su práctica entre los seglares no puede ser sino bueno, no puede esperarse razonablemente que llegue a generalizarse, ni que sea una devoción piadosa característica de los laicos. En cambio es lamentable que se hayan dejado perder ciertas devociones a las que el pueblo cristiano estuvo siempre saludablemente apegado, como el rezo del rosario y el culto a los santos.

propósito jurídico de los Institutos Seculares *de vida contemplativa*, seguramente creados con la buena intención de complicar aún más las cosas. Por muy partidarios que seamos de la vida contemplativa (y sería hermoso que fuera más frecuente entre los cristianos) resulta difícil pensar en la posibilidad de que un buen sacerdote secular, o un seglar que verdaderamente lo sea, *puedan dedicarse oficialmente a la vida contemplativa* sin dar al traste con los deberes propios de su estado y condición. Aun admitiendo que cualquier cristiano puede ser contemplativo en medio del mundo, no hay que olvidar que una cosa es la oración o la vida contemplativas y otra muy distinta el estado de vida contemplativa; y es de admitir que este último es de por sí una situación difícil de componer con un estado de vida secular. Tal vez también aquí serían necesarias unas oportunas clarificaciones del Magisterio que dieran luz sobre estas cuestiones.

De todos modos tengo la impresión de que el problema no había hecho más que empezar, y que la ponderada *promoción de los seglares* causará a la Iglesia implicaciones mucho más graves que las señaladas hasta aquí. Siempre me ha asaltado el temor de que nos aguardan males mucho mayores: *Pasó el segundo "Ay"; pero el tercero viene en seguida.*[8] Desde luego no es bueno sembrar vientos, porque seguramente se recogerán tempestades. Y eso es precisamente lo que parece haber sucedido en la Iglesia.

La tan traída y llevada *promoción de los seglares* iba a producir en la Iglesia consecuencias demasiado importantes. Tales como probablemente nadie hubiera podido predecir ni imaginar.

Sería difícil intentar explicar el significado y el alcance de tal promoción. Probablemente nadie lo ha sabido nunca. Pero eso es justamente lo que sucede con las expresiones felices, o afortunadas si se quiere: caen bien, son acogidas con agrado, y nadie se pone a

---

[8] Ap 11:14.

Los seglares al poder 33

examinarlas despacio para saber lo que significan. Los tópicos, por ejemplo, no son sino una subespecie de las expresiones felices (a excepción de los demasiado aburridos que suele utilizar el clero), y por supuesto que no se exige de ellos que tengan contenido alguno conceptual: simplemente basta con que suenen.[9]

Pero ¿por qué era necesario que los seglares fueran *promovidos...*? ¿Y en qué habría de consistir exactamente la tal promoción?

Todo el mundo sabe que la simple formulación de esta clase de preguntas es un detonante del escándalo. Aunque el escándalo en este caso, como sucede también en tantas ocasiones, *no es sino una forma de tratar de disimular la imposibilidad de proporcionar una respuesta convincente*. O sea, una vez más la irracionalidad contra la racionalidad.

Examinadas las cosas fríamente promover no puede significar aquí otra cosa que *elevar a una persona de estado o condición*. Lo que dicho de esa manera, sin más ni más, parece que suena a algo fácil y sencillo. El problema aparece cuando se aplica ese concepto a los laicos. Porque surgen inmediatamente una multitud de cuestiones cuya respuesta es difícil de encontrar, por no decir imposible.

---

[9]La auténtica locura humana no solamente se opone, por supuesto, a la locura de la sabiduría divina; sino que también prescinde por completo de todo vestigio de racionalidad humana. La locura de los hombres no es sino una guerra a muerte a todo lo que implique un rastro de racionalidad o sabiduría: bien sea la sabiduría divina misma, o bien sea la participación que de ella es capaz de alcanzar la razón humana.

III

LA PROMOCIÓN DE LOS PRESBÍTEROS

(LA HISTORIA MÁS GRANDE JAMÁS CONTADA)

Se ha hablado y escrito mucho acerca de las intenciones de Cervantes al escribir su *Quijote*, dando por cierta la existencia de una cierta filosofía contenida en el libro. Lo que implica suponer que Cervantes estaba animado por motivos más profundos de los que aparecen a primera vista.

Con frecuencia, sin embargo, la explicación más sencilla es la más verdadera, o la que más se acerca a la realidad al menos. A pesar de lo cual, si alguien se atreve a mantener una explicación simple y obvia, prescindiendo de profundizaciones profusas e innecesarias, pasa sin más a formar parte del grupo de los ignorados por la Alta

Crítica. Claro que tal cosa solamente supone problema a quien se sienta dispuesto a considerarlo como tal, así como a olvidar el sencillo principio de que ignorar es lo más peculiar y lógico que a su vez puede hacer un *ignorante*.

Y lo que parece más evidente y sencillo a primera vista, o al menos yo así lo creo, es que Cervantes no se propuso otra cosa que la de acabar con la que él consideraba horrenda plaga de los libros de caballerías.

Igualmente es obligado reconocer que, también con no escasa frecuencia, las obras geniales literarias (en prosa o en verso) sobrepasan en mucho a las intenciones que sus autores tal vez se propusieron. Y aquí vendría bien traer a colación (aplicando una sutil y lejana analogía) lo que sucede con el carisma llamado de profecía, cuyo contenido y significado de las visiones van más allá de lo que son capaces de comprender aquéllos a quienes van dirigidas, e incluso por lo que se refiere al mismo vidente (si se prescinde de los anuncios proféticos de Jesucristo).

Sea de ello lo que fuere, aquí nos vamos a decidir por lo sencillo y obvio, a pesar de los riesgos que tal cosa lleva consigo, dando por establecido que Cervantes sólo pretendía acabar de una vez con los libros de caballerías. Lo que hace suponer que actuaba animado por su falta de fe, y hasta por verdadera inquina, con respecto a la Orden de la Caballería Andante.

Y en lo que se refiere ya más concretamente al personaje de Don Quijote, la crítica universal, con extraña unanimidad, ha estado siempre conforme en que Don Quijote estaba loco. Y loco de atar, además. De ahí el carácter de buena acción que nadie ha dudado nunca en asignar a la que llevaron a cabo el Cura y el Barbero, con la complicidad del Bachiller Sansón Carrasco. Me refiero a la de hacer regresar a casa al pobre Don Quijote y ponerlo en trance de recuperar su buen juicio, hasta el momento de su muerte.

Por lo cual no dejará de llamar la atención el hecho de que yo sienta extrañeza ante la unanimidad de juicios sobre la locura de Don Quijote. Y de ahí que me vea en la necesidad de intentar alguna forma de explicación. Sobre todo para evitar (en lo posible) que nadie se exceda en severidad al aplicar a la mía el mismo calificativo que a la mente de Don Quijote.

Es evidente (aunque no para todos en este caso) que el mundo se ha vuelto loco: los Gobiernos, los políticos, las Instituciones, el mundo de los intelectuales, del arte y de la cultura, la masa de la población..., y hasta la misma Iglesia al parecer (o muchos hombres de Iglesia, ya que no es mi deseo escandalizar a nadie). Pero si esto es así, ¿quién será capaz de pretender estar cualificado para tachar de loco a Don Quijote? En un manicomio (hoy clínica psiquiátrica), pongamos por caso, son considerados locos los enfermos mentales que se encuentran dentro; aunque todos ellos, a su vez, es probable que estimen como locos a los que están fuera. Por supuesto que aquí únicamente cabe hacer una afirmación *juiciosa*: los locos son, a no dudarlo, los inquilinos del manicomio. A pesar de lo cual, sin embargo, si es que se está dispuesto a aplicar la lógica con seriedad, siempre se podrá decir (con ciertas posibilidades de abrir campo a la discusión): ¿Desde cuándo los locos están capacitados para cualificar como locos (de otra variedad) a algunos de sus semejantes? ¿Estamos ante locos de una especie diagnosticando la locura de locos de otra, la cual se supone peor...? Pero si esto es así, como parece serlo, habría que admitir que la calificación de locos, reservada *exclusivamente* para los enfermos de un establecimiento psiquiátrico, no pasa de ser una mera convención social; por más que sea aceptada unánimemente por los que están fuera.

Pero vamos a intentar centrarnos en la figura de Don Quijote. ¿Cómo se explica el hecho de que todo el mundo, Cervantes incluido, haya estado siempre de acuerdo en que nuestro personaje estaba rematadamente loco? En realidad Alonso Quijano *el Bueno*, también conocido con el sobrenombre —que él mismo se puso— de Don Quijote o el *Caballero de la Triste Figura*, no pretendía otra cosa que la de *enderezar entuertos*. Y no cabe duda de que en el mundo hay demasiados entuertos que enderezar. Por lo cual, a quien intente emprender esa tarea se le podrá llamar idealista, soñador, o cualquier cosa; pero no parece justificado calificarlo como loco por ese solo hecho. Puestos al caso, el mismo Jesucristo decía de sí mismo que había venido a buscar y salvar todo lo que se había perdido (Lc 19:10); y quizá por eso le trataron también como loco (Lc 23:11; Jn 10:20). La verdad es que, si se pone el acento en las intenciones, es preciso reconocer que van a surgir dificultades; salvo que se quiera dar la razón al mundo con respecto a que Jesucristo tampoco se encontraba en su sano juicio.

Quizá la única posibilidad por la que se podría admitir la locura de nuestro Caballero Andante sea a través de los procedimientos que se propuso seguir. Intenciones aparte, realmente cuesta creer que la manera de enderezar los abundantes entuertos de los que está lleno el mundo sea la de resucitar la Orden de la Andante Caballería:

> *Yo, señor barbero, no soy Neptuno, el dios de las aguas, ni procuro que nadie me tenga por discreto no lo siendo; sólo me fatigo por dar a entender al mundo el error en que está en no renovar en sí el felicísimo tiempo donde campeaba la orden de la andante caballería. Pero no es merecedora la depravada edad nuestra de gozar tanto bien como el que gozaron las edades donde los andantes caballeros tomaron a su cargo y echaron sobre sus espaldas la defensa de los reinos, el amparo de las doncellas, el socorro de los huérfanos y pupilos, el castigo de los soberbios y el premio de los humildes.*[1]

---

[1] *Quijote*, II, 1.

Lo cierto es que no basta con que el mundo califique a tal o cual soñador como loco para que haya de ser tenido por tal, sin más preámbulos. Los hombres se han equivocado demasiadas veces en esto, sin que al parecer hayan hecho mucho por aprender la lección. Y lo mismo hay que decir, ya más concretamente, acerca de los procedimientos, con los que será preciso andarse con cuidado antes de calificarlos. Y así por ejemplo, no debemos olvidar que el mundo siempre ha estimado como *locura* el medio utilizado por Dios para redimir al hombre (1 Cor 1: 18–25). Pues los humanos suelen tomarse poco tiempo, y emplear escasa reflexión, antes de discernir entre la cordura y la insensatez. Sin embargo, puesto que la línea divisoria entre la racionalidad y la locura es tan imprecisa como sujeta a discusión, ¿quién puede pretender estar suficientemente capacitado para trazarla con exactitud?

De todas formas, y a fin de evitar ir a parar a un callejón sin salida, habremos de adoptar un punto de partida seguro. Por lo tanto vamos a admitir —¿o quizá sería mejor hablar de hipótesis de trabajo?— que Don Quijote estaba realmente loco. Al menos en lo que se refiere a sus propósitos de resucitar la Orden de la Caballería Andante; porque en cuanto a lo de *enderezar entuertos*, ya hemos visto antes que no sería fácil llegar a un acuerdo. Una vez establecido lo cual, y dando de lado a cualesquiera otros puntos de discusión siquiera sea de momento, podemos pasar ya a nuestro tema principal.

Mucho se ha hablado y mucho se ha avanzado con respecto a la llamada *promoción de los seglares*. Tanto es así que casi parece estar conseguida, por más que el proceso continúe todavía en vías de perfeccionamiento. Desgraciadamente ha sucedido aquí lo que suele ocurrir cuando se insiste en uno de los términos —y sólo en uno— de cualquier relación; a saber: que el otro pasa al olvido. Con motivo de la celebración del Concilio Vaticano II, y durante los turbulentos tiempos que siguieron a su clausura, se oyeron voces (ciertamente escasas y tímidas) que se atrevieron a reclamar la promoción del presbiterado. El Concilio —se dijo— había hablado bastante del Papa, de los Obispos, del nuevo Ecumenismo, del prometedor amanecer de la Iglesia (*Gaudium et Spes...*), y por supuesto abundantemente de los seglares; pero quizá por eso apenas si tuvo tiempo para dedicarlo a los simples curas.[2] Por lo cual hasta hubo quien sugirió la necesidad de la celebración de un nuevo futuro Concilio, a fin de abordar un tema que, al parecer, había quedado preterido.

Sucede, sin embargo (y todo el mundo estará de acuerdo con esto), que parecen existir pocas probabilidades de que se celebre otro Concilio en plazo breve. De hecho han pasado ya bastantes años y nadie piensa en ello. Desde luego no a corto plazo; y ni siquiera a medio o largo. En cuanto a la posibilidad de que el nuevo Concilio centrara su atención en este tema específicamente, las probabilidades se presentan como algo más remoto todavía. Mientras tanto, por una u otra causa, se ha llegado a la deplorable situación en la que se encuentran los sacerdotes a principios de este siglo XXI. Una afirmación que, sin duda alguna, muchos por aquí y por allá querrán matizar; mientras que otros no tan benévolos la rechazarán de plano.[3] Lo cierto de todo esto es que, hacia mediados del siglo

---

[2]Hay que reconocer que el Decreto *Presbyterorum Ordinis* fue quizá el que tuvo más escaso eco entre los documentos conciliares.

[3]A los sacerdotes se les podría calificar justamente como *pobres curas* cuando se contempla, por ejemplo, lo que está sucediendo en países como los Estados Unidos. Una situación tan triste como lamentable en la que no cabe, sin embargo, justificar el delito ni dejar de reconocer su carácter de punible. A pesar de lo cual se debe seguir hablando de los pobres curas. Porque lo sucedido en ese país, y lo que pueda estar sucediendo aquí o allá, merece que se busque la causa profunda que lo ha ocasionado, además de apuntar hacia los verdaderos y últimos culpables.

pasado, en plena fiebre de la Pastoral Obrera, estuvo muy de moda hablar de los *curas pobres* (los únicos capaces, según se decía entonces, de proporcionar un testimonio válido). Y luego, lo de siempre. Tanto se habló del tema que al final, no solamente nadie se acordaba de los *curas pobres*, sino que tampoco había quien hiciera memoria de los *pobres curas*, lo cual —me refiero a esto último— sí que fue verdaderamente grave. Otra razón más que podría haber avalado la necesidad de ese nuevo Concilio.

No es mi intención la de trazar aquí una exposición pormenorizada de la llamada *crisis de identidad sacerdotal*, de la que tanto se ha hablado (he abordado el tema en otras obras mías). Pero, puesto que es inútil e imposible negar su existencia, el planteamiento de la necesidad de una *cierta* promoción del presbiterado no parece una cuestión baladí. Y si bien esto que digo puede sonar a chocante, creo de justicia añadir que todavía es más extraño el hecho de que nadie parezca sentir la necesidad de ponerla sobre el tapete.

Cualquiera que posea buena voluntad estará de acuerdo conmigo acerca de la (urgente) necesidad de *promover la promoción* del presbiterado. ¿Quién se podría oponer a tal cometido y quién encontraría algo de malo en ello? Es de suponer que no sería difícil, por lo tanto, encontrar candidatos dispuestos a enrolarse en esta nueva Cruzada.

Aunque antes de seguir adelante es conveniente hacer alguna precisión. La crisis de identidad del sacerdocio, si bien se agudizó con el Concilio Vaticano II, había visto antes sus comienzos y hasta se habían hecho ya algunos intentos por superarla.[4] Los esfuerzos para enfrentarse al problema se intensificaron después, a lo largo de varias décadas, aunque sin resultados satisfactorios. Incluso fue

---

[4]Recuérdese la institución de los *sacerdotes obreros* para la llamada *Misión de París*, ya en tiempos de Pío XII.

peor, porque fueron esos esfuerzos los que más contribuyeron a que la crisis se agravara.

¿Las razones? A mi entender, porque se había emprendido el camino equivocado. Y porque *vino a resultar el opuesto al que hubiera sido necesario recorrer.*

Tal como sucedió con el problema de Don Quijote. Porque si bien todo el mundo pudo estar de acuerdo en la necesidad de enderezar los entuertos (vamos a admitir también esto como hipótesis de trabajo), de nuevo en este caso se cometió la equivocación de intentarlo mediante el procedimiento de resucitar la Orden de la Andante Caballería. Dicho de forma más clara: aunque las intenciones pudieron ser buenas, los métodos utilizados anduvieron lejos de ser los apropiados.[5] Así fue como la idea de adaptar el sacerdocio a las exigencias del mundo moderno, presentada como necesidad angustiosa y urgente, se convirtió en dogma indiscutible para la teología de los tiempos conciliares y postconciliares. Aunque el episodio no fue sino una racha más de las muchas que soplaron (y siguen soplando) con los vientos reformadores de la época.

Puestos a precisar, aún nos queda por hacer alguna declaración que puede parecer sorprendente. Porque el sacerdocio cristiano no necesita ser *promovido*, desde el momento en que fue suficientemente instituido por Jesucristo, como participación en el suyo propio y con sus mismas características (Jn 17:18; 20:21). *Constituido* por lo tanto en favor de los hombres, de una vez por todas y para siempre según el orden de Melquisedec (Heb 5: 1 y ss.). Hablar de la necesidad de un posible y futuro Concilio con el fin de abordar el problema no tendría

---

[5]Ya he dicho que aquí estamos también manejando una hipótesis de trabajo, por más que sea necesaria para el tratamiento de nuestro problema. Analizar las intenciones de los que promovieron tan tremendo cambio de rumbo nos llevaría demasiado lejos, si es que consiguiéramos llegar a alguna parte. Y tampoco es cometido nuestro juzgar acerca de las intenciones.

sentido alguno. La supuesta promoción del sacerdocio, si es que las palabras tienen algún significado, supondría la necesidad de elevar su *status* para acabar admitiendo extrañas conclusiones. Por ejemplo: o bien no había sido puesto ya en su debido lugar por Jesucristo; o bien la Iglesia podría descubrir en él alguna nueva identidad o característica, la cual hubiera pasado desapercibida durante más de veinte siglos; o bien —todavía más absurdo— la Iglesia podría *elevarlo* a una dignidad o posición superiores a las que ya le habían sido dadas.[6]

Más todavía. Porque si el sacerdocio cristiano, dada su situación actual de crisis, debe ser promovido, tal cosa no puede intentarse sino en sentido contrario a lo que ordinariamente se piensa y se viene haciendo, como hemos apuntado más arriba. Dicho de otra manera, dignificar la condición sacerdotal *no significa pensar en una elevación de rango, de dignidad, o de consideraciones según el mundo* (Jn 5: 41–44; 7:18; 8:50); *sino en insistir en el camino que conduce a la humildad, a la aceptación de la persecución, y al desprecio por parte del mundo*. Lo cual no puede ser de otra manera, si es que se admite que el sacerdote es *otro Cristo* y que su función no es otra que la de continuador de la misión y de la obra de su Maestro (Mt 20:28; Mc 10:45; Lc 22: 26–27; Flp 2: 7–8). Más adelante insistiremos en la fundamental idea de que la forma de promover el sacerdocio, y por supuesto la única, no es sino la de colocarlo en su condición propia de permanente *kenosis*.

---

[6]Una argumentación semejante podría hacerse con respecto a la llamada promoción de los seglares. Pero el bautismo instituido por Jesucristo ya promociona *suficientemente* a aquéllos que no están destinados a formar parte del estamento clerical. Y, si bien es evidente que siempre se puede ahondar en el estudio de las características del simple cristiano, no es ése el camino que ha seguido la moderna Teología. Es absurdo suponer que las condiciones sociales de una o de otra época hayan podido borrar, ni siquiera difuminar, el *status* ontológico del sacramento del bautismo.

Fueron muchos los teólogos postconciliares que admitieron como algo indiscutible la crisis de identidad en el sacerdocio. Por todas partes se difundió la idea de la necesidad de que el sacerdote no pareciera distinto del resto de los hombres (indumentaria, condición social, replanteamiento de la necesidad del celibato, etc.). Por lo demás no era cuestión de negar la existencia de la crisis, aunque sí que se podría haber hablado mucho acerca de sus causas. Por mi parte siempre estuve convencido de que fue provocada artificialmente, sin más fundamento que el rabioso ambiente secularizador que se había apoderado del ámbito eclesial. Como igualmente siempre creí que el empeño en suprimir cualquier indicio de diferenciación del sacerdote, con respecto al mundo circundante, es una idea contraria a la doctrina neotestamentaria.

Por lo que hace a la artificialidad de la crisis (con la consiguiente falsedad del fondo del problema), no hay sino remitirse a lo que hemos dicho antes acerca de la identificación del sacerdote con Jesucristo, como continuador que es de su misión. Si se admite que la crisis de identidad afecta a uno de los términos, es necesario admitir que también afecta al otro. Con lo que podría resultar en la ignorancia acerca de los motivos de la Encarnación y de la misión del Verbo hecho carne venido al mundo. La condición de *corredentor* no puede ser considerada ajena al oficio del sacerdote, como continuador y *consumador* que es de la misión de Jesucristo (por más que a la Virgen María le corresponda también el título con mayor propiedad). Sin corredención no hay participación en el sacerdocio de Jesucristo (Heb 9:22), si acaso se admite que la redención constituye el motivo principal de la Encarnación y de la unción de Jesucristo como Sumo y Único Sacerdote. De ahí el importante texto de Col 1:24, al que se podrían sumar 2 Cor 1: 5.7; Flp 3:10; 1 Pe 4:13; etc.

Debemos añadir, en cuanto al alejamiento (extrañamiento) del sacerdote con respecto al mundo, que los textos de la Escritura sobre el tema son demasiado claros. Y que la Tradición es igualmente contundente y carente de vacilaciones.

En el texto de Heb 5:1 es preciso tomar las expresiones *ex hominibus assumptus* y *pro hominibus constituitur* con la misma propiedad, a saber: en el más profundo significado de cada una de ellas. No existe razón alguna para no hacerlo así, puesto que ambas son paralelas e interdependientes. Pero si se admite que el sacerdote ha sido *entresacado* de entre los hombres, forzoso es admitir alguna diferenciación con respecto a ellos. De nuevo nos encontramos aquí con una de las numerosas antítesis de la existencia cristiana, y que nos conduce en este caso a un (doble) fenómeno que podríamos considerar como centrífugo y centrípeto a la vez. El primero de ellos, que estaría determinado por un movimiento *hacia afuera* y está aquí expresado por el *ex hominibus assumptus*, es el que confirma la idea de que el sacerdote ha sido separado de los hombres para hacerlo diferente de los demás (mediante la atribución u otorgamiento de algo que los otros no poseen), aunque sin dejar de ser uno de ellos. La causa eficiente de este desplazamiento o separación procede de lo Alto (Heb 5:4), y es justamente la que hace posible esa situación, a la vez que la legitima. A su vez, este fenómeno de alejamiento no tendría sentido alguno sin el movimiento *hacia adentro* simultáneo, expresado en el *pro hominibus constituitur*. Lo que equivale a decir que el sacerdote es un ser separado de los hombres para ser enviado de nuevo a ellos. Tal separación, sin embargo, que supone necesariamente atribuir al elegido un inconfundible carácter de distinción con respecto a sus hermanos, no solamente no lo hace extraño a ellos, sino que —muy al contrario— es justamente lo que lo constituye como más íntimo y cercano a sus semejantes. Con todo, el movimiento primero de separación es necesario para constituir al sacerdote como hombre de Dios y testigo de Jesucristo; pues de otro modo *nada* tendría que dar ni que comunicar a sus hermanos. Es importante insistir en el hecho de que el alejamiento o separación con respecto a los demás hombres, no solamente no difumina la condición humana del sacerdote, sino que la eleva y subraya. A semejanza de lo que ocurre con la Divinidad de Cristo, la cual, por virtud de la unión hipostática, en nada disminuye la plenitud y el realismo de su Humanidad (verdadero *Dios* y verdadero *Hombre*). Y tal vez convenga anotar de paso que la antítesis separación–regreso es arquetípica en la existencia cristiana (Jn 14: 3.28; 16:28).

Que la expresión *ex hominibus assumptus* supone una auténtica *separación* con respecto al mundo, no admite duda alguna: *Si el mundo os odia, sabed que antes que a vosotros me ha odiado a mí. Si fuerais del mundo, el mundo os amaría como cosa suya; pero como no sois del mundo, sino que yo os escogí del mundo, por eso el mundo os odia...*[7] *Yo les he dado tu palabra, y el mundo los ha odiado porque no son del mundo, lo mismo que yo no soy del mundo.*[8] Por eso no tiene sentido para el sacerdote, como discípulo más allegado a Cristo (cuyo papel es el de ser *otro Cristo*), empeñarse en aparecer como identificado con el mundo. Se suele hablar aquí de *encarnacionismo* como el medio de ser aceptado por el mundo, a fin de dar paso a la posibilidad del cumplimiento de la misión encomendada. Sin embargo, no es lícito olvidar que la Encarnación no supone la identificación con el mundo: *Lo mismo que yo no soy del mundo... Vino a los suyos, pero los suyos no le recibieron.* También aquí se manifiesta la antítesis, tan específicamente cristiana, de extrañamiento–acercamiento, sin la cual la Encarnación carecería de contenido y de inteligibilidad (y lo mismo habría que decir de la misión del sacerdote). De ahí que la *separación* y diferencia-

---

[7]Jn 15: 18–19.
[8]Jn 17:14.

ción con respecto al mundo sea algo esencial al sacerdocio cristiano. Aunque sin la posibilidad de confundirla con una mera *distinción*, la cual apuntaría más bien a una diferencia de grado pero que nunca sería cualitativa. Cuando esto no se ha tenido en cuenta, sino que más bien se ha procurado la identificación con el mundo, entonces —y sólo entonces— es cuando se ha dado lugar a la crisis de identidad. Si el sacerdote no se diferencia de los demás hombres, ¿qué es entonces y qué es lo que tiene que decirles? Con lo que se viene a parar a la tragedia del protestantismo: un hombre de la comunidad, entresacado de la comunidad y nombrado por ella, *es incapaz de proporcionar a la comunidad nada que ésta ya no tenga o que no sepa*. De la propia comunidad nada puede salir que sea ajeno a ella, puesto que de la carencia no se puede extraer ni siquiera una nueva carencia. La comunidad como tal es *incapaz* de proporcionar a alguien los medios sobrenaturales para que la conduzca al Cielo, por la sencilla razón de que carece de ellos. La ignorancia, la duda, o la vacilación, acerca de la propia identidad, es la tragedia en la que se ha visto inmerso el sacerdote cuando ha pretendido no sentirse distinto del mundo. Si una gota de agua, en medio del océano, no pretende ser sino parte de la misma agua (y de hecho se convierte en ella), ¿cómo podría alguien plantear siquiera la pregunta de si es o no es algo distinto del agua? Pero el sacerdote, por más que siga estando en medio de los hombres (Jn 17: 11.15), ha sido al mismo tiempo entresacado de entre los hombres. Es cierto que el Verbo vino a lo suyo y a los que eran suyos, *pero los suyos no le recibieron*,[9] como hemos dicho arriba. Lo que no pudieron comprender los hombres al llevar a cabo ese rechazo es que estaban dando lugar al plan de Dios. La paradoja o antítesis (revelación–ocultamiento, sabiduría–locura, inmensidad–pequeñez) se estaba haciendo realidad.

---

[9] Jn 1:11.

Aunque es probable que escapara a la percepción del mismo Cervantes, es indudable que la locura de Don Quijote (auténtica) es la demostración de la locura del mundo circundante (más auténtica todavía). Al menos Don Quijote estaba empeñado en enderezar los entuertos, mientras que los hombres de su tiempo (lo mismo que los de ahora) viven contentos en ellos y no demuestran intención alguna de enderezarlos.

El olvido de lo fundamental es lo que hace caer a los cristianos en el error de no tener en cuenta que la existencia cristiana es una tremenda paradoja. La Encarnación, o el mayor proyecto de la omnipotencia y de la sabiduría de Dios, es al mismo tiempo el mayor prodigio de anonadamiento y abajamiento posibles a los que ha conducido el amor. El misterio como tal, que en su doble aspecto hubiera sido impensable para el hombre, es a la vez una manifestación de la infinita magnificencia de la Gloria divina. Para el sacerdote concretamente, que no puede hacer otra cosa sino seguir los pasos del Arquetipo, su *promoción* no puede llevarse a cabo sino por la vía del abajamiento. En el actual estado de la Economía de la Salvación, lo más grande no puede manifestarse sino a través de lo más pequeño, así como la mayor cordura no se hace patente en ella sino por medio de la mayor locura (textos abundantes en San Pablo y en todo el Nuevo Testamento). Si el sacerdote ha de ser un testimonio ante los hombres, necesariamente ha de aparecer como distinto de ellos. Diferenciación que no puede realizarse *subiendo de nivel*, sino justamente al contrario. Si su testimonio se refiere y apunta hacia Cristo, no tiene otro camino que el que ya está trazado y señalado, cual es el que siguió Cristo desde el *anonadamiento* de la Encarnación hasta la muerte de Cruz: *Y adonde yo voy ya sabéis el camino.*[10]

---

[10] Jn 14:4.

En Jesucristo, la revelación de Dios a través del ocultamiento alcanza su máxima perfección; y no ya meramente en los acontecimientos de la Pasión, sino incluso en la misma Encarnación (en el hecho mismo de la Palabra hecha carne). Increíble paradoja en la que confluyen todas las paradojas de la creación y de la historia de la salvación. Como prueba de ello, basta pensar que lo que se lleva a cabo sobreabundantemente en la Encarnación no es sino lo que la creación había ya comenzado: Dios expresándose y manifestándose a Sí mismo; el Espíritu infinito y absolutamente libre creando por Sí mismo un cuerpo perceptible en el cual puede, ante todo y en primer lugar, revelarse a Sí mismo; y después todavía más: en el que puede ocultarse a Sí mismo siendo como es al mismo tiempo "exaltado de modo inefable por encima de todo lo que está fuera de Él o que puede ser concebido" (Dz 1782). Así es como se cumple igualmente, de forma sobreabundante, lo que Dios mismo había llevado a cabo en Israel: el hecho de que, en su propia Palabra, pronunciada en la historia y grabada en el corazón del pueblo, se manifiesta a Sí mismo a los hombres más profundamente; para luego abandonarse a Sí mismo también a ellos en la mayor indefensión. De este modo es como se revela a Sí mismo más hondamente, a la vez que permanece también como inconcebiblemente oculto. Dando de lado a cualesquiera otras consideraciones, la Encarnación de la Palabra supone la manifestación más extrema dentro del más profundo ocultamiento. Es revelación ciertamente, en cuanto que aquí Dios se manifiesta al hombre no por otros medios sino por Sí mismo (no exclusivamente a través de palabras o doctrinas, sino en su mismo ser y por medio de su propia vida). Y así, lo que es más familiar al hombre, se ha convertido de pronto para él en palabra y enseñanza acerca de Dios: ¡Como podría entonces "no" entender! Sin embargo estamos ante un ocultamiento; en cuanto que este movimiento de Dios es enteramente único y absoluto: el Ser infinito convertido en la más desemejante realidad, casi arbitraria y desesperanzadamente relativizada, de un hombre individual entre muchos que aparece desde el principio emprendiendo una tarea condenada al fracaso.

> *Pues si "hombre" ha de llegar a ser realmente el lenguaje de Dios, tal cosa no puede hacerse exprimiendo y empujando a la naturaleza humana hacia lo sobrehumano; o a través del deseo del hombre de sobresalir, a fin de llegar a ser más brillante, más esplendoroso, más conocido y estimado que los demás. Habrá de tratarse de un hombre como los otros, puesto que tendrá que ser un hombre para todos, y por eso será preciso que manifieste su singularidad por medio de su sencilla ordinariez: "No disputará ni gritará, ni nadie oirá su voz en las plazas" (Mt 12:19). Lo insignificante debe ser manifestación de lo más significante.*[11]

La oposición entre los dos términos de estar en el mundo y no pertenecer al mundo, propia de la existencia de cualquier cristiano, alcanza particular relieve en el sacerdote, según se desprende del texto de Heb 5:1 en el que se encuentran incluidos los dos momentos. El sacerdote no puede ser un testimonio vivo de Jesucristo si no *está* en el mundo, aunque tampoco se encuentra en condiciones de proporcionarlo si no ha sido *apartado* de él.

El problema se agrava cuando se confunde la necesidad de estar en el mundo con la (pretendida) de pertenecer al mundo: *No pido que los saques del mundo, sino que los guardes del Maligno.*[12] Es cierto que el sacerdote ha de estar en el mundo, ya que de otro modo ni podría acercarse a sus hermanos, ni compartir su existencia, ni mucho menos hacerse todo para todos (1 Cor 9:22). Pero al mismo tiempo es necesario también que sus hermanos lo vean como distinto a ellos, debido a la necesidad que pesa sobre él de dar testimonio de Aquél

---

[11] Hans Urs Von Balthasar, *Herrlichkeit: Eine theologische Ästhetik*, I: *Schau der Gestalt*, Einsiedeln, 1961. Texto tomado de la edición inglesa, *The Glory of the Lord: A Theological Aesthetics*, I, Ignatius Press, San Francisco, 1982, pags. 456–458.

[12] Jn 17:15.

que, habiéndose hecho uno de nosotros (Jn 1: 11.14; Flp 2:7), permanece sin embargo siendo el *Absolutamente Otro*.[13] Debe quedar bien claro que no basta con que aparezca como distinto al mundo, sino que debe mostrarse también como que no pertenece a él. San Pedro, en su exhortación a todos los cristianos, habla de la necesidad de que aparezcan ante los demás hombres como *forasteros y peregrinos* en el mundo (1 Pe 2:11; cf Heb 11: 9.13). Lo que atañe de modo especial al sacerdote.

Todo lo cual lo conduce, a su vez, a vivir una nueva manifestación de esa tensión–oposición. Por un lado ha de estar en el mundo como testigo viviente de su Maestro, lo cual ha de quedar bien claro (y especialmente para él).[14] Por otro, se ve forzado a vivir en continua ausencia de su Maestro; lo que le obliga a vivir la experiencia de fe en un esfuerzo constante de tensión: *Yo ya no estoy en el mundo, pero ellos están en el mundo*.[15] A pesar de lo cual la efervescencia de su fe ha de quedar patente ante los hombres, incluso hasta un límite de resistencia que no excluye el derramamiento de la sangre (Heb 12:4), o hasta un grado de intensidad que se asemeje a la *locura* de la fe de Abrahán, bien que superándola (Ro 4: 19–20), puesto que el tipo o la figura no puede ser superior a la realidad significada. Todo lo

---

[13] No debemos olvidar lo que se ha dicho más arriba. La Encarnación es la suprema manifestación (revelación) de Dios, a la vez que es también una absoluta *kenosis* (ocultación) de la divinidad.

[14] Una verdad importante que inexplicablemente pasa desapercibida. La obvia realidad de *estar en el mundo* no llega a hacerse efectiva (consciente) para muchos sacerdotes. Y me refiero a una expresión corriente que no se puede afirmar de todo el mundo: la de tener los pies en la tierra. ¿La razón de que suceda así...? Porque es imposible estar abierto a esa realidad si no se está igualmente abierto al otro elemento que provoca la tensión. Si se quiere expresar de otra manera, habría que hablar de estar atento al mundo circundante sin dejar de ser receptivo con respecto al mundo de arriba (alguien diría, sin poseer vida interior).

[15] Jn 17:11.

cual será imposible *si aparece como uno más en medio del mundo y como perteneciendo a él*. El Maestro tuvo cuidado en advertir que *la luz no se enciende para ponerla debajo de un celemín, sino sobre un candelero, para que alumbre a todos los de la casa*.[16] San Pablo, que ya había hablado de esperar contra toda esperanza (Ro 4:18), podía haberse referido igualmente, con respecto a la fe, como a la fuerza que induce a creer en todo lo *invisible* a pesar incluso de lo *visible* (en el sentido de Heb 11:1).[17] En un mundo postcristiano como es el nuestro, la postura del sacerdote no puede ser otra sino la de aceptar el punto de vista de Dios, con frecuencia tan contrario al del mundo. *A pesar de todo lo que pueda parecer evidente*. Para San Juan es justamente la fe lo que vence al mundo (1 Jn 5: 4–5). Lo cual, especialmente para el sacerdote y dada la situación del mundo de hoy, no puede llevarse a cabo sin la inmolación de la propia vida, bien que haya de entenderse en sentido metafórico o en sentido real.[18] El ministro de Jesucristo no puede adoptar otra postura ante el mundo que no sea la de aparecer como crucificado ante él (Ga 6:14); lo cual se convierte cuando menos en problemático si se interpreta en un sentido más próximo a lo figurado que a lo real. El texto de Ga 6:17 —*stigmata Iesu in super corpore meo porto*— ha parecido siempre oscuro a los comentaristas. Pero es evidente

---

[16]Mt 5:15.

[17]La fe, como dice el texto, es *la prueba de las cosas que no se ven*. Lo que vendría a equivaler al hecho de ser también una prueba *a pesar de las cosas que se ven*, como ocurre por ejemplo con el misterio de la Iglesia. Así es como la fe puede llegar a ser la antievidencia de la evidencia (o la evidencia de la antievidencia): o la prueba de que la sabiduría de Dios llega mucho más allá de la de los hombres, así como también que la locura de Dios es más sabia que la cordura humana.

[18]Para el sacerdote, la donación de la propia vida nada tiene que ver con la metáfora. Al menos en el sentido de que su inmolación, de una manera o de otra, va a suponer siempre un sufrimiento que habrá de consumarse con la muerte.

que no puede significar, en último término, sino que las señales del sufrimiento de Cristo —testimonio el más convincente de todos— han de ser perceptibles en el apóstol. Lo que viene a significar que *su testimonio acerca de Cristo es un verdadero testimonio*. La necesidad de compartir la muerte de Jesucristo, inducida desde el momento del bautismo, es una vivencia a realizarse durante la vida de cualquier cristiano, aunque no haya de verse consumada hasta la muerte. En el sacerdote, en cambio, es *ya* una realidad desde su consagración en el sacramento del Orden: dado que el testimonio que ha de aportar sobre la muerte de su Maestro, no está destinado a manifestarse paulatinamente en un proceso de constante maduración, sino que ha de ser una evidencia que ha de mostrarse necesariamente como tal *ya aquí y desde ahora*.

Sea cual sea el sentido que haya de atribuirse a Ga 6:17, lo que se desprende del texto con claridad es que el testimonio vivo de Jesucristo, aportado por el sacerdote, ha de ser tan contundente y claro como aquél al que se refiere el Apóstol. La expresión textual *in super corpore meo*, añadida a la de los *stigmata* (signifiquen lo que signifiquen aquí los estigmas) apuntan ambas a una perceptibilidad que tiende a adquirir el grado de evidencia. Por lo demás, dado que del contexto se desprende que San Pablo se refiere aquí a sí mismo como apóstol, y no como a simple cristiano, forzoso es admitir la conclusión de que el aspecto del ministro de Jesucristo ha de ser tan peculiar como para *mostrarse* distinto a los demás. De donde la pretensión de presentarse ante el mundo eliminando cualquier diferencia con respecto a los otros hombres, es contraria a la doctrina neotestamentaria y a una correcta teología del sacerdocio.

Ya se puede suponer que lo dicho hasta aquí no se refiere principalmente al aspecto meramente externo del sacerdote, y concretamente a su modo de vestir. Pretender otra cosa equivaldría a minimizar y malinterpretar el sentido de estas afirmaciones.[19] Lo que ha ocurrido aquí, en realidad, es un desplazamiento de conceptos, dando lugar así a un problema de suma importancia y de bastante gravedad; a saber: se ha abandonado el fondo de la cuestión por la superficie, a fin de sustituir la forma de contenido sobrenatural por otra naturalista. El tema es importante y merece una consideración más detenida.

Según San Pablo, *Dios, a nosotros los apóstoles, nos ha puesto los últimos, como condenados a muerte, pues nos hemos convertido en espectáculo para el mundo, para los ángeles y para los hombres.*[20] El Apóstol habla expresamente de *nosotros los apóstoles*, lo que induce a pensar que se refiere al sacerdocio ministerial. De manera que el sacerdote es actor principal de un espectáculo que, más allá del drama, se ha convertido incluso en tragedia: *novissimos ostendit tamquam morti destinatos*. Mientras que Calderón asigna exclusivamente a Dios el oficio de espectador,[21] reservando para los humanos la condición de actores, cada uno en su propio papel, aquí sin embargo el sacerdote queda reducido a la condición de actor principal y único. Lo que indudablemente provoca en él una situación de tensión extrema (a semejanza de un actor que se encuentra solo en

---

[19]La sotana o el traje clerical no hacen al sacerdote, lo mismo que el hábito no hace al monje. Pero es indudable que tales cosas ayudan. Por lo demás, aún está por demostrarse que una vestimenta vulgar y hasta ridícula (con frecuencia impropia de quien la usa, tanto por la condición como por la edad) facilite la práctica del ministerio pastoral. Cargar excesivamente el acento en la primera opción es exactamente lo mismo que ponerlo en la segunda. Con la agravante de que el aspecto de un clérigo (vulgarmente) aseglarado fácilmente induce a pensar en una cierta nostalgia o envidia con respecto al mundo, por parte del sujeto.

[20]1 Cor 4:9.

[21]Calderón, *El Gran Teatro del Mundo*. La sentencia solemne (*¡Obrad bien, que Dios es Dios!*) se va repitiendo con regularidad a lo largo de todo el Auto Sacramental.

escena, enfrentado a la responsabilidad por su actuación y a la contemplación de un público expectante).[22] Los espectadores son aquí el conjunto de todos los hombres, buenos y malos (el mundo y los hombres, según el texto los diferencia literalmente), a los que hay que añadir todos los que componen la esfera de lo sobrenatural (los ángeles). Jamás se ha dado un espectáculo semejante. Ni tan concurrido (el cielo y la tierra en común contemplación), ni que haya despertado tampoco expectación parecida. Los griegos distinguían entre el Pueblo —representado por el Coro— y los héroes de la Tragedia, aunque integrando también a aquél en la acción (según la misma tendencia que después seguiría Calderón). De ahí que algo importante que se desprende aquí de los textos escriturísticos (*Primera a los Corintios* y *Carta a los Hebreos*) se encuentra en el hecho de que distinguen al apóstol como actor único, en clara separación de los demás seres racionales —hombres y ángeles—, a los que se limitan a asignar la condición de meros espectadores.

En estas condiciones resulta difícil pretender que el sacerdote no debe diferenciarse de los demás hombres. En el Drama a representarse en el Gran Teatro del Mundo (que aquí abarca incluso al Cielo como espectador), tal como sucede también en el teatro humano, los actores no son nunca los espectadores.[23] Por otra parte, aquí no es cuestión de pretender lo que ha de ser o no debe ser, en cuanto

---

[22]Situación aún más trágica, si cabe, desde el momento en que no ha sido elegida por él. Dios no consulta previamente a los interesados para llevar a cabo su *libre* elección (Mc 3: 13–14; Jn 15:16; Heb 5:4). Tema importante sobre el que después habremos de volver.

[23]El llamado teatro interactivo es un producto híbrido que nunca ha prosperado. De hecho se ha puesto en práctica, como se ha pretendido también hacer que el sacerdote realice funciones de seglar y el seglar oficios de sacerdote. Pero los resultados han sido siempre los mismos en uno y otro caso, pues es imposible evitar la sensación de que se está en presencia de un producto desnaturalizado.

que el contenido y significación del sacramento del Orden han sido determinados exclusivamente por Dios. El sacerdote es lo que es, sin que pueda estructurarse a sí mismo como algo diferente según parámetros meramente humanos. El hombre nunca habría sido capaz de configurar por su cuenta lo que pertenece al orden estrictamente sobrenatural, como es el sacerdocio cristiano. Ni siquiera habría podido imaginar que la función del ministerio —el papel a desempeñar de *alter Christus*— se llevaría a cabo sobre la base bipolar de una contraposición de voluntades: la elección por parte de Dios, y la libre respuesta de una voluntad humana que consiente en aceptar un destino que se sabe trágico: *Dios, a nosotros los apóstoles, nos ha puesto los últimos, como condenados a muerte...*

Si el papel a representar por el ministro de Jesucristo, conforme a la intención de quien lo ha convocado, se desarrolla en un drama trágico con un final consecuente y esperado, especular acerca de la *promoción* del sacerdocio no tiene sentido. Al menos según el significado en el que ordinariamente se toma la palabra *promoción*. De ahí que pueda decirse que la Iglesia no va a hacer nada por su parte para fomentar esa promoción, ni en un próximo Concilio ni en ningún otro. Ni puede esperarse que vaya a mostrar preocupación alguna por elevar la condición de lo que, por otra parte, ya ha sido puesto en su sitio por el mismo Dios. El drama–tragedia, con un desenlace proporcionado a la grandiosidad y a la lógica de la obra, han sido ya escritos y ultimados por el autor divino. Y el actor, también en este caso y como siempre, no puede aspirar a otra cosa que no sea la de representar bien su papel. La crisis actual del sacerdocio en la Iglesia ha servido para poner de manifiesto, de una manera patente, que el sacerdote postconciliar se halla ante la posibilidad de alcanzar el punto más elevado de su vocación y destino; a saber: en el momento culminante en el que, habiendo alcanzado el drama su apogeo, se ve obligado a hacer brillar al máximo sus condiciones

La Promoción de los Presbíteros

de actor ante un público expectante que contempla con emoción, observa con curiosidad, y espera ansiosamente un resultado exitoso. No tiene sentido intentar *levantar* a lo que está destinado a *descender* hasta su destino final de inmolación y muerte. San Pablo lo explicaba claramente a los fieles de Corinto: *Nosotros somos hechos necios por Cristo; vosotros, prudentes en Cristo; nosotros débiles, vosotros fuertes; vosotros honrados, nosotros despreciados. Hasta el momento pasamos hambre, sed, desnudez, somos abofeteados, andamos errantes, y nos esforzamos trabajando con nuestras propias manos; nos maldicen y bendecimos, nos persiguen y lo soportamos, nos ultrajan y respondemos con bondad. Hemos venido a ser hasta ahora como la basura del mundo y el desecho de todos.*[24] Tal como sucedió con la Cruz de Cristo, los que trabajan por la destrucción del sacerdocio están haciendo realidad, sin pretenderlo, los planes salvíficos de Dios, quien ha querido asociar a algunos hombres a su propia Pasión, aunque de manera particularmente íntima. Se trata para ellos del cumplimiento de un destino corredentor, que escapa a la comprensión humana, y que cuenta en este caso con el papel y la misión del sacerdote como *alter Christus*. Ante el momento más difícil que jamás ha sufrido la Iglesia, ha llegado la hora de que el grano de trigo caiga en la tierra y muera, tal como nunca hasta ahora había tenido tamaña necesidad de hacerlo ni tan oportuna ocasión para llevarlo a cabo.

A lo largo de los siglos, la Palabra de Dios dirigida a los hombres ha sido recibida por ellos de muy diversas maneras. Con buena voluntad y como camino indispensable de salvación, unas veces; o con escepticismo y actitud de rechazo, con una frecuencia mayor (Jn 12:48; 15:22). En cuanto al modo de interpretarla, los métodos han evolucionado desde los estrictamente literales a las más variadas

---

[24] 1 Cor 4: 10 y ss.

formas de alegorismo, hasta llegar a los sistemas liberales racionalistas, historicistas, de análisis de las formas, etc., puestos de moda estos últimos desde el Siglo de las Luces hasta nuestros días. La mayoría de ellos, sin embargo, tienen algo en común. Suelen dar de lado al hecho incuestionable de que la Palabra de Dios contenida en la Biblia, desde el primer versículo del Génesis hasta el último del Apocalipsis, es ciertamente la Palabra del Espíritu dirigida a los hombres; pero acerca de un tema único y central, cual es Cristo. Ya en nuestro tiempo, muchos de los que la aceptan y la utilizan de buena fe suelen hacerlo de manera superficial. Con todo, si partimos de la base de que la Palabra de Dios es la espada del Espíritu (Ef 6:17), viva y eficaz y más cortante que una espada de doble filo (Heb 4:12), habremos de concluir que solamente puede ser leída, entendida e interpretada (hasta ciertas capas de profundidad al menos), a la luz del Espíritu para dejarse conducir por Él (Jn 16: 12–13). El ejemplo de la famosa (y desgraciada) distinción racionalista liberal, hoy convertida en un lugar común de la Teología, entre el *Cristo histórico* y el *Cristo de la fe*, es esclarecedor. Cuando en realidad el Cristo histórico no puede ser entendido si no es desde el Cristo de la fe; mientras que, a su vez, el Cristo de la fe no es sino una voluta de humo si se prescinde del Cristo histórico.

Uno de los fenómenos más perniciosos de la moderna Pastoral católica es el del empleo superficial de la Palabra de Dios en la Catequética general, y más concretamente en la predicación. Aunque también se llega hasta el escamoteo de ciertos temas, contenidos en la Palabra, pero que suenan molestos a los hombres de hoy. Si queremos calificar a estas dos modalidades podemos considerarlas, o bien como el empleo del tópico insustancial que nada dice; o bien (lo que es mucho peor) como el ocultamiento deliberado de los temas que los hombres de hoy no desean oír: *Vendrá un tiempo en que los hombres no soportarán la sana doctrina, sino que se rodearán de maestros a la medida de sus pasiones para halagarse el oído. Cerrarán sus oídos a la verdad y se volverán a los mitos* (2 Tim 4: 3–4).

La Promoción de los Presbíteros

Las razones que explican el fenómeno son principalmente dos. La primera de ellas hay que buscarla en el abandono de la oración, a lo que podría añadirse también la depreciación del estudio por parte del común de los Pastores (Obispos y sacerdotes). Desde el momento en que se deja de escuchar la voz del Espíritu, se incurre irremediablemente en el tópico. De ahí que los fieles se vean sometidos a la molestia, llevada hasta el aburrimiento, de escuchar largas peroratas en las que tienen ocasión de experimentar el prodigio, llevado a cabo por el predicador, de *hablar sin decir absolutamente nada*. También se utiliza el procedimiento de emplear con profusión éste o aquel eslogan del momento, los cuales, aunque carecen de contenido y son ordinariamente falsos, pululan en todos los *media*: prensa, radio, televisión, y discursos oficiales. La gente los acepta sin más, *en la medida en que tiene grandes deseos de ser engañada y muy pocos de complicarse la vida.*[25]

La segunda razón, mucho más importante si cabe, hay que buscarla en la pérdida del sentido sobrenatural que se ha producido en la Iglesia. Los temas referentes a la salvación se han visto sustituidos, en la preocupación eclesial, por los de contenido puramente humano: los derechos del hombre, la justicia social, el pacifismo, el diálogo y entendimiento entre los hombres, y la abundante jerga de la moderna teología: el pacifismo

---

[25] Aún podría hablarse de otra modalidad mucho más grave, cual es el parloteo de la lisonja interesada. No son pocos los predicadores, cronistas y periodistas religiosos, para los cuales los discursos o alocuciones de muchos Jerarcas eclesiásticos son absolutamente perfectos, iluminadores en su totalidad, maravillosamente construidos, absolutamente oportunos, perfectamente doctrinales, agudos en su certera visión de los acontecimientos, carentes de fallo o defecto alguno o de algo que se le parezca, etc. No importa que carezcan de contenido, ni que con frecuencia sean inoportunos o traten de cultivar campos que no son de su competencia; menos aún que en definitiva olviden su cometido principal, que no es otro que el de alimentar espiritualmente al rebaño... ¿Se busca acaso con esto obtener provecho de la adulación? ¿Quizá el ingreso en la lista de posibles candidatos al ascenso a tal o cual puesto? Porque de ser así, nos hallamos entonces ante una clara búsqueda de *promociones*, aunque de contenido contrario al verdadero sentido cristiano de la promoción sacerdotal.

y la unión de las naciones, todos los hombres son buenos y cristianos,[26] todas las religiones son caminos legítimos de salvación y poseedoras de la verdad, y un largo etcétera que siempre conduce al mismo punto, que ya señalaba el olvidado Maritain, cual es el complejo de inferioridad de la Iglesia y su arrodillamiento ante el mundo. Así es como se ha llegado a la aceptación de una moral puramente *humana* (si se puede considerar humana la aceptación de principios que actúan contra lo más específico de la naturaleza del hombre; como el atentado contra la indisolubilidad del matrimonio cristiano, o la *legalización* de pecados como la homosexualidad o la contracepción), a la difusión de un falso ecumenismo transmisor de la idea de la validez de todas las religiones, o a la manipulación de los dogmas mediante la aceptación de la teología protestante y a costa de sacrificar la teología católica.

De ahí que, si estamos dispuestos a aceptar seriamente el texto que San Pablo escribía en su Primera Carta a los Corintios, citado antes, llegaremos a la conclusión (confirmada por la experiencia) de que el ministro de Jesucristo no es otra cosa, para el mundo de hoy, que un ser *necio, débil, despreciado, que sufre hambre, sed y desnudez* (se pueden sentir hambre y sed de muchas maneras), *abofeteado, caminando errante, trabajando con sus propias manos, maldecido, perseguido, ultrajado...* y, en fin, algo así *como la basura del mundo y el desecho de todos.* ¿Se puede decir más...? Una completa colección

---

[26]El llamado *cristianismo anónimo* es uno de los grandes hallazgos de Rahner, acogido con aplauso por la moderna teología. La predicación de utopías a los cuatro vientos es una de las peores plagas que sufre la sociedad occidental desde el siglo XIX. Son una de las más sutiles formas de engañar a los pueblos, y oscilan desde las más crueles y sanguinarias (como las de Marx), pasando por las que hablan de ingenuidades como la paz universal y los derechos del hombre (cuyo advenimiento se considera como inminente en todas partes), hasta las estupideces de Zapatero en España con su *Alianza de Civilizaciones*. Cuando las utopías son extraídas de su campo específico (que no es otro que el de la mera literatura) se convierten en arma peligrosa y hasta mortífera.

La Promoción de los Presbíteros

de epítetos de abultado contenido. A propósito de lo cual, y acerca de las posibles interpretaciones del texto, dos de ellas principalmente deben merecer nuestra atención.

Ante todo hay que decir que la cuestión parece tener una actualidad como nunca ha conocido. La crisis (absolutamente real) del ministerio sacerdotal se ha producido en los tiempos posteriores al Concilio Vaticano II, aunque ha alcanzado su auge en los últimos años del siglo XX y los primeros del XXI. Extendida en realidad por toda la Iglesia, parece haber llegado a su mayor acritud en países como los Estados Unidos de América, con problemas como el del escándalo por los abusos sexuales del clero. Un problema que sin embargo, y frente a la opinión común y más generalizada, no es el más importante de la Iglesia Norteamericana, como más adelante vamos a mostrar.

Lo cual ha contribuido muy eficazmente a que el sacerdote católico se vea considerado, hoy más que nunca en efecto, *como la basura del mundo y el desecho de todos*. Una estimación que ha conseguido carta de naturaleza dentro de la misma Iglesia, incluso más que fuera de ella.

Vistas así las cosas, desde un punto de vista humano y que algunos llamarían realista, el descrédito del sacerdocio católico no puede ser mayor. La deserción de numerosos sacerdotes, además del escándalo de los delitos cometidos por tantos otros, han contribuido a incrementar la crisis de fe que la Iglesia está sufriendo en estos momentos. Si se tiene en cuenta también que la llamada *promoción de los seglares* se hizo sobre todo a costa de minimizar las funciones propias del ministerio eclesiástico, reduciendo para ello a la nada la figura del sacerdote; además del hecho de difundir, o de permitir que se difundiera, la famosa teoría de la *crisis de identidad sacerdotal*, la labor podía considerarse completada. Las palabras del Apóstol San Pablo jamás tuvieron tanta actualidad.

Puesto que hemos aludido a la Iglesia Norteamericana, me parece importante añadir que el problema adolece en ella de una alarmante y especial gravedad, dado que parece contener un fondo más profundo de lo que aparenta.

El problema de los delitos sexuales cometidos por clérigos, con ser un problema real y extraordinariamente lamentable, no es sino la punta de un iceberg cuyo fondo contiene cuestiones aún más graves. En este sentido, el escándalo producido por los clérigos está sirviendo en realidad de tapadera para ocultar cosas incluso más preocupantes. Y me refiero a la tremenda crisis de fe que está sufriendo la Iglesia Norteamericana. Los heroicos fieles laicos, más o menos aislados, que todavía quedan en ese país no están en condiciones de analizar la realidad. Una vez más, los árboles están impidiendo ver el bosque. Las causas de la crisis son complejas y variadas, y no es éste el lugar para analizarlas. Quizá bastará con decir aquí que, puestos a buscar responsabilidades por unos delitos realmente imputables, habría que acudir a aquéllos que han dado lugar a la situación en la que se encuentra el clero; a saber: una situación de abandono, por parte de los Pastores, que lo ha conducido a su vez a un estado extraordinario de *miseria espiritual*. Lo cual está relacionado íntimamente con las causas que han ocasionado la crisis de la Iglesia en la nación norteamericana. Enumeradas de manera sucinta y rápida,[27] tendríamos que aludir a la mala *política* (la palabra debe entenderse aquí en su sentido más pleno) seguida en la elección de Obispos, a la *dolarización* de las parroquias y de las diócesis, a la falta de vigilancia en cuanto a la formación impartida en los Seminarios incluidas la relajación de la moral y de la vida espiritual, a las concesiones y claudicaciones del Vaticano en cuanto a los Obispos norteamericanos (determinadas a su vez, en parte, por una cierta dependencia de Roma

---

[27] Ya he dicho que no es éste el lugar de afrontar el problema en profundidad. Los muchos analistas norteamericanos de cuestiones religiosas (en su mayoría laicos) que ya lo han hecho, no han sabido llegar al auténtico fondo del problema. Lo que es algo que no se les puede reprochar; en cuanto que sería necesario, en primer lugar, pertenecer al mundo eclesiástico para conocerlo mejor; y luego y sobre todo, poseer el suficiente hábito de oración como para recibir las luces del Espíritu, a fin de poder llegar así al conocimiento de *toda la verdad* (Jn 16:13).

con respecto a la Iglesia Norteamericana) y que están conduciendo a una situación cismática *de facto*, a la aceptación de la teología protestante y del mundo de ideas racionalistas, progresistas y neomodernistas, a la anarquía introducida en el dogma, la moral y la liturgia, a la práctica de un falso ecumenismo, al incremento de la influencia de la Masonería dentro de la Iglesia, etc. Todo lo cual se puede resumir aludiendo a la pérdida del sentido sobrenatural que ha tenido lugar en toda la Iglesia, pero que ha impactado en algunos lugares más que en otros.

Los que recién acabado el Concilio Vaticano II abogaban por la promoción de los presbíteros, parece que estaban en lo cierto. Aunque no es probable que alguien hubiera podido imaginar entonces, ni aun de manera aproximada, que las cosas iban a llegar adonde han llegado. De ahí que, contemplada la situación desde el presente, más bien que de promoción (lo cual tendría ya poco sentido) sería necesario hablar de restauración o de reforma. La *crisis de identidad* ha llegado a ser considerada como algo definitivo, y la Iglesia parece demasiado ocupada en otras cuestiones como para poder dedicar su atención al tema. Lo que ha favorecido al hecho de que continúe el cierre incesante de Seminarios y Noviciados, provocando a su vez como consecuencia el de abundantes parroquias en número cada vez mayor. En el ínterin, millares y millares de jóvenes aclaman al Papa y acuden a los *Encuentros*; pero sin que eso se traduzca en modo alguno en vocaciones, ni en la asistencia a la misa dominical, ni en la práctica de los sacramentos, ni en el incremento de la vida cristiana. Lo cual me recuerda lo que acostumbraban a decir los antiguos griegos, aludiendo a la alegre y ruidosa caravana que acompañaba al dios Baco: *Muchos son los que llevan el tirso; pero muy pocos son los que reciben los favores del dios.* En definitiva, todo parece indicar que el Apóstol se encontraba lejos de exagerar cuando, aludiendo a los ministros de Jesucristo, decía que habían llegado a ser como la basura del mundo y el desecho de todos.

Es admirable, sin embargo, la frecuencia con que se olvida aquello de que lo necio de Dios es más sabio que los hombres, y que lo débil de Dios es más fuerte que todos ellos (1 Cor 1:25). Pues Dios tiene sus propios caminos.

Es cierto que son muchos los que han caído, y bastantes los que han desertado. Sin embargo, en todos los ejércitos del mundo ha habido siempre cobardes, desertores y traidores. Lo cual no dice nada, ni contra el ejército como tal ejército, ni contra los que se han mantenido valientemente en su puesto. Perder la batalla, y hasta la vida, incluso por parte de todos los que componen el ejército, lejos de suponer la derrota, puede poner de manifiesto la nota del heroísmo más exaltado. Nunca parece más glorioso un ejército que cuando todos sus soldados han caído valientemente en la lucha. Todavía son recordados los Trescientos espartanos del Paso de las Termópilas, o las inmortales Sagunto y Numancia, o la respuesta de Francisco Melo, Capitán de los Tercios españoles, al general francés que le preguntaba, después de la batalla de Rocroy (1643):

—¿*Cuántos erais...?*
—¡*Contad los muertos!*

Hasta puede parecer que el destino más glorioso de un ejército, o de un soldado, no llegan a ser efectivos sino a través del heroísmo en la batalla (por más que el resultado sea adverso), de las heridas recibidas y de la misma muerte llegado el caso. Además de que está más que comprobado que *las batallas las ganaron siempre los soldados cansados.*

De donde se desprende que el sacerdocio católico ya no necesita ser promocionado. Ahora más que nunca *es cuando se encuentra precisamente en su sitio*. Llamado a ser constituido como testimonio auténtico de Jesucristo, su destino y su gloria no pueden ser otros que el de la Cruz: *Adonde yo voy ya sabéis el camino.*[28] Un testimonio tan claramente perceptible como para convertirse en evidente: *Glorificad a Dios en vuestro cuerpo.*[29] ¿Y cómo podría ser eficaz un testimonio que no fuera perceptible? De ahí la razón de que el Apóstol insista en que la glorificación de Dios, llevada a cabo por el ministro de Jesucristo ante sus hermanos los hombres, ha de ser incluso *corporal*, a fin de que su capacidad de convencimiento solamente pueda ser ignorada por la mala voluntad. Aplicando la doctrina a sí mismo (lo que deja claro que no se refiere aquí al conjunto general de los cristianos),[30] llega a decir incluso que *con toda seguridad, ahora como siempre, Cristo será glorificado en mi cuerpo, tanto en mi vida como en mi muerte.*[31]

Una vez más nos encontramos en los antípodas de la teoría según la cual el sacerdote no debe diferenciarse en nada de los demás hombres. La cualificación del sacerdote como representante de la comunidad es un detrito derivado de la teología protestante, adoptado ahora por la teología católica y que ha acabado por destruir la doctrina del sacerdocio. No es extraño que haya hecho su aparición la teoría de la crisis de identidad del sacerdote. Si una naranja se empeña en ser manzana a toda costa, es lo más probable que llegue un momento (cuando no consiga ser manzana y comience a no parecer naranja) en el que se vea afectada por una lamentable crisis de identidad.

---

[28] Jn 14:4.

[29] 1 Cor 6:20.

[30] Aunque la doctrina sea aplicable a todos los cristianos, es indudable que, si se examina objetivamente el contexto, se refiere en este caso de modo directo y principal al ministro de Jesucristo, o más claramente al sacerdote.

[31] Flp 1:20.

El texto de los Filipenses que acabamos de citar establece que el testimonio vivo y auténtico da lugar a la glorificación de Cristo, la cual se ha de llevar a cabo por medio del cuerpo del apóstol, *tanto en mi vida* —dice— *como en mi muerte*. Pero la muerte cristiana no es sino la culminación de una vida que ha ido madurando en Cristo (Ga 4:19); de donde se deduce que el testimonio está llamado a culminar en plenitud en la muerte. Que es lo que parece insinuar el texto; a saber: la muerte como ápice del testimonio al convertirse en la muerte misma de Cristo (ahora ya como testimonio patente para todo el que lo quiera ver). Pues el apóstol —el ministro de Jesucristo—, una vez despojado de todo, no solamente ha perdido su propia vida (Mc 8:35), sino también su muerte, que ahora ya tampoco le pertenece (Ro 14: 7–8): *Ninguno de nosotros muere para sí... Si morimos, para el Señor morimos.* Lo cual no quiere decir que la muerte del ministro del Señor haya de interpretarse, meramente y sin más, como la culminación de un testimonio que se ha venido llevando a cabo durante la vida. Nada más lejos de la verdad. La muerte del apóstol no es una mera culminación testimonial, sino una condición *sine qua non* absolutamente indispensable: *Si el grano de trigo no cae en la tierra y muere, no da fruto.* Un pensamiento que afectaba intensamente a Bernanos y que subyace y juega un papel importante en sus *Diálogos de Carmelitas*. Todo lo cual quiere decir que el testimonio del apóstol sobre el Cristo Resucitado ha de ir precedido por el de Cristo Crucificado (1 Cor 1:23; Ga 6:17).

Estamos comenzando a penetrar en los misterios más recónditos de la teología del sacerdocio. Es necesario darse cuenta de que la urgencia del testimonio ministerial —puesto que ha de darse necesariamente en el *ya*— no permite esperar a la muerte del apóstol. El ministro de Cristo ha de renunciar a su vida —ha de comenzar a morir— *desde ahora*, ya en este momento y de manera continuada, como algo que es necesario para la vida de los demás. Tal como San Pablo lo afirmaba con claridad: *Ergo mors in nobis operatur, vita autem in vobis.*[32] Y por eso podía añadir que la muerte era ganancia para él. Afirmación esta última que solamente puede ser entendida cuando se tiene en cuenta que su vida era Cristo, según también su propio testimonio (Flp 1:21). Si bien debe ponerse cuidado, sin embargo, en no interpretar este último texto (en relación con el anterior) simplemente en el sentido de que su muerte iba a culminar, por fin, en fuente de vida para los demás. Lo que equivaldría a otorgar al texto una interpretación más bien falta de profundidad. Si la vida del Apóstol era Cristo, su muerte podía ser entendida como ganancia en cuanto que en ella entrega lo último y lo único que todavía poseía, que no era otra cosa que el mismo Cristo y que es lo mismo que decir todo su Amor. Estamos, por lo tanto, ante una entrega total y un despojo absoluto y final: *Padre, en tus manos encomiendo mi Espíritu.* Es así como el despojo y la pobreza total, que han renunciado a todo para entregarlo todo, y que conducen por lo tanto a una muerte absoluta, se convierten en fuente de vida para los demás. Para lo cual es absolutamente necesario, en primer lugar, estar enamorado de Jesucristo. Y en segundo término (momento incomprensiblemente doloroso y terrible, que depende por completo del anterior), estar dispuesto a entregar tal Amor. *Puesto que, para un enamorado, es la única entrega que tiene sentido*, y todo lo demás no vale nada: *Por Él perdí todas la cosas y las considero como basura.*[33]

Para un alma enamorada, *toda* su vida es el Amado. Hasta tal punto es lo único que cuenta para ella, que todo lo demás es basura. De donde el Amado es *todo y lo único* que posee, lo único que

---

[32] 2 Cor 4:12.
[33] Flp 3:8.

verdaderamente le importa, y lo único que quiere y puede entregar. Al hacerlo así queda sumida en el despojo total y absoluto: *Vivo yo, pero ya no soy yo quien vive*. El acto mayor y la más sublime demostración de amor, imposible de superar, consiste en entregar la vida por aquél a quien se ama (Jn 15:13). Pero cuando aquello que constituye la Vida para el amante es justamente el Amado... Aunque antes haya sido preciso que ya solamente cuente el Amado y que quede atrás todo lo demás:

> *Son tus amores más deliciosos que el vino;*
> *de aroma exquisito tus perfumes.*
> *Perfume fragante es tu nombre,*
> *por eso se enamoran de ti las doncellas.*[34]
>
> ....
>
> *Mi amado es puro y sonrosado,*
> *se distingue entre millares.*
> *Su cabeza es oro fino,*
> *y sus cabellos racimos de dátiles...*[35]

Ahora bien —podría preguntar alguno— entregarlo todo, ¿a quién? ¿Y por qué...?

Claro está que al Amado, y por supuesto por Amor. Pero sucede que el Amado no puede recibirlo todo sin entregarlo todo también a su vez. De ahí que el momento en que el amante queda despojado de todo viene a coincidir con aquél en que lo recibe todo: *Por la Nada al Todo*, decía San Juan de la Cruz. Según lo cual cabría la duda de si acaso tal entrega se hace para recibir. En cuyo caso, ¿podría

---

[34] Ca 1:3.
[35] Ca 5: 10–11.

interpretarse quizá como una entrega interesada? Y la respuesta no deja lugar a las vacilaciones: nada más lejos de la verdad. Pues es lo cierto que el enamorado *solamente piensa en entregar*. De ahí que el Amor sea esencialmente Don (el nombre más propio del Espíritu Santo), y no Recepción. A lo que hay que añadir enseguida que, de todos modos, es imposible la existencia de la Donación sin la contrapartida de la Recepción. ¿Cómo podría ser de otro modo? En el seno de la Trinidad, el Padre solamente *piensa* en entregarse al Hijo; mientras que a su vez el Hijo, que es igual al Padre, *piensa* sólo igualmente en entregarse al Padre. El resultado es la ley esencial de la bilateralidad en el Amor, y así es como el Espíritu Santo viene a ser el recíproco y mutuo Amor del Padre y del Hijo. Tal desinterés en la entrega amorosa fue bellamente expresado en el soneto anónimo de todos conocido:

> *Muéveme, en fin, tu amor, y en tal manera*
> *que, aunque no hubiera Cielo yo te amara,*
> *y aunque no hubiera Infierno te temiera.*

Es verdad que sobrepasa toda la capacidad del pensamiento humano el hecho de que, en el amor creado, o en el amor divino–humano, tal reciprocidad se convierte en batalla en la que los amantes luchan entre sí. ¿Quién es aquél que entrega más?:

> *Me hizo entrar en la sala de bodas*
> *y la bandera que ha alzado contra mí es Amor.*[36]

Tal lucha pone de manifiesto a su vez lo dicho antes, cual es que cada uno de los amantes *piensa solamente en entregar*. La razón

---

[36] Ca 2:4.

que hace esto inteligible es el hecho de que, con respecto al amor divino–humano, los amantes son siempre capaces de amar con mayor intensidad. Tanto por parte de la creatura como por parte de Dios. Por lo que se refiere a la primera, el hecho es evidente; y por lo que se refiere a Dios se entiende también en cuanto que siempre puede ver en su creatura una más perfecta imagen de su Hijo (objeto y razón última de su amor).

Pero dijimos más arriba, con respecto a la vocación sacerdotal, que Dios llama a los que quiere y solamente a los que quiere. Escoge a algunos y da de lado a otros. Pero, ¿por qué tal elección? Por otra parte, la llamada al ministerio —a fin de convertirse en *otro Cristo*— es la mayor demostración de amor que Dios puede otorgar a alguna de sus creaturas. Y por eso mismo sabemos que la respuesta última a la pregunta que acabamos de hacer es el Amor. No sin advertir que, en el caso de que se hallara respuesta al hecho de que Dios ame a algunos más especialmente que a otros, habríamos explicado el misterio del Amor y, por ende, el misterio de Dios (que es Amor). De donde, una vez más y como siempre, no nos queda sino intentar inquirir en el Misterio. Aunque con la seguridad de no conseguir otra cosa que no sea la de quedarnos en la superficie. Sin embargo, y teniendo en cuenta todo eso, la insondable profundidad de los Misterios de la fe es de tal guisa que, aun en lo poco que nos es dado conocer de ellos, poseemos lo suficiente para llenar nuestra vida de ilusión (lo que algunos llamarían con razón *esperanza* en sus más altos grados) y de contenido (con referencia en este caso a la que ha sido llamada también *vida abundante* de Jn 10:10).

De ahí que la pregunta acerca del hecho de que Dios elija a algunos con preferencia a otros, que viene a ser lo mismo que inquirir el por qué ama a unos más que a otros, no tiene sentido. O quizá sería mejor decir que no tiene respuesta. Porque si el amor es esencialmente libertad —*ubi*

Spiritus Domini, ibi libertas—,[37] el Amor Sustancial es Libertad Infinita. Pero la Libertad Infinita, a su vez, no puede estar determinada por razón alguna fuera de ella misma; dado que entonces ya no sería Libertad Infinita. Y puesto que es imposible admitir la existencia de ninguna razón, ajena a sí misma, que la determine a elegir, es necesario concluir que escoge simplemente *a quien quiere y solamente porque quiere*. Si se tiene en cuenta además que la Infinita Libertad es justamente el Amor Infinito, tal cosa significa entonces que su elección es a la vez un acto de infinito Amor. Lo que equivale a afirmar que el Amor Perfecto e Infinito no puede admitir razones fuera de Sí mismo para determinarlo; pues de otro modo ni sería Libertad Infinita, ni tampoco por lo tanto Infinito Amor.

En el amor creado, como es lógico, las cosas no suceden de la misma manera. La creatura amante es motivada en el amor por el objeto amado, en primer lugar, y por el amor mismo, en segundo término. En el seno de la Trinidad (en el Amor Sustancial) la Persona del Amante, la Persona del Amado, y la Persona del Amor que los une en intensidad de infinitud, son una sola y misma cosa (aunque no una sola y misma persona). En el amor divino–humano, la infinitud del Amor divino —término *a quo*— permanece intacta; mientras que en la creatura amada el amor está limitado por la misma condición de finitud del recipiente —término *ad quem*—.[38]

Con estas advertencias a la vista, podemos bosquejar algunas consideraciones, referentes a nuestro tema, aunque sin pretender, por supuesto, haber hallado nada definitivo que pueda aparentar visos de explicación. Así se hace posible admitir la idea de que la elección tenga que ver con el hecho —como si fuera una consecuencia lógica— de que el sacerdote esté destinado a ser considerado como el desecho y la basura del mundo: *Ego autem sum vermis et non homo, opprobrium hominum et abiectio plebis* (Sal 22:7). Que es la

---

[37] 2 Cor 3:17.

[38] En el amor divino–humano, la expresión de término *a quo* con referencia al amor divino no es una denominación arbitraria. Según San Juan, *nosotros amamos porque Él nos amó primero* (1 Jn 4:19).

única forma, al parecer, de que su testimonio acerca de Jesucristo sea válido y verdadero (de nuevo hace su aparición el concepto del *alter Christus*). Con lo que hemos llegado al punto en el que, relacionando todos los datos, estamos en disposición de mostrar que, también en el mundo de lo sobrenatural, solamente algunos son aptos para ser seleccionados. Y me refiero a los que están destinados a realizar operaciones en las que hay que ocupar la vanguardia de la lucha, o a aquéllas otras en las que hay que llevar a cabo misiones especiales (y aun suicidas) en la batalla.

Todo lo cual cuadra a la perfección con lo que venimos diciendo. Ciertamente la Revelación Neotestamentaria está plagada de paradojas. Lo que no podía ser de otra manera desde el momento en que toda la existencia cristiana, comparada con la manera de pensar según el mundo, es una absoluta locura. Sin embargo, cuando se examinan atentamente las piezas que componen el rompecabezas, siempre acaba por descubrirse que el conjunto constituye una figura lógica y perfecta. Que es lo que ocurre también en este caso.

Por lo que se refiere al cristianismo de occidente, la condición social del sacerdocio se encuentra en el punto más bajo de catalogación que ha ocupado desde mediados del siglo veinte. Una prueba de que es así, e incapaz por otra parte de engañar, es la de los números: jamás ha existido tal escasez de vocaciones y jamás han sido clausurados tantos seminarios, noviciados, parroquias y lugares de culto.[39] Es verdad que las estadísticas pueden ser manipuladas (y de hecho lo son), pero las realidades son demasiado evidentes como para que el intento resulte siempre baldío. La crisis parece ser tan grave que ya nadie habla de una posible promoción del sacerdocio;

---

[39] Casi nadie parece haberse dado cuenta de que numerosas catedrales, incluidos también muchos templos monumentales, han sido convertidos en museos y lugares para conciertos y actos culturales.

y ni siquiera se piensa en ello. Y aunque todo parece indicar que sería más lógico y urgente hablar de reforma, otra prueba más de la gravedad de la situación está en el hecho de que nada ni nadie aparenta hacerse eco del problema.

Pero los caminos de Dios, como bien se sabe aunque se acostumbre a olvidar tan a menudo, son extraños y misteriosos, y siempre acaban por desembocar en lugares y resultados imprevisibles para el hombre. Así sucede que, frente a todo lo que podía haberse esperado y contra todo lo que se ha intentado y pretendido, el sacerdocio cristiano se encuentra ahora en la situación óptima para la cual precisamente fue instituido. Después de no pocos turbulentos movimientos y ataques ideológicos, y de las abundantes tribulaciones que se han visto obligados a soportar los supervivientes, la situación para ellos en el momento actual, ante la tremenda y peligrosa coyuntura que se adivina inminente en los albores del siglo veintiuno, no puede ser mejor. Puesto que encaja perfectamente con los planes de Dios.

En primer lugar, porque tales supervivientes, preparados ya para la lucha, se encuentran en las condiciones y reúnen las características que Dios desea para la difícil batalla (imposible según la medida puramente humana), ya inminente. A este respecto, es conveniente escuchar de nuevo al Apóstol: *Dios escogió la necedad del mundo para confundir a los sabios, y eligió la flaqueza del mundo para confundir a los fuertes. Escogió a lo vil, a lo despreciable del mundo y a lo que no es nada, para destruir lo que es.*[40]

Y es que, efectivamente, los pensamientos de Dios no son nunca los de los hombres. Es posible que los expertos en Pastoral (y más en concreto en Pastoral vocacional) hubieran planificado aquí una inteligente estrategia para llevar a cabo la tarea. Quizá —cosa probable,

---

[40] 1 Cor 1: 27–28.

dado el *modus operandi* de las modernas Pastorales católicas— fundamentada sobre todo en las formas de proceder elaboradas por las ciencias y técnicas sociológicas actuales (cuyo desconocimiento de lo sobrenatural es patente). Y digo que *hubieran planificado* aquí porque es lo cierto que no se han elaborado planes al respecto. Al menos que se sepa.[41] Lo cual, lejos de provocar extrañeza alguna, habría de ser más bien objeto de aprobación. ¿La razón? Porque sucede que, precisamente para esta concreta necesidad, la solución fue ya dada por el mismo Señor (Mt 9: 37–38; Lc 10:2), aunque *desgraciadamente* clasificada dentro del orden sobrenatural, cual es la oración. ¡Las ocurrencias de Dios! Y no parece probable que los Altos Laboratorios de Alquimia Pastoral vayan a aprobar una labor de esas características.

Si es verdad, por lo tanto, que Dios escogió a lo necio y a la flaqueza del mundo, a lo vil y despreciable y a lo que es nada... Y puesto que los ministros de Jesucristo, supervivientes de las corrientes neomodernistas que han barrido la Iglesia después del Concilio Vaticano II, mas los pocos intrépidos que componen la Fuerza Especial agregada después, encajan perfectamente (a los ojos del mundo, y tal vez también a los de una parte de la Iglesia) en el sentido de tales epítetos, es de suponer que todo está dispuesto para la lucha que se avecina. La ventaja no está esta vez de parte del enemigo, por cuanto que anda desprevenido, una vez que se ha convencido de que su victoria ha sido total y está completada.

Es importante tener en cuenta, sin embargo, que la *debilidad* de que aquí se habla solamente es tal a los ojos del mundo y a los de los hombres. Pero no a los de Dios, que es quien la ve justamente en sentido contrario. Los textos escriturísticos son bastante claros al respecto.

---

[41] La verdad, por más que sea triste y muy duro decirlo, es que tampoco hubieran encontrado prácticamente a nadie para prestarse al experimento.

La Promoción de los Presbíteros

Y es igualmente importante recordar que el hombre —en este caso el ministro de Jesucristo— ha de ser enteramente consciente de ella. Y no solamente eso, sino que es preciso además que la acepte y la ame; puesto que solamente así es como se verá inundado de la fuerza de lo Alto. La fortaleza es también una cuestión de amor, puesto que la intensidad de la fuerza a recibir depende de la confianza que se haya depositado en Dios: *Pro me autem nihil gloriabor nisi in infirmitatibus meis...*[42] *Nam virtus in infirmitate perficitur... Libentissime igitur potius gloriabor in infirmitatibus meis, ut inhabitet in me virtus Christi...*[43] *Cum enim infirmor, tunc potens sum.*[44]

Ha llegado el momento en el que estamos ya en condiciones de afirmar, después de todo lo dicho, que *no hace falta la promoción del sacerdocio. Por una parte sería nefasta, en cuanto que anularía su eficacia. Por otra, ahora es precisamente cuando se encuentra en la situación en la que y para la que fue instituido. Justamente en el lugar que Dios quiere.* Al Sistema le sobrarían razones para alarmarse si no anduviera desprevenido, como de hecho lo está. Es providencial, afortunadamente, que el Mal se encuentre siempre instalado en la mentira, en la autocomplacencia y en la autoadmiración, y de ahí que ni siquiera sea capaz de admitir el pensamiento de su posible derrota.[45]

---

[42] 2 Cor 12:5.

[43] 2 Cor 12:9.

[44] 2 Cor 12:10.

[45] Como cualquiera habrá podido pensar, yo no pretendo afirmar con esto que no sea necesaria una profunda reforma. Empezando, por ejemplo, por la de los Seminarios. Simplemente pretendo insistir en la necesidad de desterrar cuanto antes toda una jerga de palabras y de conceptos, la cual, lejos de conducir a nada positivo, no hace sino reflejar los vanos intentos de laboratorio de una Pastoral progresista y de fe dudosa. Unos intentos que solamente conducen, dígase lo que se quiera, o bien a una visión superficial e inútil de los problemas, o bien a manipulaciones que solamente buscan el desprestigio del estado sacerdotal.

La línea a seguir con respecto a la verdadera *promoción* del Sacerdocio está perfectamente trazada por la Escritura. Sería vano pensar que Dios iba a dejar tal cosa al arbitrio del hombre. Y nada tiene que ver con el contenido de una labor formativa que, si bien se supone capaz de enfrentarse a los desafíos del mundo moderno, se fundamenta en criterios extraídos de lo que muchos entienden hoy por modernidad. No parece que sea lo más importante crear expertos en antropología, en sociología, en psicología, en la promoción de los derechos del hombre y de la justicia social, etc. Lo cual puede ser considerado como conveniente (o necesario) en el grado que se quiera, a fin de ser utilizado *por añadidura*; con tal que primero se haya procurado la búsqueda del Reino de Dios, según la receta elaborada por el mismo Señor (Mt 6:33).

Pero si el ministro del Señor ha de ser la luz del mundo, y dada la tarea que le va a ser encomendada, es evidente que su formación habrá de edificarse principalmente sobre los sólidos pilares de la Filosofía y de la Teología. A las que se agregará luego un conjunto de ciencias auxiliares serias entre las que destacará, por ejemplo, la Historia.

Sin olvidar tampoco en este punto las palabras del Apóstol: *Scientia inflat, caritas vero œdificat.*[46] Las cuales no pretenden ser un alegato contra la ciencia, sino que más bien significan a lo más una advertencia acerca de que la ciencia nada vale sin la caridad: *Y aunque tuviera el don de profecía y conociera todos los misterios y toda la ciencia... si no tengo caridad, no sería nada.*[47] Sería absurdo interpretar estas palabras como una pobre valoración de la sabiduría por parte de San Pablo: *Deseo que habléis todos en lenguas, pero más todavía que profeticéis... para que la Iglesia reciba instrucción... Doy gracias a Dios porque hablo en lenguas más que todos vosotros, pero en la iglesia prefiero decir cinco palabras con sentido, para instruir también a los demás...*[48] *Que el Dios de Nuestro Señor Jesucristo, el Dios de la gloria, os conceda el Espíritu de Sabiduría...*[49]

---

[46] 1 Cor 8:1.
[47] 1 Cor 13:2.
[48] 1 Cor 14: 5.18–19.
[49] Ef 1:17.

La Promoción de los Presbíteros

Es cierto que San Pablo distingue claramente entre sabiduría y ciencia (Ro 11:33; 1 Cor 12:8; Col 2:3; etc.), consciente de que toda sabiduría o conocimiento sobrenatural presupone, como base previa, el conocimiento natural. El problema es bien conocido, y se refiere al hecho de que la sobrenaturaleza, lejos de destruir la naturaleza, la exige como base fundamental antes de sanarla y elevarla. San Pablo lo expresa con precisión al establecer la existencia de una verdadera Teología Natural (Teodicea), como base previa y momento anterior a la Revelación (Ro 1: 19–22).

Tal como hemos venido diciendo siempre, siguiendo la sana doctrina católica, una Teología que prescinda de la razón carece de sentido y de contenido. Por mucho que pese a Lutero, la razón no es una ramera. El hombre necesita, en su presente condición, el complemento de la Revelación como condición *sine qua non* para desenvolverse en el mundo de lo sobrenatural; y como condición necesaria, o tarjeta de seguridad, para no errar en el de lo natural. En este sentido, el perfecto paralelismo e interrelación entre la fe y la razón (por más que medie entre ellas la distancia infinita que señala la diferencia entre la gracia y la mera naturaleza) es algo que *va de sí*, según se desprende de una sana Teología y para el perfecto funcionamiento del ser humano. Repetidamente hemos advertido acerca de las deficiencias en el ejercicio de las *virtudes humanas* en el clero. Las cuales, en mi opinión, no se deben a otra cosa que a la deficiencia en el ejercicio de las *virtudes sobrenaturales*. Sabemos que, si bien lo sobrenatural supone como base previa lo natural, también lo eleva y lo sana, según lo acabamos de decir. Y sin embargo, *la sanación* misma de lo natural, pese a que el instrumento que la produce corresponde al orden de la gracia, sigue formando parte de la órbita del mundo natural. Lo que explica la frecuente *alienación* del sacerdote con respecto al mundo que lo rodea. Alejamiento que nada tiene que ver con el *contemptus mundi* de los místicos, sino con la desconexión o desconocimiento con respecto al entorno en el que se vive.[50]

---

[50] La falta de realismo de muchas homilías y de bastantes documentos provenientes de parte de la Jerarquía eclesiástica, con el consiguiente uso y abuso de tópicos y de inanidades, se debe precisamente a eso. Frente a lo que muchos pudieran creer, el abandono o dejación con respecto al mundo sobrenatural desemboca irremediablemente en la ignorancia y desconocimiento del mundo natural.

De ahí que lo más importante para el aspirante al ministerio sacerdotal —lo único importante— es su *cristificación*: su conversión en otro Cristo, o su asimilación de la vida de Cristo (que es a lo que el Apóstol llamaría alcanzar la plena madurez en Cristo). Sin ella no pasaría de ser un mero funcionario y un sujeto sin identidad, tanto para sí mismo como para los demás, sin nada en su haber de lo que dar testimonio ante el mundo. Que es lo que explicaría la aparición de la famosa *crisis de identidad del sacerdote*.

Pero ya hemos dicho que el camino está bien señalizado por el Apóstol San Pablo para el sacerdote de todos los tiempos; y muy especialmente para el que ha de vivir en la turbulenta época que comienza en los albores del siglo veintiuno. Como no podía ser de otro modo, coincide con lo que hemos venido exponiendo hasta aquí, y dice así:[51] *A nadie demos motivo alguno de escándalo, a fin de que no sea desacreditado nuestro ministerio, sino que en todo nos hemos de acreditar como ministros de Dios: con mucha paciencia, en tribulaciones, necesidades y angustias; en azotes, prisiones y tumultos; en fatigas, desvelos y ayunos; con pureza, con ciencia, con longanimidad, con bondad, en el Espíritu Santo, con caridad sincera, con la palabra de la verdad y con el poder de Dios; mediante las armas de la justicia, en la derecha y en la izquierda; en honra y deshonra, en calumnia y en buena fama; como impostores, siendo veraces; como desconocidos, siendo bien conocidos; como moribundos, siendo así que vivimos; como castigados, pero no muertos; como tristes, pero siempre alegres; como pobres, pero enriqueciendo a muchos; como quienes nada tienen, aunque poseyéndolo todo.*[52]

---

[51] Tanto del contexto como del texto se desprende claramente que el Apóstol habla aquí directamente para los ministros de Jesucristo.

[52] 2 Cor 6: 3–10.

Harían falta muchos libros para comentar el contenido de estas palabras. Por mi parte me declaro incapaz de intentarlo siquiera. Aunque sí deseo dejar constancia de que, para un anciano sacerdote como yo, resultan altamente consoladoras. Después de haber vivido dos épocas tan distintas en la historia del Mundo y de la Iglesia —desde antes de la mitad del siglo veinte hasta ya bien entrado el siglo veintiuno—, es imposible disipar la impresión de que esas palabras tratan de describir, con agudeza no exenta de grandiosidad, lo que puede haber sido la trabazón de una existencia sacerdotal: En constante paciencia, aunque bien salpicada de interminables tribulaciones, necesidades, angustias, azotes, tumultos, fatigas, desvelos, ayunos; y todo ello en honra y deshonra, en calumnia y en buena fama... En realidad, para un anciano que hubiera vivido intensamente, no sería fácil contener aquí las lágrimas. Es evidente que el Apóstol, mejor que de cronista de su tiempo, está elaborando aquí una labor de periodista del futuro; o de profeta, si se prefiere más claramente, y como así es en realidad. Ya he dicho que serían necesarios muchos libros para comentar esto. Con todo, algunas de las afirmaciones del Apóstol resultan tan lacerantes como para herir el corazón y provocar el llanto. Lágrimas sin duda amorosas; pero que sin embargo también causan dolor. Por más que sea un dolor de consolación, pues tenía razón Tolkien cuando decía que *no todas las lágrimas son malas*. Y éstas con mayor razón, desde el momento en que brotan de un corazón enamorado.

Algunas de las cosas que dice vienen a ser particularmente impresionantes. Como cuando habla, por ejemplo, de que hemos sido tachados de *impostores, siendo veraces*. Ciertamente que una vida transcurrida en el amor de la verdad, con el deseo de difundirla por todas partes, en lugares lejanos y dispares y gentes tan diversas, y siempre con riesgo de perderla al arriesgarla, no merecería ser tachada de *impostora*... Aunque el improperio pueda ser aceptado por amor, sabiendo que queda patente ante los ojos de un Dios que premia a los que ama con la participación en la Cruz de su Hijo. ¿Qué se puede hacer entonces, sino ofrecer rendidas gracias ante tales cosas...?

Algo parecido habría que decir con lo que se expresa a continuación. Se trata de que pasamos *por desconocidos, siendo bien conocidos*. Aunque lo mismo podía haber dicho que somos ignorados, voluntariamente olvidados, o tal vez silenciados. Tan cierto es que los Poderes del mundo tienden a ignorar y silenciar a quienes no les agradan. Y sin embargo, también aquí surge la alegría de saber que nunca un hombre es más conocido de Dios que cuando es injustamente ignorado por el mundo (o quizá hasta por sus propios hermanos): *El mundo no nos conoce porque tampoco le ha conocido a Él.*[53] Preciso es reconocer que si el precio a pagar por amar a Jesucristo, y por la pretensión de intentar que otros también lo amen, ha de consistir en pasar ante el mundo por un ser desconocido, no queda sino admitir que se trata de una situación bienaventurada. *De los hombres se puede decir lo que de los Pueblos: dichosos los que no tienen historia.* Los hombres son lo que Dios sabe de ellos. Nada más y nada menos.

Especialmente profundo y misterioso se muestra también el Apóstol cuando dice que pasamos *por moribundos, siendo así que vivimos*. Donde todo parece indicar que nos hallamos ante un abismo de insondable profundidad y de asombrosa belleza. ¿Acaso podemos hacer aquí otra cosa sino sumirnos en el silencio para permitir expandirse el corazón, más allá de palabras y de conceptos que no harían otra cosa, en su incapacidad, que apartarnos de la intuición de un mundo mágico, capaz de darnos en el *ya* una inefable primicia

---

[53] 1 Jn 3:1.

del *todavía no*? En verdad que, de tales cosas, ni siquiera sería lícito el intento de hablar de ellas (2 Cor 12:4). Porque es evidente que la Vida, con lo que ella significa, o la Vida abundante de la que hablaba Jesucristo (Jn 10:10), no solamente permanecen desconocidas para el mundo, sino que incluso las considera como muerte. Y por eso piensa de nosotros que somos seres moribundos. Pero el Maestro se definió a Sí mismo como que Él es la Vida (Jn 14:6), mientras que nosotros, por nuestra parte, sabemos además que solamente Él es nuestra Vida (Col 3:4). Con lo cual, ¿qué puede importar lo que piense el mundo? ¿Y acaso se puede ser feliz en esta Tierra sin poseer la Vida abundante, siquiera sea en forma de primicias? Por lo demás, si el ministro de Jesucristo es etiquetado por el mundo (sin excluir con frecuencia a la propia Iglesia) como basura y desecho, lo cual significa como nada, ¿qué tiene de particular que sea considerado por fin como un ser muerto? Para el Apóstol, sin embargo, no significa nada que el mundo piense que somos moribundos, y sí únicamente la fabulosa realidad del hecho de que vivimos: *Siendo así que vivimos*. Para el verdadero discípulo de Jesucristo no basta con no significar nada dentro de los estamentos. Pues tal cosa aún no sería suficiente. El sello de autenticidad solamente se consigue aquí cuando se ha recibido el marchamo de que se está muerto. Según lo cual, y dentro de la relación de proporción establecida en las palabras del Apóstol, tanto más se vive cuanto más se es considerado como muerto. Jesucristo lo dijo expresamente cuando afirmó que, para dar fruto, es necesario morir primero (Jn 12:24).

La parte final de su programática exhortación es quizá lo más enjundioso y bello del texto. Según el Apóstol, también el mundo tacha de pobres a los ministros de Jesucristo, aunque en realidad están enriqueciendo a muchos; y los considera como quienes no tienen nada, aunque de hecho lo poseen todo: *Sicut egentes, multos autem locupletantes, tamquam nihil habentes et omnia possidentes.* Lo asombroso aquí es el hecho de que quedan de manifiesto, una vez más, la increíble profundidad y la inefable grandiosidad de las paradojas de la existencia cristiana. Estos epítetos, atribuidos con desprecio por el mundo a los discípulos de Jesucristo, son en realidad verdaderas alabanzas. La pobreza es una excelsa virtud y la más cercana seguramente a la caridad. En cuanto a la condición de no tener nada, supone nada menos que la sublime situación de quien se encuentra despojado de todo, porque todo lo ha entregado por amor. De donde se desprende que nos encontramos aquí ante el Amor mismo; y también ante la situación que es la más cercana al Amor.

Según lo cual, ¿por qué el mundo convierte estos conceptos en epítetos insultantes y los atribuye a los discípulos? La razón está en que, según dice también el Apóstol, el hombre carnal no entiende las cosas de Dios, sino que las pervierte y las considera locura: *Animalis autem homo non percipit quæ sunt Spiritus Dei, stultitia enim sunt illi, et non potest intellegere, quia spiritaliter examinantur.*[54] Por eso es por lo que existe una pobreza extrañamente aprobada por el mundo. A la cual podríamos llamar *pobreza publicitaria*, porque va pregonándose por todas partes con el aplauso de todos. Es característica de ciertas Familias religiosas y, como es de suponer, no piensa en *enriquecer a muchos*, sino solamente en enriquecerse a sí misma. De no ser porque el mundo ama y prefiere la mentira, pronto y fácilmente sería reconocida, puesto que las verdaderas virtudes jamás se pregonan a sí mismas. La verdadera pobreza no goza de buena fama, por la sencilla razón de que no goza de fama alguna.

Podría decirse que el mundo dispone de tres registros para calificar la pobreza. El primero lo dedica a la pobreza publicitaria o falsa

---

[54] 1 Cor 2:14.

pobreza, a la que aplaude y jalea, y a la que aprueba plenamente.[55] El segundo registro queda reservado para la pobreza que el mundo considera despreciable y vil; por la sola razón de que esta clase de pobreza hace caso omiso de las cosas, criterios y comportamientos que el mundo aprecia como los únicos y auténticos valores. El tercer registro, que en realidad coincide con el segundo, es el que se refiere a la auténtica virtud de la pobreza; y con respecto al cual, lo único que cabe decir es que el mundo ni siquiera sospecha su existencia.[56]

---

[55] No sería fácil la tarea de indagar en los motivos del mundo para adoptar este comportamiento. Una visión superficial de las cosas pensaría que se trata simplemente de una equivocación por parte del mundo, sin pretender averiguar si el error en este caso procede de buena o de mala voluntad. Otra razón preferiría creer en una especie de soborno con el que muchos intentan comprar a Dios; pues aunque parezca increíble, en efecto, no son pocos los que piensan que pueden adquirir su salvación entregando como limosna algunas migajas de sus bienes. Por mi parte, más bien sospecho que la auténtica razón se encuentra aquí en el hecho de que el mundo *presiente o adivina que se trata de una falsa pobreza*, y es por eso por lo que la acepta y la aplaude; de manera que estamos una vez más ante la opción por la mentira (Jn 3:19; Ap 22:15).

[56] Como fácilmente puede comprenderse, la pobreza cristiana es la misma que la que es considerada por el mundo como vil y despreciable. Todo depende por lo tanto del punto de vista o lugar desde el que se mira. Pero la pobreza pregonada, y luego aplaudida por el mundo, no tiene nada que ver con la virtud cristiana de la pobreza. Desde luego no en sentido espiritual (pobreza de espíritu o espíritu de pobreza); pero ni siquiera en sentido material. Esta última es traducible en dinero de la manera que sea, aunque también abarca en su concepto todo lo que signifique influencia y poder, e incluso la fama que el mundo otorga: *¡Ay cuando los hombres hablen bien de vosotros, pues de este modo se comportaban sus padres con los falsos profetas!* (Lc 6:26). Palabras de Jesús de las que parece deducirse que no solamente pueden existir falsos pobres, sino también falsos profetas (este último tema está más claramente expuesto en Mt 7:15; 24:11, además de otros diversos lugares del Nuevo Testamento). Es evidente que la buena fama otorgada por el mundo, convertible en influencia y dinero, es también una forma de falsa pobreza. Ya hemos hablado antes de que la verdadera pobreza se reconoce en que de nadie es conocida ni por nadie quiere ser conocida.

Así es como los vituperios según el mundo se convierten en alabanzas según Dios. *¡Bienaventurados los pobres!*[57] Si la pobreza cristiana es la virtud más próxima a la caridad y la que más claramente la manifiesta, debe ser considerada entonces como fundamental en el bagaje del apóstol de Jesucristo. Es pobre para Dios quien ha consentido, por amor, en quedar desposeído de todo. Así es como testifica, de manera patente, que solamente le importa Dios, y que solamente Él constituye su vida. Y de ahí la importancia de que el ministro de Jesucristo utilice como medios de su misión los sobrenaturales, y de tal manera además *que solamente en ellos ponga su confianza*, según el consejo de su Maestro: *No llevéis nada para el camino; ni bastón, ni alforja, ni pan, ni dinero, ni tengáis dos túnicas.*[58]

En cuanto al desprecio del mundo hacia los ministros de Jesucristo, porque piensa que *nada tienen*, se convierte sin duda en la mayor alabanza que puede recibir un apóstol. Según San Pablo, como ya hemos visto, son precisamente aquéllos que nada tienen los que lo *poseen todo*. Por la Nada al Todo. Quien está verdaderamente enamorado lo ha entregado *todo* a la persona amada. Lo cual es, como sabemos, la condición fundamental del amor. Y así como Dios, en su Amor de locura y fuego devorador, se ha entregado por completo a la creatura humana, igualmente espera que el hombre le

---

[57] Las especulaciones de los exegetas, con respecto a la distinción entre los *pobres de espíritu* de San Mateo y los *pobres* simplemente de San Lucas, no tienen mucho sentido. La pobreza cristiana es una y la misma, tanto en uno como en otro caso. La pobreza de San Lucas, como virtud auténtica que es, ha de estar determinada por el espíritu. Y en cuanto a la de San Mateo, si se admite que es realmente pobreza *de espíritu*, es obvio que antes y primeramente ha de ser realmente *pobreza*. Dicho de otra manera: O la pobreza cristiana es también y a la vez pobreza de espíritu, o no lo es de ninguna manera.

[58] Lc 9:3. Lugares paralelos en Mt 10: 9–10 y Mc 6: 8–9.

corresponda de la misma manera. Pues el auténtico fuego del verdadero Amor, en modo alguno puede ser devorador, y ni siquiera fuego, si no es alimentado por ambos amantes a la vez y en completa reciprocidad: *Quia Dominus Deus tuus ignis consumens est, Deus æmulator.*[59] Fuego devorador que puede llegar hasta la muerte. Por parte del Amante Divino, ya tuvo lugar una vez. Por parte del amante humano, porque se siente de tal manera que cree morir hasta que eso ocurra. *¡Que muero porque no muero!* decía Santa Teresa, haciéndose eco de los lamentos de la esposa del Cantar:

> *Confortadme con pasas,*
> *reanimadme con manzanas,*
> *porque desfallezco de amor.*[60]

---

[59] De 4:24; cf Heb 12:29.
[60] Ca 2:5.

IV

LAS UTOPÍAS, UN AZOTE DE LA HUMANIDAD

*A menos que los filósofos reinen en las ciudades,
o que cuantos ahora se llaman reyes o dinastas
practiquen noble y adecuadamente la filosofía,
que vengan a coincidir una cosa y otra,
la filosofía y el poder político,
y que sean detenidos por la fuerza
los muchos caracteres que se encaminan
separadamente a una de las dos,
no hay, amigo Glaucón,
tregua para los males de las ciudades,
ni tampoco, según creo, para los del género humano.*[1]

Sin embargo, nunca los reyes se convertirán en filósofos; ni tampoco los filósofos llegarán a ser reyes. Aunque parezca increíble, son muy pocos los que saben que todas las utopías son falsas. Si bien

---

[1] Platón, *La República*, 474 d.

conviene hacer una distinción. Porque, o bien pueden presentarse a modo de cuentos, o relatos de entretenimiento o de ficción; en cuyo caso son inocentes e inofensivas. O bien pueden aparecer con la pretensión de realismo y de necesidad, aunque convertidas entonces en auténticos instrumentos de destrucción de la humanidad; y son estas últimas precisamente las que actualmente inundan el mundo y lo dominan.

El título del Capítulo VI de la Primera Parte del Quijote es bastante divertido, según su propia expresión: *Del donoso y grande escrutinio que el cura y el barbero hicieron en la librería de nuestro ingenioso hidalgo*. Claro que la operación con la que tan graciosamente se titula el capítulo fue algo más que un mero escrutinio, puesto que daría paso enseguida al fuego inquisitorial.

Lo curioso del caso es que casi todos los comentaristas están de acuerdo en cuanto al carácter de mera digresión del capítulo. Es casi unánime la opinión en cuanto a su condición de mera crítica literaria, llevada a cabo esta vez por boca del cura, a fin de exponer la opinión de Cervantes sobre obras bien conocidas de su tiempo. Hasta el mismo Unamuno decía que debía ser pasado por alto.[2] Vicente Gaos, en su edición crítica comentada del *Quijote*, dice que *es un capítulo de crítica literaria hecha, en general, desde los puntos de vista de Cervantes, de quien aquí es portavoz el cura*.[3]

Podríamos aceptar esta opinión con ciertas salvedades. Yo personalmente no me siento identificado con ella. Aunque se admitiera el parecer de la crítica literaria acerca de la condición de paréntesis

---

[2]Unamuno, *Vida de Don Quijote y Sancho*.

[3]Cervantes, *Don Quijote de la Mancha*, edición crítica y comentario de Vicente Gaos, Gredos, Madrid, 1987, I, pag. 129. Lo mismo viene a decir Martín de Riquer en su edición crítica, con comentarios, del *Quijote* (Planeta, Madrid, 2004, pag. 69).

del capítulo (con el que no estoy enteramente de acuerdo), no hay que olvidar que forma parte del conjunto de una obra cuya intención consta con claridad en los propósitos del autor. Los cuales no son otros, como todo el mundo admite, que los de acabar con la plaga de los libros de caballerías. De ahí que haya de parecer natural que Cervantes aproveche la ocasión para arremeter aquí con algunos de los más conocidos y corrientes, dejando bien claro su pensamiento acerca del producto (hablando esta vez por boca del ama y de la sobrina):

Tome vuestra merced, señor licenciado [el hisopo]; *rocíe este aposento, no esté aquí algún encantador de los muchos que tienen estos libros, y nos encanten, en pena de las que les queremos dar echándolos del mundo... No hay para qué perdonar a ninguno —dijo la sobrina—, porque todos han sido los dañadores; mejor será arrojallos por las ventanas al patio, y hacer un rimero dellos, y pegarles fuego; y si no, llevarlos al corral, y allí se hará la hoguera, y no ofenderá el humo.*

Vicente Gaos reconoce su confusión al descubrir que carece de explicaciones lógicas sobre el capítulo: *A pesar del peligro de los libros de caballerías,* —dice— *tan censurados por los moralistas, Cervantes los critica sobre todo por motivos estéticos, lo que no deja de ser extraño siendo un sacerdote el censor.* Tiene razón en lo de que es extraño, y no tiene mucho de particular que los expertos no hayan llegado al posible fondo del problema. Porque la verdad es que andan equivocados, puesto que Cervantes no critica esos libros solamente por motivos estéticos. O al menos eso es lo que me parece a mí. Y tiendo a creer que la equivocación de los críticos no tiene aquí otro fundamento que el hecho de no haber profundizado en el tema, como voy a intentar explicar siguiendo al mismo Cervantes.

A lo largo del escrutinio van apareciendo héroes grotescos y personajes disparatados; todos ellos llevando a cabo sus todavía más disparatadas aventuras, causantes en conjunto de que a nuestro ingenioso hidalgo se le secara el cerebro y llegara a perder el juicio.[4] Aquí van desfilando los diversos Amadises de Gaula, además de el de Grecia, el Esplandián, el Don Olivante de Laura, el Florimorte de Hircania, el Caballero de Platir, etc. Acerca de los cuales Cervantes va explicando de manera nítida su pensamiento, si es que acaso alguien cree que antes no hubiera quedado ya expuesto con claridad tan cierta como la luz del mediodía:

> —Pues vayan todos al corral —dijo el cura—; que a trueco de quemar a la reina Pintiquiniestra, y al pastor Darinel, y a sus églogas, y a las endiabladas y revueltas razones de su autor, quemaré con ellos al padre que me engendró, si anduviera en figura de caballero andante...
> —Este que se sigue es "Florimorte de Hircania" —dijo el barbero.
> —¿Ahí está el señor Florimorte? —replicó el cura—. Pues a fe que ha de parar presto en el corral, a pesar de su extraño nacimiento y sonadas aventuras; que no da lugar a otra cosa la dureza y sequedad de su estilo. Al corral con él...
> —Éste es "El Caballero Platir" —dijo el barbero.
> —Antiguo libro es ése —dijo el cura—, y no hallo en él cosa que merezca venia. Acompañe a los demás sin réplica.

¿Se puede admitir fácilmente que la crítica de Cervantes se fundamenta solamente en motivos estéticos, *a pesar de ser un sacerdote*

---

[4]La expresión es del mismo Cervantes: véase I, cap. 1, donde habla también de que *aquellas entrincadas razones suyas le parecían de perlas... Con estas razones perdía el pobre caballero el juicio, y desvelábase por entenderlas y desentrañarles el sentido, que no se lo sacara ni las entendiera el mesmo Aristóteles, si resucitara para sólo ello.*

el censor, como dice Gaos? Porque me temo que, a falta de profundizar en el tema, estamos subestimando la inteligencia de Cervantes. Es verdad que los filólogos, como expertos en su materia, son los llamados a decir la última palabra en su especialidad: y más cuando se trata de entendidos de tanta categoría como Gaos o Riquer. Dentro de su propio campo no están obligados a profundizar más, ni a especular en parcelas que no son las suyas. De ahí que no se les pueda reprochar si no se adentran en zonas que, por ir más allá de las supuestas intenciones del autor, hasta pueden lindar con la filosofía. A pesar de lo cual nunca está de más intentar ahondar en el conocimiento de la realidad; si acaso es posible y hasta donde sea posible. Ésa ha sido siempre la inquietud del hombre y ésa ha sido la llama que de continuo ha alimentado a la Sabiduría.

Lo que Cervantes lleva a cabo con su obra es una feroz invectiva contra los libros de caballerías. En este capítulo pasa revista a algunos de los más conocidos de su tiempo, aunque muestra su misericordia salvando del fuego a unos cuantos y dejando en suspenso a unos pocos más.[5] Pero no parece ser un paréntesis incluido en la diatriba cervantina, y sí más bien una continuación y acentuación de sus propósitos. Lo que aquí se contiene es un ataque directo y mordaz contra los culpables del desaguisado. Sin omitir citar por sus nombres a autores bien conocidos en aquel entonces, algunos de los cuales aún vivían y disfrutaban de prestigio.

---

[5]Riquer parece concederle cierta importancia al hecho de que haya algunos liberados de las llamas, y fija su atención en la lista de los indultados; si bien acaba al fin atribuyendo la diferencia de tratamiento a los gustos literarios de Cervantes. Probablemente ésa y no otra sea la razón, y no parecen haber motivos suficientes como para concederle más relieve al incidente. De todas formas la condenación general de tales instrumentos de divulgación se mantiene tan firme como la de la andante caballería a lo largo de toda la obra. En cuanto a los libros pastoriles y de poesía, hallados también en la biblioteca de Don Quijote, hablaremos después.

Es evidente que, si nos detenemos en el punto donde lo hacen los expertos de la Lengua, habremos de resignarnos a no avanzar más. Pero seguramente es posible ir más allá y concluir en consideraciones interesantes. Que por otra parte tampoco parecen tan difíciles de descubrir, teniendo en cuenta el tono del capítulo. ¿Una simple digresión de crítica literaria...? Para quien así lo desee se puede admitir esa consideración. Pero el capítulo no muestra ninguna señal de discontinuidad con los anteriores, ni tampoco con los que vienen después. Dentro del propósito general de fustigar a tales engendros, cuales son los libros de caballerías, lo que se hace aquí es citar expresamente a algunos de ellos y poner en ridículo a sus autores. Que es justamente lo que se venía haciendo (aunque añadiendo aquí el ingrediente de una cierta crueldad), y lo que se va a continuar haciendo después.

Todo el mundo está de acuerdo en la existencia de un verdadero enconamiento de Cervantes contra los libros de caballerías, aunque ya son menos los que se preguntan por la razón de tal inquina. Y sin embargo es evidente que aquí hay mucho más que una mera desafección literaria. La crítica contra el tipo de literatura de la Caballería Andante es terriblemente dura a lo largo de toda la obra, y no es otro el objeto del libro. Donde hay que tener en cuenta además, como nota importante, la denuncia de las desastrosas consecuencias de esa literatura en las gentes nobles y sencillas:

...se enfrascó tanto en su letura, que se le pasaban las noches leyendo de claro en claro, y los días de turbio en turbio; y así, del poco dormir y del mucho leer se le secó el celebro, de manera que vino a perder el juicio... En efeto, rematado ya su juicio, vino a dar en el más extraño pensamiento que jamás dio loco en el mundo, y fue que le pareció convenible y necesario, así para el aumento de

su honra como para el servicio de su república, hacerse caballero andante...[6]

Es imposible descartar la clara intención de Cervantes de no limitar a un caso aislado (como el de Alonso Quijano el Bueno) el peligro de incidir en la locura, o en la *deshidratación* del cerebro, provocado por esta clase de literatura.[7] Cervantes apunta directamente contra las mentiras y falsedades contenidas en ella, como causantes que son de tan funestos resultados en el común de las gentes. No creo que se nos pueda acusar de extrapolar el problema si decimos que la artillería cervantina iba dirigida contra los libros de caballerías como tales; pero más aún y sobre todo contra el cúmulo de fantasías, falsedades y mentiras que contenían. Las cuales eran narradas como hechos reales y beneficiosos, a pesar de ser bien capaces de *secar* el cerebro de las gentes.[8]

Si se examinan detenidamente, tanto el contenido como la ideología contenida en los libros de caballerías, se pueden dar por establecidas tres conclusiones:

---

[6] *Quijote*, I, 1.

[7] En el argot popular, actualmente en circulación en España, se suele hablar de *comedura de coco*. Un fenómeno mucho más extendido, y de consecuencias más desastrosas en el común del pueblo, de lo que se suele pensar. El problema de la *manipulación de las masas*, por parte de los que detentan el Poder de una forma u otra mientras que se mantienen en la sombra, es precisamente el que vamos a tratar aquí. Que es al que apuntaba Cervantes en su época y que llevó a cabo de manera tan magistral.

[8] Es posible que la intención *expresa* de Cervantes respecto al fin propuesto no fuera tan clara. Pero expreso o implícito, no se puede negar de todos modos el propósito que perseguía. A nadie se le ocurrirá pensar que pretendía acabar con los libros de caballerías meramente por ser libros de caballerías. Salvo que se suponga una inteligencia menguada por parte de Cervantes, es necesario admitir que la invectiva contra tales libros perseguía algún fin y estaba motivada *por algo*.

Primera: Los hechos y aventuras narrados en ellos son tan fantásticos e irreales, además de disparatados, que pueden ser considerados con toda tranquilidad como absolutamente mentirosos.

Segunda: A pesar de lo cual son presentados como beneficiosos. Realizados por héroes y heroínas, valientes y generosos, que no pretenden otra cosa sino el bien de sus semejantes y el restablecimiento de la paz y de la justicia. Dicho de otra manera, persiguen *enderezar los entuertos* de los que está lleno el mundo, puesto que eso es lo que significa socorrer a los huérfanos, ayudar a los desvalidos, proteger a los pupilos y viudas, castigar a los malvados, restablecer la justicia, etc.

Tercera: Pese a la puesta en escena de un conjunto tan disparatado como irreal, los hechos y aventuras son presentados, *no solamente como reales y posibles, sino como el mejor y único camino para lograr el restablecimiento de la justicia y la paz en la sociedad humana.*

Todo lo cual puede ser equiparado a una particular especie de falsedad contemplada dentro del género de la mentira: la utopía. Si se tiene en cuenta que la sociedad moderna (en todo el mundo) vive alimentada y orientada (desorientada) por la utopía, al paso que camina sobre la base del lecho de arenas movedizas de la mentira, podrá comenzar a entenderse la importancia del tema.

Es necesario insistir en que el problema, tal como aquí se plantea, no era ajeno a la mente de Cervantes. Como lo insinúa, por ejemplo, lo que dice en plena tarea de expurgo acerca del libro de Tirante el Blanco, uno de los salvados de las llamas purificadoras:

—¡Válame Dios! —dijo el cura, dando una gran voz—. ¡Que aquí esté Tirante el Blanco! Dádmele acá, compadre; que hago cuenta que he hallado en él un tesoro de contento y una mina de pasatiempos. Aquí está Don Quirieleisón de Montalbán, valeroso caballero, y su hermano Tomás de Montalbán, y el caballero Fonseca, con la

> *batalla que el valiente de Tirante hizo con el alano, y las agudezas de la doncella Placerdemivida, con los amores y embustes de la viuda Reposada, y la señora Emperatriz, enamorada de Hipólito, su escudero. Dígoos verdad, señor compadre, que, por su estilo, es éste el mejor libro del mundo: aquí comen los caballeros, y duermen y mueren en sus camas, y hacen testamento antes de su muerte, con estas cosas de que todos los demás libros deste género carecen.*

A pesar de la descarada burla de Cervantes, que se huelga aquí en divertirse trayendo a colación nombres ridículos de caballeros, de doncellas y de señoras, es interesante anotar el inciso:

> *Es éste el mejor libro del mundo: aquí comen los caballeros, y duermen y mueren en sus camas, y hacen testamento antes de su muerte, con estas cosas de que todos los demás libros deste género carecen.*

Puesto que en él se contempla un evidente descenso al mundo de la realidad y de la normalidad. Que es lo mismo que decir al mundo de *la verdad* ordinaria del quehacer diario. El hecho de que aquí los caballeros duerman y mueran en sus camas, además de hacer testamento antes de su muerte, es una clara alusión al final y culminación de su obra: cuando Don Quijote, *recobrado ya su sano juicio* y convertido otra vez en Alonso Quijano el Bueno, redacta su testamento y muere en paz con la Iglesia, con su familia y con todos sus semejantes.

Queda claro, por lo tanto, que la diatriba de Cervantes no va dirigida contra los libros de caballerías por el mero hecho de ser libros de caballerías. *Ni siquiera pretende, en último término, acabar con las mentiras que contienen en cuanto que son mentiras.* Lo que realmente intenta —algo que suele pasar más desapercibido— es denunciar el daño que tales falsedades ocasionan (sobre todo) a las gentes sencillas. Debido a que se presentan como solución contra las injusticias, e incluso como el método más seguro para conseguir un mundo mejor, no se tiene en cuenta que ocultan el hecho de que no son sino utopías. Se trata de puras elaboraciones intelectuales que además de no ser útiles para nada, por cuanto sus fantasías carecen de base real, engañan y perjudican al común de muchas gentes de buena voluntad que, consciente o inconscientemente, ansían un mundo mejor. La deshidratación del cerebro según Cervantes, o la *comedura de coco* según nosotros, es una realidad que está ahí, y que en nuestras sociedades modernas, poseedoras de una tecnología que hubiera sido impensable en el siglo de Cervantes, actúa con enorme eficacia en cuanto a manipular a las masas se refiere.

Distinto es el tratamiento que dispensa Cervantes en este capítulo de su obra a los libros de poesía y pastoriles.[9] El Príncipe de las Letras Españolas no tiene inconveniente en otorgar a estos libros favor y comprensión: *Éstos no merecen ser quemados como los demás, porque no hacen ni harán el daño que los de caballerías han hecho; que son libros de entendimiento,*[10] *sin perjuicio de tercero.*

La razón de tan benevolente tratamiento no es difícil de comprender, teniendo en cuenta además que está señalada expresamente por el mismo Cervantes: estos libros *no encierran perjuicio de tercero.* Es fácil comprender, si bien se examina, que la poesía está situada en los antípodas de la utopía. Esta última es una solemne mentira, que se hace más grave cuando pretende salir de su ámbi-

---

[9] A efectos de nuestra reflexión, la distinción entre unos y otros no tiene relevancia. Los libros pastoriles (en la medida en que existieron o que aún pudieran existir) pueden ser encasillados fácilmente bajo la etiqueta de libros poéticos.

[10] Algunos críticos pretenden leer *de entretenimiento*. Pero, aparte de que parece más críticamente segura la primera lectura, la distinción no hace aquí al caso. Ni tampoco parece haber incompatibilidad mayor entre ambas expresiones.

to propio, que no es sino el de la literatura, y se presenta ante el mundo como la solución y el remedio de multitud de problemas y de situaciones. Por el contrario, la poesía —en la medida en que es verdadera poesía— *se fundamenta siempre en la verdad*. La esencia de la expresión poética no es sino la constatación del *pulchrum* por medio de palabras, de la cual resulta su relación con ese transcendental;[11] lo que equivale a decir con el ser y, por lo tanto, con los otros transcendentales conocidos como el *bonum* y el *verum*. La poesía —en prosa o en verso— no es sino el angustioso intento de insinuar (al menos) lo que es incapaz de expresar la simple prosa. Viene a equipararse al intento, como que pareciera ir más allá de las posibilidades humanas, de llegar a una comprensión exhaustiva del ser (una aventura que, no por condenada al fracaso de antemano, deja de poseer un admirable carácter de inefable y maravilloso misterio), y por eso procura crear intuiciones (de expresar lo inexpresable, hasta allí donde sea posible), a fin de colmar de alguna manera el vacío que la pobreza de la simple prosa no puede llenar. De una manera o de otra, su puesto por lo tanto coincide con el de *la verdad*; y su búsqueda de una mejor y más completa comprensión del ser, a través de la belleza del lenguaje, no puede ser calificada de otro modo que de loable. Queda situada por lo tanto en el lugar más opuesto a la utopía, y así es como aparece también justificado el tratamiento que de ella hace Cervantes.[12] Si la poesía es una expresión del *pulchrum*

---

[11]Como se sabe, para Santo Tomás y los clásicos, la belleza es perceptible solamente a través de los sentidos de la vista y del oído. La poesía escrita se reduce en realidad a la poesía oral, y de ahí que su ámbito propio sea el del oído.

[12]Algunos críticos se sienten confusos ante el inciso final del párrafo —*sin perjuicio de tercero*— hasta el punto de no encontrar una manera fácil de explicarlo. Por mi parte no entiendo bien esa confusión. Que estos libros no contienen *perjuicio de tercero* es un modo de abundar, de manera bien clara y contundente, en lo que venimos diciendo.

por medio del lenguaje, y (como transcendental) se identifica por lo tanto con el ser (lo mismo que el *bonum* y el *verum*), quiere eso decir que se opone a la mentira (y a la utopía, por lo tanto) en el mismo grado y sentido en que lo hacen los otros dos transcendentales.

Pero antes de seguir adelante conviene, sin embargo, establecer una importante distinción en el concepto de utopía. Dos especies dentro del género, aunque bien diferentes entre sí.

La utopía meramente literaria o de ficción no pretende presentarse como verdadera, ni menos aún ofrecerse (o imponerse) como remedio de desaguisados o como solución para un mundo mejor. Es absolutamente inofensiva. A ella pertenecen obras tan conocidas universalmente como *La República* de Platón y la *Utopía* de Tomás Moro. Su falta de nocividad se debe a que no se presentan como hechos reales ni como remedios infalibles (o falibles) para la salud de la sociedad.[13] Son aquéllas a las que aludía Cervantes cuando hablaba de *obras de entretenimiento*.

Distinto es el caso de las que podríamos llamar utopías verdaderas, si queremos utilizar una expresión aberrante puesto que es en sí misma contradictoria *in terminis*. Aprovechando la riqueza de posibilidades que nos ofrece la lengua castellana, puede decirse que, si bien sería valedero hablar de *verdaderas utopías*, no sería correcto

---

[13]Durante mucho tiempo han discutido los críticos acerca del carácter extraño de la obra de Tomás Moro. La isla de *Utopía* es una república pagana, regida por leyes y normas según una ética racionalista; la cual, si bien nunca es contraria a la moral cristiana, la desconoce por completo. El problema se plantea si se tiene en cuenta que Tomás Moro es un santo canonizado por la Iglesia. Por lo que a mí respecta, creo que la dificultad solamente existe en la mente de los eruditos. Leída la obra atenta y serenamente, en modo alguno es posible llegar a la conclusión segura (ni siquiera probable) de que Moro preconizara como realizable y deseable la feliz sociedad descrita por él. La conclusión más natural que se desprende de ella es la de que el autor no pretendía otra cosa que crear una obra meramente literaria.

en cambio usar la expresión *utopías verdaderas*, desde el momento en que, por definición, todas las utopías son falsas. En cambio es razonable y conforme a la verdad tachar incluso de criminales a las que pretenden ofrecerse como veraces, útiles y hasta imprescindibles. Acusación que se encuentra lejos de ser injusta o exagerada, como vamos a tratar de exponer.

Utopías como el marxismo, el nazismo, o el pacifismo —por citar de momento algunas— han ocasionado (y siguen ocasionando) millones de muertos y han engañado a naciones enteras. Como es de suponer, se presentan como doctrinas verdaderas —como lo único verdadero— y bajo la bandera de constituir instrumentos imprescindibles para la salvación de la humanidad. Pretenden ser caminos insustituibles para implantar el paraíso en la Tierra —único que se reconoce como real y posible—, y hasta tratan de imponerse por la fuerza aun a costa de ocasionar ríos de sangre. Es fácil distinguir en ellas una relación de proporcionalidad directa entre su falsedad y su agresiva peligrosidad. De ahí la lógica de Jesucristo al poner en paralelo a la mentira y al homicidio, y al denunciar al diablo como padre de ambos: *Vosotros tenéis por padre al diablo y queréis cumplir los deseos de vuestro padre. Él era homicida desde el principio, y no se mantuvo en la verdad, porque no hay verdad en él. Cuando habla la mentira, de lo suyo habla, porque es mentiroso y el padre de la mentira.*[14]

Aunque antes de hablar más pormenorizadamente de algunas de las utopías, quizá sea conveniente dedicar alguna atención al texto que acabamos de citar, dada la enorme importancia, transcendencia y actualidad de lo que se dice en él. Lo cual tampoco supone en absoluto apartarnos de nuestro tema. Porque el vínculo que establece Jesucristo, entre el diablo y los que han optado por la mentira

---

[14] Jn 8:44.

(Ap 22:15), no tiene nada que ver con una mera congruencia de afinidades (bien sea de ideas, de sentimientos, o de lo que se quiera establecer), sino que es una auténtica relación de paternidad–filiación. No se está hablando aquí, por lo tanto, de seguidores o de discípulos, sino de verdaderos hijos de su padre el diablo. Lo cual, dada la extensión, la influencia y actualidad de la mentira en la sociedad moderna (gobernada prácticamente por la falsedad y la manipulación), es un hecho cuya importancia no se puede obviar. Una afirmación grave, en efecto, pero en la que no podemos excluir ni siquiera a la propia Iglesia.[15]

Todo esto, a su vez, conduce a otra conclusión importante. El ser humano se ha acostumbrado a considerar la mentira como un acto más de malicia. Otro pecado —de mayor o menor gravedad según el daño que produzca— entre los muchos y variados que el hombre es capaz de cometer. Lo cual, aunque verdadero, es demasiado simplista, ya que no tiene en cuenta la especial relación, claramente señalada en el texto, entre la mentira y la malicia diabólica. Y si bien puede decirse, con razón, que todo pecado posee el carácter de diabólico, tampoco puede olvidarse, sin embargo, que solamente con respecto a la mentira ha hablado Jesucristo de esa singular relación: es hija de su padre el diablo. El hombre que opta por la mentira (en cualquiera de sus formas) no puede ser considerado meramente como

---

[15]En la que abundan los Jerarcas de vida y de fe bastante dudosas, y en la que se han convertido en algo normal la connivencia con la política pagana y anticristiana de muchos Gobiernos, los silencios culpables ante sofisticadas campañas para descristianizar a las masas, los procedimientos pastorales de eficacia dudosa y de integridad aún más discutible, las claudicaciones ante las exigencias de *las otras Iglesias* (la admisión del término ya habla por sí sola), etc. Si se tiene en cuenta que los silencios interesados pueden ser tan culpables como la mentira declarada, y si no se quieren olvidar, por otra parte, las palabras del Papa Pablo VI, según las cuales el humo de Satanás también se ha introducido en la Iglesia, no cabe admitir el escándalo ante estas afirmaciones.

una débil víctima de la concupiscencia, por la cual ha sido inducido a decidirse por el mal; sino como un ser humano que, mediante y con su determinación por la mentira, *realiza los deseos de su padre el diablo*, que a partir de ahora son también los suyos. Así es como la filiación diabólica ha llegado a ser la inversión pervertida y caricaturesca de la filiación divina. Una opción que pone en la creatura una malicia insondable imposible de entender por el entendimiento humano, ni aun siquiera acudiendo a las luces que pueda aportar la Revelación. Por otra parte, según la enseñanza del mismo Jesucristo, el diablo no se mantuvo en la verdad *porque no hay en él nada de verdad*. El hecho de que la mentira, sin embargo, haya de pagar la servidumbre de aparecer siempre con apariencias (disfraz) de verdad; y habida cuenta también que las utopías van todavía más allá y se presentan como instrumentos de salvación (humana), plantea un importante problema.

La apariencia de verdad con la que ha de presentarse la mentira, y aun la promesa de salvación (siempre en sentido de bienestar humano) que se empeña en ofrecer la utopía, ¿significan que la una o la otra contienen algo de verdad? La importancia de la pregunta, y de la posible respuesta, tienen mucho que ver con la utopía. Las promesas de salvación que esta última ofrece, ¿contienen elementos reales, aprovechables de alguna manera, o vestigios de bondad suficientes, como para poder extraer de ella algo (o mucho) de utilidad? Pero puesto que la utopía no es más que una mentira, y una vez establecida su íntima relación de filiación con el diablo —como hemos visto—, *en el cual nada hay de verdad*, podríamos ya de antemano dar una respuesta negativa. La cual nos conduciría a la conclusión definitiva de que no existen elementos aprovechables en la utopía.

Una conclusión que, por extraño que parezca y a pesar de todo, no será aceptada por la gran mayoría. La cual, no solamente está dispuesta a admitir la existencia de elementos aprovechables en la utopía, sino que defiende con empeño que toda ella es veraz y aun *necesaria*. Lo que obliga a los hombres de nuestro tiempo —sean o no conscientes de ello— a enfrentarse a problemas sumamente delicados.

A fin de comprenderlo mejor, adelantemos algo de lo que habremos de decir después más ampliamente acerca de una de ellas, cual es la del *pacifismo*. Según esta utopía, es necesario procurar la paz a costa de cualquier esfuerzo, puesto que *todas las guerras son malas*. Como puede verse, acaba de hacer su aparición el elemento fundamental de la mentira y que está contenido en la esencia misma de la utopía: *ya que es absolutamente falso que todas las guerras sean malas*. De no ser así, ¿cómo sería posible hablar siquiera de la multisecular doctrina —acerca de la cual jamás han vacilado ni la teología católica ni la creencia universal de los Pueblos— de la *guerra justa*? Por otra parte, en toda guerra existen siempre hombres que atacan y otros que se defienden; y ¿quién se atreverá a decir que, o bien los agresores o bien los que repelen la agresión, siempre y en todo caso, son los que obran mal? ¿Quiénes son los que, en cada caso determinado, obran injustamente: los unos o los otros? ¿Y quién ha de decidir —con la suficiente certeza moral como para poder confiar en ella— a favor de cuál de las partes están la razón y la justicia? Nadie será capaz de negar que, por una vez en la que la discusión pueda dirimirse con suficiente claridad, habrá otras muchas —la mayoría— en las que tal cosa será difícil por no decir imposible.

Aproximadamente desde mediados del siglo veinte, hasta los tiempos actuales, muchos Pastores de la Iglesia Católica han aprovechado todas las ocasiones posibles para hablar de la paz. La paz universal, la paz de los Pueblos y el *no* a la guerra. Aunque después habremos de hablar más ampliamente del problema, quizá sea suficiente de momento decir que probablemente habría sido conveniente dejar bien establecida —bien claramente— *la distinción entre la paz mundana y la ofrecida por Jesucristo*. La distinción está lejos de ser una sutileza, puesto que fue señalada con toda precisión y fuerza por el mismo Jesucristo (Jn 14:27). Y si Él tuvo buen cuidado en distinguirlas, *e incluso en excluir del contenido de su Mensaje a la paz mundana*, es peligroso por lo tanto que los Pastores de la Iglesia incluyan a la una y a la otra en el mismo paquete. Porque tal cosa equivale a aceptar el hecho que por otra parte estamos presenciando: y me refiero a que sólo aparece ya en primer plano la paz mundana; mientras que la cristiana ni siquiera se distingue a través de la neblina de un trasfondo que, a decir verdad, ni siquiera existe. El hecho incuestionable aquí no es otro sino que, con respecto a este problema, a la Iglesia sólo le compete proclamar la doctrina de la guerra justa.[16] Aunque de tal manera que habrá de limitarse, casi siempre, a impartir la doctrina de un modo bastante general. Pues es imposible que la Iglesia sea capaz de decidir, siempre y en todo caso, si una guerra determinada es justa o injusta; y no siempre podrá dictaminar sobre algo que, ante la conciencia humana y debido a la enorme complejidad de los hechos, resulta a menudo tan difícil de calificar. Como hemos de ver después, la paz de Cristo es la única

---

[16] Y predicar la paz. Pero la de Jesucristo, y no la del mundo. Aunque después hablaremos más ampliamente sobre esto —dada la importancia del tema—, puede bastarnos ahora con formular una pregunta que, por otra parte, no es fácil de responder: ¿Qué es lo que significan exactamente las palabras de Jesucristo *Bienaventurados los pacíficos* (Mt 5:9)? O bien, ¿qué es lo que trata de decirnos con aquéllas en las que nos advierte que *no penséis que he venido a traer paz a la tierra. No he venido a traer la paz, sino la espada* (Mt 10:34)? Porque la *Pax Christi*, en efecto, es un elemento fundamental en el Mensaje de la Buena Nueva. Como que no puede ser tratado ligeramente, ni menos aún ser escamoteado y sustituido por la paz mundana.

que puede proporcionar al mundo la paz que tanto dice buscar (la que el mundo entiende como tal); y no al revés, como parecen pensar muchos Pastores católicos. La búsqueda de la paz mundana, como si no existiera otra, jamás ha logrado encontrarla; ni menos aún ha conseguido la verdadera paz, en la que, por otra parte, tampoco el mundo está interesado porque sencillamente no cree en ella.

La *utopía marxista* ha causado en el mundo millones de muertos. Y muchos más de seres engañados y destruidos como personas humanas. En su prólogo de 1888 a *Ludwig Feuerbach y el fin de la filosofía clásica alemana*, Engels califica a las *Tesis sobre Feuerbach* como *el primer documento* —así lo dice él— *en el que se contiene el germen genial de la nueva concepción del mundo*.

Como ya puede suponerse, aquí no vamos a elaborar una exposición resumida del marxismo ni de sus consecuencias. Lo que quiere decir que no vamos a hablar del *Gulag*, ni de los millones de víctimas del comunismo (muy superiores en número a las del nazismo), ni de los países que ha esclavizado y privado de libertad, ni del cinismo con el que se ha burlado de los derechos humanos, ni de la destrucción por él llevada a cabo de la persona humana como tal persona humana, etc. Existen bibliotecas enteras sobre la materia. Solamente vamos a señalar algunos hechos y circunstancias que, pese a su importancia y actualidad, y a los tremendos estragos que han causado y siguen causando, suelen pasar desapercibidos. Es por eso por lo que examinaremos brevemente la influencia que la utopía marxista ha ejercido dentro del catolicismo, y cuyas consecuencias y resultados poseen plena vigencia.

Las doctrinas de Engels, de Feuerbach y de Marx, llevadas luego a la práctica a sangre y fuego (más de cien millones de muertos)

Las Utopías, un Azote de la Humanidad 105

por Lenin y sus seguidores,[17] se resumen en la implantación del Paraíso Terrestre como único que le es dado esperar al hombre. Podríamos descender a detalles hablando de la supresión de las clases sociales, de la eliminación del concepto de desigualdad del trabajo, de la satisfacción de todas las necesidades —*a cada uno según sus necesidades*—, de la supresión universal de las injusticias,[18] de la sustitución de la persona por la colectividad y, en general, de todo lo que supone el hombre nuevo de cuño marxista. Pero todo viene a parar en lo que hemos dicho: la reapertura del Paraíso Terrenal. Sin que importe para nada la afirmación de la Biblia de que el hombre fue expulsado *definitivamente* del jardín del Edén (Ge 3: 22–24), y a pesar de los querubines con espadas flamígeras puestos por Dios para guardar la entrada.[19]

Por los años en los que se celebró el Concilio Vaticano II, y antes de que tuviera lugar la caída del Muro de Berlín (con los demás acontecimientos que por entonces sacudieron a Europa), se hizo común, entre muchos teólogos y jerarcas católicos, la convicción profunda del triunfo definitivo del comunismo en el mundo. Tal convencimiento de buena parte (en la cúpula) del mundo católico no puede dejar de aparecer como extraño, y más todavía si nos referimos a algunos de los acontecimientos que siguieron. Entre los que

---

[17]Estas cifras se refieren solamente a los primeros años del comunismo. Después de Lenin han venido (y siguen viniendo) otros, con muchos muertos y encarcelados también en su haber: como Stalin hasta la segunda guerra mundial, o Fidel Castro y el comunismo asiático ya en los tiempos más modernos.

[18]Ha de tenerse en cuenta que el concepto de justicia, tal como lo defienden las utopías materialistas, no tiene nada que ver con el fundamentado en la ley natural. Esta última ni siquiera existe para estas ideologías.

[19]Este texto del Génesis, en el que Dios habla con ironía y hasta con burla, supone un mentís descarado y contundente a todas las aspiraciones utópicas acerca de un mundo mejor *construido por el hombre*. Como veremos a continuación, son demasiados los cristianos que han sucumbido también al engaño de esta utopía.

se pueden citar, a modo de ejemplo, el Pacto firmado con Kruschev, por los Papas Juan XXIII y Pablo VI, comprometiéndose a no condenar el comunismo en el Concilio; o la política, difícil de explicar, de acatamiento del Vaticano ante la conducta del comunismo ruso hacia algunos Obispos perseguidos en los países entonces llamados del Este.

Sin embargo, tampoco sería inteligente pensar que tal creencia estaba equivocada por completo. El cáncer de la utopía marxista se encontraba muy lejos de haber sido extirpado, y así es como sigue todavía ahora. Sus células malignas, de tal modo se siguen extendiendo en el organismo de la humanidad, que ni la misma Iglesia ha logrado liberarse de ellas.

El marxismo, por supuesto, no cree en el destino sobrenatural del hombre. Piensa que es una falsedad más la afirmación bíblica de que *no tenemos aquí ciudad permanente, sino que vamos en busca de la venidera.*[20] La religión no se orienta a otra cosa, según él, que a la alienación del ser humano. De ahí la conocida frase de Marx, según la cual *la religión es el opio del pueblo.*

Para el marxismo se trata, por lo tanto, de aunar esfuerzos a fin de conseguir crear el Paraíso Terrestre, enteramente construido por el hombre y el único que en realidad cabe esperar. Tengamos en cuenta que la aspiración del hombre a *hacerse a sí mismo*, prescindiendo de Dios, es tan antigua como el mismo hombre; y el marxismo no pretende sino ponerla en práctica. Por otra parte hemos de reconocer que tenía razón Protágoras, bajo algún punto de vista al menos, cuando decía que el hombre es la medida de todas las cosas; e igualmente Petrarca, cuando inauguraba el Humanismo renacentista al verse a sí mismo —así se suele decir— como el centro del mundo. Ambos estaban en lo cierto de alguna manera. Pero si nos

---

[20] Heb 13:14.

empeñamos en ser seriamente objetivos, habremos de reconocer que ni el hombre es la medida de todas las cosas, ni tampoco es verdad que sea el centro del universo.

De todos modos, ni Protágoras ni Petrarca pretendieron jamás hacer del ser humano el *Homo Faber* creador del Universo. Llegados a este punto, es preciso reconocer que Adán y Eva, mediante su pretensión de ser como Dios, superaron a ambos en mucho: *He aquí* —dijo Dios— *que el hombre ha llegado a ser como uno de nosotros en el conocimiento del bien y del mal.*[21] La sistematización científica de tan diabólica intención llegaría mucho después, mediante la irrupción en el mundo de las doctrinas idealistas. Las cuales, en forma de filosofía especulativa, son bastante anteriores a Descartes, lo mismo que a Kant y a Hegel. En forma de filosofía práctica sin embargo, en su intento de hacer de la anterior una realidad proyectada en la vida ordinaria, hubieron de esperar a la aparición de Engels, Feuerbach y, por supuesto, de Marx. Pero los idealismos comenzaron a surgir ya en la Baja Edad Media; justo en el instante mismo en que empieza a difuminarse (desvanecerse) el concepto metafísico del *ser*.

Dicho lo cual, sólo nos queda añadir que la utopía marxista, como todas las ideologías idealistas, hunde sus raíces en el fondo tenebroso de la Gnosis. Un lugar común que supone el intento de *racionalizar* el mundo. Lo cual debe entenderse como la pretensión de prescindir de un Dios que se considera inexistente, y de no admitir como verdad sino aquello que pueda ser encasillado dentro de los límites

---

[21] Ge 3:22. El intento de renegar de cualquier *heteronomía*, a fin de hacer valer la propia *autonomía* en lo que se refiere a la capacidad de determinar por sí mismo acerca de lo que es bueno o de lo que es malo, equivale nada menos que a la negativa del hombre a reconocerse como creatura. En este sentido la malicia del pecado original es puro *diabolismo*; y viene a coincidir, en último término, con el pecado del mismo Satanás.

del entendimiento humano. De este lugar común se han alimentado siempre, y se siguen alimentando, todas las herejías.

La utopía marxista ha influido en la teología católica más de lo que podría parecer a los que no desean pensar con objetividad. Sus secuelas (cuando son muchos los que todavía creen que el marxismo pertenece a la Historia pasada) siguen poseyendo considerable peso en el mundo católico de hoy. *La utopía marxista ha sido y seguirá siendo una utopía, sin posibilidad alguna de abandonar nunca el ámbito de la ilusión mentirosa, que es el suyo propio. Pero esta especie de utopía es al mismo tiempo, y como por paradoja, una realidad que no puede tomarse a broma; debido a su pretensión de imponerse dictatorialmente al mundo como si fuera su único instrumento de salvación.* En este sentido la utopía marxista ha ocasionado un grave daño en todas las esferas del mundo católico.[22]

Como fácilmente puede comprenderse, aquí no pretendemos elaborar el amplio tratado que sería necesario para desarrollar el tema. Por lo que nos vamos a limitar a esbozar algunas cuestiones —muy pocas, en realidad— que, a pesar de su importancia y de que poseen una curiosa peculiaridad, suelen pasar desapercibidas.

El principio fundamental del marxismo —construir un Paraíso por el propio hombre y para el hombre— ha dejado grabada su impronta en el pensamiento católico. Sin duda una afirmación que, no porque sea capaz de escandalizar a muchos, deja de ser verdadera.

Aunque antes de adentrarnos más en el tema, conviene adelantar una interesante observación. Porque nos encontramos ante una utopía que preconiza a su vez otra utopía aún más falsa; si cabe. Para decirlo de otra manera: nos hallamos aquí ante una mentira que

---

[22]Ya alguien había dicho que, aun cuando cayó en su día el Muro de Berlín, no han caído sin embargo los Poderes tiránicos que manipulan las mentes de los ciudadanos del mundo; y especialmente las de los europeos.

proclama, como si de algo absolutamente verdadero se tratara, otra mentira aún mayor. Y sin embargo es cosa cierta que *no existirá jamás un nuevo Paraíso terrestre*. Ahora bien, la mentira se alimenta de la mentira —*cuando habla la mentira, de lo suyo habla*—, hasta el punto de que no puede actuar de otro modo. En realidad la mentira hunde sus raíces en dos realidades a la vez: ante todo y en primer lugar en ella misma, como un cáncer que se devora a sí mismo; y en segundo lugar, en el deseo de los muchos que anhelan a toda costa ser engañados. Las cosas han ido sucediendo de tal manera que no parece sino que Mahoma, cansado de esperar y de comprobar que la montaña no viene hasta él, se ha tenido que decidir a marchar él mismo hacia la montaña: *Si la montaña no viene a Mahoma, Mahoma irá a la montaña*. Lo cual equivale a una singular decisión: si el mundo no estuviera dispuesto a admitir lo transcendente y sobrenatural, será necesario prepararse a servirle un plato de alimento puramente natural. ¿Se sintieron fracasados los cristianos, después de los acontecimientos que culminaron en la Revolución Francesa, en el Siglo de las Luces, y en las dos Guerras Mundiales...? Por mi parte confieso que no soy capaz de decidir sobre eso. En cambio sí que puedo constatar el resurgimiento de la gnosis. El Modernismo del siglo XIX, y el Neomodernismo de los siglos XX y XXI, no son sino un nuevo intento de *racionalizar* el cristianismo; a saber: de hacerlo *más humano* y más aceptable para el hombre moderno, incluso a costa de vaciarlo de todo su contenido de transcendencia. Puesto que el Paraíso Celeste es inalcanzable, es preciso construir el Terrestre. El cual además es el único posible y el único que se puede esperar. Así es como los Modernismos y Neomodernismos, hoy en vigencia en el catolicismo, han venido a coincidir y encontrarse con la utopía marxista. En vista de la inutilidad de las filosofías, y del fracaso de las religiones (cuya imposibilidad de ser aceptadas por la mentalidad moderna se da por establecida), no queda sino ser prácticos y construir algo que sea útil y aceptable. Con lo que hemos desembocado, por fin, en el principio básico y fundamental de la doctrina marxista: la *ortodoxia sustituida y desplazada por la ortopraxis.*[23]

La oleada de racionalismo que, en forma de Neomodernismo ha invadido la teología y la vida católicas, ha tropezado con un obstáculo aparentemente ineludible y difícil de salvar. Como era de esperar, el Neomodernismo se ha visto en la necesidad de negar el Magisterio Eclesiástico. O en todo caso, al no ser posible llevarlo a cabo de una forma clara y manifiesta, ha iniciado una campaña con el fin de desvirtuarlo y debilitarlo.

Aunque el intento ha suscitado, a su vez, problemas aún más graves y extremadamente delicados. Si se admite la afirmación del Cardenal Ratzinger, según la cual el Concilio Vaticano II es un verdadero *Contra–Syllabus*, habrá que enfrentarse a la espinosa cuestión de un posible *Contra–Magisterio* elaborado para dejar sin efecto a un legítimo *Magisterio*. ¿Cómo es esto posible?

> *Existen decisiones del Magisterio que no pueden ser consideradas como la última palabra en la materia, sino que son, según una sustancial exposición del problema, más que nada una expresión de prudencia pastoral, una especie de disposición provisional. Su esencia permanece como válida, pero los detalles, los cuales han*

---

[23] En realidad es difícil aceptar que el Modernismo no sea sino un mero y bienintencionado intento de construir un cristianismo aceptable por el mundo. Supondría una grave ingenuidad admitirlo así, puesto que tal pretensión supone una pérdida de la fe. Intenciones aparte, cuyo juicio corresponde finalmente a Dios, es forzoso reconocer que una serena búsqueda de la verdad induce a pensar más bien en una maniobra diabólica, cuyo fin no es otro que el de desterrar toda idea de Dios de la mente humana. A lo que hay que añadir algo que nadie se atreverá a negar, cual es el elevado interés que la Masonería está demostrando en el tema.

sido influidos por las circunstancias de los tiempos, pueden estar necesitados de conclusiones más complejas...

A este respecto, se podría pensar en las declaraciones de los Papas en la última centuria acerca de la libertad religiosa, así como las decisiones anti–Modernistas al comienzo de esta centuria, y en las decisiones, sobre todo, de la Comisión Bíblica de la época. Como voz de alarma ante las adaptaciones precipitadas y superficiales, siguen estando plenamente justificadas. Un personaje como Juan Bautista Metz dijo, por ejemplo, que las decisiones anti–Modernistas de la Iglesia ocasionaron el enorme servicio de preservarla de quedar inmersa en el mundo liberal–burgués. Pero, en cuanto a los detalles que contienen tales determinaciones, habían quedado obsoletos después de haber cumplido su misión pastoral en su debido momento.[24]

En otro lugar, el Cardenal ya había escrito que

Si se pretende un diagnóstico global del texto [Gaudium et Spes] *podría decirse que (en conexión con los textos sobre la libertad religiosa y las religiones del mundo) es una revisión del "Syllabus" de Pío IX, una especie de contra-Syllabus. Como se sabe, Harnack interpretó el "Syllabus" de Pío IX como un desafío a su siglo...*[25]

Podríamos citar muchos más textos del Cardenal Ratzinger y de otros teólogos católicos. No vale la pena, sin embargo, si se tiene en cuenta que aquí no se trata de redactar un escrito polémico. Por lo que respecta a nosotros, no pretendemos otra cosa que hallar una respuesta tranquilizadora a cuestiones que no dejan de ser inquietantes. No hay razones para creer que no exista tal respuesta. Si

---

[24] Joseph Cardenal Ratzinger, en *L'Observatore Romano*, 27, Junio, 1990.
[25] *Principios de Teología Católica*, 1982.

hemos utilizado el paralelismo que el movimiento de ideas, suscitado por la moderna teología, ofrece con las utopías, ha sido porque nos parece que la proximidad existe y que, por eso mismo, es urgente disiparla.[26]

¿Estamos acaso ante una situación de *Magisterium adversus Magisterium*? Pero salta a la vista que la pregunta no tiene sentido. El Magisterio de la Iglesia, asistido por el Espíritu Santo, es único e indefectible, sin posibilidad alguna de contradecirse o volverse contra sí mismo. De donde tal vez se pueda llegar a la conclusión —así me lo parece— de que, ante las cuestiones planteadas por Ratzinger, únicamente pueden adoptarse tres posiciones:

O bien el Magisterio anterior al Concilio Vaticano II estaba equivocado. O para decirlo mejor: tal vez sus decisiones han quedado obsoletas y ya no gozan de vigencia.

O bien el Magisterio posterior al Concilio Vaticano II es el que no está en lo cierto. Puesto que carece de cualquier posibilidad de desautorizar al Magisterio anterior.

O tal vez, dado que las ideas expuestas por Ratzinger no son más que las opiniones de un teólogo, carecen de más transcendencia y son susceptibles, por lo tanto, de ser aceptadas o rechazadas.

Sin embargo el problema no puede considerarse resuelto con excesiva facilidad. El Cardenal Ratzinger es bien conocido por su me-

---

[26]El *Syllabus* acompañaba a la Encíclica *Quanta Cura*, del Papa Pío IX (1846–1878). La Encíclica y el *Syllabus* aparecieron el 8 de Diciembre de 1864. Este último es una lista de ochenta errores condenados y referentes al panteísmo, naturalismo, racionalismo, indiferentismo, socialismo, comunismo, masonería y las varias formas de liberalismo religioso. La condenación fue confirmada y reafirmada por la Encíclica *Pascendi* (1907), de San Pío X; la cual además se refiere explícitamente al Modernismo, concretamente en relación a la filosofía, a la apologética, a la exégesis, a la historia, a la liturgia y a la disciplina, sin olvidar insistir en advertir acerca de la contradicción existente entre las innovaciones y la fe de siempre. El Concilio Vaticano II se celebró entre los años 1962 a 1965.

recida fama de profundo teólogo, además de ostentar un cargo tan importante como el de Prefecto de la Sagrada Congregación para la Doctrina de la Fe. No podemos cometer la ligereza de creer que el Guardián de la Ortodoxia haya desautorizado rotundamente el Magisterio anterior al Concilio Vaticano II, ni que haya llegado a pensar que ha quedado tan obsoleto como para no poder reconocerle actualidad.

Podemos (y debemos) aceptar eso. *Pero es evidente, de todos modos, que el problema que suscitan sus declaraciones es sumamente delicado.* En primer lugar porque todo parecería indicar que el Magisterio de la Iglesia queda *relativizado*, desde el momento en que se admite que puede haberse convertido en obsoleto. Con todo, examinemos cuidadosamente las palabras del Cardenal: *Existen decisiones del Magisterio que no pueden ser consideradas como la última palabra en el tema... Son una expresión de prudencia pastoral... Una especie de disposición provisional... Su núcleo continúa siendo válido, pero los detalles han sido influidos por las circunstancias de los tiempos y necesitan, por lo tanto, de nuevas explicaciones.*

Ahora bien: ¿Quién decide que ciertas determinaciones del Magisterio son una mera expresión de prudencia pastoral? ¿Cuáles son concretamente esas determinaciones? ¿Cuándo puede decirse que han influido en ellas las circunstancias de los tiempos y que, por lo tanto, deben ser cambiadas? ¿Y quién lo decide? Si la firmeza de las enseñanzas del Magisterio, impartido en una determinada época pasada, depende de circunstancias históricas que lo han convertido en obsoleto, ¿quién puede oponerse a la posibilidad de que la misma regla se aplique al Magisterio actual? La excesiva insistencia acerca de que la infalibilidad del Magisterio sólo puede entenderse aplicada al Extraordinario pero en modo alguno al Ordinario, puede resultar tan peligrosa como para terminar prácticamente con todo el Magisterio Eclesiástico. En este caso concreto, todo parece indicar que el Cardenal, en su deseo de elaborar una teología *práctica y aceptable* para el mundo moderno, ha logrado *relativizar* y debilitar el Magisterio aun sin pretenderlo.

Alguien podría objetar que cualquier decisión acerca del Magisterio anterior le corresponde, como es lógico, al Magisterio actual. Sin embargo, aparte de que el Magisterio no puede contradecirse a sí mismo, como hemos dicho antes, tales determinaciones (como, por ejemplo, acerca de si ciertas decisiones del Magisterio anterior eran o no meras disposiciones provisionales, o si han sido influidas o no por las circunstancias de los tiempos, etc.) *no podrían ser consideradas a su vez como un acto magisterial, ni menos aún como infalibles.* Por lo que habrían de quedar necesariamente confiadas al criterio y la disposición de cualquiera. Y de ahí el temor de muchos en cuanto a que el Magisterio como bloque indefectible corra peligro de difuminarse (o de desaparecer). Ante tal cúmulo de presentes circunstancias, no cabe excluir la posibilidad de que nos estemos *acercando* peligrosamente a la teología protestante.[27]

A propósito de lo que venimos diciendo, conviene que dediquemos brevemente la atención a un tema cuya oportunidad en este lugar puede suscitar cierta extrañeza. Seguimos con los ejemplos que pueden corroborar nuestra tesis. Y me refiero ahora a los problemas que plantea la creación (o el restablecimiento) de la institución del *diaconado permanente*.

---

[27]Es difícil dudar de la peligrosidad de la utilización de ambigüedades en materias de tanta importancia. Optar por echar mano a los juegos de palabras a fin de justificar posiciones propias, es aceptar el uso del mismo procedimiento para los que defienden posiciones contrarias, de un lado. Y de otro, es bien sabido que, una vez comenzado ese juego en asuntos de tanta transcendencia, todo el mundo se siente autorizado a hacer lo mismo y con deseos de intervenir. Alguien que dice llamarse Relativismo está golpeando la puerta y pidiendo licencia para entrar.

Las cuestiones susceptibles de discusión acerca de esta institución, (re)introducida en la vida católica por el Concilio Vaticano II, ya fueron expuestas con cierto detalle en una de mis obras.[28] Aquí nos vamos a limitar, por lo tanto, a examinar algún aspecto del tema que suele pasar más desapercibido a pesar de su importancia.

Como todo el mundo sabe, la creación del diaconado permanente tuvo por objeto remediar de alguna manera la penuria de sacerdotes, con vistas sobre todo a algunas áreas del planeta en las que su carencia se hacía sentir con mayor necesidad. Así lo declaró expresamente el mismo Concilio, y tales parece que fueron sus intenciones.

Desgraciadamente, como suele suceder en estos casos, pronto aparecieron los abusos. Y con los abusos, los problemas. Cuya pormenorización ya hemos dicho que no es necesario repetir aquí. Baste con insistir, de momento, en que el remedio no fue suficiente para acabar con la enfermedad y hasta incluso, según algunos, la agravó más todavía.[29] Es por lo que nos vamos a limitar ahora a hablar del delicado problema que se plantea en relación con este asunto, cual es el del *celibato eclesiástico*.

Como es lógico y natural, la gran mayoría de los diáconos permanentes suelen ser hombres maduros y casados. Y como es lógico y natural también, el problema de la carencia de sacerdotes, no sólo continúa sin resolverse, sino que se ha agravado todavía más en los últimos años (algo que no hubiera sido difícil de prever).

---

[28] *Comentarios al Cantar de los Cantares*, II, Shoreless Lake Press, N.J. (USA), 2000, pag. 104 y ss; cf también, en el mismo volumen, pag. 336, nota 87.

[29] Como puede comprobarse, en mi obra anteriormente citada no se hacía crítica de la creación de la institución, sino de los posibles *abusos* cuya aparición se podía prever, y que de hecho sucedieron. Allí me limitaba a advertir que quizá habrían podido arbitrarse soluciones mejores capaces de remediar, con más efectividad, el problema de la carencia de vocaciones sacerdotales.

Las ideas funcionan según una lógica matemática. Ante lo delicado de la situación, y ante el hecho de que la existencia de los diáconos permanentes casados es una realidad que *está a la mano*, la conclusión se impone por sí sola. Basta con ordenar de presbíteros a tales diáconos y queda solucionado, por fin y definitivamente, el problema de la atención a tantas parroquias que se encontraban huérfanas de Pastor.[30]

Y he aquí cómo, de un modo sencillo de asimilar y de aceptar por el pueblo cristiano, se ha convertido en algo normal en el seno del catolicismo *la proliferación de sacerdotes casados*.

Ante lo cual no importa tanto que *el celibato eclesiástico o sacerdotal quede relegado para siempre a un segundo plano*.

Pues lo realmente importante es el hecho de que, desde un punto de vista práctico, el problema ha quedado resuelto de una vez por todas.

Con lo que hemos desembocado en el punto álgido y más espinoso de la cuestión —*quod erat demonstrandum*—, sin que suscite excesiva preocupación el hecho de que la gran masa del rebaño de Cristo no se aperciba de lo que sucede. Consiste pues ese punto

---

[30]Puede parecer a algunos que me adelanto a denunciar un problema en realidad inexistente. Aún no se ha dado luz verde *oficialmente* a la ordenación como presbíteros de los diáconos permanentes casados y, como consecuencia inmediata, a la relegación del celibato eclesiástico al estado de voluntariedad para quien lo desee. Lo cual es cierto..., hasta el momento en que se redacta este escrito. Pero es evidente que se trata de algo que está en el ambiente, mientras que el sufrido rebaño de fieles cristianos ya ha sido preparado psicológicamente para ello. Ya no es cosa que vaya a llamar demasiado la atención en el momento en que se produzca. En el feroz ambiente neomodernista que está padeciendo la Iglesia en estos primeros años del siglo XXI, la fruta se encuentra ya madura y todo es cuestión de tiempo. Por lo demás, no es cierto que estemos jugando con meras predicciones. Son ya muchos los lugares (los Estados Unidos de América, por ejemplo) en los que el clamor (también de la Iglesia oficial) exigiendo la ordenación presbiteral de los diáconos casados se está haciendo oír con fuerza.

fundamental al que hemos llegado en que *la ortopraxis ha vuelto a desplazar y a sustituir a la ortodoxia*. O dicho más claramente: resulta que hemos vuelto a conectar, seguramente sin darnos cuenta, con las doctrinas idealistas y utópicas.[31]

¿Que cómo hemos llegado a esta conclusión...? Vamos a tratar de examinarlo con algo más de atención.

La penuria de sacerdotes es una realidad angustiosa que nadie se atreverá a negar. Es demasiado evidente, y lo suficientemente dolorosa como para producir en el conjunto del mundo católico —la crisis es universal— una situación de extenuación. Por si fuera poco, continúan fracasando estrepitosamente las campañas de promoción de vocaciones.[32] Por otra parte, la solución, si bien no la ideal, parecía estar al alcance de la mano. Puesto que se dispone de un número abundante de diáconos permanentes, que además parecen desempeñar bien el ministerio para el que fueron instituidos, ¿por qué dejarlos en la permanencia diaconal, y no elevarlos al presbiterado definitivo solucionando así el problema...? Y la respuesta aquí podría ser: de acuerdo. Tal vez fuera una *buena* solución; aunque desde

---

[31] Aquí utilizamos la palabra idealista en sentido filosófico. Son bastantes los que piensan que nos encontramos ante una operación de estrategia conscientemente planificada. Yo no deseo creerlo así. Pero es evidente que los hechos que dependen de ciertas ideas conducen necesariamente, como la realidad hace patente, a otros hechos que se derivan necesariamente de tales ideas.

[32] No corresponde aquí examinar este último problema. Al cual ya hemos aludido, de modo más o menos indirecto, en otros escritos. Pero sí que parece conveniente referirnos a la voz de alarma que sería necesario dar ante el fondo y la forma de tales campañas. No sólo carecen de la más mínima referencia a cualquier metodología de contenido sobrenatural, sino que son disparatadas desde cualquier punto de vista que se miren. ¿Qué significa, por ejemplo, el hecho de que, ante una exhortación *mitinesca* en una Concentración Religiosa de Jóvenes, surjan *espontáneamente* mil vocaciones? ¿Y cómo es posible que se tomen tales cosas en serio, e incluso que se haga de ellas publicidad triunfalista?

luego no parece la *mejor* (y aquí vendría a cuento recordar el viejo adagio de que lo mejor es enemigo de lo bueno). Todo el mundo sabe que la vida se halla repleta de soluciones aparentemente buenas que luego resultan ser peligrosas. Es un principio de sentido común el de ser cautos ante las soluciones rápidas, fáciles y, por supuesto expeditivas. A veces hasta parecen ser casi milagrosas; pero de todos modos siempre es prudente no apresurarse a admitirlas y utilizarlas.

Reflexionemos serenamente. Porque lo que no se puede hacer es renunciar a un bien precioso a cambio de un simple plato de lentejas. El celibato eclesiástico sacerdotal es una de las joyas más preciadas y refulgentes que ha poseído la Iglesia desde su fundación. Más de veinte siglos en posesión de un tesoro de valor incalculable que ha sido siempre envidia de los ángeles, asombro y admiración del mundo, testimonio luminoso y anunciador de la Ciudad Celeste, instrumento de contundencia ante los increyentes, adelanto y arras de la Alegría Perfecta para aquéllos a quienes se les ha otorgado, corona del sacerdote que casi aparece ya como un aura en el rostro de los ministros del Señor, odio y terror del diablo y de sus allegados...

Sí; por supuesto que me imagino lo que pensarán algunos. Dirán que el hecho de tener las iglesias y parroquias debidamente atendidas, de tal manera que los fieles puedan disponer de las convenientes atenciones a sus necesidades espirituales, no es precisamente un plato de lentejas. Con seguridad que voy a ser tachado de exagerado por los más bondadosos; y de cosas mucho peores por los demás, que serán siempre mayoría. Pero volvemos a lo de siempre: la lógica del mundo, una y otra vez, intentando suplantar a la lógica de Dios. Y por eso insisto y me mantengo en lo dicho, y afirmo rotundamente que *la solución que aporta este remedio, aún reconocida a primera vista como solución, vale todavía menos que un plato de lentejas.* De eso precisamente vamos a hablar a continuación. Para lo cual conviene empezar echando mano de otro principio de sentido común. Y me refiero a la necesidad de tener en cuenta ante las posibles soluciones, no solamente las ventajas, sino también los inconvenientes. Algunas medicinas producen, como se sabe, saludables efectos ante ciertos síntomas de un organismo enfermo; y sin embargo son peligrosas hasta el punto de que deben ser desechadas, precisamente a causa de las consecuencias nocivas a que dan lugar en otras partes del mismo organismo.

Todavía es necesaria otra precisión antes de adentrarnos más en el tema. Hemos dicho que el plato de lentejas es una solución que no conduce a nada. Sin embargo, aun dando por supuesto que la predicción acabará cumpliéndose en su totalidad (como el tiempo se encargará de demostrar), siempre cabe la posibilidad de que, llegado el momento, alguien achaque el fracaso a un mero error de estrategia. Se hablaría entonces de la búsqueda de una solución práctica a un problema de pastoral eclesial, llevada a cabo con la mejor voluntad del mundo, por supuesto; pero que no obstante no se ha visto coronada por el éxito.

Desgraciadamente va a ser bastante difícil aceptar tal explicación. Y trataremos de decir porqué.

En primer lugar, porque antes de acudir a la susodicha solución-parche no se han tomado las medidas necesarias y convenientes. A saber: aquéllas, y solamente aquéllas que, pese a su mayor dificultad, habrían sido las únicas capaces de afrontar y poner remedio a la crisis. Y me estoy refiriendo sobre todo a la reforma de los Seminarios, ya anticuados desde la época de Trento, pero susceptibles de aceptar mejoras de fondo que, a no dudarlo, los habrían actualizado según las necesidades y exigencias de los nuevos tiempos.

En segundo lugar, porque, no solamente nada se ha hecho conforme a lo dicho en el párrafo anterior, sino que han sido permitidas actuaciones intolerables en la vida de los Seminarios. Como, por ejemplo, la aceptación de formadores de fe dudosa y de conducta indeseable; la difusión de enseñanzas en muchos puntos contrarias a las doctrinas del Magisterio, y entre ellas las modernistas; la promoción y exaltación, ante los candidatos al sacerdocio, de personajes–ídolos–modelo, por otra parte más merecedores de rechazo que de recibir tributos de admiración; la aceptación e introducción de homosexuales; la relajación de la disciplina; el descuido y hasta el desprecio de la vida interior; la reclusión y olvido del estudio serio (la teología de los Padres, las enseñanzas de Santo Tomás de Aquino o las del auténtico e inconmovible Magisterio, etc.) en el desván de los trastos inútiles. Etc., etc.

Pero volvamos a nuestro tema. Habíamos dicho más arriba que la supresión de la obligatoriedad del celibato eclesiástico no iba a solucionar nada. Ciertamente no muestra señales de ser un remedio capaz de aumentar el número de vocaciones; y ni siquiera de mantener el ya bastante exiguo de las existentes. Por no hablar de la calidad, altura y hondura que cabe esperar del posible clero a conseguir mediante ese sistema.

Quizá convenga advertir, antes de continuar, que algunas de las cosas —bastantes, cuando no todas— que estamos diciendo, y de las que vamos a decir a continuación, parecerán exageradas y fuera de lugar. Como en el momento en que se redacta este escrito aún no ha tenido lugar la promulgación oficial —por decirlo de alguna manera— de la supresión del celibato sacerdotal obligatorio, es indudable que podemos dar la impresión de dedicarnos al juego de hacer predicciones. Y es preciso hacerse cargo de las razones de los que opinan acerca de lo inoportuno de tal comportamiento: al fin y al cabo se trata de especular con respecto a un futuro que puede llegar o no llegar. Por lo que a mí respecta, no tengo inconveniente

Las Utopías, un Azote de la Humanidad 121

en reconocer que la advertencia parece justificada. Como respuesta, voy a alegar en mi favor solamente dos cosas. La primera se refiere a que, de todos modos, no es deshonesto de por sí hacer predicciones de futuro; las hace mucha gente, independientemente del buen o del mal éxito de los resultados. Si después sucede que mis temores eran infundados, y mis predicciones resultan equivocadas, yo sería el primero en alegrarme de tal eventualidad. La segunda pretende llamar la atención sobre el hecho de que, puesto que se trata de predicciones, lo mejor y más práctico que se puede hacer es esperar para ver lo que sucede; dejando, por lo tanto, al tiempo con la suficiente holgura a fin de que pueda dar la razón a quien la tenga.[33]

La abolición de la obligatoriedad del celibato eclesiástico, por más que aparente ser una solución práctica, rápida y fácil, no es probable que arroje el resultado de un aumento en el número de sacerdotes. Incluso, si se piensa serenamente, parece más verosímil lo contrario.

La castidad total era una de las coronas más preciadas que adornaban al sacerdote católico. En la actualidad era prácticamente casi la última joya que quedaba en el acervo de su tesoro, una vez que su descrédito ante el mundo (y ante la misma Iglesia) ha alcanzado sus máximas cotas. La llamada *promoción de los seglares* —llevada

---

[33] En las Curias eclesiásticas se ha llegado a admitir *de facto* el divorcio. Por supuesto que no hubieran podido hacerlo *de iure*, al cabo de veinte siglos de fidelidad de la Iglesia a una doctrina, cual es la de la indisolubilidad del matrimonio cristiano, que además es de derecho divino. Es cierto que se evita cuidadosamente la utilización del término *divorcio*. Pero el problema radica en que la variación del nombre no cambia la realidad de las cosas, ni puede confundir a nadie; lo mismo que el aborto no deja de ser el asesinato de un hijo indefenso, por más que se le denomine *interrupción del embarazo*. De todos modos, si las cosas discurren de esa manera en cuestiones tan delicadas —y lo dicho es sólo un ejemplo—, ¿quién se atreverá a tachar de imprudentes a quienes piensen que la abolición del celibato sacerdotal es cuestión de tiempo; y no mucho precisamente?

a cabo a costa del prestigio del estado sacerdotal—, además de la destrucción de la familia y de la institución del matrimonio, son algunas de las causas que han contribuido a tan penosa pérdida de prestigio. Es necesario reconocer que el Sistema se ha superado a sí mismo en el tratamiento del problema.

Cuando se maneja indebidamente uno de los dos términos que se refieren mutuamente —bien sea en relación de oposición (como la paternidad y la filiación), o de más a menos (como la virginidad y el matrimonio)—, los efectos negativos producidos por tal uso inapropiado repercuten siempre en el otro.

En modo alguno era necesario desacreditar el sacerdocio —la famosa y tan pregonada *crisis de identidad sacerdotal*, que no es sino el eslogan que el Sistema ha ordenado acuñar a los teólogos progres y laboratorios avanzados de alquimia pastoral; por más que nadie haya logrado hasta ahora explicar en lo que consiste— para promover a los seglares. A fin de cuentas, ni siquiera hacía falta una *promoción* que no ha hecho sino sacar de quicio a quienes ya poseían su propio *status*, y sus carismas específicos, perfectamente delimitados por el sacramento del bautismo. Veinte siglos sin percatarse de que no estaban *promovidos* parece demasiado tiempo; algo tan extraño como para echarse a llorar.

El hibridismo es un fenómeno típico que suele hacer acto de presencia en las sociedades que se desintegran. Como las diversas especies de gusanos que van apareciendo en el cadáver a medida que avanza su descomposición (*Dondequiera que esté el cadáver, allí se reunirán los buitres*).[34] Dígase lo que se quiera, la verdad es que el laico clericaloide es un producto tan ridículo como el clérigo aseglarado; y vienen a equivaler a lo mismo. El desatino se hace más patente cuando se cae en la cuenta de que el seglar carece del carisma propio del sacerdocio, lo mismo que el sacerdote tampoco posee el específico del seglar. Con el penoso resultado de que ninguno de ellos puede desempeñar bien las funciones *del otro*; al mismo tiempo que se ven obligados a descuidar las suyas propias y peculiares. Pensar que el seglar queda *promovido* —elevado en dignidad y *status*— cuando

---

[34] Mt 24:28; Lc 17:37.

administra la Eucaristía, cuando interviene de una manera u otra en la Misa, o cuando lleva a cabo funciones de predicación que son propias de aquéllos a quienes corresponde la función jerárquica de enseñar, etc., es un dislate propio de una sociedad que ha perdido el rumbo.[35]

Otra de las formas más características —y desgraciadas— del hibridismo de nuestra moderna sociedad tiene que ver con las relaciones entre los sexos. La mujer machorra, o marimacho, es una aberración tan degradante y desagradable como la que ha lugar en el hombre afeminado; aunque el fenómeno se haya convertido en algo tan normal como el pan nuestro de cada día.[36]

En cuanto a los resultados, bastante exitosos por cierto, de la feroz campaña mundial organizada contra la familia y contra el matrimonio como institución, es indudable que han contribuido también a desvalorizar la castidad. En este caso no puede decirse que baja un platillo de la balanza mientras que sube el otro, sino que en realidad bajan los dos. Los términos que se refieren a instituciones relativas, íntimamente ligadas a la naturaleza humana o a su sobrenaturaleza, no caen bajo la vigencia de las leyes físicas: destruido o degradado uno, queda igualmente destruido o degradado el otro (si se ataca o se elimina el concepto de paternidad, por ejemplo, se termina destruyendo o difuminando también el concepto de filiación). Pero

---

[35]Para colmo de cosas extrañas, también existen hoy Sociedades o Asociaciones eclesiales en las que los laicos tienen jurisdicción sobre los presbíteros; como sucede, por ejemplo, en las Sociedades Catecumenales, y también en otras Asociaciones fundadas posteriormente. Lo cual incluso atenta contra una constitución jerárquica de la Iglesia que, por otra parte es de origen divino.

[36]Es curioso que el término *machista* posea connotaciones negativas de las que carece el término *feminista*. El primero —considerado además como tabú— apunta directamente contra el varón, y viene a equivaler a un sambenito que automáticamente hace incidir en desgracia al presunto culpable. El segundo, en cambio, se refiere sobre todo a la mujer, así como a los Movimientos que reivindican sus derechos, y está considerado más bien como un timbre de gloria. La auténtica realidad, sin embargo, no es otra sino la de que, tanto el uno como el otro, son a la vez una triste expresión del grado de corrupción y desnaturalización al que ha llegado nuestra sociedad.

la importancia de este último tema exige que lo tratemos después con más amplitud.

En este ambiente de descrédito, agravado por la secularización de lo sobrenatural, paralelo a la extensión del paganismo y a la propagación de las ideas modernistas, es difícil adivinar un horizonte propicio al aumento de vocaciones sacerdotales. Si, por otra parte, la diferencia entre un sacerdote católico, un pastor protestante, un rabí judío, un guía muslim, un gurú y, por supuesto un seglar, se difumina cada vez más..., se ha llegado a un punto en el que cada cual puede extraer las consecuencias. El sacerdocio católico siempre ha sido para el pueblo cristiano un cuerpo de elite y aun mucho más que eso. Pero es ridículo suponer que un grupo de elite aumente sus filas mediante el procedimiento de dejar de ser un grupo de elite. Con lo que se da cabida a la posibilidad de que, los que ahora decidan enrolarse, no van a ser precisamente elementos de calidad extra.

Desgraciadamente no hemos llegado aún al punto más acerbo de la cuestión. Después de todo, y siempre a costa de hacer un gran esfuerzo, el fracaso de este intento podría interpretarse quizá como un simple fiasco de procedimiento. Siempre han existido árboles que no han dado fruto. Sin embargo no parece posible considerarlo de modo tan benigno, puesto que no se trata aquí del mal resultado de una empresa emprendida, sino que más bien nos enfrentamos a un *abandono de los principios*. Ante el hecho angustioso de la carencia de sacerdotes, se ha pensado, como posible solución, en introducir en el ministerio presbiteral a los diáconos casados. Puesto que son abundantes resolverían el problema, aunque ello llevara consigo la abolición de la obligación del celibato y, en último término —¿por qué no reconocerlo?—, la desaparición definitiva de lo que ha sido gloriosa aureola del clero católico durante veinte siglos. O para decirlo de otro modo, hemos optado por la *ortopraxis* a costa de abandonar la *ortodoxia*. ¿El motivo...? Todo el mundo está de acuerdo en que las necesidades graves y urgentes no admiten dilación.

Pero el problema es más delicado de lo que puede parecer a una mirada poco atenta. Hemos aludido antes al abandono de los principios. Pues indudablemente resulta peligroso optar por la *praxis* a costa de renunciar a la *teoría*. Suponiendo que tal cosa sea posible, ya que no hemos de olvidar que estamos hablando de las utopías. Y las utopías —habrá que repetirlo de nuevo— pertenecen al mundo de la ensoñación. Lo que equivale a decir que no tienen otra realidad que la de prestarse a hacer de instrumentos del engaño y de la manipulación. Y al igual que la técnica no es nada sin la ciencia, de la cual depende, la práctica tampoco puede existir sin la teoría. De ahí que, cuando la práctica pretende independizarse y vivir su propia autonomía, lo único que consigue es depender de otra nueva teoría. La cual siempre es distinta y ordinariamente peor e inferior a la primera.

El celibato sacerdotal no tiene nada que ver con la *ortopraxis*. No fue establecido con el fin de hacer más eficiente o fácil la labor del ministerio pastoral, como algunos han pensado a veces. Es un modo de existencia que, no solamente no se preocupa de la cuestión de su conveniencia práctica, sino que prescinde de ella en absoluto y ni siquiera la plantea como posibilidad. Depende enteramente de los principios —de la *teoría*— y únicamente de los principios. Por eso no es una cuestión de mayor o menor rendimiento —*Absit!*—, sino de amor. El sacerdote de Jesucristo no se mantiene célibe para atender mejor a su ministerio, sino para entregar por entero su corazón a Aquél que previamente ya se lo ha entregado a él. En este sentido es un testimonio viviente del amor total y perfecto, el cual aún está en medio del mundo, sin que haya podido ser definitivamente desterrado.

De ahí la gravedad de arrojarlo por la borda atendiendo a motivos prácticos que, comparados con lo que él significa, son algo menos que inanes:

> *Si alguien quisiera comprar el amor*
> *con toda su fortuna*
> *sería despreciado.*[37]

Con lo cual desembocamos en una conclusión sorprendente. Ya se ha visto que carece de todo sentido prescindir de la figura resplandeciente del amor total —patente a su vez en la persona de quien ha renunciado a todo por él— por motivos de conveniencia práctica; incluso aunque tales motivos se supongan tan elevados como los que se refieren a la atención y servicio a los demás. De ahí que la conclusión a la que nos referimos no es otra sino la de que *el amor perfecto se halla en los antípodas de la práctica*, por cuanto supone la entrega de todo sin esperar nada. Y así es precisamente, por paradoja, como se encuentra a sí mismo convertido en la más fecunda de las prácticas; a saber: mediante el testimonio de que no le interesa otra cosa que la de darlo todo a la persona amada. El cual testimonio, a su vez, es el único que acaba dando fruto; y el que lleva a cabo, en definitiva y por lo tanto, el mejor servicio a los demás. Dado que la (de)mostración del amor perfecto, hasta la muerte, es la única cosa capaz de convencer y de derribar las murallas que el desamor ha levantado entre los hombres: *Si el grano de trigo no cae en la tierra y muere, queda infecundo; pero si muere, produce mucho fruto.*[38] Y puesto que es evidente que en estas palabras del Maestro se habla del modo y manera de *producir fruto*, partiendo para ello exclusivamente del amor, cabe preguntar con urgencia: ¿Dónde queda

---

[37] Ca 8:7.
[38] Jn 12:24.

ahora el método práctico, responsable a su vez del desplazamiento a un segundo plano del principio supremo de la inmolación por amor? ¿Dónde ha ido a parar su pregonada utilidad para resolver el problema de la escasez de ministros sagrados?

San Pablo es el gran cantor de las excelencias de la virginidad (1 Cor 7).[39] En un texto muy a propósito de nuestro tema, dice el Apóstol que *el que no está casado se preocupa de las cosas del Señor, de cómo agradar al Señor; el casado se preocupa de las cosas del mundo, de cómo agradar a su mujer, y está dividido.*[40] Donde es evidente que el Apóstol de las Gentes no está pensando aquí precisamente en connotaciones prácticas. Al hablar de que el casado se encuentra dividido no se refiere a una mera repartición de actividades —a Dios, de una parte, y al otro cónyuge, de otra—, sino a *una entrega exclusiva a Dios del corazón* como aspiración la más elevada para una existencia humana.

Lo mismo, aunque con mayor verdad, se puede decir de Jesucristo. La única razón que, según Él, le da sentido al celibato voluntario y que lo eleva por encima de todo, es el amor: *Hay quienes se han hecho eunucos a sí mismos por el Reino de los Cielos. Quien sea capaz de entender, que entienda.*[41] Y así fue como Él, manifestándose como la suprema revelación del amor de Dios por los hombres, lo practicó en Sí mismo. De ahí que cualquier intentona contra el celibato supone en último término una agresión contra el amor. El amor perfecto contiene en sí mismo su propia justificación, y por eso puede prescindir de cualquier razón *práctica* que pretenda aprove-

---

[39] Y también de la grandeza del matrimonio cristiano (1 Cor 7; Ef 5), aunque poniendo a cada uno en su lugar: *Me gustaría que todos los hombres fuesen como yo; aunque cada uno tiene de Dios su propio don... Pero a los no casados y a las viudas les digo que más les vale permanecer como yo* (1 Cor 7: 7–8).

[40] 1 Cor 7: 32–34.

[41] Mt 19:12.

charlo para algún fin. A diferencia de lo que sucede con la institución matrimonial, que siempre se fundamenta en propósitos prácticos: el de la procreación de los hijos en primer lugar, para seguir a continuación con el de la ayuda mutua y el remedio de la concupiscencia; tal como ya hacía notar el Apóstol refiriéndose a esto último: *En cuanto a lo que me habéis escrito, más le vale al hombre no tocar a una mujer; pero ante el peligro de fornicación, que cada uno tenga su mujer y cada una su marido* (1 Cor 7: 1–2).[42]

Quienquiera que no vea en este compromiso [el de Dios por el mundo] *la fuente eterna y el fundamento del amor que brilla por sí mismo; quienquiera que no vea este compromiso como algo capaz de ser amado de por sí y digno de amor (y no meramente por consideración a sus efectos), no ha alcanzado en realidad una visión cristiana de Dios. Más bien habría distorsionado el propósito del amor hacia sus propios fines proyectándolo a fines mundanos. Una inversión de los dos órdenes —colocando a Dios en consideración al mundo— que concluye pronto cobrándose su propia venganza cuando termina en un completo ateísmo que acaba por llegar.*[43]

---

[42]Una prueba evidente del carácter *práctico* del matrimonio, el cual se traduce a su vez en una función de transitoriedad, es el hecho de que, así como el amor no pasa jamás (1 Cor 13:8), la institución matrimonial en cambio es efímera hasta el punto de desaparecer con la muerte de uno de los cónyuges: *En la resurrección no se casarán ni ellas ni ellos, sino que serán en el cielo como los ángeles* (Mt 22:30).

[43]Urs Von Balthasar, *Skizzen zur Theologie, IV, Pneuma und Institution*. Texto tomado de la versión inglesa: *Explorations in Theology, IV, Spirit and Institution*, Ignatius Press, San Francisco, 1995, pag. 303.

Por otra parte, el libro del Apocalipsis contiene un texto, a propósito también de nuestro tema, en el que caben destacar dos cosas. La primera se refiere a que vincula el seguimiento del Señor, *dondequiera que vaya*, al celibato. Es seguro que apunta al seguimiento incondicional, como fruto del amor total y perfecto. La segunda es sorpresiva y aparentemente extraña, por cuanto parece asignar la virginidad en este caso concreto a los varones: *Éstos son los que no se mancillaron con mujeres, porque son vírgenes. Éstos son los que siguen al Cordero dondequiera que vaya.*[44]

***

Sed domus hominum qui no vivunt ex fide,
pacem terrenam ex huius temporalis vitæ rebus commodisque sectatur.
Domus autem hominum ex fide viventium,
expectat ea quæ in futurum æterna promissa sunt,
terrenisque rebus ac temporalibus tamquam peregrina utitur.[45]

La *utopía pacifista*, de la que vamos a hablar ahora, no es menos peligrosa que la utopía marxista. Lo cual sonará como algo extraño a los oídos de mucha gente, e incluso yo diría que a los de la mayoría.

---

[44] Ap 14:4.

[45] *Mas los hombres que no viven de la fe buscan la paz terrena en los bienes y comodidades de esta vida. En cambio, los hombres que viven de la fe esperan en los bienes futuros y eternos, según la promesa; y usan de los bienes terrenos y temporales como viajeros* (San Agustín, *De Civitate Dei*, XIX, XVII).

Y la razón es obvia: Porque, ¿acaso puede haber algún mal en el empeño en promover la paz a toda costa...? ¿Cómo puede sospecharse maldad, o quizá error, en las fogosas campañas que se esfuerzan por acabar, de una vez y para siempre, con todas las guerras...?

Aparentemente todo va bien. Pero en eso precisamente consiste la malicia de todas las utopías. *Porque, aunque es cierto que suenan muy bien, son sin embargo engañosas. Y por lo tanto terriblemente dañinas, por lo mismo que jamás la mentira condujo a nada bueno.*

Para mejor entendimiento del problema intentaremos abordarlo desde dos puntos de vista.

En primer lugar será necesario demostrar que la utopía del *pacifismo* es totalmente falsa. Lo cual, si bien es ya suficiente para desenmascarar su carácter nocivo, no es obstáculo para que se confirme además con otras razones adicionales y complementarias.

Después aún quedaría por explicar, en relación con el problema, otro fenómeno más difícil de comprender. Me refiero al hecho de que, a pesar de la *absoluta inoperancia* con que esta utopía se ha mostrado a lo largo de siglos de historia, haya contado y siga contando con tal multitud de seguidores y propagadores. ¿Habrá que explicar esta circunstancia por una reticencia universal a reconocer su condición de inutilidad? Y en todo caso, una vez que ha sido demostrada hasta la saciedad su ineficacia a lo largo de los siglos, y prescindiendo de momento de la buena o mala fe de sus divulgadores, ¿qué es lo que se pretende exactamente al propagarla con tanto empeño?

La larga historia del pacifismo ha demostrado sobradamente su impotencia e inutilidad. Como puede comprobarse mediante el estudio de las doctrinas budistas, pasando por las de las sectas cristianas más radicales en el tema (como los cuáqueros), y llegando hasta las numerosas campañas promovidas en nuestros días en contra de la guerra. Examinado así el problema, y por extraño que pueda parecer, pronto se descubre que el principal portavoz del moderno pacifismo a ultranza ha sido y sigue siendo el progresismo católico. El cual parece hallarse atenazado por un obcecado empeño en no tener en cuenta el alarmante fenómeno del terrorismo, y sobre todo el islámico (a pesar del execrable crimen de la masacre contra las Torres Gemelas de Nueva York, en Septiembre del 2001). Pese a todas las evidencias en contra, los progresistas católicos campeones del pacifismo más extremista mantienen sus posturas; si bien con un tesón que no deja de suscitar extrañeza en unos y asombro en los más. Tales pacifistas radicales (o simplemente pacifistas, puesto que el pacifismo suele ser siempre radical) se oponen a la guerra, en cualquiera de sus formas, y a toda clase de violencia. Sostienen que la guerra es intrínsecamente mala y que debe ser evitada, por lo tanto, a cualquier precio.

Por supuesto que nadie se atreverá a negar que la guerra es un mal. Y una verdadera desgracia que debe ser evitada en la medida de lo posible, cuando sea posible. *Pero es falsa la pretensión de que la guerra, siempre y en todo caso, deba ser considerada como intrínsecamente mala.*

Los pacifistas parten de una falacia que, si bien para unos tiene su fuente de origen en un equivocado sentimiento de bondadoso optimismo, otros en cambio la hacen derivar de propósitos no confesados que apenas pueden disimular la mala fe. Disponen a su favor los defensores del pacifismo de algo que refuerza su postura y que, como hemos repetido una y otra vez, es característico de todas las utopías. Me refiero a *su fuerte apariencia de verdad, y hasta de bondad.* Cosas como las de *queremos el amor, y no la guerra;* o como el conocido y repetido eslogan del *¡no a la guerra!,* y otras semejantes, es indudable que suenan bien. Además de proyectar un aura de integridad, de bondad y hasta de santidad, en aquéllos que las proclaman. Para los tales, aquéllos que se niegan a hacer la guerra son los buenos; mientras que los que la hacen son los malos. Tan fácil de entender como eso. Por supuesto, como si las cosas fueran así de simplistas.

Todo el mundo sabe que el mal puede ser considerado de dos maneras: como algo absoluto o como algo relativo. No es difícil comprender que el auténtico mal es el absoluto. El cual debe ser evitado siempre, sin excepción alguna. De manera que puede decirse, con toda verdad, que el verdadero mal es solamente el pecado. Jamás y bajo ninguna circunstancia admite justificación. La mentira, por ejemplo —sea grave o leve—, jamás es susceptible de exculpación, sin que tampoco exista en este punto ninguna clase de excepción.

Sin embargo no sucede lo mismo con el mal relativo. El cual, a diferencia del anterior, puede ser considerado como un mal *secundum quid*. Por no hallarse viciado intrínsecamente no puede identificarse con el pecado, y hasta posee elementos de bondad capaces de alcanzar grados elevados. Lo cual es más que suficiente para justificar su aceptación. Pensemos, por ejemplo, en las enfermedades o en la misma muerte.

Jesucristo se niega a considerar pecaminosas a las enfermedades o a reputarlas como castigo por el pecado. Recordemos a este respecto el episodio de la curación del ciego de nacimiento (Jn 9: 1-3).[46]

De todos modos la muerte es consecuencia y castigo por el pecado (Ro 5:12). Pero tampoco es un mal en sí misma, como lo prueba el hecho de que es connatural al ser humano. Si el hombre fue liberado

---

[46] En este episodio —que aquí consideramos meramente a modo de ejemplo—, Jesús, no solamente se niega a considerar como un castigo (para el mismo ciego o para sus padres) la desgracia de aquel hombre, sino que incluso llega a decir que aquello *ha ocurrido para que las obras de Dios se manifiesten en él*. Nos encontramos, por lo tanto, en el punto más opuesto a la mezquina perspectiva de los apóstoles, o a la de tantos otros que piensan como ellos.

de ella, después de haber sido elevado al orden sobrenatural, como un regalo de orden adicional, fue cosa de la pura gracia. Pero en modo alguno puede confundirse el castigo con la malicia del pecado mismo. De hecho Dios castiga (Ap 3:19), y la punición se convierte entonces en un acto de bondad. Porque el pecado, o el delito, son efectivamente un mal; pero el castigo consiguiente es siempre un bien. Por si fuera poco, la muerte del hombre ha adquirido, gracias a Jesucristo, un carácter redentor; además de ser definitivamente vencida y transformada en gloria (Sal 116:15). De ahí la triunfante exclamación de San Pablo, haciéndose eco a su vez del profeta Oseas: *Ubi est, mors, victoria tua?*[47]

Jesucristo se niega siempre a tachar la muerte como mal absoluto. Incluso parece no apreciarla bajo la condición de mal en modo alguno y la equipara al estado de *sueño*.[48] Y la asume para Sí mismo.

Un texto de San Mateo (26:52), en el que Jesús amonesta al apóstol Pedro, parece ofrecer una objeción a lo que venimos diciendo: *Vuelve tu espada a su sitio*, dice el Señor, *porque todos los que recurren a la espada, a espada perecerán*. Pero si se examinan atentamente las palabras en su debido contexto, pronto se descubre que andan lejos de suponer alegato alguno contra la guerra. Al fin y al cabo un tema con el que nada tiene que ver el texto en cuestión. Lo que parece pretender en este caso el Maestro, como lección ofrecida a Pedro y a todos sus discípulos, es que nadie debe oponerse a los designios salvíficos del Padre; ni al modo y manera, por lo tanto, como debe cumplirse la mansa y pacífica inmolación del Cordero. Lo prueban las palabras que el mismo Jesús añade a continuación: *¿O piensas que no puedo acudir a mi Padre y al instante pondría*

---

[47] 1 Cor 15:55.

[48] Jn 11:11; Mt 9:24 (lugares paralelos en Mc 5:39 y Lc 8:52). Cf también Mt 27:52 en la versión Neovulgata, y 1 Te 4:13 también según la Neovulgata.

a mi disposición más de doce legiones de ángeles? ¿Cómo se van a cumplir las Escrituras, según las cuales tiene que suceder así?[49] Por la misma razón, tampoco sería honesto oponer al texto de Mt 26:52 el de Mt 10:34: *No penséis que he venido a traer paz a la tierra. No he venido a traer la paz, sino la espada*. Porque tampoco aquí está hablando Jesús en un contexto bélico; sino que apunta más bien, en este caso, a la situación de lucha y de extrema tensión que siempre supone la existencia cristiana.

Si algo queda claro en los Evangelios es la *ausencia total* de textos condenatorios de la guerra. Jesucristo incluso tiene a bien mostrar su simpatía, sin escatimar alabanzas en algún caso, hacia los soldados extranjeros que hacían guarnición en Judea; como lo demuestra el episodio del centurión de Cafarnaúm (Mt 8: 5–13). O incluso habla, como de algo harto natural, de las disposiciones de los reyes para hacer la guerra (Lc 14:31), o de la licitud de los tributos que cobran a sus súbditos (Mt 17:24). El Bautista, por su parte, tampoco parece tener nada contra los soldados, limitándose a amonestarlos cariñosamente para que no extorsionen ni denuncien falsamente, y para que se contenten con su paga (Lc 3:14).[50]

Pero si es una falsedad considerar la guerra como intrínsecamente mala, todavía equivale a un engaño mayor el segundo presupuesto del pacifismo, en el que se descubre con mayor claridad su carácter *utópico*. Y me refiero al sueño de la sociedad feliz, de la que se habrán desterrado enteramente las guerras y en la que los hombres vivirán en perfecta paz y armonía. Una ilusión que contradice claramente a la Sagrada Escritura, a la Historia, al sentido común, y que incluso

---

[49] Mt 26: 53–54.

[50] El texto fue utilizado por San Agustín, en el *Sermón* del siervo del centurión (cf Epist. CXXXVIII *Ad Marcelinum*, cap. 2), para probar la licitud de la milicia y de la guerra, y fue después citado a su vez por Santo Tomás (II^a–II^{ae}, q. 40, a. 1, *Sed contra*).

equivale a negar implícitamente la realidad del pecado original. La teología progresista, posterior al Concilio Vaticano II, tiene a gala hablar constantemente de cosas como, *La nueva primavera de la Iglesia, La civilización del amor, El nuevo Pentecostés, El espíritu de Asís* y una larga lista de lindezas, cuyo único fallo no es otro sino el de que no se corresponden con la realidad. En definitiva, nuevas utopías a las que apenas vamos a poder aludir.

Las predicciones ilusorias sobre un futuro feliz y estable no son sino sueños optimistas. Pero los sueños, como decía Calderón, no son más que sueños. Y en cuanto al optimismo en sí, ni nada tiene que ver con la realidad, ni menos aún con la esperanza cristiana.

Los textos bíblicos son suficientemente claros al respecto para cualquiera que quiera leerlos. En ellos se habla abiertamente de las convulsiones sociales, de intensidad cada vez mayor, que llenarán de angustia a la humanidad a medida que se acerquen los últimos tiempos. Pueden consultarse, por ejemplo, Mt 24: 6–8; Mc 13: 5–8; Lc 21: 6–10; 1 Te 5:3 y 2 Te 2:3.[51]

Que el sueño del estado idílico por llegar, junto con la inundación de triunfalismo que la teología progre está vertiendo sobre la Iglesia actual, es algo que contradice a la Historia y al sentido común, no necesita demostración alguna. A lo cual hay que añadir, como lo más grave de todo, el hecho de la implícita negación del pecado original que estas doctrinas suponen. Aceptando un sentido rousoniano de

---

[51]En este último texto incluso se anuncia la gran apostasía universal, que coincidirá con la venida del Anticristo y con las grandes agitaciones universales del final de la Historia. En este sentido podría aplicarse a los textos bíblicos cualquier calificativo, menos el de optimistas: *Y de no acortarse esos días no se salvaría nadie; pero en atención a los elegidos esos días se acortarán* (Mt 24:22). Puesto que es condición de la naturaleza humana la de no querer ver aquellas cosas que no resultan agradables ni placenteras, de ahí la desagradable impresión que causa cierta Pastoral; a saber: la de haber puesto en estado de hibernación todos estos fragmentos evangélicos.

la sociedad, parecen pensar que el hombre es bueno por naturaleza, olvidando su condición de naturaleza caída por más que reparada. Bastará, por lo tanto, con mejorar las estructuras sociales para lograr la Arcadia feliz, tan soñada como deseada (otra reminiscencia del marxismo).

El Nuevo Testamento, como no podía ser menos, es tan realista como corresponde a lo que es la Palabra de Dios. Por eso sabe muy bien que la existencia ideal que estructura para el cristiano —el hombre nuevo, injertado en Cristo, cuya realización vale también, como es lógico, para la sociedad como tal— es una realidad que solamente alcanzará su pleno cumplimiento al final de la Historia, cuando Cristo venga de nuevo a recapitular y a poner en su sitio todas las cosas. *Sed perfectos, como vuestro Padre celestial es perfecto*, es una consigna que mira hacia adelante, o una meta a la que hay que llegar; pero en modo alguno un lugar de descanso ya logrado: *Corred de tal manera que lo alcancéis... Yo corro, aunque no como a la ventura.*[52] La Iglesia no es portadora de mensajes tranquilizadores, destinados a los hombres pero que no se fundamentan plenamente en la realidad (suave o dura) de las cosas. *Gaudium et Spes*, por supuesto. Pero sin olvidar que el auténtico Gozo no tiene otra fuente de origen que la del Espíritu Santo. Y en cuanto a la Esperanza, es una inefable virtud teologal que se fundamenta exclusivamente en la Roca inconmovible que es Cristo. Cualquier gozo, o cualquier esperanza, que broten exclusivamente de otra fuente que sea obra de los hombres, no serán capaces de proporcionar otra agua que la del abatimiento y la amargura. Mientras que el manantial que brota y salta hasta la vida eterna procede exclusivamente del corazón de Cristo (Jn 4:14).

---

[52] 1 Cor 9: 24.26.

Por eso hemos dicho antes claramente que *no es verdad que la guerra sea un mal absoluto*. Y así ha sido considerado siempre el tema, sin dudas ni vacilaciones, por la doctrina de la Iglesia. La cual ha reconocido en todo momento la doctrina de la guerra justa y el derecho a la legítima defensa, tanto por lo que se refiere a los individuos como a las naciones.

> *Según dice San Agustín, en su libro II "Contra Manich." (cf "Contra Fausto", libro XXII, cap. 70), "quien empuña la espada sin superior y legítima potestad que lo mande o lo conceda, lo hace contra la sangre de alguien". Pero quien con la autoridad del príncipe o del juez, si es persona privada; o por el celo de la justicia, como por autoridad de Dios, si es persona pública, hace uso de la espada, no es él quien empuña la espada, sino que la esgrime recibida de otro. Por lo tanto no merece pena... Tales mandamientos (dice también San Agustín en su libro "De Serm. Dom. in Monte") han de ser siempre tenidos en cuenta en la disposición del ánimo; de tal manera que el hombre se encuentre siempre preparado para no resistir o no defenderse, si fuera necesario. Pero alguna vez hay que obrar de otra manera, por el bien común o también por el de aquellos con quienes se contiende...*
>
> *Los que llevan a cabo guerras justas también intentan la paz. Por lo tanto no la contrarían, a no ser a la mal llamada paz, o aquélla que el Señor "no vino a traer a la tierra", según se dice en Mt 10:34. Por eso dice San Agustín (en "Ad Bonifacium"): "No se busca la paz para intentar la guerra, sino que se hace la guerra para adquirir la paz".*[53]

Ya hemos visto que, para San Agustín,[54] los que buscan la paz terrena en los bienes y comodidades de esta vida son los que no

---

[53] Santo Tomás, *Summa Theol.*, II^a–II^{ae}, q. 40, a. 1, ad 1, ad 3.
[54] Texto cit. en pag. 43.

viven de la fe. Tal búsqueda no es sino el resultado de confundir la paz mundana (de la que nada quería saber Jesucristo) con la paz que fluye y se alimenta del Corazón del Señor (la paz cristiana, o la única verdadera). Hemos comprobado que, para San Agustín, quien junto con Tomás de Aquino son los más renombrados intérpretes de una Tradición de la Iglesia que ha durado veinte siglos, la guerra no solamente puede ser justa, sino incluso necesaria: *non quæritur pax ut bellum exerceatur; sed bellum geritur ut pax acquiratur*. Una sentencia que también hace suya Santo Tomás.

Todo lo cual nos conduce a una inquietante pregunta, ya antes formulada: ¿Qué es lo que pretenden exactamente los que propugnan el pacifismo a ultranza? Por supuesto que se puede suponer buenamente en tal actitud, aunque no sin cierta dificultad, la influencia de un sentimiento de exagerado optimismo, más fundamentado tal vez en benévolos sentimientos que en el conocimiento de la realidad del mundo y de la naturaleza humana. Una apreciación que contribuiría a suavizar el problema, hasta el punto de que desterraría cualquier sombra de mala voluntad. Efectivamente podría aceptarse tal cosa como explicación; aunque no tan suficiente, ni tan clarificadora, como para dejar zanjada toda disquisición.

De ese modo continuaría abierto, y sin responder, un número bastante elevado de cuestiones extremadamente delicadas.

¿Cuál podría ser la razón tan convincente a aducir como para ser capaz de considerar obsoletos a una doctrina y a un Magisterio de veinte siglos...? Y sin embargo hasta ahora, al menos que yo sepa, no se ha presentado ninguna.

Por otra parte, es imposible dejar de tener en cuenta que el belicismo sangriento de los que desean acabar con la civilización cristiana *es algo que está ahí*. Como tampoco puede ignorarse el hecho evidente de que, al haber cambiado las guerras sus métodos en los tiempos modernos, se impone la obligada necesidad de estudiar y revisar los procedimientos a utilizar para defenderse. Es un hecho reconocido sin vacilación, tanto por los modernos historiadores y sociólogos, como por los estrategas bélicos, que el terrorismo es una nueva forma de guerra. Admitido que no se puede responder a la perversidad con la perversidad, tampoco puede olvidarse que cosas como las batallas en campo abierto, con los reyes y generales marchando a la cabeza de sus ejércitos, es uno de los muchos trastos que han sido relegados definitivamente al desván de la Historia. A pesar de lo cual esto no es, ni con mucho, lo más preocupante de la doctrina del pacifismo.

Ante todo, está el hecho de que la creencia en la bondad natural de todos los hombres, presupuesto implícito del pacifismo, conduce inexorablemente, como antes hemos dicho, a la negación del pecado original. Quizá podríamos hablar de ignorancia en lugar de negación, aunque el problema, sin embargo, seguiría siendo el mismo. Ya hemos comprobado antes que el Nuevo Testamento, al igual que los Padres, son extraordinariamente realistas a este respecto.

Y aún hay algo peor. Porque el empeño en imponer a toda costa esta utopía (carente, como hemos dicho, de cualquier fundamento en lo real), deja desarmados, y sin defensa posible, a los que son víctimas de los que intentan acabar con todo vestigio de civilización cristiana. Incluso hay quien llega a desembocar, a través de observaciones y análisis sociológicos, en conclusiones más que desalentadoras. El pacifismo —suele decirse— está aquejado de un tremendo complejo de inferioridad, y casi seguro también de culpabilidad. La Izquierda Internacional —por otorgarle al Sistema que impera en el mundo alguna denominación— ha organizado tal montaje de propaganda, y aun de descarada exhibición de poder, que ha logrado suscitar el pánico de muchos. Justamente a aquéllos que han terminado por convencerse, de una manera o de otra, de la necesidad de estar al lado de esta ideología. Entre los cuales se encuentran —triste es decirlo— muchos Jerarcas de la Iglesia.

Y sin embargo, ni el miedo, ni el complejo de inferioridad, ni la falta de fe y seguridad en las propias creencias, ni la adulación a las ideologías que se suponen triunfadoras, ni el ingenuo convencimiento de que van a ser atraídos así los muchos que andan descarriados o fuera de la Iglesia, son actitudes que puedan calificarse, ni de lejos, como específicamente cristianas. Lo único que un Pastor puede esperar, como resultado de tales comportamientos, es la confusión y la dispersión del Rebaño.

Ahora podemos comprender mejor lo dicho acerca de la peligrosidad de las utopías. Creo que los pocos ejemplos nombrados son suficientes como para excluir la necesidad de extendernos en el estudio de otras que, además de que exigirían demasiado tiempo y espacio, supondrían un amplio estudio que no es de este lugar. Por eso no vamos a hablar de la *Nueva Primavera de la Iglesia*, ni del *Nuevo Pentecostés*, ni del *Espíritu de Asís*, ni del *Nuevo y Complaciente Ecumenismo*, ni del *Cristianismo Anónimo*, ni de una supuesta *Infinita Bondad Divina* incompatible con la existencia de condenados en el infierno (Karl Rahner y sus discípulos), ni de la *Nueva Cristiandad o el Humanismo Integral* (Maritain), ni de tantas otras que parecen empeñarse en desterrar de los humanos cualquier sombra de preocupaciones: tanto las que se refieren a la vida futura como, por supuesto, también a la presente.[55]

La mayor desgracia de las utopías es el hecho de que, debido a su falsedad, apartan de la Verdad, la cual no es otra sino Cristo mismo (Jn 1:17; 14:6). Y sin embargo, separarse de Cristo es la mayor y la

---

[55] Acerca de las que yo llamo *Teologías de la Bondad* puede consultarse mi libro, *El Amigo Inoportuno*, Shoreless Lake Press, N.J. (USA), 1995, pag. 102 y ss.

única de las tristezas: *Señor, ¿adónde iremos? Tú tienes palabras de vida eterna*, decía el apóstol Pedro.[56] Pero la Verdad se identifica con el Amor. Y sin el Amor no existirían ni el mundo, ni el sol, ni ninguna de las estrellas. Sin Él tampoco hubiéramos existido nosotros, y ni siquiera habríamos llegado a enterarnos de que no lo conocíamos. Inmensa desgracia que jamás habría podido parangonarse con nada: ni aun con los caudalosos torrentes de lágrimas vertidas, de manera incesante, por los dolores y penas de los hombres de todos los tiempos.

---

[56] Jn 6:68.

V

LA ÍNSULA BARATARIA

Entonces Pedro tomó la palabra y le dijo:
"Ya ves que nosotros lo hemos dejado todo y te hemos seguido,
¿qué recompensa tendremos?"
Jesús les respondió:
"En verdad os digo que no hay nadie que haya dejado casa,
hermanos o hermanas,
madre o padre, o hijos o campos por mí y por el Evangelio,
que no reciba en este mundo cien veces más
en casas, hermanos, hermanas, madres, hijos y campos,
con persecuciones; y en el siglo venidero, la vida eterna".[1]

Ni la tosca ordinariez, ni la condición de simple *villano*, fueron obstáculo para que la figura de Sancho Panza alcanzara una inmortalidad casi semejante a la de su amo. Después de mucha insistencia

---

[1] Mc 10: 28–30; Mt 19: 27–29; Lc 18: 28–30.

por parte de nuestro Héroe Inmortal, el buen hombre se decidió a seguirle. Sin duda movido en gran parte por el deseo de la honrosa y alta recompensa que se le prometía, a pesar de la humildad de sus orígenes, los cuales Don Quijote puso cuidado en recordarle, precisamente a propósito de haber logrado al fin la ansiada *ínsula*:

> *Del conocerte saldrá el no hincharte como la rana que quiso igualarse con el buey, que si esto haces, vendrá a ser feos pies de la rueda de tu locura la consideración de haber guardado puercos en tu tierra.*
> *—Así es la verdad —respondió Sancho—, pero fue cuando muchacho; pero después, algo hombrecillo, gansos fueron los que guardé, que no puercos. Pero esto paréceme a mí que no hace al caso; que no todos los que gobiernan vienen de casta de reyes.*[2]

Si alguien intentara aplicar esta filosofía a su propio tiempo (pues siendo siempre la misma la naturaleza humana, las leyes que la rigen son inmutables), alcanzaría conclusiones que sobrepasarían la comicidad y harían pensar en el ridículo. De cuidador de puercos a gobernador de una *ínsula*. Nada menos y nada más. Sin embargo, he ahí la regla que suele determinar la distribución de premios y recompensas entre los hombres. Multitud de premios literarios, sociales, cinematográficos, así como los que conllevan nombramientos y cargos en Instituciones públicas, sociales, políticas etc., no tienen otro fundamento que el proporcionado por consideraciones políticas o intereses más o menos confesados. La inmensa mayoría de los premios literarios o artísticos se basan en móviles políticos o financieros. Lo cual no supone problema alguno para el común de las gentes, puesto que la ausencia de merecimientos queda fácilmente suplida por los montajes publicitarios y la eficiente labor de los *media*. No existen

---

[2] *Quijote*, II, 42.

razones para dudar de que el justo reparto de recompensas no tendrá lugar hasta más tarde; a saber: cuando la justicia divina sustituya, por fin, a la endeble y espuria justicia de los hombres. Porque es una gran verdad la de que, al menos por lo que vemos, *no todos los que gobiernan vienen de casta de reyes*.

Por supuesto que conviene descartar de antemano la idea de que Sancho Panza se decidió a servir a su amo por motivos desinteresados:

> *En este tiempo solicitó don Quijote a un labrador vecino suyo, hombre de bien —si es que ese título se puede dar al que es pobre—, pero de muy poca sal en la mollera. En resolución, tanto le dijo, tanto le persuadió y prometió, que el pobre villano se determinó de salirse con él y servirle de escudero. Decíale, entre otras cosas, don Quijote que se dispusiese a ir con él de buena gana, porque tal vez le podía suceder aventura que ganase, en quítame allá esas pajas, alguna ínsula y le dejase a él por gobernador della. Con estas promesas, y otras tales, Sancho Panza, que así se llamaba el labrador, dejó su mujer y hijos y asentó por escudero de su vecino.*[3]

En quítame allá esas pajas. La ironía de Cervantes se desborda por toda la obra. He aquí otra socarrona alusión a que las recompensas, ni caen llovidas del cielo, ni suelen responder a criterios dictados por la equidad. Parecería honesto y natural que la retribución fuera equivalente al esfuerzo realizado y a los méritos conseguidos. Lo cual rara vez sucede en las relaciones entre humanos, donde ni la lógica ni la justicia encuentran nunca cómodo asiento. Por lo que no es extraño que el episodio de la *ínsula* Barataria, justamente llamada así por lo barata que resultó su adquisición, terminara de la manera como no podía menos de acabar.

---

[3] *Quijote*, I, 7.

En cuanto a lo de que Sancho Panza poseía *poca sal en la mollera*, es cosa que se desvanece para el lector a medida que el personaje va cobrando vida en la pluma de Cervantes. Todo parece indicar que la figura de Sancho Panza superó a lo probablemente imaginado en un principio por el autor. Sancho Panza fue partícipe de la locura de su amo, sin duda alguna. Y es evidente que sus ansias de conseguir una recompensa contribuyeron a hacerle víctima del embeleco que, con la mejor voluntad del mundo, logró infundirle su señor. Sin embargo, el lector percibe pronto que, a medida que el perfil del escudero va adquiriendo consistencia a lo largo de la trama, su personalidad se va configurando como la propia del personaje de mayor sentido común, amén del más realista y encantadoramente humano de todos los que desfilan por la obra. Ni el cura, ni el barbero, ni el bachiller Sansón Carrasco, aunque bien repletos todos de profundo realismo y de buenos propósitos, logran alcanzar nunca el aura de grandeza y de tierna humanidad que envuelve a Sancho. Ni consiguen tampoco demostrar la generosa compasión, o la tierna comprensión, que habrían hecho reflejar en ellos la grandeza de los hombres que poblaron las felices tierras de nuestro Siglo de Oro.

Pero lo primero a tener en cuenta en el episodio evangélico que vamos a comentar es la serena alegría que produce su lectura. Una sensación de emoción y alegría a la vez, diría yo. Incluso cabe la posibilidad de que el sentimiento no sea demasiado perceptible, aunque es indudable que está allí; tal vez escondido en ese lugar recóndito del corazón de donde suelen aflorar las más profundas emociones. Recuerdo el impacto que me causaba la lectura de este pasaje cuando, en los comienzos de mi adolescencia, me adentraba en mis primeras incursiones a través del Evangelio. Aunque no me atrevería a asegurar acerca de lo que me proporcionaba más contento: si su primera o su segunda parte. Pero de todos modos, si es que me viera obligado a decidir, creo que optaría por la primera. Lo que quiero decir es que la recompensa prometida, tan atrayente en este caso, si bien me parecía capaz de animar a cualquiera, a mí sin embargo, por extraño que parezca, me atraía más la condición previamente exigida; a saber: la posibilidad de entregarlo todo a la persona a quien se ama. Sospecho que mi corazón presentía ya por entonces, de manera más o menos confusa, que lo que aquí está en juego es un asunto de amor. Un tema que tiene mucho que ver con aquello de que *hay más alegría en dar que en recibir*.[4] Por eso me seducían las palabras del Señor: *Cualquiera que haya dejado casa, hermanos o hermanas, o padre o madre... "por mí y por el Evangelio"...* Y confieso que la alusión que hacía Jesús a su propia Persona —el *por mí*— impactaba en mi corazón. Y por eso yo lo interpretaba como un emocionante y maravilloso desafío: ¿Sería yo capaz de entregar todo lo mío, sin esperar a cambio ninguna otra cosa? Reconozco que ya por entonces me asaltaba la sospecha, que casi era convencimiento, de que el verdadero amor es enteramente *desinteresado*. Al fin y al cabo ya lo decía el Apóstol: *No busca lo suyo*.[5]

Aunque esto nada quiere decir contra la recompensa que buscaba Sancho Panza, ni contra la pregunta (¿interesada?) que San Pedro formuló a Jesucristo. A la vista del episodio, comprobamos que el Señor no muestra sorpresa ante la aparente preocupación de su discípulo, y ni siquiera responde con desagrado. Más bien parece lo contrario, y hasta aprovecha la oportunidad para prometer una abundante retribución a sus verdaderos seguidores. Y es que el deseo de recompensa parece ser tan connatural al ser humano como para suponerlo legítimo. Tal como expresamente lo reconoce el Apocalipsis: *Mira que vengo pronto con mi recompensa, para dar a cada uno según sus obras*.[6] E igualmente un importante texto de la Carta a

---

[4]Hech 20:35.
[5]1 Cor 13:5.
[6]Ap 22:12.

los Hebreos: *Sin fe es imposible agradar a Dios; porque el que se acerca a Él debe creer que existe y que es remunerador de los que le buscan.*[7]

Así las cosas, ¿habrá que suponer que la decisión de seguir al Señor está motivada por el deseo de recompensa...? Y ya podemos adelantar la respuesta afirmando rotundamente que no. Otra cosa es que el correcto planteamiento del problema, como necesario requisito para hallar respuesta a todas las preguntas, requiera alguna precisión previa.

Es evidente que la recompensa es algo connatural al mérito. Aunque las recompensas humanas, no sólo son casi siempre desproporcionadas, sino que a menudo no guardan relación alguna con el supuesto mérito al que tratan de retribuir y que a menudo ni siquiera existe.

Sin embargo, *el tema de la recompensa no es la cuestión más importante a plantear ahora.* El problema de fondo en el que aquí se quiere profundizar no es otro —conviene decirlo una vez más— que el del amor. Si bien es cierto que siempre cabría preguntar si acaso existe algún tema en el Evangelio —de fondo o marginal— que no sea el del amor.

De ahí que parezca lícito pensar que la pregunta de Pedro a su Maestro supone un estadio incipiente en el *ars amandi*. De ser eso cierto, tal cosa se explicaría porque aquí nos hallamos en la etapa de formación de los Apóstoles; la misma en la que, puesto que aún habría de pasar tiempo hasta la venida del Espíritu Santo, todavía quedaban demasiadas cosas que ellos no podían comprender. Hasta en el momento culminante de la Última Cena se puso de manifiesto que era mucho lo que les quedaba por entender (Jn 13:7; 14:25; 16:12). Por lo cual no se puede decir que Pedro y los demás discípulos hubieran superado ya, en su afecto hacia el Maestro, los períodos

---

[7] Heb 11:6.

iniciales en los que se desenvuelve la relación de amor; y de ahí que la encontremos aquí plagada todavía de imperfecciones tales como condiciones, vacilaciones, dudas, demoras y hasta retrocesos:

> *¡Ábreme, hermana mía, esposa mía,*
> *paloma mía, inmaculada mía!*
> *Que está mi cabeza cubierta de rocío,*
> *y mis cabellos de la escarcha de la noche.*[8]

¿Y quién sería capaz de resistir y oponerse a tal solicitud y a tales requiebros amorosos por parte del Esposo...? Y sin embargo, por más que resulte difícil de comprender, la esposa responde de manera huidiza y más bien esquiva:

> *Ya me he quitado la túnica.*
> *¿Cómo volver a vestirme?*
> *Ya me he lavado los pies.*
> *¿Cómo volver a ensuciármelos?*[9]

El Señor conoce la fragilidad de la naturaleza humana y por eso la excusa amorosamente. No lleva a cabo las reconvenciones a las que habría dado lugar una conducta que, por su tosquedad, ni siquiera excluye presunciones atrevidas que después acaban como no podían menos de acabar. Es por eso por lo que, en alguna ocasión, el Maestro se limitó a permitir que el gallo recordara a San Pedro su jactancia y comenzara a aprender la lección (Mt 26: 33–35).

De ahí que las palabras con las que responde a la pregunta de su discípulo, más bien que dictadas por un sentido de retribución, poseen el carácter de promesa gozosa. Y así es como el famoso ciento

---

[8] Ca 5:2.
[9] Ca 5:3.

por uno, además de la vida eterna, nada tiene que ver con un mero incentivo para conseguir una recompensa (por sublime y elevada que pudiera ser). Se trata simplemente de la promesa acerca de lo que aguarda a los que lo sigan. Por cuanto *el amor no piensa jamás en ofrecer recompensa extra, o distinta de sí mismo, a quien responda a su solicitud; la cual, por otra parte, tampoco tendría sentido desde el momento en que el mismo amor es su propia recompensa*. La estricta verdad en este tema se traduce en que a cada uno de los amantes le basta con la persona del *otro*:[10]

> *Yo soy para mi amado,*
> *y mi amado es para mí.*[11]

....

---

[10] El amor ni busca nada distinto de la persona amada, ni espera una recompensa; sino todo lo más una respuesta. De ahí el sentido de las expresiones propias del primer mandamiento: con toda el alma, con todas las fuerzas, con todo el corazón, sobre todas las cosas..., las cuales se refieren a la necesidad de prescindir de todo lo que no sea la persona amada. Los Padres designaban al Espíritu Santo como el *Nexus duorum* porque el Amor se estructura según un *yo*, un *tú*, y el *nexo* que los une. El fundamento último y metafísico del amor tiene su base en que Dios es el Ser Infinito que se basta a Sí mismo (Dios Uno), de un lado; al tiempo que se ama en plenitud en Trinidad de Personas (Dios Trino), de otro. De manera que no hay para Él *otra cosa*, puesto que se basta a Sí mismo como Ser Infinito. Aunque sí que hay en Él *diversidad de Personas*, puesto que es Amor, el cual siempre es una relación entre un *yo* y un *tú* (que son al mismo tiempo, y recíprocamente, un *tú* y un *yo*). Claro que en Él, el *Nexo* que une a ambas Personas es también otra Persona, debido a la identificación real de las Tres con la infinitud de la única esencia divina (el Padre y el Hijo se identifican realmente con la esencia divina; y lo mismo el Espíritu Santo). De ahí que sean tres: distintos en cuanto Personas, aunque en la unidad y unicidad de la esencia divina. En el amor creado, en cambio, las cosas suceden del modo que es posible a lo que es una participación analogada del Amor Infinito.

[11] Ca 6:3.

> *Sesenta son las reinas,*
> *ochenta las concubinas,*
> *y un sinnúmero las doncellas;*
> *pero es única mi paloma, mi perfecta.*[12]

....

> *Ven, amado mío, vámonos al campo;*
> *pasaremos la noche en las aldeas...*[13]

Las palabras del Señor contenidas en el Evangelio con las que invita a su seguimiento, más bien que prometer una cierta recompensa, se refieren a la *promesa de reciprocidad* que se desprende de la relación *yo–tú* y en la que se estructura el misterio del amor (Jn 6: 56–57; Mt 10:39). Acerca de lo cual conviene recordar que los elementos que constituyen la misteriosa relación del amor son, de una parte, el *yo* del amante y el *yo* del amado; en donde cada uno de ellos es a su vez un *tú* para el otro, y por eso puede decirse que cada *yo* es a la vez un *tú* y viceversa. Pero falta todavía un tercer elemento, cual es *el amor* que une a cada uno de los dos que se aman, y que es *realmente* distinto de ambos, puesto que de otro modo (si se identificara con alguno de ellos o con ambos) se haría imposible la relación amorosa. De donde se desprende que el número áureo del amor no es el dos, sino el tres. Así es como nos hallamos ante un nuevo elemento de acceso al misterio del Dios Uno y Trino, en el cual el aquí llamado elemento tercero tiene carácter de Persona, en perfecta igualdad con el primero y el segundo.

Es de admirar la intuición de San Agustín al relacionar la Trinidad con la semejanza del hombre con respecto a Dios (en referencia a Ge 1: 26–27). Lo que ya no parece tan evidente es el hecho de que

---

[12] Ca 6: 8–9.
[13] Ca 7:12.

la semejanza tenga que ver con el alma humana y con sus tres facultades. Incluso resulta difícil evitar la sensación de gratuidad de este razonamiento. Decir que el alma humana es semejante a la Trinidad en cuanto que está dotada de inteligencia, memoria y voluntad, induce a pensar en un argumento sin demasiado fundamento..., y hasta caprichoso. E incluso hay algo más serio todavía. Porque la *semejanza* o imagen, de las que habla el texto sagrado, no se refieren en modo alguno al alma humana, sino al *hombre en su conjunto* (una vez más asoma el subconsciente temor maniqueo de incluir al cuerpo en la idea del hombre).[14] Tal vez fuera más acorde con los textos referir la semejanza al concepto del amor. Puesto que el hombre fue creado por el Amor Infinito para amar y ser amado, quizá convendría inquirir aquí en cuanto al problema de su semejanza con el Dios trinitario. Ya hemos hablado antes de los elementos esenciales que integran la *trilogía* del amor; a saber: las personas del amante y del amado (en reciprocidad), de un lado; y el nexo que las une, de otro. Este nexo es tan real como es la realidad del amor, aunque en el Amor Sustancial sea también una Persona. El hombre es una participación analogada de esa trilogía. De tal manera que, así como en el Amor Infinito son Tres, en la realidad de una única operación y una sola naturaleza, el hombre en cambio es uno, aunque estructurado en tres operaciones y realidades distintas: la de entregar, la de recibir, y la del amor que hace posible las otras dos. Solamente así el ser humano es un trasunto (analogado) del Dios Uno y Trino.

---

[14]Es curiosa la renuncia (multisecular) de los escritores de espiritualidad a admitir la semejanza del hombre con Dios en lo que se refiere al cuerpo, debido a que el cuerpo es materia y Dios es Espíritu Puro (siempre el mismo temor a la materia). Ahora bien, según eso tampoco el alma humana sería susceptible de tal semejanza: no es espíritu puro, en cuanto que está ordenada al cuerpo y es forma de él. Por otra parte, los textos son contundentes. Es el hombre, y no meramente el alma humana, quien fue creado a imagen y semejanza de Dios.

En realidad todo induce a concluir que no cabe imaginar compensación más elevada, en lo que respecta al Amor, que la que supone el intercambio de vidas entre los que se aman. Para eso, y no para otra cosa, fue creado el hombre:

> *¡Qué hermosos son tus amores,*
> *hermana mía, esposa mía!*
> *¡Cuánto más deliciosos que el vino*
> *son tus amores!*
> *¡Cuánto más la fragancia de tus ungüentos*
> *que todos los aromas!*[15]

De modo que, así como *tus amores son más deliciosos que el vino*, de igual modo también *la fragancia de tus ungüentos es más suave y agradable que todos los aromas*. Claro que aquí nos tropezamos de nuevo con las limitaciones del lenguaje, en claro exponente de la miseria y grandeza que supone nuestra condición de criaturas, nunca tan clamorosamente advertida como en la relación de amor. Por eso el enamorado se ve obligado a acudir a la poesía, si acaso quiere expresar sentimientos que escapan a las posibilidades de la simple prosa. Y la poesía, a su vez, necesita de las figuras retóricas para tratar de hablar de lo inefable. Con todo, y aunque ninguna de ellas —ni la prosa ni la poesía— logra alcanzar por entero su propósito, algo queda claro sin embargo, en medio de balbuceos y suspiros, tanto para el que canta sus amores como para los que lo escuchan. Cual es que el amor es más valioso que cualquier otra cosa, y que no existe nada capaz de suplantarlo.

Solamente Dios es capaz de decirlo *todo* en una sola Palabra, según un conocido dicho de San Juan de la Cruz. En boca de los

---

[15] Ca 4:10.

hombres las palabras son siempre insuficientes, puesto que siempre es más lo que en ellas queda sin decir que lo que realmente dicen. Tampoco los conceptos caben en unos vocablos que también son incapaces de expresar todo lo que contienen (o lo que tratan de contener). Y sin embargo en eso consiste la grandeza y la miseria de todos ellos. Ya que no le es posible al hombre agotar la profundidad del ser (ni en cuanto a su conocimiento ni en cuanto a su expresión), le ha sido otorgada la facultad de intuir el misterio que queda oculto *más allá de lo dicho*. O algo de él, por lo menos. Se trata de aquello que transciende al lenguaje y donde se presiente que se encuentran, en toda su realidad, la Bondad, la Belleza y, en definitiva, la magnificencia del Ser:

> *...y déjame muriendo*
> *un no sé qué que quedan balbuciendo.*[16]

Por eso nadie puede extrañarse ante el hecho de que no sea siempre el lenguaje, ni la mejor, ni la única forma de comunicación. En realidad, más allá de él se encuentran el silencio, que a menudo lo supera en capacidad de expresión en la recíproca comunicación de los que se aman. O la caricia llena de ternura y portadora de sentimientos que de otro modo serían inexpresables. Y hasta el rayo luminoso y ardiente de una mirada enamorada, más elocuente que mil discursos y capaz de matar de amor, con sus dardos de fuego:

> *Prendiste mi corazón,*
> *hermana mía, esposa,*
> *prendiste mi corazón*
> *en una de tus miradas...*
>
> ....

---

[16]San Juan de la Cruz, *Cántico Espiritual*.

> *Aparta ya de mí tus ojos,*
> *que me matan de amor...*[17]

Si bien el concepto de *retributio* incluye la idea de algo debido, no sucede lo mismo con el de *promissio*. El amor no se compone bien con la idea de pago o retribución, y sólo se actúa en libertad total y sin condicionamiento alguno: *Ubi autem Spiritus Domini, ibi libertas.*[18] Sería inútil e impensable pretender pagarlo o comprarlo: *Si dederit homo omnem substantiam domus suæ pro dilectione, quasi nihil despicient eum.*[19]

Sin embargo conviene que continuemos con nuestra indagación. Los discípulos que han decidido seguir al Maestro y entregarle su vida, ¿lo hacen ante todo con vistas a una recompensa...? ¿Es posible admitir la idea de la retribución como probable motivación, principal o no, en la decisión de los seguidores de Jesucristo...?

Más arriba tuvimos ocasión de contestar a estos interrogantes. Dijimos que San Pedro, al pretender que su Maestro hablara de la recompensa que aguardaba a sus seguidores, mostraba con su actitud, un tanto entreverada de egoísmo, que incluso él se hallaba en una etapa rudimentaria del amor. Pero los que entregan su vida a Jesucristo suelen hacerlo por puro amor, y sin esperar otra cosa que no sea Él mismo. De no ser así, esa *otra cosa* desempeñaría el papel de objeto primario (y último) pretendido por su corazón. Lo que no tendría cabida en discípulos realmente enamorados, para quienes Jesucristo es siempre y necesariamente, no solamente lo último (en el sentido de culminación), sino también lo primero (en el sentido de lo más importante): o el Alfa y la Omega, como dice repetidamente

---

[17] Ca 4:9; 6:5.
[18] 2 Cor 3:17.
[19] Ca 8:7.

el Libro del Apocalipsis: *Yo soy el Alfa y la Omega, el primero y el último, el principio y el fin.*[20]

Si comparamos esta decisión de seguir a Jesucristo, motivada por el *puro amor*, con la que hemos llamado etapa inicial en el amor al Maestro, habremos de concluir que el amor creado parece evolucionar a través de un itinerario ascendente de maduración o perfección; o lo que es lo mismo: partiendo de un comienzo, contempla un desarrollo posterior y acaba en su final culminación. Así lo ha considerado siempre una tradición multisecular acerca del arte amatorio, e incluso los mismos textos sagrados (el *Cantar de los Cantares*, por ejemplo, es una mutua búsqueda y contienda entre los amantes que transcurre en el tiempo) y también, como no podía ser menos, los autores de espiritualidad cristianos. Baste recordar entre estos últimos, el *Itinerarium Mentis in Deum*, de San Buenaventura, *Las Moradas* o el *Camino de Perfección*, de Santa Teresa de Jesús, o la *Subida al Monte Carmelo*, de San Juan de la Cruz, por citar solamente algunos clásicos. Y si damos por supuesto, como hemos hecho a menudo, que el amor creado transcurre a modo de contienda entre los amantes, habremos de admitir que necesariamente ha de transcurrir en el tiempo. Lo cual explica que no siempre la relación amorosa se desenvuelva según un movimiento de continuo perfeccionamiento, sino que de hecho está vinculada necesariamente a los azares y avatares del avance y del retroceso. El proceso de maduración en Cristo (2 Cor 3:18), característico de toda existencia cristiana, supone por necesidad una actividad que transcurre en el tiempo. Es justamente el paso del tiempo, con sus posibles contingencias, lo que hace de la relación de amor la más inefable, sublime, increíble y emocionante aventura que pueda imaginar y encarar el ser humano. Tanto es así que sin este factor, esencial al amor creado en su fase de prueba,

---

[20] Ap 22:13. Cf 1:8; 21:6.

La Ínsula Barataria

la vida humana carecería de relieve y de sentido. El amor divino–humano comienza siempre, se desarrolla y culmina *dentro del factor tiempo*. Tal como el *Cantar* lo insinúa continuamente:

> *Ya han brotado en la tierra las flores,*
> *ya ha llegado el tiempo de la poda*
> *y el arrullo de la tórtola*
> *se ha dejado oír en nuestra tierra.*
> *Ya ha echado la higuera sus brotes,*
> *ya las viñas en flor exhalan su aroma.*
> *¡Levántate, amada mía,*
> *hermosa mía, y ven!*[21]

Según el Eclesiastés, *cada cosa tiene su tiempo y su modo.*[22] El amor de Dios ofrecido a la criatura humana y aceptado por ella, configurado en la relación de amor divino–humana, supone una etapa previa que necesariamente ha de transcurrir dentro del tiempo. La condición actual del hombre como criatura exige el enfrentamiento al desafío del amor; lo que lleva consigo a su vez la posibilidad de aceptarlo o de rechazarlo. Por lo que ha de tener lugar dentro de una fase que, por su misma naturaleza, ha de verse repleta de vicisitudes e imponderables. No de otro modo lo exige la condición del *ya* y del *todavía no* en la que se encuentra el ser humano en su condición de viador. Por otra parte, si la aventura del amor divino–humano careciera de la contingencia de lo imponderable, perdería la excitante emoción que supone para el hombre la aceptación del desafío que le ofrece lo *Inefable* (1 Cor 2:9). El cual se traduce en el hecho de enfrentarse al gran misterio de las posibilidades que brinda al hombre un Amor infinito..., entre las que se encuentra la de responder con

---

[21] Ca 2: 12–13.
[22] Ecc 8:6.

la propia entrega. Estamos ante la Bondad, la Verdad y la Belleza infinitas, las cuales se presentan brindando la oportunidad de entregarse a ellas y calmando así las angustias insaciables de un corazón humano, por otra parte *rabiosamente hambriento* de todas ellas.

Estos imponderables se presentan en una amplia variedad de formas, favorables unas veces y desfavorables otras. Una de las más frecuentes, derivada lógicamente de la misma condición de la temporalidad, es la situación de *espera*. El Esposo, efectivamente, espera encontrarse con la esposa, y que ella corresponda a su amor. La esposa, mientras tanto, agobiada por la inquietud y nostalgia propias de la ausencia del Esposo, aguarda ansiosamente su llegada. Y al mismo tiempo ambos se esfuerzan por ser el primero en encontrar al otro. Aunque de todas formas, como vencedor o como vencido, uno y otro coinciden en desear la *prontitud* del encuentro, pues la prisa es el sentimiento que responde a la ansiedad que se aviva, cada vez más intensamente, con la ausencia de la persona amada. Sea de todo ello lo que fuere, es claro que la situación de espera es uno de los sentimientos angustiosos impuestos por la separación de la persona amada:

> *Amado, he recorrido*
> *de tu huerto de azahares el sendero,*
> *y, luego, me he escondido*
> *detrás del limonero*
> *para poder besarte yo primero.*
>
> *Amada, yo he buscado*
> *de mi huerto de azahares el sendero,*
> *y, luego, te he esperado*
> *detrás del limonero*
> *a ver si te encontraba yo primero.*

Amada, ya amanece
y Aurora al día entre sus brazos mece.

Ya las aguas del lago
le van robando al cielo sus azules,
mientras que yo te hago,
bajo los abedules,
una alfombra de rosas y de tules.

Y es que el amor divino–humano, mientras dura la etapa de itinerancia y la condición de viador en el hombre, se desenvuelve en medio de las vicisitudes que tienen lugar *durante el transcurso del tiempo*. Las cuales, por otra parte, son propias de cualquier relación amorosa que transcurra dentro de la temporalidad.

Ha de tenerse en cuenta que el hombre, en su condición actual de naturaleza caída y reparada, no es capaz de realizar un acto de amor perfecto en intensidad y de modo instantáneo. Después de la caída y luego también de la situación de naturaleza reparada, su condición de viador supone para él un período de prueba. En el que está llamado a compartir la vida y la cruz de Jesucristo, que es el modo de hacer realidad su respuesta amorosa al requerimiento divino. La cual ha de consolidarse, a su vez, a través de un período de maduración y crecimiento (Ef 4:13) que, como es lógico, ha de tener lugar dentro del tiempo.

Lo mismo que el pez vive en el agua y sin ella no puede subsistir, el hombre comienza, desarrolla y culmina su existencia sumergido también dentro del tiempo. Sin embargo, en lo que se refiere a su identificación con Cristo (la cual, como hemos dicho, ha de alcanzar su plenitud dentro de la temporalidad), ha de tenerse en cuenta que, según el Apóstol, el cristiano *ya* ha muerto y resucitado con su Maestro. A cuyo respecto los textos paulinos (Ro 6: 3–9; Ef 2: 4–7;

Col 2:12) poseen un carácter de ambivalencia en el tiempo que los hace proyectarse, de forma aparentemente parecida, hacia adelante y hacia atrás. Y es que, efectivamente, el *status* que el cristiano recibe con el bautismo incluye su futura participación en la muerte de su Maestro: *¿No sabéis que cuantos hemos sido bautizados en Cristo Jesús hemos sido bautizados para unirnos a su muerte?*[23] Pero de un modo tan peculiar que, según también el Apóstol, la muerte con Cristo que ya tuvo lugar para el cristiano en el bautismo, ha de actualizarse todavía plenamente en el tiempo, a fin de *dar paso* con ello a una vida nueva (Ro 6: 4–5; Flp 3: 10–11). De manera que también aquí estamos ante un *ya* que es, al mismo tiempo, un *todavía no*. Hans Urs Von Balthasar ya llamó la atención acerca de un cierto sentido de elasticidad del tiempo en el Nuevo Testamento, con su ambivalencia simultánea de presente y futuro. A propósito del concepto de *hora*, por ejemplo, utilizado por Jesucristo, hizo notar su carácter *extensivo*, de adelante hacia atrás, por llamarlo de alguna manera: *Pero llega la hora, y es ésta...*[24] El hecho es que Dios ha ofrecido su propio amor al hombre, esperando ser correspondido y establecer con él una relación amorosa. La cual ha de desarrollarse necesariamente dentro de la temporalidad.

Y porque tal amor es auténtico y verdadero, contiene las notas esenciales de la reciprocidad y la bilateralidad: *Le basta al discípulo ser como su maestro, y al siervo como su señor.*[25] De donde se desprende que el discípulo, no solamente ha sido llamado a *completar* la muerte de su Maestro (Col 1:24; 2 Cor 4:10), sino a seguir el mismo camino hasta culminarlo con la propia (Flp 3:10 y *passim*).

---

[23]Ro 6:3.

[24]Jn 4:23. Cf también 5:25; 16:32; etc. Para Von Balthasar el tiempo no se extiende *neutralmente* a uno y otro lado de la resurrección de Cristo (*Theodramatik: Erster Band: Prolegomena*, pag. 27 y ss. de la versión inglesa *Theodrama*, I, *Prolegomena*, Ignatius Press, San Francisco, 1998).

[25]Mt 10:25.

Pero la condición de la temporalidad no es sino una limitación natural de la criatura, referida aquí al origen, desarrollo y culminación de su relación amorosa con Dios. Limitación que en la medida en que responde a algo que es connatural, no solamente no supone menoscabo alguno, sino que hace surgir en la existencia humana un verdadero cúmulo de vicisitudes, de contingencias y de eventualidades. Enfrentadas todas a su vez a la posibilidad de resultar favorables o desfavorables y de dar lugar, por lo tanto, a adelantos, a retrocesos, a triunfos o a derrotas. Lo suficiente para proporcionar a la vida humana una profundidad y relieve de los que habría carecido sin ellas (Jn 10:10; 2 Cor 4: 10–11; Col 3:3; Ap 2:10; etc.). En realidad, la participación en la existencia, en los padecimientos y en la muerte de Jesucristo, es una oportunidad ofrecida a la raza humana envidiada por los mismos ángeles.

La posibilidad del fracaso, e incluso de la condenación eterna, es una eventualidad natural surgida de la condición de libertad (imperfecta y debilitada, aunque no anulada) propia del ser humano. Claro que el riesgo queda compensado con creces, hasta el punto de que vale la pena asumirlo, ante la posibilidad de apropiarse de la existencia de Jesucristo. La gracia por otra parte hace el resto, a fin de transformar en gloria lo que de otro modo hubiera sido pura miseria (*¡Oh feliz culpa...!*).

Es en este sentido como puede decirse que la teología protestante, además de pesimista, parece triste y angustiada. ¿Cuáles son las posibilidades de Alegría que restan para una naturaleza humana que, por el hecho de saberse profundamente corrompida, no podrá contar nunca con la bondad de sus acciones? La salvación por la *pura fe* significa la renuncia definitiva al *mano a mano* entre Dios y el hombre. Por supuesto que la *mano* que pone el hombre supone también necesariamente la gracia: *Todo es gracia*, decía Bernanos en el *Diario de un Cura Rural*. Pero uno de los efectos de la gracia es precisamente el de hacer que *la tal mano sea realmente del hombre*. La teología católica se abre plenamente a la cooperación entre Dios y el hombre, dando paso con ello a las alternativas. Y con la presencia de las alternativas, la de tomar igualmente decisiones propias, a fin de pasar desde ahí, simple y derechamente, a la posibilidad del amor. Ya que no cabe la relación de amor en la criatura allí donde no existe para ella la posibilidad de pronunciarse por un *sí*, de forma responsable y libre y capaz de asumir, por lo tanto, cualquier eventualidad, incluida la de correr el riesgo de cerrarse voluntariamente al amor con un *no*.

El riesgo, que convierte la vida humana en aventura, lejos de colocar al cristiano en una situación miserable, le proporciona un timbre de gloria. Significa para él la posibilidad y la condición indispensable de ganar una corona que, de otro modo, nunca lograría (2 Tim 4: 7–8). Cuando el Apóstol describe al por menor a los corintios las peripecias de su vida no adopta un tono lastimero o abatido, sino un aire triunfal: *Nosotros, necios por Cristo; vosotros, prudentes en Cristo; nosotros débiles, vosotros fuertes; vosotros honrados, nosotros despreciados. Hasta el momento presente pasamos hambre, sed, desnudez, somos abofeteados, andamos errantes, y nos esforzamos trabajando con nuestras propias manos; nos maldicen y bendecimos, nos persiguen y lo soportamos, nos ultrajan y respondemos con bondad.*[26] No tiene nada de extraño, por lo tanto, que muy poco más adelante, apostille una ardorosa exhortación: *Por consiguiente, os suplico: sed imitadores míos.*[27] Lo mismo podríamos decir con respecto a la narración que hace de sus padecimientos en la segunda Carta que les dirige, aunque en este caso con palabras aún más

---

[26] 1 Cor 4: 10–13.
[27] 1 Cor 4:16.

exaltadas: *¿Son ellos ministros de Cristo? Pues —delirando hablo— yo más: en fatigas, más; en cárceles, más; en azotes, mucho más. En peligros de muerte, muchas veces. Cinco veces recibí de los judíos cuarenta azotes menos uno, tres veces me azotaron con varas, una vez fui lapidado, tres veces naufragué, un día y una noche pasé náufrago en alta mar. En mis repetidos viajes sufrí peligros de ríos, peligros de ladrones, peligros de los de mi raza, peligros de los gentiles, peligros en ciudad, peligros en despoblado, peligros en el mar, peligros entre falsos hermanos; trabajos y fatigas, frecuentes vigilias, con hambre y sed, con frecuentes ayunos, con frío y desnudez...* Nada de eso, sin embargo, parece importar al Apóstol, quien no ve en esas adversidades sino la ocasión para merecer una corona de gloria. Por eso añade a continuación que *si es preciso gloriarse, me gloriaré en mis flaquezas.*[28] Para el autor de la *Carta a los Hebreos*, el riesgo, con la consiguiente posibilidad de padecimientos, vejaciones e injusticias, no puede suponer para el cristiano otra cosa que un motivo de alegría: *Acordaos de los días primeros, cuando, recién iluminados,*[29] *tuvisteis que sostener una lucha grande y dolorosa: unas veces sometidos públicamente a calumnias y vejaciones,*[30] *otras estrechamente unidos a los que así eran tratados, porque compartisteis los sufrimientos de los encarcelados y recibisteis con alegría el robo de vuestros bienes, sabiendo que poseéis un patrimonio mejor y más duradero.*[31] Y el libro del Apocalipsis, por su parte, no es menos explícito respecto al mismo tema: *Éstos son los que vienen de la gran tribulación, los que han lavado sus túnicas y las han blanqueado con la sangre del Cordero. Por eso están ante el trono de Dios*

---

[28] 2 Cor 11: 23–27.30.

[29] Se refiere a la recepción del bautismo.

[30] El verbo griego θεατριζόμενοι significa exponer a alguien como espectáculo, ordinariamente en el teatro o en el circo, a la risa y al ludibrio públicos.

[31] Heb 10: 32–34.

y le sirven día y noche en su templo, y el que se sienta en el trono habitará en medio de ellos. Ya no pasarán hambre, ni tendrán sed, no les agobiará el sol, ni calor alguno, pues el Cordero, que está en medio del trono, será su pastor, que los conducirá a las fuentes de las aguas de la vida, y Dios enjugará toda lágrima de sus ojos.[32]

La Pastoral y la Teología actuales tienden a marginar estas doctrinas. Al parecer con la idea de propugnar un cristianismo más fácil, capaz de gozar de mayores posibilidades de aceptación por parte del hombre moderno. Todo parece indicar que *el cristianismo del riesgo está siendo olvidado en la medida en que se está haciendo lo mismo con el cristianismo de la cruz.* Sin embargo resulta difícil, por ejemplo, creer que una Pastoral de Jóvenes, en la que se les inculca que el cristianismo no es una religión de prohibiciones ni constricciones, sino una doctrina positiva con el proyecto de impulsarlos a ser ellos mismos y a realizarse con optimismo ante la vida,[33] sea la más acertada. Tal vez sería necesario aclarar que la susodicha Pastoral no encaja bien con las abundantes enseñanzas evangélicas, salidas de boca del mismo Jesucristo, acerca de la negación de uno mismo y la necesidad de tomar la cruz cada día, de la pérdida de la propia vida, o de renunciar a todo para entregarlo y adquirir así la perla preciosa o el tesoro escondido. El optimismo ante la existencia, y el aperturismo acogedor y esperanzado ante los que piensan de forma diferente, que algunos consideran ideas de avanzada las más adecuadas para conducir a los cristianos de hoy, no parecen estar en consonancia

---

[32] Ap 7: 14–17.

[33] Y expresiones semejantes, muy abundantes y de moda en la actualidad. Serían aceptables cuando se explicaran de tal modo (en la complejidad de su verdadero y recto sentido, puesto que es evidente que el cristianismo no es una religión para pesimistas y desengañados de la vida) que quedara disipada la posibilidad de peligrosos malentendidos. El relativismo y el libertinaje acechan siempre a la puerta de la casa.

con las advertencias de Jesucristo según las cuales los discípulos son enviados, como ovejas en medio de lobos (Mt 10:16), a un mundo que, por eso mismo y con toda seguridad, los va a hacer objeto de su odio (Mt 10:22; Mc 13:13; Lc 21:17). Todo lo cual, sin olvidar la enseñanza acerca de la senda estrecha (Mt 7:14), inducen a pensar en cualquier cosa menos en una existencia fácil y eufórica para los discípulos de Jesucristo. En cuanto a que el cristianismo no es una religión de prohibiciones y constricciones, sería conveniente recordar las palabras de Jesucristo, según las cuales Él no había venido a destruir la Ley, sino a darle cumplimiento (Mt 5:17). La verdad es que una doctrina que trata de dar sentido a la existencia humana, prescindiendo de constricciones, supondría un absurdo semejante al de un Ordenamiento Jurídico que no prohibiera nada. Por lo demás, ¿qué sentido puede tener la vida del hombre si en ella no cabe la negación de sí mismo e incluso la pérdida de esa vida propia para hacerse con la de la persona amada (Mt 16:25; Mc 8:35; Lc 9:24; cf Mt 20:28)?[34]

Aunque pueda parecer increíble y paradójico, el *cristianismo barato y descafeinado* no tiene buena venta. Son demasiados los que no se sienten atraídos por él, y como todo lo barato y privado de sustancia, acaba siendo considerado como cosa inútil que no interesa a nadie. De manera que, tal como sucedió con la ganga, o la bicoca según otros, de la ínsula *Barataria* de Sancho Panza, acaba siempre también en agua de borrajas. Según nos cuenta la inmortal Cróni-

---

[34]El Ordenamiento Jurídico tiene por fin *ordenar*, que aquí significa primeramente poner orden. Y la misión del orden es la de poner las cosas en su sitio: tal cosa debe estar aquí, y no allí; o esto es primero, y aquello después; o esto debe hacerse, y lo otro evitarse. Lo cual es imposible llevar a cabo, dado el modo de ser de la naturaleza humana, sin imponer u obligar. Por otra parte, la única forma de alcanzar el Reino de los Cielos, según Jesucristo, es la de *cumplir los mandamientos* (Mt 19:17).

ca, después de haber sido bien apaleado, desengañado y muerto de hambre, nuestro buen escudero decide, por fin, dejar su reino:

> *Vistióse, en fin, y poco a poco, porque estaba molido y no podía ir mucho a mucho, se fue a la caballeriza, siguiéndole todos los que allí se hallaban, y llegándose al rucio, le abrazó y le dio un beso de paz en la frente, y no sin lágrimas en los ojos, le dijo:*
>
> *—Venid vos acá, compañero mío y amigo mío, y conllevador de mis trabajos y miserias: cuando yo me avenía con vos y no tenía otros pensamientos que los que me daban los cuidados de remendar vuestros aparejos y de sustentar vuestro corpezuelo, dichosas eran mis horas, mis días y mis años; pero después que os dejé y me subí sobre las torres de la ambición y de la soberbia, se me han entrado por el alma adentro mil miserias, mil trabajos y cuatro mil desasosiegos.*
>
> *Y en tanto que estas razones iba diciendo, iba asimesmo enarbardando el asno, sin que nadie nada le dijese. Enarbardado, pues, el rucio, con gran pena y pesar subió sobre él, y encaminando sus palabras y razones al mayordomo, al secretario, al maestresala y a Pedro Recio el doctor, y a otros muchos de los que allí presentes estaban, dijo:*
>
> *—Abrid camino, señores míos, y dejadme volver a mi antigua libertad; dejadme que vaya a buscar la vida pasada, para que me resucite de esta muerte presente.*[35]

A San Pablo le asustaba la posibilidad de esta Pastoral descafeinada, fundamentada sobre todo en una garrulería inundada de falsos optimismos, secundada por una *sabiduría de palabras* que ahonda sus raíces en los criterios del mundo. El Apóstol temía que tales procedimientos pudieran desvirtuar la cruz de Cristo: *Porque Cristo no me*

---

[35] *Quijote*, II, 53.

envió a bautizar sino a evangelizar, y no con sabiduría de palabras, para no desvirtuar la cruz de Cristo.[36] El cuidado y la preocupación del Apóstol con respecto a su evangelización se centraban, como podemos ver, en adoptar la actitud necesaria *ut non evacuetur crux Christi*. De donde se desprende que, según el Apóstol, el peligro de que un determinado modelo de evangelización abandone la cruz de Cristo como algo vacío, sin contenido y sin significado, y por lo tanto como inútil, es una posibilidad demasiado real. Para el Apóstol de los Gentiles, el escándalo del Cristo crucificado (objeto único de su predicación, según asegura en 1 Cor 1:23), supone algo tan esencial y necesario en la obra de la evangelización como para inducirle a increpar, y bien duramente además, a algunos de sus discípulos: *En cuanto a mí, hermanos, si predico aún la circuncisión, ¿por qué me persiguen todavía? Entonces habría desaparecido el escándalo de la cruz. ¡Ojalá se mutilaran los que os inquietan!*[37]

Todavía alguien podría objetar que, dada la posibilidad de un retroceso en la vida cristiana, o incluso de acabar en fracaso, no parece razonable creer que las contingencias con las que ha de enfrentarse hayan de ser consideradas como una maravillosa oportunidad. San Agustín respondería aquí con su conocida explicación sobre la necesidad de las tentaciones: *¿Cómo podremos ser coronados sin victoria...?* Lo cual, sin embargo, tampoco puede ser aceptado como la respuesta última y definitiva. La explicación fundamental que da sentido al problema gira aquí en torno al hecho de que la posibilidad de compartir la existencia, los padecimientos y la muerte de Cristo *es lo mejor que podía sucederle al hombre*. Si el seguimiento de Jesucristo es un desafío del que van a resultar angustias y penalidades, y hasta la posibilidad del fracaso, sea bienvenido de todos

---

[36] 1 Cor 1:17.
[37] Ga 5:11.

modos aquello que es capaz de proporcionar al cristiano la suprema alegría: la de estar junto a Él y con Él. Tal como decía el Bautista: *El amigo del esposo, que está presente y le oye, se alegra mucho al oír la voz del esposo. Por eso mi gozo es completo.*[38] Si es verdad que para que Jesucristo llegara a ser posesión nuestra, a fin de que pudiésemos compartir su destino (Ro 6: 4–6; Flp 3:10; 1 Pe 4:13), fue necesaria la culpa como dicen la mayoría de los teólogos, no podemos hacer entonces otra cosa sino felicitarnos por la culpa:

> *¡Oh feliz culpa,*
> *que nos mereció tal Redentor!*

La circunstancia de la temporalidad, en la relación de amor divino–humana, da lugar al conglomerado de acontecimientos que son consecuencia natural de la sucesión y duración de las cosas. Lo cual proporciona diversidad y relieve a la existencia cristiana, de tal manera que la convierte en una situación de excitantes emociones y apasionantes eventualidades. Hemos aludido más arriba al significado de la condición de la *espera*, así como a la importancia del concepto *hora* en la doctrina neotestamentaria. Temas de gran profundidad e importancia, sin duda alguna; pero que no podemos sino darles de lado por el momento a fin de dedicar alguna atención al concepto de *noche*.

El tema de la *Noche*, en efecto, alcanza gran relieve en la Biblia, así como también en los escritos de los místicos y los autores de espiritualidad. En cuanto a su importancia, ya parecía hacerse eco de ella el misterioso oráculo de Isaías, con su extraña repetición de la imprecación dirigida al centinela y que no debe ser despachada como un mero ardid literario:

---

[38] Jn 3:29.

Centinela, ¿qué hay de la noche?
Centinela, ¿qué hay de la noche?[39]

Lo primero que llama la atención, en cuestión tan intrincada como ésta, es el carácter ambivalente del concepto *Noche*. El cual aparece unas veces con tonos positivos, mientras que otras parece acarrear connotaciones negativas (en los místicos, como después veremos, tiende a abarcar ambos aspectos, en el sentido de tránsito del uno al otro). Su ambigüedad es reconocida por el mismo oráculo de Isaías, aunque por supuesto también de forma enigmática:

El centinela responde:
"Viene la mañana, viene también la noche".[40]

Para el profeta, como puede verse, los dos momentos suceden de manera simultánea. Pero no cabe duda de que en el *itinerarium mentis in Deum* se dan ambos procesos. Tal vez uno a continuación del otro; o tal vez de modo en el que resulta imposible distinguir sus diversos momentos y campos respectivos, como puede percibirse en los escritos de Santa Teresa, y de modo particular en *Las Moradas*.

Siguiendo esa misma pauta, la Noche, en boca del Señor, presenta a veces un carácter negativo. Como puede comprobarse en textos que no son fáciles de interpretar: *Es necesario que hagamos las obras del que me ha enviado mientras es de día, porque llega la noche cuando nadie puede trabajar...*[41] *Si alguien camina de día no tropieza, porque ve la luz de este mundo; pero si alguien camina de noche tropieza, porque no tiene luz.*[42] Donde es evidente que los textos no guardan relación con el movimiento terráqueo de la sucesión

---

[39] Is 21:11.
[40] Is 21:12.
[41] Jn 9:4.
[42] Jn 11: 9–10; cf 12:35.

del día y la noche, sino que Jesucristo se refiere aquí a Sí mismo, como Luz del mundo sin la cual todo es tinieblas: *Mientras estoy en el mundo soy la luz del mundo...*[43] *Yo soy la luz del mundo; el que me siga no andará en tinieblas, sino que tendrá la luz de la vida.*[44]

Un claro ejemplo del sentido ambiguo del concepto Noche, tal como aparece en la Biblia y en los autores de Espiritualidad, puede verse en el poemita de San Juan de la Cruz, *Cantar del alma que se huelga de conoscer a Dios por fe*:[45]

Que bien sé yo la fonte que mana y corre,
aunque es de noche.

Aquella eterna fonte está escondida,
que bien sé yo do tiene su manida,
aunque es de noche.

Su origen no lo sé, pues no le tiene,
mas sé que todo origen de ella viene,
aunque es de noche.

Sé que no puede ser cosa tan bella,
y que cielos y tierra beben de ella,
aunque es de noche.

---

[43] Jn 9:5.

[44] Jn 8:12. Textos que, por otra parte, poseen actualidad tanto en el mundo como en la Iglesia de hoy, cada vez más envueltos en tinieblas, y en donde todo parece indicar que aún estamos lejos del fondo del abismo al que descendemos irremediablemente.

[45] La ambivalencia aparece ya en el título del poema: holgarse (alegrarse) de conocer a Dios, aunque a través de la Noche de la fe (de nuevo la oscuridad como paradoja en la existencia cristiana). Aquí solamente vamos a citar las cuatro primeras estrofas. El subrayado en itálicas es mío.

> Bien sé que suelo en ella no se halla,
> y que ninguno puede vadealla,
> *aunque es de noche.*

Como puede verse, el poeta *se huelga* del conocimiento que ha adquirido acerca de Dios. Aunque en realidad se trata de algo más profundo que un mero conocimiento, puesto que, como fácilmente se adivina, aquí se alude a un acercamiento a Dios que acaba por concretarse en un trato íntimo y amoroso. O sea, en la conocida relación del *tú* a *tú* de los amantes. Lo cual sucede justamente a través y por medio de la oscuridad de la Noche de la fe.

En la etapa de itinerancia, cual es la recorrida por el cristiano durante su permanencia en este mundo, no existe otro modo de alcanzar un conocimiento *subido* de Dios.[46] Ni conocimiento subido, ni tampoco verdadero amor: *Nox nocti indicat scientiam*.[47] Pues la Noche de la fe, en efecto, es la que comunica el conocimiento necesario a la Noche u Oscuridad del mundo, a fin de abrir el acceso al camino que conduce hasta Dios. Luz y camino que son indispensables, puesto que no hay otros (Heb 10:38; 11:6). De donde, he aquí de nuevo la paradoja de una oscuridad tenebrosa que se convierte en luminaria imprescindible para el camino..., por el que cualquiera puede acercarse y hacer propia la Cruz de Jesucristo. En este sentido, el capítulo XI de la *Carta a los Hebreos*, lejos de limitarse a ser un texto de consolación y aliento, es un auténtico himno de gloria y de triunfo. Como bien lo expresó el Apóstol Juan, *ésta es la victoria que ha vencido al mundo: nuestra fe*.[48] De este modo es como la fe,

---

[46] Aquí no nos referimos al conocimiento meramente natural de Dios obtenido a través de la razón, el cual se da por supuesto.

[47] Sal 19:3.

[48] 1 Jn 5:4.

dentro y a través de su propia oscuridad (*rerum argumentum non apparentium*), se convierte en una *necesidad de medio* para lograr alcanzar el final del camino. Y ya se ve que continuamos dentro de la doctrina del riesgo y aventura de la vida cristiana (*iustus ex fide vivet*). Por eso es necesario que el trigo conviva junto con la cizaña, sin que ésta sea extirpada hasta el momento de la recogida de la cosecha; e igualmente también que los peces inútiles como alimento permanezcan en el cesto, hasta que los pescadores lleven a cabo la selección definitiva. De ahí la sinonimia de los términos de Iglesia itinerante, Iglesia militante y Cruz de Jesucristo.

Precisamente la gran tragedia de los cristianos actuales ha consistido en preferir la guía de la luz (de la mera razón, por supuesto), después de prescindir de la seguridad que hubiera supuesto la Noche de la Fe, pese a su oscuridad.[49] Lo que en el fondo no significa otra cosa que un voluntario y consciente rechazo de la Cruz. El moderno cristianismo ha dado de lado a las cortantes aristas del tremendo peso de la Cruz, a fin de sustituirlas por la teología del bienestar; a saber: la teología de este mundo y para este mundo, la de la justicia social y los derechos humanos logrados, con sus solas fuerzas, por hombres que han prescindido de Dios (utopía ilusoria, si se admite la redundancia del término); a lo que hay que añadir la ausencia radical de un horizonte de castigo que el cristianismo tradicional había situado en el más allá de este eón. O dicho esto último de otra forma, tal como lo prefiere el neomodernismo: el infierno como mera posibilidad real y sin condenados.

---

[49]Es curioso el desplazamiento que ha sufrido la idea protestante de la *sola fides* por la de la *sola ratio*. Como no podía ser de otro modo. Siempre la manía de escindir al hombre como un todo (necesitado de la razón y de la fe), además de prescindir de paso del universo relacional que Dios, en su bondad, había querido establecer con él (*admirabile commercium*).

El *Cantar de los Cantares* parece ser más claro en lo que se refiere a la identificación de la Noche con la ausencia del Esposo, coincidiendo en este punto con la doctrina de los místicos que atribuye al hecho un carácter de purificación o de purgación:

> *En el lecho, entre sueños, por la noche,*
> *busqué al amado de mi alma,*
> *busquéle y no le hallé.*[50]

Por eso quizá la esposa parece querer apresurar la llegada del Esposo, antes de que llegue la noche. La metáfora del momento en el que ya refresca el día, en el que comienzan a extenderse las sombras, se refiere indudablemente a la noche:

> *Antes de que refresque el día*
> *y se extiendan las sombras,*
> *ven, amado mío, semejante a la gacela,*
> *semejante al cervatillo,*
> *por los montes de Beter.*[51]

El Esposo, por su parte, también parece desear escapar de la noche y reunirse con la esposa:

> *¡Ábreme, hermana mía, esposa mía,*
> *paloma mía, inmaculada mía!*
> *Que está mi cabeza cubierta de rocío*
> *y mis cabellos de la escarcha de la noche.*[52]

---

[50] Ca 3:1.
[51] Ca 2:17.
[52] Ca 5:2.

Es normal que la poesía mística se vea afectada por un carácter de ambivalencia que suele acompañarla. En un primer momento tiende a identificar la *Noche* con la ausencia del Esposo. La cual ausencia a su vez puede poseer, o bien un carácter de purificación para la esposa, o bien de ansiosa espera; y hasta de momento el más adecuado para llevar a cabo una búsqueda. La condición de ambivalencia se aprecia fácilmente en la poesía sanjuanista, como ya vimos, donde de todos modos parece prevalecer la condición de búsqueda del Esposo, serena y aún gozosa:

> *En una Noche oscura,*
> *con ansias en amores inflamada,*
> *¡oh dichosa ventura!,*
> *salí sin ser notada,*
> *estando ya mi casa sosegada.*
>
> *A oscuras y segura*
> *por la secreta escala, disfrazada,*
> *¡oh dichosa ventura!,*
> *a oscuras y en celada,*
> *estando ya mi casa sosegada.*
>
> *En la Noche dichosa*
> *en secreto, que nadie me veía,*
> *ni yo miraba cosa,*
> *sin otra luz ni guía,*
> *sino la que en el corazón ardía.*[53]

Como puede verse, la *Noche* no tiene aquí carácter de situación angustiosa, y sí más bien de búsqueda anhelante del Esposo por parte de la esposa. Ni siquiera es ajena a un sentimiento de serenidad

---

[53] San Juan de la Cruz, *Noche Oscura*.

y hasta de felicidad. Inflamada la esposa en el deseo de estar junto al Esposo, la noche es para ella el momento ideal para salir a su encuentro. Por eso emprende su busca *en secreto, sin ser notada* y *cuando nadie la veía*.

La Noche mística carece en este caso de tonos de desconsuelo o de incertidumbre. Y en ella reconoce la esposa que no la guiaba otra cosa que la luz que se alimentaba del instinto de su corazón.

A veces, sin embargo, los sentimientos de aflicción y de desconsuelo ante la ausencia o alejamiento del Esposo, aparecen con fuerza en la poesía mística. Aunque nada tienen que ver con la angustia que tiende a la desesperanza. Sucede simplemente que el acento se pone ahora en el hecho de que el Esposo se oculta, o en la circunstancia de que ha desaparecido, con el consiguiente sentimiento de agudo dolor por parte de la esposa:

> *De noche se perdió el Amado mío,*
> *como se oculta el sol tras el otero,*
> *como corren las aguas por el río*
> *de noche se marchó quien yo más quiero.*
>
> ....
>
> *De noche se marchó hacia la montaña,*
> *de noche se marchó por el sendero,*
> *de noche me quedé, por tierra extraña,*
> *de noche me quedé sin compañero.*

A veces, cuando la esposa ve acercarse la noche y no aparece el Esposo, se deja llevar del temor mientras que su dolor y su angustia se recrudecen. Sabe que no está junto al Esposo y confiesa vivamente que desea pertenecerle, al mismo tiempo que se estremece ante la posibilidad de que la oscuridad de la noche haga más aguda la ausencia del Amado:

> *El día ya se aleja,*
> *dulce jilguero de color trigueño,*
> *y así otra vez nos deja,*
> *como en amargo sueño,*
> *a ti sin libertad, y a mí sin dueño.*

Sin embargo y pese a todo lo dicho, la que hemos convenido en llamar condición de ambivalencia de la Noche (angustia–esperanza, tristeza–gozo), acaba siempre por inclinarse hacia el lado de la alegría esperanzada. Incluso las dolorosas *Noches*, tanto del sentido como del espíritu, de San Juan de la Cruz, no son sino un camino que, a través de la *Nada*, conduce al *Todo*. Ya hemos dicho que es justamente la condición de la temporalidad la que proporciona al hombre la posibilidad de compartir, como inestimable regalo de lo Alto, la existencia, los sufrimientos y la muerte de Jesús.

De este modo nada tiene de particular que la *Noche*, tanto en la poesía de los místicos como en su propia doctrina, aparezca como siendo el camino que indefectiblemente conduce al hombre hasta Jesucristo. Y así es como se convierte en motivo de júbilo y de intenso alborozo:

> *¡Oh Noche que guiaste!,*
> *¡oh Noche amable más que el alborada!,*
> *¡oh Noche que juntaste*
> *Amado con amada,*
> *amada en el Amado transformada!*[54]

---

[54]San Juan de la Cruz, *Noche Oscura*.

Así pues, he ahí a la *Noche* convertida en camino seguro y momento adecuado para el encuentro con el Señor. Las vírgenes de la parábola fueron avisadas inopinadamente de la llegada del Esposo *hacia la medianoche* (Mt 25:6). Y efectivamente, porque suele presentarse cuando es menos esperado, o cuando parece más difícil o más improbable su llegada (Mt 14: 24–25; Mc 13:35; Jn 11:17). De ahí que la *Noche*, como después veremos más extensamente, no puede ser ocasión de desesperanza para el discípulo, sino más bien al contrario. Como dijo bellamente el poeta indio Tagore: *Si lloras porque se pone el sol, las lágrimas te impedirán ver las estrellas.*[55] La Noche, con la que el mundo intenta angustiar al discípulo que se resiste a pertenecer a él, pese a los consabidos sentimientos de ausencia, de dolor y de penalidades que lleva consigo, resulta por paradoja el camino que más directamente conduce hasta Jesucristo. A pesar de que quizá, a causa de la misma noche, el discípulo no sea capaz en algún momento de vislumbrar al Maestro por parte alguna. *Pero sin embargo es seguro que Él está allí*. Como alguien lo dijo también, de otra manera:

> *De llanto es tu mirada*
> *cuando la luz del valle ya declina,*
> *mas, luego de llegada*
> *la noche a la colina,*
> *con un millón de estrellas la ilumina.*

En este sentido, la *Noche* se convierte incluso en el mejor y único camino para encontrar al Señor. La esposa, según hemos visto en San Juan de la Cruz, emprende su búsqueda *a oscuras y segura*, caminando *sin ser notada* y, por supuesto, *muy en secreto* y aprovechando el momento en que *nadie la veía*. Este ambiente de soledad y

---

[55] Rabindranaz Tagore, *Pájaros Perdidos*, 6.

silencio, de senderos ocultos e ignorados que son como veredas seguras que llevan directamente al Maestro, es algo que, por desgracia, se ha perdido enteramente en el cristianismo moderno. Donde el silencio y la soledad han dado paso al bullicio del mundo y a un ruido ensordecedor que trata, por todos los medios, de que pase desapercibido el vacío de las almas. Y sin embargo es a la medianoche, o en la soledad y serenidad del silencio, cuando llega el Señor: *Entonces el Señor pasó, mientras un viento fortísimo conmovió la montaña y partió las rocas delante de Él; pero el Señor no estaba en el viento. Detrás del viento, hubo un terremoto; pero el Señor no estaba en el terremoto. Detrás del terremoto, hubo un fuego; pero el Señor no estaba en el fuego. Detrás del fuego, hubo un susurro de brisa suave. Cuando Elías lo oyó, se cubrió el rostro con el manto y salió.*[56]

Y en efecto, porque en la época del cristianismo del *show* espectáculo continuado, han desaparecido los conventos de clausura de religiosos que practicaban la llamada *vida contemplativa*. Ante lo cual, sin vacilación alguna, podríamos formular la pregunta embarazosa: ¿Hemos ganado realmente con el hecho de que unos y otros hayan abandonado la vida de oración y se hayan lanzado, como en un viento de locura, a lo que han considerado como necesidad del testimonio y del apostolado *en medio, en* y *con* el mundo...? ¿Dónde está la ventaja de que la esposa haya abandonado definitivamente la búsqueda del Esposo para dedicarse a platicar con las doncellas que la acompañan...? Nos encontramos así justamente en el punto opuesto a la consigna dada por el Esposo, en la que conjura a todos para que nada ni nadie distraiga a la esposa o la haga desistir de su búsqueda:

---

[56] 1 Re 19: 11–13.

> *Os conjuro, hijas de Jerusalén,*
> *por las gacelas y las cabras monteses,*
> *que no despertéis ni inquietéis a mi amada*
> *hasta que a ella le plazca.*[57]

La época del bullicio y del gran espectáculo de multitudinarias concentraciones *religiosas* ha sustituido a la de la oración silenciosa, de la humildad, de la pobreza y del apartamiento del mundo. ¿Para beneficio, o quizá para desgracia de la Iglesia y de la vida cristiana? De momento ahí queda la pregunta, pendiente de una respuesta a pronunciar por quien corresponda. Mientras tanto, continuando con nuestra encuesta, ¿acaso alguien puede pensar honradamente que esas multitudes, especialmente de jóvenes, congregadas en un espectáculo de costoso montaje, viven una auténtica existencia cristiana, o que se van a decidir a vivirla sinceramente desde ahora...?

El deseo del Esposo de que *no se despierte ni se inquiete* a su amada hasta que a ella le plazca, no tiene nada que ver con el hecho de dejar a la esposa sumida en una actitud de somnolencia o de inactividad de amor con respecto al Esposo. El sueño del que aquí se habla se refiere al embeleso de amor que la esposa siente hacia el Esposo:

> *En el lecho, entre sueños, por la noche,*
> *busqué al amado de mi alma.*[58]

En el *Cantar de los Cantares*, el sueño no es sino el momento en el que culmina el amor de la esposa junto al Esposo. Cuando ni el uno ni el otro desean ser inquietados por nada ni por nadie:

---

[57] Ca 3:5; 2:7; 8:4.
[58] Ca 3:1.

> *Introdúcenos, rey, en tus cámaras,*
> *y nos gozaremos y regocijaremos contigo.*[59]

....

> *Yo duermo, pero mi corazón vigila.*
> *Es la voz del amado que me llama.*[60]

Es justamente el ambiente de soledad que envuelve a la noche el que la esposa desea buscar, juntamente con el Esposo:

> *Ven, amado mío, vámonos al campo;*
> *haremos noche en las aldeas.*[61]

Tengamos en cuenta que este amor al que habíamos calificado de desinteresado es también *absoluto y exclusivo*. Lo cual, como vamos a ver enseguida, es la única explicación convincente del verdadero significado del *ciento por uno* prometido por el Señor. Una extraña expresión que tal vez no ha sido comprendida en toda su profundidad. Pero procedamos por partes en atención a la claridad.

La respuesta del hombre al amor que Dios le ofrece habría de ser absolutamente afirmativa. La paridad y la reciprocidad, como cualidades que son del amor, reclaman un *sí* firme y decidido por parte de ambos.[62] No cabe la posibilidad de que Dios lo entienda

---

[59] Ca 1:4.
[60] Ca 5:2.
[61] Ca 7:12.
[62] Aquí habríamos podido hablar con toda propiedad de *ambos contendientes*. Puesto que las relaciones entre enamorados equivalen a una extraña y misteriosa contienda, como ya lo insinuó el *Cantar de los Cantares* (2:4), y como se desprende también del examen de las parábolas de los talentos o de la de las minas. Contienda en la que Dios ha tomado la iniciativa (1 Jn 4:19; Ro 11:35) y en la que se cuenta con el *sí* divino como algo previo.

La Ínsula Barataria 181

de otro modo, como lo demuestran textos escriturísticos demasiado claros al respecto. Y también contundentes, puesto que en ellos se dice que Dios espera que el hombre lo ame *con toda el alma, con todo el corazón, con todas sus fuerzas,* etc.[63] Otros textos parecen incluso más apremiantes todavía: *Quien ama a su padre o a su madre más que a mí, no es digno de mí; y quien ama a su hijo o a su hija más que a mí, no es digno de mí.*[64] Y aún insisten: *Si alguno viene a mí y no odia a su padre y a su madre y a su mujer y a sus hijos y a sus hermanos y a sus hermanas, hasta su propia vida, no puede ser mi discípulo.*[65] De lo cual se desprende, en primer lugar, que el amor de la criatura a Dios ha de ser superior a cualquier otro, sin consideración a algún intento de equiparación: ya sea al padre, a la madre, a los hijos, a la propia vida... Y por otra parte, es importante hacer notar que el Señor enfatiza el amor a Dios en tal grado y manera que, al parangonarlo con el dispensado a las criaturas, hace que este último parezca equivaler nada menos que al *odio.* Lo cual, a pesar de la evidencia de que estamos ante un mero *modus loquendi,*[66] deja las cosas bien claras en lo que respecta a las relaciones entre uno y otro amor.

Es frecuente en la exégesis moderna el empeño en hacer que ciertos textos de la Escritura sean más accesibles a espíritus proclives al escándalo. O al menos eso es lo que parece. Aunque no en todos los casos, viene a ser una manifestación más, entre tantas, de la ola de racionalismo–modernismo que actualmente permeabiliza la teología católica. El hecho es que algunos exegetas y comentaristas, como Zerwick (*Analysis Philologica*) entre otros, consideran el término

---

[63]Cf Mt 22:37 y Mc 12: 28–33, donde a su vez ambos se hacen eco de De 6:5.
[64]Mt 10:37.
[65]Lc 14:26.
[66]Cf, por ejemplo, Mt 5: 29–30 y Mc 9: 43–45.

como un hebraísmo y lo traducen por *minus diligo*, lo que tiene poco fundamento y suena a arbitrariedad.[67]

Aquí sería oportuno aludir a las *Biblias del Pueblo* suramericanas, auténticos engendros bibliográficos aparecidos en los últimos tiempos y también difundidos desgraciadamente en Europa. Lo que induce a pensar, como puede verse, que el mal es también, a su manera, *diffusivum sui*. Hasta ahora todo el mundo había creído ingenuamente que la Biblia siempre había sido cosa del Pueblo y para el Pueblo, puesto que es la Palabra de Dios revelada para todos los hombres. Pero la moderna Pastoral ha llevado a cabo el asombroso descubrimiento de las *Biblias del Pueblo*, planteando así el grave y misterioso problema de su naturaleza: pues, ¿en qué consisten y a quién van dirigidas las otras Biblias, que por lo visto pertenecerían sólo a una elite? Claro que estos abortos de la naturaleza, habida cuenta del lenguaje marxistoide que utilizan y de su modo igualmente marxistoide de retorcer las ideas, no contribuyen en modo alguno a hacer más accesible la Palabra de Dios. Aunque eso es otra historia. Porque aquí nos encontramos de lleno con las tendencias de la teología neomodernista y de todos los que se sienten reacios a dar cabida al mundo de lo sobrenatural. Y puesto que, de un modo

---

[67] El verbo griego μισέω posee el significado bien definido de *odiar* o *aborrecer*; como puede comprobarse en el mismo Lucas 6: 22.27; 16:13; 21:17. En cuanto a los otros Sinópticos y San Juan, sucede exactamente lo mismo, como se desprende fácilmente, por ejemplo, de textos como Mt 5:43; 6:24; Mc 13:13; Jn 3:20; 7:7; etc., por citar solamente algunos y sin que sea posible admitir vacilación al respecto. Suponer hebraísmos en un hagiógrafo como San Lucas, procedente de la gentilidad griega y cuya educación helenística queda fuera de toda duda, es totalmente infundado y hasta divertido. En realidad no hay necesidad de acudir a componendas exegéticas o filológicas que, además de no abordar ni resolver el problema, difuminan la fuerza del texto y siembran la confusión. Cuando en la exégesis bíblica se utilizan eufemismos, expresiones suavizadas o cosas semejantes para *explicar* el texto inspirado, se acaba debilitando la fuerza de su contenido y su significado.

o de otro, no están dispuestos a admitir la existencia del verdadero amor, tampoco reconocen su auténtica naturaleza y la solidez de su esencia:

> *Que es fuerte el amor como la muerte,*
> *y duros los celos como el infierno.*
> *Sus ascuas son llamas de fuego,*
> *y sus llamas, llamas del Señor.*[68]

Para mucha gente, por desgracia, el *Cantar de los Cantares* no es más que un poema literario. Son los mismos que confunden la vida humana con una existencia *light* en todos sus aspectos, sin concederle relieve a ninguno de ellos. Aquí quedan ya muy atrás, como ecos casi apagados y demasiado lejanos, las palabras de Jesucristo: *Ego veni ut vitam habeant et abundantius habeant.*[69] El fenómeno se ha hecho más patente, dentro del catolicismo, con la descomposición de la Teología que ha tenido lugar a partir de la clausura del Concilio Vaticano II.

Quizá la clave del problema, con su posible solución, deba buscarse profundizando en el estudio de la esencia del amor. El amor divino y el divino–humano, a diferencia del amor puramente humano (aun elevado por la gracia), no se configuran según una relación de más a menos o de mayor a menor, sino en la de todo a nada (Jn 3:16; 13:1; Ro 8:32). De ahí que Jesucristo, que se atiene a las normas que rigen nuestro lenguaje, equipare el amor humano al odio cuando se compara con el amor divino. No porque el amor tenga nada que ver con el odio, sino por las exigencias *específicas* del amor divino y que vamos a tratar de examinar enseguida.

---

[68] Ca 8:6.
[69] Jn 10:10.

Por supuesto que el amor humano, en la medida en que es verdadero es también auténtico. Aunque no puede prescindir de su carácter *cuantitativo*, con la consiguiente limitación que imponen las posibles oscilaciones entre el más y el menos. Mientras que el amor divino, por el contrario, rechaza cualquier posibilidad de medición, de evaluación o de cálculo; puesto que solamente responde a la idea de la *totalidad*. El amor divino (o divino–humano) no intenta referir lo más grande a lo más pequeño o viceversa, en el sentido de una cantidad mayor con respecto a otra menor; sino que en él solamente es admisible la relación del todo a la nada. O del todo o nada.

Evidentemente el amor divino–humano, por lo que se refiere a la criatura, es un amor participado. Puesto en su corazón por el Espíritu Santo, *que nos ha sido dado*,[70] y aun conservando su condición de humano, es uno de los dos términos de la relación bilateral cuyo opuesto es el corazón de Dios. Por lo que, al menos en cierta manera, goza del carácter de *totalidad*, propio del amor divino. Tengamos en cuenta que el precepto bíblico de amar *con todo el corazón, con toda la mente, con toda el alma, con todas las fuerzas*, nunca apunta hacia el hombre en referencia a las otras criaturas, sino solamente con respecto a Dios.

Pero ha llegado el momento de intentar una mayor aproximación al verdadero significado del misterioso *ciento por uno*, prometido por el Señor a sus seguidores.

La misma expresión nos induce a pensar que en la relación amorosa no cabe la idea de la retribución. Y en efecto, porque la entrega amorosa no espera nada que pueda equipararse a una recompensa, sino todo lo más una respuesta también amorosa. Ya dijimos que el amor no espera encontrar, como eco favorable a su ofrecimiento, algo que sea distinto, extraño, o equivalente a él mismo. La respuesta

---

[70]Ro 5:5; cf Ga 4:6.

La Ínsula Barataria

amorosa a su llamada es su única recompensa, de manera que en ningún momento ni bajo ningún concepto desea otra cosa.[71]

Es imposible tratar de interpretar el *ciento por uno* de modo que tenga algo que ver, ni siquiera de lejos, con cualquier sentido literal: cien haciendas por una hacienda, cien hijos por un hijo, etc. Incluso si se acepta como metáfora, habría que apuntar demasiado alto para aproximarse (y siempre de manera insegura) a una interpretación más o menos aceptable de la locución. Es evidente que se trata de un tropo que contiene la idea de una extraordinaria sobreabundancia, a tal punto que es imposible describirla con palabras. El Señor promete aquí a los que abandonan todo, en pos de su seguimiento, lo que no cabe en el pensamiento ni en la imaginación humanos (1 Cor 2:9). Bien entendido que la promesa, si bien aguarda la plenitud de su cumplimiento en el *todavía no* del eón futuro, ha comenzado a ser realidad en el *ya* del eón presente. Aunque tal comienzo no debe ser considerado como mera iniciación, en cierto modo embrionaria e incipiente. Pues si bien no se ha consumado aún en plenitud, su realidad posee ya una entidad de inimaginable trascendencia.

Por otra parte, que la magnificencia de la promesa es una actualidad lo afirma expresamente el Señor mismo: *Y el que haya dejado casas, hermanos, padres... recibirá en este mundo cien veces más y después la vida eterna*. La razón de lo cual no es difícil de compren-

---

[71] *Is per se sufficit, is per se placet, et propter se. Ipse meritum, ipse præmium est sibi. Amor præter se non requirit causam, non fructum. Fructus eius, usus eius. Amo, quia amo; amo, ut amem. Magna res amor, si tamen ad suum recurrat principium, si suæ origini redditus, si refusus suo fonti, semper ex eo sumat, unde iugiter fluat. Solus est amor ex omnibus animæ motibus, sensibus atque affectibus, in quo potest creatura, etsi non ex æquo, respondere auctori, vel de simili mutuam rependere vicem... Nam cum amat Deus, non aliud vult quam amari: quippe non ad aliud amat nisi ut ametur, sciens ipso amore beatos, qui se amaverint* (San Bernardo, *Sermones super Cantica Canticorum*, 83, 4, *Opera Omnia*, Migne, Patrología Latina, 183, 1183).

der. Pues el tiempo de amar ha llegado para el cristiano ya desde el momento de su bautismo. Incluso, en cierto modo, desde el instante de la eternidad en que Dios decidió crearlo en el tiempo. Y el amor, desde que comienza a existir en la criatura, es ya verdaderamente amor. Lo que significa que es también para ella entrega total: no consumada aún, seguramente, pero ya radicada en ella como nota que es de su constitutivo esencial. Siendo el amor la *spiratio* conjunta (simultánea) de los dos que se aman,[72] ya desde su primer instante contiene para ambos la nota de la totalidad (que incluye por lo tanto la perennidad) como algo propiamente suyo. De ahí que la proclamación paulina, según la cual *el amor no pasa jamás* (1 Cor 13:8),[73] ha de tomarse aquí, tal como dijimos acerca del concepto neotestamentario de la *hora* y si acaso quiere entenderse en toda la riqueza de su significado,[74] no solamente en el sentido (hacia adelante) de ahora hacia el futuro, sino también (hacia atrás) en el del futuro hacia el momento presente. Para el amor, impaciente siempre por necesidad de su propia naturaleza, siempre es llegado ya el tiempo de amar:

> *Levántate ya, amada mía,*
> *hermosa mía, y ven:*
> *Que ya ha pasado el invierno*
> *y han cesado las lluvias.*
> *Ya han brotado en la tierra las flores*
> *y es ya llegado el tiempo de la poda...*[75]

---

[72]San Juan de la Cruz, *Cántico Espiritual*, XXXIX; *Llama de Amor Viva*, II, 6. Cf mi libro *Comentarios al Cantar de los Cantares*, II, Shoreless Lake Press, New Jersey, 2000, pag. 31.

[73]*Caritas numquam excidit* (πίπτει significa aquí *cadit*, o *esse desinit*).

[74]Cf nota 73.

[75]Ca 2: 10–12.

Para comprender con más claridad el problema, debe tenerse en cuenta que la Alegría completa, prometida por el Maestro a sus discípulos, es ya para ahora.[76] Pero siendo la Alegría el primer fruto del amor, se sigue de ahí que la Alegría Perfecta acompaña siempre al Amor Perfecto. De donde el Amor en sobreabundancia, prometido por el Señor en la proporción del *ciento por uno*, es ya necesariamente una realidad en el eón presente.

Es, por lo tanto seguro, puesto que el Señor lo dice expresamente, que el amor sobreabundante del *cien veces más* es ya para este mundo, aun sin esperar a la llegada del *siglo venidero*. Pues, si bien se puede hablar del primer encuentro de los enamorados, así como de la primera mirada de amor,

> *Son sus dardos saetas encendidas,*
> *son llamas de Yavé,*[77]

el amor nunca es bisoño ni novicio. En cuanto al amor divino–humano puesto en el corazón de la criatura, se orienta y mira hacia el Amado, desde el primer instante, con todo el corazón, con toda la mente, con todas sus fuerzas. Cualquier otro amor, comparado con él, equivaldría al odio.[78] Más todavía, porque el amor del comienzo de los enamorados, o aquél que sigue al flechazo de la primera mirada, posee un *ímpetu peculiar* (Ap 2:4) que le proporciona un aura especial de subido y sublime encanto. Shakespeare inmortalizó esta impetuosa cualidad del arrebato de amor del primer encuentro en su *Romeo y Julieta*. Tal especial condición del amor entre los dos jóvenes de Verona impregna toda la obra de modo subliminar,

---

[76] Numerosos textos en el Nuevo Testamento. Cf, por ejemplo, Jn 15:11; 16: 20.24.
[77] Ca 8:6.
[78] Cf nota 67, *supra*.

incrementando la motivación emocional de los posibles espectadores o lectores, de manera que casi nunca llegan a ser plenamente conscientes de tal circunstancia. Pero el amor desconoce el tiempo ya desde el primer instante de su nacimiento. Por eso el enamorado que ha caído bajo su influjo no está dispuesto a admitir que su amor tuvo un comienzo después de no haber existido antes. Ni tampoco (mucho menos aún) que dará lugar a un final con el que habrá desaparecido. Para los enamorados el amor existe desde antes del tiempo... Y permanecerá sin conocer jamás el paso de los años:

> *Al valle fui a buscarte*
> *hasta el oculto vado donde moras,*
> *para poder mirarte*
> *donde las zarzamoras*
> *sin ver morir al tiempo entre las horas.*

Sin embargo, todavía no hemos encontrado la verdadera razón de la promesa del *cien veces más* o del *ciento por uno*, garantizada por el Señor a sus seguidores incluso para antes de que llegue el *siglo venidero*. Sería un grave error creer adivinar, en este modo de inundar (*overwhelm*) en el amor a los suyos (Ro 5:5), algo así como una especie de retribución generosa por parte del Maestro. La auténtica realidad, o aquélla que explica en profundidad esta respuesta del *ciento por uno* otorgada por Jesús a los que lo han dado todo por Él, es que obedece, ni más ni menos, a algunas de las leyes fundamentales del amor, cuales son en este caso el principio de bilateralidad y el de reciprocidad.

Sabemos que el amor, como hemos repetido a menudo, tiende a colocar en situación de igualdad a los amantes: *Ya no os llamaré siervos, sino amigos* (Jn 15:15). Lo cual significa en el mismo plano y a la misma altura: *Si no te lavo los pies, no tendrás parte conmigo*

La Ínsula Barataria

(Jn 13:8); que, por lo demás, es la única forma posible de hacer real y verdadera la relación amorosa, tanto del *yo* al *tú* como del *tú* al *yo*. Dado que el diálogo de amor solamente ha lugar en la intimidad de la más grande proximidad, supuesta la necesidad de la cercanía en el contacto amoroso: *Cuando me haya marchado y os haya preparado un lugar, de nuevo vendré y os llevaré junto a mí, para que donde yo estoy, estéis también vosotros.*[79] Y por si tal cosa no fuera suficiente, sabemos también que la entrega mutua y total, tan libre y voluntariamente llevada a cabo por los amantes, excluye por definición cualquier diferencia o desigualdad en todos los órdenes:

> *Yo soy para mi amado*
> *y mi amado es para mí.*[80]

De tal manera que las leyes de la igualdad, de la bilateralidad y de la reciprocidad son inflexibles e inmutables en el amor. De donde se desprende que, si acaso Dios quería, tal como lo exige el amor, recibir del hombre una respuesta amorosa *equivalente, pero al mismo nivel y en la misma intensidad* que su ofrecimiento, era necesario proporcionarle la posibilidad de hacerlo. Y puesto que todo depende de la gracia, Dios tenía que inundar de capacidad amorosa (activa y pasiva) a su criatura, a fin de que la plenitud de su propuesta amorosa fuera capaz de recibir una respuesta de amor de la misma intensidad y al mismo nivel. Y por eso la necesidad del *ciento por uno*. Pues era necesario que Dios hiciera previamente al hombre rico y munificente, a fin de que éste, a su vez, pudiera dar y entregar con entera largueza: *Porque conocéis la gracia de nuestro Señor*

---

[79] Jn 14:3; cf 17:24.
[80] Ca 6:3; cf 2:16; 7:11.

Jesucristo, que, siendo rico, se hizo pobre por vosotros, para que vosotros seáis ricos por su pobreza.[81]

Que esta interpretación está lejos de ser arbitraria, lo prueban las conclusiones de las parábolas de los talentos y de las minas. En la primera (Mt 25: 14 y ss.), se devuelven diez talentos por cinco previamente recibidos; o cuatro, por dos recibidos, etc. Lo mismo sucede con la parábolas de las minas (Lc 19: 11 y ss.), en la que una mina entregada para ser negociada produce diez minas, mientras que otra produce a su vez cinco más, etc.

De todo lo cual se deduce que, si el hombre ha recibido el amor en la sobreabundante inundación del ciento por uno,[82] con ello ha sido hecho capaz de responder de la misma sobreabundante y desmesurada manera: diez talentos por cinco recibidos; o diez minas por una que le había sido entregada. Metáfora por metáfora, ambas vienen a expresar la misma cosa. Así es como se hace realidad el diálogo amoroso, el cual no podía llevarse a cabo sino después de colocados los amantes al mismo nivel, como exigen las leyes supremas del amor. Pero ahora los platillos de la balanza amorosa quedan nivelados y la posibilidad del *tú* a *tú* es, por fin, una auténtica realidad. El verdadero amor lleva consigo, como exigencia fundamental (una exigencia que es, al mismo tiempo, el acto considerado por el amante como el más libre y voluntario llevado a cabo en su existencia) la entrega de *todo*, absolutamente todo, a la persona amada (Jn 3:35).

La posibilidad del *tú* a *tú*, al mismo nivel, por más que cada amante siga siendo quien es, queda así delineado como constitutivo fundamental en la esencia del amor. De este modo, dado que el enamorado piensa sobre todo en entregar más que en recibir

---

[81] 2 Cor 8:9.
[82] *Dios da el Espíritu sin medida* (Jn 3:34).

(Hech 20:35), la oración más perfecta no es tanto la de petición o súplica, sino la de alabanza, que en el diálogo amoroso no puede ser sino mutua y recíproca. En la parábola de las diez vírgenes, las únicas que piden y suplican (aunque sin ser atendidas) son las necias que se descuidaron en la espera del Esposo (Mt 25: 11–12), mientras que las otras entraron sin más con Él a las nupcias. De ahí que el piropo o requiebro amoroso, salido de la boca de cada uno de los amantes y dirigido al otro, es la forma de diálogo más sublime y perfecta que pueda caber en cualquier forma de imaginación o de pensamiento, ya sean divinos, angélicos o humanos:

> *¡Qué hermosa eres, amada mía,*
> *qué hermosa eres! Tus ojos son palomas.*
>
> ....
>
> *¡Qué hermosa eres, qué hechicera,*
> *qué deliciosa, amada mía!*
>
> ....
>
> *¡Qué hermoso eres, amado mío, qué agraciado!*
> *Nuestro pabellón verdeguea ya.*[83]

Por eso puede decirse que el requiebro *te amo* es la locución más dulce y tierna que le ha sido otorgada al ser humano, bien para ser pronunciada o bien para ser escuchada. Según algunos, hablando de un modo general, el requiebro suele ser entendido como la gentileza amorosa dirigida por el hombre a la mujer; aunque en realidad vale lo mismo para el uno y para el otro, como atestigua su uso inmemorial. También hay quien piensa que la expresión *te amo*, puesta en boca de

---

[83]Ca 1:15; 7:7; 1:16.

la mujer y dirigida al varón, equivale algo así como a una *confesión* o rendición ante él. Pero parece más cierta la opinión según la cual se trata de una declaración, libre y llena de ternura, por la que el varón, cuando es utilizada por él, entrega su corazón y lo pone a disposición de la mujer. De ser cierto esto último significaría un ligero recuerdo, en cierto modo, de la autoridad que sobre la mujer ejerce el varón (reconocida en la Biblia y referida al matrimonio), quien, sin embargo, *se somete* libremente al otro sexo por amor. De manera que se podría hablar aquí de que la caridad, una vez más, equilibra las cosas y las pone en su lugar, reconociendo el valor de cada una, tal como sólo ella sabe y puede hacerlo.[84]

Es importante observar que la declaración *te amo* suele utilizarse sin el pronombre previo *yo*, sin violentar por eso las reglas de la lógica ni las de la gramática. Aunque no pueda afirmarse el hecho como algo general ni concluyente, es necesario reconocer el uso más frecuente de la forma abreviada. Y sin embargo no parece que el hecho haya de atribuirse a las simplificaciones propias del lenguaje ordinario. Más bien habría que suponer que la omisión, en este caso, del pronombre de primera persona viene a equivaler, tal vez como una operación inconsciente del intelecto, a la desaparición del *yo*. Resultaría ser entonces, al fin y al cabo, algo así como una consecuencia de la entrega y rendimiento incondicionales del *yo* ante el *tú*.

Sin embargo, ¿qué sucede cuando la declaración *te amo* es pronunciada por la criatura, dirigida al Amor Infinito? ¿Y qué decir cuando, por el contrario, es la criatura quien la escucha de la propia boca del Amor Infinito?

Aquí, más que en ninguna otra parte, nos tropezamos con el Misterio. Y efectivamente, pues ahora se trata de las *arcana verba*

---

[84]El equilibrio entre la autoridad y el amor, dentro de la existencia cristiana, está claramente contemplado en el Nuevo Testamento: cf Mt 20: 25–28; Mc 9:35; Lc 9:48; Ef 5: 21–33.

que al hombre no es posible ni lícito pronunciar (2 Cor 12:4). Por supuesto que se puede hablar del misterio del Amor (que no es sino el misterio de Dios) todo lo que se quiera. Aunque para acabar siempre ante el límite de un muro más allá del cual no es posible avanzar. O quizá sería posible atravesarlo, pero para descubrir que el horizonte se aleja más y más allá y que resulta imposible alcanzar.

Se podría hablar, por ejemplo, de la emoción y de la alegría causadas en el alma de la esposa al escuchar la declaración *te amo* de boca del Esposo. Con la seguridad, sin embargo, de que no se iba a hacer otra cosa que emitir balbuceos. Se trataría de una tarea condenada al fracaso de antemano, a pesar de haber sido emprendida y realizada bajo la previsión de enormes dificultades. Y sin la posibilidad de ahuyentar el sentimiento sobrecogedor de no estar diciendo nada. Pues lo inefable, ya se sabe, es justamente lo inenarrable.

Sabemos bien que ni nuestro entendimiento, ni nuestra imaginación, son capaces de entender, y menos aún de expresar, lo que sólo de alguna manera *intuye* nuestro corazón. Y porque somos conscientes también de que, al fin y al cabo, la Palabra revelada ha de adaptarse a nuestra naturaleza para poder ser entendida, aún nos queda la posibilidad de echar mano de la Escritura. ¿Con qué propósito en este caso? Simplemente con el de tratar de bosquejar, como intento casi desesperado, alguna idea acerca de la alegría que siente la esposa ante el requiebro *te amo*, oído de labios del Esposo.[85]

Dado que la declaración *te amo*, pronunciada y escuchada en el amor puramente humano, es motivo de increíble felicidad, con mayor razón podemos intentar hablar de ella con respecto al amor divino–humano. Alguno dirá que, incluso cuando se refiere al amor

---

[85] La frase de Pascal se entendería mejor en el sentido de que al corazón se le suele reconocer una cierta capacidad de infinitud (el famoso, *Nos hiciste, Señor para ti, y por eso nuestro corazón...* de San Agustín) que no es corriente, ni permisible, atribuir a la razón.

puramente humano, es ya una tarea imposible. Lo que es absolutamente cierto, como ya hemos indicado antes. Aunque no por eso vamos a dejar de aprovechar las migajas que caen de la mesa en la que se reparte la Palabra de Dios.

Para cuyo propósito podemos comenzar recordando las palabras del Bautista. Hablando de la alegría que causa escuchar la voz del Esposo, decía el Precursor que *el amigo del Esposo, que le acompaña y le oye, se alegra grandemente al oír la voz del Esposo. Por eso mi alegría es completa.*[86] Y en efecto, porque es imposible dejar de sentirse inundado de gozo al escuchar su voz, del mismo modo que es imposible sentir tristeza cuando se está junto a Él (Mt 9:15):

> *Es la voz del Esposo*
> *como la huidiza estela de una nave,*
> *como aire rumoroso,*
> *como susurro suave,*
> *como el vuelo nocturno de algún ave.*

Tal como sucede en el cuento del Flautista de Hamelín, también aquí no queda otro camino que el de seguirle, una vez oída la música encantada de su voz. El Buen Pastor va delante de sus ovejas y las llama por su nombre, al tiempo que ellas le siguen dócilmente porque conocen su voz y saben que no es un extraño (Jn 10: 3–5). El *Cantar de los Cantares*, como es lógico, no podía dejar de aludir al tema. Y, tal como sucedió con los niños de Hamelín, que se vieron obligados a seguir al flautista mágico, como castigo impuesto al egoísmo de sus padres, tampoco aquí vale resistirse. Sólo que en este caso nadie pensaría en considerarse objeto de castigo cuando,

---

[86] Jn 3:29.

en realidad, solamente podría sentirse desgraciado quien no hubiera llegado a oír la música encantada de la voz enamorada:

> *¡La voz de mi Amado!*
> *Vedle que llega,*
> *saltando por los montes,*
> *triscando por los collados.*
> *Oíd que me dice...*[87]

¿Y quién sería capaz de resistirse a la llamada de la voz enamorada del Esposo que llega, como mendigando, a la puerta de la esposa para ser escuchado y recibido por ella? Porque *he aquí que estoy a la puerta y llamo: si alguien escucha mi voz y abre la puerta, entraré en su casa y cenaré con él, y él cenará conmigo.*[88] A la petición de una limosna de amor, escuchada de labios de un mendigo enamorado, no se puede responder sino con el rendimiento del corazón. El cual, en el caso del amor divino–humano, acaba en el seguimiento. Seguirlo a Él, estar con Él y junto a Él, vivir con Él compartiendo su propia vida:

> *Ábreme, hermana mía, esposa mía, paloma mía,*
> *que está mi cabeza cubierta de rocío*
> *y mis cabellos de la escarcha de la noche.*[89]

Y en efecto, porque ante tales requerimientos, apremiantes por proceder de un corazón enamorado, ¿qué otra cosa cabe sino emprender un seguimiento ciego? Sin condiciones, por supuesto, las

---

[87] Ca 2: 8.10.
[88] Ap 3:20.
[89] Ca 5:2.

cuales el verdadero enamorado jamás piensa en imponerlas. Aquí no cabe el *do ut des*, sino sencilla y simplemente, el *tómalo todo*:

> *A zaga de tu huella*
> *las jóvenes discurren al camino*
> *al toque de centella,*
> *al adobado vino,*
> *emisiones de bálsamo divino.*[90]

> *Mi Amado, subiremos*
> *al monte del tomillo y de la jara,*
> *y luego beberemos*
> *los dos, en la alfaguara,*
> *del agua rumorosa, fresca y clara.*

> *Vayamos a las faldas*
> *del monte florecido de arrayanes;*
> *y hagamos dos guirnaldas*
> *con rosas de azafranes*
> *y pétalos de azules tulipanes.*

> *Gocémonos, Amado,*
> *y vámonos a ver en tu hermosura*
> *al monte y al collado*
> *do mana el agua pura;*
> *entremos más adentro en la espesura.*[91]

---

[90]San Juan de la Cruz, *Cántico Espiritual.*
[91]San Juan de la Cruz, *Cántico Espiritual.*

La Ínsula Barataria 197

> *Y luego a las subidas*
> *cavernas de la piedra nos iremos,*
> *que están bien escondidas,*
> *y allí nos entraremos,*
> *y el mosto de granadas gustaremos.*[92]

Empresa inútil sería la de pretender explicar, en términos cuantificables, el sentimiento gozoso de la esposa ante la declaración *te amo*, oída de labios del Esposo. Se podría hablar de alegría extrema, del aturdimiento producido por el gozo excesivo, de deslumbramiento y fascinación, de asombro y de pasmo, de deleite en grado subido, de felicidad perfecta y aun de otros términos que podemos acumular. Lo cual no iría más allá de lo que alcanza la mera palabrería, aunque sin aclarar demasiado.[93] Y, aunque es evidente que aquí hablamos del amor divino–humano en un grado elevado de perfección, no tratamos de referirnos a la teología mística y no vamos a echar mano, por lo tanto, de su terminología peculiar. Con lo que nos quedamos con el recurso que acabamos de utilizar. Consistente en reunir unos cuantos términos, ninguno de los cuales nos va a proporcionar una idea adecuada del tema al que nos referimos; pero donde todos y cada uno de ellos pueden *apuntar*, de algún modo, hacia indicios que contienen pistas acerca de nuestro tema. En este sentido, vocablos como los de aturdimiento, arrobamiento, embeleso u otros semejantes, podrían servirnos de ayuda (bien que somera y tosca) para nuestro propósito. Los escritos sobre el tema, incluyendo la Sagrada Escritura (especialmente el *Cantar*), utilizan con frecuencia

---

[92]San Juan de la Cruz, *Cántico Espiritual*.
[93]Una vez más, nos tropezamos con las limitaciones y miserias del lenguaje humano. De nuevo conviene recordar que los sentimientos no caben en los conceptos, mientras que éstos tampoco se agotan al ser expresados por medio del simple lenguaje.

las referencias a la embriaguez, al vino y a los banquetes nupciales, para hablar de los efectos del amor en los enamorados. Como puede verse, por ejemplo, en la siguiente estrofa de San Juan de la Cruz contenida en su *Cántico Espiritual*:

> *En la interior bodega*
> *de mi Amado bebí, y cuando salía,*
> *por toda aquesta vega,*
> *ya cosa no sabía,*
> *y el ganado perdí que antes seguía.*

La ayuda de la metáfora, de la alegoría, o de otros tropos, dentro de un lenguaje deliberadamente ambiguo y oscuro, es aquí un recurso tan necesario como obligatorio. Un procedimiento al que, por eso mismo, en modo alguno podía ser ajena la Escritura: *El Espíritu*[94] *sopla donde quiere, y oyes su voz, pero no sabes de dónde viene ni adónde va.*[95] Es evidente que estamos ante un texto demasiado profundo como para poder calificarlo apresuradamente de fácil entendimiento. De todas formas, y si es que nos atrevemos a intentar alguna especie de interpretación, tal vez podríamos decir que el Amor (*el Espíritu*), mediante su actuación desbordante sobre la criatura (Ro 5:5), al paso que la inunda y le hace sentir el abrazo de su amor, de sus caricias y de sus requiebros (*oyes su voz*), la sumerge así en un aturdimiento de éxtasis. Dentro del cual la criatura sería incapaz de explicar o de decir algo al respecto: de dónde viene su Amor, por ejemplo; de qué lugar procede tal torrente que la inunda, o dónde está situada la fuente que lo produce y que ocasiona en

---

[94] Algunos traducen aquí *viento*. El término parece deliberadamente ambiguo. Sin embargo el término πνεῦμα, además del contexto, inducen a inclinarse más bien por la traducción de la Neovulgata: *Spiritus, ubi vult, spirat...*

[95] Jn 3:8.

ella tal embriaguez de amor. Podría inquirir acerca de dónde está el Amado que de tal manera la embelesa, y adónde podría ir a buscarlo para poseerlo más estrechamente (*no sabes de dónde viene*). Se trata de la embriaguez del Amor por supuesto que la inducirá a buscar con ansiedad al Esposo, aunque ella sabe bien que no podrá hacerlo sino a través de tortuosos, intransitados y desconocidos caminos:

> *Dime tú, amado de mi alma,*
> *dónde pastoreas, dónde sesteas al mediodía,*
> *no vaya yo a extraviarme*
> *tras de los rebaños de tus compañeros.*[96]

Emprendida la búsqueda azarosa del desconocido enamorado, a través de solitarios y agrestes senderos, tal vez la esposa llegue a encontrarlo. Y es seguro que entonces, de manera imposible de explicar, pueda llegar a vislumbrar acerca del lugar *de donde viene* el Esposo:

> *A la rosada aurora*
> *me fui a encontrar, con paso apresurado,*
> *con el que me enamora;*
> *y juntos ya, en el vado,*
> *dejé morir mi pena*
> *mientras cantaba, lejos, filomena.*

Pero lo que nunca llegará a saber la esposa, mientras no haya recorrido por entero el camino, es justamente *adónde va* el Esposo y adónde la lleva a ella. Bien entendido que el misterioso *hacia dónde va* no se refiere meramente a un lugar, que en realidad es precisamente lo que menos contaría en este caso. Aquí es obligado entender

---

[96] Ca 1:7.

el *hacia* como algo sutilmente indefinido y borroso en lontananza, al que solamente un punto final de culminación, al cual se encaminaría el amor, podría encontrarle sentido. Sin embargo, ¿quién está en condiciones de explicar, ni siquiera de imaginar, cuál es el momento final o de culminación del amor? Suponiendo, claro está, que el Amor se encamine hacia un punto de saciedad o plenitud finales y acabadas. Lo cual es imposible de probar. De donde no hay forma de saber *adónde va* el Amor, puesto que son tan desconocidos sus caminos como todavía es aún más escondida, oculta e ignorada su meta.

Pero, porque el Amor es bilateralidad, reciprocidad y mutua entrega (*Qui ex Patre Filioque procedit*),[97] el Esposo espera también con ansiedad la declaración de amor por parte de la esposa. *El Amor no puede sino esperar ser correspondido.* De ahí las impacientes exclamaciones del Esposo del *Cantar*:

> *Ven, paloma mía,*
> *que anidas en las hendiduras de las rocas,*
> *en las grietas de las peñas escarpadas.*
> *Dame a ver tu rostro, dame a oír tu voz,*
> *que tu voz es suave, y es amable tu rostro.*[98]

---

[97]La negación de la procesión del Espíritu Santo, según la cual la tercera Persona de la Trinidad procede conjuntamente del Padre *y* del Hijo, supone la volatilización de la idea de Dios. Dios es Amor y por lo tanto, conforme a la Revelación, o es Trinidad o es Nada. Las concesiones hechas en este sentido a algunas Iglesias orientales, por parte de algunos católicos en aras de un pretendido Ecumenismo, no tienen ningún sentido: ni escriturístico, ni dogmático, ni histórico, ni magisterial. Una vez más, el Ecumenismo de las rendiciones, con sus olvidos, disimulos y ardides diplomáticos, está dando lugar a la disolución de la Teología.

[98]Ca 2:14.

La Ínsula Barataria

> *¡Oh tú, que habitas en jardines,*
> *hazme oír tu voz!*[99]

He ahí la razón por la que el Esposo desea escuchar el *te amo*, de labios de la esposa. Y con la misma impaciencia y ansiedad con las que ella esperaba oírlo del Esposo.

En este sentido, la narración del episodio de la institución del Primado de San Pedro es bastante expresivo:[100]

—Simón, hijo de Juan —dijo Jesús— ¿*me amas?*

—*Señor* —respondió Pedro—, *tú sabes que te amo.*

Y así, por tres veces consecutivas, quiso escuchar Jesús el *te amo* de boca de San Pedro. Pero, ¿por qué tres veces?

Por supuesto que podrían haber sido menos veces o tal vez muchas más. El amor nunca se cansará de repetir la expresión *te amo*; bien que sea dirigida a la persona amada o bien que sea escuchada por ella. Pero en este caso no existe ninguna razón especial para atribuirle algún significado a la triple repetición. Muchos exegetas han pretendido ver en el episodio una cierta intención por parte de Jesucristo. Existiría una lógica relación, según ellos, entre la triple negación de Pedro, antes del canto del gallo, y la triple confesión de amor: algo así como un requisito *valde conveniens* y previo al otorgamiento del Primado. Lo cual no deja de ser una interpretación arbitraria y simplista; y hasta un poco infantil, si se quiere, por parte del Señor. Una traición como la de Pedro en la noche de la Pasión es capaz de redimirse con una sola confesión arrepentida y amorosa, o con tres, o tal vez con trescientas; sin número fijo establecido de antemano. Todo depende del corazón del ofendido y del amor mostrado en su arrepentimiento por parte del ofensor. Por mi

---

[99] Ca 8:13.
[100] Jn 21: 15–18.

parte, imagino que el secreto debe encontrarse, más probablemente, en el misterioso y profundo significado de la declaración *te amo*. Como hemos dicho más arriba, la más terrible, maravillosa e inefable (todo a la vez) que le ha sido otorgada al ser humano, bien para ser pronunciada, o bien para ser oída.

Hemos dicho que la declaración *te amo* posee un contenido y un significado que pueden ser calificados apropiadamente con el adjetivo *terrible*. Sin que sea necesario aclarar que, tanto el vocablo como el concepto *terrible*, se encuentran lejos de agotar en su significado aquello a lo que se refieren en este caso. A tal declaración amorosa, expresiva de rendición total a la persona amada, se le puede atribuir lo que el Esposo le dice a la esposa en el *Cantar*:

> *Pulchra es, amica mea...*
> *terribilis ut castrorum acies ordinata.*[101]
>
> ....
>
> *Quæ est ista,*
> *quæ progreditur quasi aurora consurgens...*
> *terribilis ut castrorum acies ordinata?*[102]

Sin embargo, ¿por qué asignar a la declaración de amor, que supone la confesión del rendimiento absoluto a la persona amada, la cualidad de *terrible*? Sobre todo porque no tenemos muchas expresiones donde elegir y, desde luego, ninguna que se aproxime a lo que se podría considerar un significado correcto. No es necesario insistir en la pobreza e insuficiencia del lenguaje humano. A pesar

---

[101] Ca 6:4.
[102] Ca 6:10.

de lo cual, tal vez se pueda hallar un camino capaz de guiar hacia una *cierta* comprensión del problema.[103]

La seriedad e importancia de la declaración *te amo* se fundamenta en el hecho de que, quien la pronuncia con sinceridad, actualiza en profundidad la realidad del amor. Tal situación supone el despojo de lo que se posee, incluida la propia vida, *a fin de entregarlo todo a la persona amada*. Quien ama de tal modo se encuentra en estado de pobreza tan absoluta como para haber renunciado al fundamento de todos los demás derechos, cual es el de la propia vida. De tal modo que, si a partir de ahora continúa viviendo, lo hace mediante la vida de la persona amada, de la cual depende plenamente. Con lo que se ha realizado un misterioso intercambio de vidas, a través de un proceso nada fácil de explicar para el entendimiento humano.

Cualquier intento de aclaración por nuestra parte no puede pretender otra cosa que una cierta aproximación al tema. Afortunadamente, sin embargo, nos pueden ayudar en la tarea los textos revelados que hacen referencia al misterio del Amor. Tarea que podemos intentar con esperanzas de algún provecho, aunque sin dejar de tener en cuenta la tendencia humana a leer la Escritura de manera superficial y sin profundizar demasiado.[104]

Tratar de encontrar aquí alguna explicación supone contar con otro problema, de una gravedad todavía mayor. Nos estamos refiriendo al hecho de que el amor puramente humano es un analogado con respecto al amor divino–humano, y principalmente al amor di-

---

[103]Teniendo en cuenta que aquí no cabe emplear el adjetivo *cierto* sino en su acepción de proximidad, ambigüedad e incertidumbre. Sin más pretensiones.

[104]Esta tendencia, por otra parte tan generalizada, es la que explica el pobre conocimiento, apenas superficial, que muchos tienen acerca de lo que supone su condición de cristianos. Por otra parte, un entendimiento en cierto modo profundo de la Escritura supone necesariamente la práctica de una sincera oración, sin la que todo quedaría reducido a un academicismo tan vacío como inútil.

vino. Dado que el amor simplemente humano, aun el más puro y elevado, no es sino una participación del amor divino, con el que se encuentra en una relación de analogía. Y algo semejante sucede con ese amor, aunque en distinto grado y de modo diferente, con respecto al amor divino–humano. De ahí que los modos de actualizarse el amor, según sus variadas formas de expresarse, sean tan diferentes en uno y otro. En el amor puramente humano, por ejemplo, expresiones como la de *tú eres mi vida* u otras semejantes no son sino puras metáforas. Lo que no sucede en el amor divino–humano, en el que existe una cierta paridad de realidad ontológica entre sus expresiones y los correspondientes contenidos. Y así es como llegamos al punto neurálgico de la dificultad aludida más arriba, puesto que estamos ante un hecho difícil de comprender por el entendimiento humano. El cual tiende a equiparar, consciente o inconscientemente, una y otra forma de amar, con las desastrosas consecuencias que de ahí resultan y que son fáciles de imaginar.[105]

Y todavía falta por aludir aquí a otro peligro cuya presencia puede obstaculizar la correcta aproximación al tema. Debido a que es más sutil que los anteriores, puede convertirse en una amenaza mayor gracias a su apariencia de ortodoxa teología y de objetiva religiosidad, por lo que se hace más difícil de detectar. Me refiero a la distinción entre *espiritualidad*, de una parte, y *teología*, de otra. O entre lo que Von Balthasar llama también *lírica* en contraposición a la *épica*,[106] lo cual viene a equivaler a distinguir las efusiones

---

[105] Por desgracia, la miseria que envuelve a la raza humana llega todavía a más. La creencia de que solamente el amor puramente humano merece la consideración de verdadero está demasiado extendida. Por no hablar de la degeneración y corrupción generalizada de la idea del amor, que ha conducido a la sociedad moderna a equiparar el más sublime de los sentimientos humanos con las más abominables aberraciones.

[106] Hans Urs Von Balthasar, *TheoDrama, Theological Dramatic Theory*, II, Ignatius Press, San Francisco, 1990, pags. 55 y ss.

espirituales de la realidad histórica de hechos pasados que todavía, sin embargo, *conservan su significación*.[107]

Se podrían aceptar estas teorías a condición de no admitir la pretendida separación entre espiritualidad y teología. Aunque de todas formas es más seguro no tomarlas demasiado en serio. Una espiritualidad que aspire a titularse cristiana ha de fundamentarse en una teología seria y objetiva, enraizada en la Revelación (Escritura y Tradición) y en el Magisterio; a no ser que prefiera convertirse en un conjunto de prácticas piadosas, faltas de base y que suelen acabar transformándose en meras supersticiones. En cuanto a una teología sin aspiraciones a traducirse en espiritualidad, sería difícil imaginar su finalidad; salvo que alguien considere conveniente estudiar a Dios, y sus relaciones con el hombre, a la manera como se investiga el crecimiento de las anémonas. De nuevo incidimos en el academicismo, o quizá en algo peor. Pues hablar de hechos teológicos que sucedieron en el pasado, pero que *aún contienen significación*, no deja de ser una peligrosa aproximación a las teologías protestantes y modernistas que buscan abrirse paso en el catolicismo actual, según algunos. O establecerse definitivamente, según otros.

El significado del Amor en la existencia cristiana es bastante claro, a pesar de los intentos del secularismo y de una sociedad paganizada para difuminarlo. Significa la renuncia *a todo* lo que es propio, a fin de entregar esa *totalidad* a la persona amada: *Cual-*

---

[107] Según Von Balthasar, mientras que la teología lírica se dirige a Dios y a Cristo como a un *Tú*, la teología épica, sin embargo, se dirige a uno y otro como a *Él*. ¿Se trata de establecer una distinción entre la devoción piadosa y un cierto realismo objetivo? Sea como fuere, los teólogos de avanzada (conciliares y postconciliares) siempre andan dando vueltas a lo mismo. Para las teologías racionalistas, modernistas y neomodernistas, siempre yace en el fondo la sospecha ante lo sobrenatural. La misma que hace de la razón humana una especie de canuto y además estrecho, donde solamente es valedero lo que logra pasar a su través.

quiera de vosotros que no renuncie a todo lo que posee, no puede ser mi discípulo.[108] Lo cual es una característica exclusiva del amor divino, aunque hecha extensiva por la gracia al amor divino–humano. La condición de mero analogado, amén de participado en *situación minoritaria*, del amor meramente humano, se hace aquí más patente que en ninguna otra parte. En este sentido, como hemos dicho más arriba, únicamente el amor divino–humano escapa de la metáfora.[109] La *totalidad* aquí, como no podía ser de otro modo, se manifiesta enteramente en el Amor Divino o Sustancial: *Tanto amó Dios al mundo que le entregó a su Hijo Unigénito*.[110] Siendo Dios, no pudo dar algo más o algo mayor que Sí mismo. Así se explica (volvamos a recordarlo) el hecho de que Dios haya querido inundarnos de su riqueza (el ciento por uno) a fin de que nosotros podamos entregar también con *entera largueza*. Algo así como te lo doy todo para que tú puedas darlo todo también. Pues no existe otro modo de que se cumpla la ley fundamental del amor, cual es la de la reciprocidad o bilateralidad. Una ley constitutiva del verdadero amor, por supuesto, que es el que Dios ha querido establecer con los suyos, y que es imposible verla realizada en el amor entre simples criaturas. Así es como nos ha amado Jesucristo: hasta el fin[111] y hasta la entrega total.[112]

---

[108] Lc 14:33. Traducir aquí la expresión *todo lo que se posee* por la que se considera más asequible de *todos sus bienes* (Biblia de la Universidad de Navarra, por ejemplo, y también *La Bible de Jérusalem*), aparte de no ajustarse estrictamente al original griego, puede inducir a pensar en sentido restrictivo acerca del objeto de la renuncia; a saber: concretamente sólo en lo que se refiere a los bienes materiales. La Vulgata y Neovulgata traducen aquí *omnibus quæ possidet*.

[109] Un privilegio que denota una clara y profunda superioridad. A este propósito, no deja de ser interesante volver a leer 1 Cor 7: 32–34.

[110] Jn 3:16.

[111] *In finem dilexit eos* (Jn 13:1).

[112] *Tradidit seipsum* (Ga 2:20).

De este modo es como el amor divino–humano se convierte en una verdadera contienda entre enamorados: ¿Quién es capaz de entregar más? (Ca 2:4). Pues solamente en el amor divino–humano es posible la entrega de *todo* para recibirlo *todo*. Por ser amor auténtico, no entiende de reservar algo con el fin de guardarlo para sí. Lo que no puede suceder de la misma forma en el amor humano, alimentado siempre de parcialidades y de difusas analogías. Como caso más elocuente podemos aludir al amor entre el varón y la mujer, cuya expresión más característica es la unión carnal en la que llegan a ser *dos en una sola carne*;[113] pero donde siguen siendo dos, sin embargo, si se tiene en cuenta también que la mutua entrega nunca puede ser total.[114]

El amor divino–humano supone la donación de la propia vida, por parte de cada uno de los amantes, de tal manera que por él y en él nada queda ya por entregar. Al renunciar a la propia vida se ha hecho cesión con ella de todo lo que se tenía en posesión. Advertidos, sin embargo, de que una *totalidad* semejante solamente es posible dentro del acto de amor más perfecto, a la vez que es la mayor y más concluyente prueba de su autenticidad (Jn 15:13). La entrega de la propia vida a la persona amada es el hecho fundamental de la existencia cristiana: *Quien encuentre su propia vida, la perderá; pero quien pierda su vida por mí, la hallará...*[115] *El que ama su vida la perderá, y el que aborrece su vida en este mundo la guardará para*

---

[113]Ge 2:24; Mt 19: 5–6; Ef 5:31.

[114]El acto en el que se consuma la unión carnal nunca puede prescindir enteramente, y seguramente ni siquiera en parte, de la búsqueda de la satisfacción propia por parte de cada uno de los cónyuges. Es un privilegio del amor perfecto la persecución, exclusiva y absolutamente desinteresada, del bien y de la alegría del *otro*.

[115]Mt 10:39.

la vida eterna.[116]. Pero ya se ve que la pérdida a la que aquí se refiere Jesucristo, más bien que una *pérdida* propiamente dicha, es en realidad un *cambio*. Dicho de otra manera y más concretamente, lo que aquí se afirma, con respecto a la entrega de la propia vida, se refiere a la peculiaridad de la susodicha *propia* vida, más bien que a la *vida* como tal. Pues sin vida, ya sea la propia a la que se renuncia o la ajena por la que se cambia, no sería posible vivir: *Igual que el Padre que me envió vive y yo vivo por el Padre, así, aquél que me coma vivirá por mí*.[117] Es evidente, por lo tanto, que se trata de *vivir la vida del Amado*, que es lo mismo que decir la del otro, y no la propia: *El que come mi carne y bebe mi sangre permanece en mí y yo en él...*[118] *Vivo yo, pero ya no vivo yo, sino que es Cristo quien vive en mí*.[119] Así pues, tiene lugar un auténtico *intercambio* de vidas pero que debe ser entendido en sentido real. Explicarlo, sin embargo, siquiera sea de alguna manera, es ya otra cosa.

Pese a todo, algo se puede decir capaz de proporcionar una cierta aproximación al tema. En el que apenas si resulta posible profundizar más por ahora, mientras que permanezcamos en el presente eón. Ante todo es de advertir que, a diferencia de lo que sucede en el amor puramente humano, hay que prescindir aquí de la idea de la metáfora. Estamos situados ante *realidades* que, por el hecho de que discurren en la esfera de lo sobrenatural y nos transcienden, no pueden ser explicadas desde el mundo de las cosas perceptibles y naturales en el cual vivimos. Nos queda solamente el recurso de creerlas como se nos ofrecen (fe), amén de aguardar su cumplimiento para contemplarlas y comprenderlas (esperanza).

---

[116] Jn 12:25.
[117] Jn 6:57.
[118] Jn 6:56.
[119] Ga 2:20.

Pero el hecho de dar de lado a la idea de la metáfora no puede significar que vayamos a prescindir de ella. Sin la metáfora no nos sería posible situarnos en ese momento de *expectación* o de esperanza del que acabamos de hablar, ni tendríamos medio alguno de llegar a conocer lo que ya conocemos. Ignorarla como tal equivaldría a ponernos en peligro de entender las cosas tal como suenan, según nuestro modo normal de conocer, así como en el de dar cabida como reales a entelequias puramente inaceptables y rechazables. Aclarado lo cual, podemos volver ya al mundo de las realidades sobrenaturales e inefables que nos ha sido otorgado y revelado.

A fin de intentar alguna aproximación al tema del intercambio de vidas que tiene lugar en el amor. Pues nuestro entendimiento no renuncia al intento de profundizar en los datos que nos proporciona la pura fe. Así podríamos hablar, por ejemplo, acerca de un cierto intercambio de sentimientos, en el que cada uno de los que se aman hace suyos los que son propios del otro: *Pues ninguno de nosotros vive para sí, ni ninguno de nosotros muere para sí; pues si vivimos, para el Señor vivimos; y si morimos, para el Señor morimos. Porque, en fin, ya sea que vivamos, o ya sea que muramos, del Señor somos...*[120] *Tened entre vosotros los mismos sentimientos que Cristo Jesús...*[121] *Pero nosotros tenemos el pensamiento de Cristo.*[122] Una vez más y como siempre, según la ley de la reciprocidad, cada uno de los amantes sabe que sus sentimientos y todo lo que encierra su corazón es propiedad del otro. De ahí el suspirar por el otro, la nostalgia ininterrumpida de la mutua ausencia y el gozo y la alegría de saberse a la vez dueño y esclavo del otro. Son los sentimientos que impulsaban a la esposa del *Cantar*:

---

[120] Ro 14: 7–8.
[121] Flp 2:5.
[122] 1 Cor 2:16.

*Yo soy para mi amado
y a mí tienden todos sus anhelos.*[123]

Todo lo cual es cierto, pero insuficiente. Pues podríamos ser inducidos a creer que sabemos bastante acerca del Amor. Cuando en realidad sabemos tan poca cosa como para pensar que estamos aún demasiado lejos del centro del misterio. Para ser exactos, a la misma distancia a la que se encuentran las expresiones significantes (lenguaje metafórico) con respecto a la realidades significadas.

El mundo en el que viven los que verdaderamente se aman abarca mucho más que el de la mera coposesión de sentimientos. La situación en la que cada uno de los que componen la relación de amor vive la vida del otro, o vive por el otro (conservando cada cual en integridad su plena personalidad), *es una realidad* que nada tiene que ver con el lenguaje figurado (metáfora, figura, símbolo, alegoría, o cualquier tropo que podamos imaginar). El hecho (por más que sea decepcionante y descorazonador) de que no podamos explicar esa realidad no disminuye un ápice su verdad: *Porque ahora vemos como en un espejo y como en enigma; entonces veremos cara a cara. Ahora conozco de modo imperfecto, pero entonces conoceré como soy conocido.*[124]

Por lo que hace al amor humano conyugal, es preciso tener en cuenta algunas peculiaridades importantes. Para empezar, conviene advertir que esta forma de amor no puede ir más allá de lo que significan expresiones como las de *tener los mismos sentimientos, compartir los mismos sentimientos*, u otras semejantes. La verdad es que el universo del corazón de los cónyuges queda en propiedad y posesión de cada uno, sin que sea posible aquí alcanzar, ni siquiera

---

[123] Ca 7:11.
[124] 1 Cor 13:12.

de lejos, la profundidad en la que se desenvuelve el amor divino–humano.

La Biblia pone buen cuidado en distinguir el amor conyugal del amor divino–humano. Sin que eso se traduzca en una disminución de la dignidad y grandeza del primero, puesto que solamente se trata de poner cada cosa en su lugar.[125] En ella quedan claramente expuestas cuestiones tan importantes como la igual dignidad de ambos sexos, la mutua pertenencia de cada uno de los cónyuges (*Por lo demás, ni la mujer sin el hombre, ni el hombre sin la mujer, en el Señor*),[126] y la excelsa dignidad del matrimonio cristiano tal como fue elevado, nada más y nada menos, que a la categoría de analogado del amor y entrega de Cristo a su Iglesia (Ef 5:32).

El hecho es que nos encontramos aquí ante una aparente aporía altamente interesante. Ya hemos visto que la Biblia establece claramente doctrinas tan importantes como las que se refieren a la idéntica dignidad de los dos sexos, a la recíproca posesión de ambos en la sociedad conyugal, y a la sublime condición del matrimonio cristiano. Al fin y al cabo el amor conyugal es un analogado del amor divino, utilizado además con frecuencia por la misma Biblia para referirse al amor divino–humano.[127] Pero la Escritura señala también, con la misma diafanidad, las diferencias que lo separan del amor divino–humano.

---

[125] Por nuestra parte los hemos denominado como segundo y primer analogados respectivamente, utilizando una terminología que no tiene otro valor que el de ser un instrumento de trabajo.

[126] 1 Cor 11:11.

[127] La relación sería la siguiente: amor conyugal como analogado del amor divino–humano y, en último término, como analogado del amor divino. Amor divino–humano como analogado a su vez del amor divino. Por consiguiente el amor conyugal ocuparía el lugar más inferior de la escala, en la que seguiría el divino–humano y que culminaría, por fin, en el Amor de la Augusta Trinidad.

Lo que aquí se pretende decir es que, con respecto al amor divino, tanto el amor conyugal como el divino–humano, necesitan echar mano de la analogía con vistas a su inteligibilidad. Aunque es en el amor conyugal donde las *desemejanzas* alcanzan un relieve mucho mayor. Conviene recordar que el concepto de analogía abarca una desigual proporción de semejanza y desemejanza. En lo que se refiere a las relaciones entre Dios y sus criaturas, las desemejanzas superan a las semejanzas en magnitud inimaginable. Aparte de eso, también en los seres creados existe diversidad de grados en las posibles analogías a establecer entre ellos.[128]

La relación de igualdad y reciprocidad entre los amantes, establecida como una de las leyes fundamentales del amor, no goza de la misma transcendencia en el amor conyugal y en el divino humano. De todos modos es fácil comprender que la igualdad de la que aquí se habla no es ontológica, sino aquélla que evidencia un amor que, por ser elevado, es magnánimo y condescendiente. Dios se humilla y se abaja hasta su criatura, a fin de elevarla a su propia condición y hacerla participante de su naturaleza divina (2 Pe 1:4); pero Dios sigue siendo Dios y la criatura sigue siendo criatura. Veremos que los grados de *igualdad*, tal como aparecen en la relación de amor divino–humano, sobrepasan en mucho a los que se derivan del amor conyugal. La igualdad que establece el amor, entre los integrantes del vínculo del que él es causante, es de una relevancia bastante *relativa* en el amor conyugal. Tema en el que la Biblia es también terminante, en cuanto que establece sin tapujos la autoridad del varón sobre la mujer en la relación conyugal, la cual se mantiene en toda su intensidad hasta la disolución del vínculo con la muerte

---

[128] Los temas que se desarrollan a continuación han sido ya expuestos, con matices complementarios, en mis *Comentarios al Cantar de los Cantares*, II, *op. cit.* pags. 85 y ss. y 324 y ss.

de alguno de los cónyuges. Pese a lo que puedan decir en contra las infundadas pretensiones de los Movimientos Feministas, que en realidad desconocen enteramente la dignidad de la mujer y los fundamentos sobre los que se establece.[129] Los textos son abundantes y suficientemente expresivos: Ge 3:16; 1 Cor 11: 7–12; Ef 5: 22–29; Col 3:18; 1 Tim 2: 11–15; 1 Pe 3: 1–7. La identificación de vidas, así como la puesta al mismo nivel y dependencia del Esposo y la esposa, con la mutua entrega en propiedad y posesión del uno al otro tan ponderada en los textos bíblicos, no existen en el amor conyugal con el relieve de que gozan en el amor divino–humano. Porque efectivamente, los textos escriturísticos no se detienen aquí en una mera comunión de sentimientos, como hemos visto más arriba, sino que nos inducen a creer en un verdadero intercambio de vidas. Sin que, por otra parte, sea necesario recordar aquí que la identificación de vidas solamente se traduce en identificación en una misma naturaleza (numéricamente una) en el Amor Infinito o Sustancial.

---

[129] Personalmente tuve ocasión de saber de unas monjas que afirmaban seriamente que, si bien la Biblia no es *machista* (magnánima concesión que hemos de agradecer a las monjas), San Pablo en cambio está claramente afectado por tan despreciable lacra. Es digno de asombro el alto nivel de estupidez que es capaz de alcanzar a veces la naturaleza humana.

Debiera recordarse que la sociedad conyugal es también al fin y al cabo una sociedad. Y es sabido que no existe en el presente eón sociedad alguna (grande o pequeña) que pueda subsistir sin el principio jerárquico, a no ser que quiera incidir en la anarquía. Es absolutamente necesario, por lo tanto, que exista en la sociedad establecida por el matrimonio una autoridad que haga como de cabeza (esta última expresión es justamente la que utilizan los textos bíblicos, los cuales la asignan al varón). Incluso en el Cielo existe establecida la Jerarquía de los Ángeles y Bienaventurados, aunque no venga impuesta en este caso por la necesidad de evitar cualquier especie de anarquía. La razón de su existencia en este caso parece deberse a la conveniencia de mostrar los diversos grados de excelencia en las criaturas, en escala de ascenso de asombrosas maravillas hasta llegar a la Sublime Altura del Creador de todas ellas.

El carácter de sociedad es inherente al vínculo matrimonial; el cual, por otra parte, está llamado a desenvolverse exclusivamente en el presente eón (Mt 22:30). Por lo que es imposible que el amor conyugal goce de las prerrogativas del amor en el grado en que se poseen en las relaciones divino–humanas. Dada la condición de analogado inferior y de las especiales características del amor conyugal, las misteriosas cualidades del amor, tal como aparecen en las relaciones divino–humanas (aun teniendo en cuenta la dialéctica del *ya* y del *todavía no*), no tienen en él igual cabida. Lo cual hace más comprensibles las razones invocadas por el Apóstol, en su *Carta Primera a los Corintios*, con respecto a la superioridad de la virginidad sobre el matrimonio.

Hemos venido hablando abundantemente de las características del vínculo amoroso. La reciprocidad, la bilateralidad, la igualdad, la entrega y donación mutua (en totalidad) de los amantes, son cualidades que sólo se hallan propiamente en el amor perfecto. En un grado analógico de participación, aunque lo suficientemente elevado como para transcender a la capacidad de la mente humana, aparecen también en las relaciones de amor divino–humanas. Continuando la escala en sentido descendente, a un nivel ya muy inferior y relativo, se aprecian asimismo de algún modo en la relación conyugal; si bien solamente en la medida en que esta última se estructura dentro del verdadero amor.[130]

El intercambio de vidas entre los amantes, el vivir cada uno la vida del otro, el vivir por el otro y otras expresiones semejantes

---

[130] A pesar de la utilidad del concepto del amor conyugal; sobre todo por lo que hace a su contribución al conocimiento de grados más elevados en la relación amorosa. Ya hemos visto la forma en que es utilizado a este respecto en el *Cantar de los Cantares*, aparte del uso que se hace de él en otros muchos lugares, bíblicos y no bíblicos. Un ejemplo más de cómo el entendimiento humano suele proceder, en su actividad cognoscitiva, desde lo inferior a lo superior.

(Jn 6:58; Ga 2:20; etc.), son *realidades* presentes en el amor divino–humano. Sin que obsten nada en contrario importantes razones que no pueden pasar desapercibidas. Adelantemos el hecho de que solamente tenemos acceso al conocimiento de tales realidades a través de la fe; al menos por ahora. Abiertos enteramente al dato revelado, al mismo tiempo que limitados y constreñidos por él, es imposible explicar tales realidades según los medios de que disponemos en el presente eón. Pero sería absolutamente erróneo creer que solamente podemos aspirar a un conocimiento puramente *nocional* de esos misterios. En realidad es el Espíritu Santo quien se encarga de conducirnos a tal conocimiento de Jesucristo que, si bien es inexpresable, es sin embargo más que suficiente para inundarnos en amor a la Persona del Maestro.[131] En todo caso tendríamos que remitirnos al complicado mundo de la teología mística, como única ciencia capaz de proporcionar algunos conocimientos acerca del tema (aunque, por otra parte, limitados y absolutamente insuficientes).[132]

La sociedad conyugal, por su misma índole, no puede prescindir de la autoridad del varón sobre la mujer, e incluso sobre los hijos una vez constituida la familia. El hecho de que los textos revelados consideren al varón como *cabeza* de la mujer, y a ella como glorioso

---

[131] Según Ro 5:5, el Amor de Dios se ha derramado en nuestros corazones por medio del Espíritu Santo, que nos ha sido dado. Ahora bien, así como nada es querido si primero no es conocido, tampoco el amor es mero conocimiento sin más. Si el conocimiento no *desciende* y llena el corazón (tal como dice el texto del Apóstol), no hay amor de ninguna manera. La sana Filosofía ha distinguido siempre el *cognitum* del *volitum*. Nos encontramos aquí a las puertas de la dificultad que se plantea en torno a la noción tomista de la visión beatífica, si se admite que consiste en una mera contemplación saciativa de la Verdad.

[132] Aquí sería necesario insistir en la necesidad de la vida interior, alimentada por el Espíritu Santo, como requisito indispensable si se quiere llegar a alguna parte. La teología mística *práctica* siempre ha sido, por definición, más útil en este sentido que la meramente *científica*.

ornato de su esposo y para su esposo (1 Cor 11: 7–9), contribuye a que la configuración del amor perfecto no sea fácilmente aplicable al vínculo conyugal. Las cualidades del Amor perfecto cobran relieve cuando se empieza a traspasar el umbral de lo sobrenatural. En este sentido al amor divino–humano le han sido otorgadas prerrogativas especiales, con las que alcanza un nivel mucho más elevado de lo que habría podido imaginar la mente humana.

Cuando el verdadero amor llega a alcanzar ciertos grados de elevada condición, El Esposo ya no desea verse a Sí mismo situado en un nivel más alto y diferente del que se supone que se encuentra la esposa, sino que sus anhelos tienden más bien a estar junto a ella y a pertenecerle enteramente. Por otra parte, la situación de superioridad respecto a ella haría difícil la realización de las condiciones de reciprocidad, de bilateralidad y de igualdad; tan propias y características, como se sabe, del verdadero amor. También convertiría en problemática la entrega total del Esposo a la esposa, con todo su ser y con todas sus posesiones. Los textos son bastante explícitos en este sentido: *Ya no os llamo siervos, porque el siervo no sabe lo que hace su señor; a vosotros, en cambio, os he llamado amigos...*[133] *Si no te lavo los pies, no tendrás parte conmigo...*[134] Texto este último que merece especial atención con respecto a nuestro tema. Considerado con frecuencia como acto magnánimo de humildad por parte de Jesucristo, posee en realidad un alcance mucho mayor. Puesto que supone en realidad un acto por el que el Esposo enamorado desciende (*se abaja*) al nivel en el que se encuentra la esposa; al fin y al cabo como algo necesario para conseguir la equiparación que se desean mutuamente los que se aman con verdadero amor. Lo cual viene a concretarse en el hecho de estar juntos, en el mismo lugar,

---

[133] Jn 15:15.
[134] Jn 13:8.

y en la igualdad de las condiciones que hacen posible la relación dialogal amorosa del *yo* y del *tú*. Si tal estado de cosas condujera a pensar en una vergonzosa humillación para el Esposo, habría que considerar como no escrito el texto de Flp 2:7. Por otra parte, dice también el Señor que *no está el discípulo por encima del maestro, ni el siervo por encima de su señor. Le basta al discípulo llegar a ser como su maestro, y al siervo como su señor.*[135] Otro texto que igualmente confirma lo que venimos diciendo. Si algo habría que destacar en él sería precisamente el último inciso: *Le basta al discípulo ser como su maestro, y al siervo como su señor*. De tal manera que todo parece indicar que el hecho de que alguno pudiera encontrarse situado por encima o por debajo del otro, o que cualquiera de ellos llegara a considerarse a sí mismo como superior o como inferior, no sería aquí tan verdaderamente decisivo como el descubrimiento de *la tremenda y asombrosa realidad de que ambos son iguales*. Son los misterios del Amor que, a la vez que envuelven en su operación todas las circunstancias de la vida humana, convierten en particular la existencia cristiana en algo incomprensible a los ojos del mundo. El cual no duda en considerarla locura. Y así por ejemplo, si bien puede parecer cosa normal en la sociedad de los hombres que el siervo sirva a su señor, el misterio del amor, sin embargo, puede hacer que parezca cosa natural lo que es realmente sobrenatural. Como es el hecho más que sorprendente de que el señor sirva a su siervo. Lo que no es sino una consecuencia lógica del amor, que hace que el amante se sienta feliz al descender al nivel de la persona amada y servirla. Nada extraño para quien sabe de la condición de pertenencia y posesión que cada uno de ellos, tanto el amante como el amado, se asignan para sí mismos. Con lo cual ya nada importa, sino solamente el hecho de estar juntos y saberse cada uno propiedad del otro:

---

[135] Mt 10:24; cf Lc 6:40.

El Hijo del Hombre no ha venido a ser servido, sino a servir...[136] *Dichosos aquellos siervos a los que al volver su amo los encuentre vigilando. En verdad os digo que se ceñirá la cintura, les hará sentar a la mesa y acercándose les servirá.*[137] Por supuesto que aquí no se hace cuestión acerca de quién es el señor y quién es el siervo. Cada uno de ellos es quien es y conserva su condición, como no podría ser de otro modo ni tendría por qué serlo: *Me habéis llamado Maestro y Señor, y decís bien, porque lo soy. Pues si yo, que soy el Maestro y el Señor...*[138] *Porque, ¿quién es mayor: el que está a la mesa o el que sirve? ¿No es el que está a la mesa? Sin embargo, yo estoy en medio de vosotros como quien sirve.*[139] La única cuestión a plantear aquí, de la que el amor sería el verdadero culpable, es la que se refiere al hecho de quién se adelanta a servir a quién y quién es más diligente en el servicio. Pues el amor consigue el increíble milagro de que se encuentre más gozo en servir que en ser servido: al fin y al cabo, *hay más felicidad en dar que en recibir.*[140]

La condición de sumisión, de servicio y pertenencia, por parte de los que se aman en el amor perfecto, además del hecho de que cada uno de ellos parezca encontrar más gozo en servir que en ser servido, en ser objeto de propiedad y posesión más bien que en ostentar la cualidad de poseedor o propietario, es algo que no sucede al albur o porque sí. En realidad es una consecuencia derivada de la misma

---

[136] Mt 20:28.

[137] Lc 12:37.

[138] Jn 13: 13–14.

[139] Lc 22:27.

[140] Hech 20:35. He aquí otra de las servidumbres del amor conyugal en la que aparece también su inferioridad con respecto al amor divino–humano. A pesar del hecho real de la recíproca posesión de los cónyuges y del amor del marido a su esposa *como a su propio cuerpo*, siempre permanece en el vínculo, como constante necesaria, la autoridad del esposo y la consiguiente sumisión de la mujer.

estructura o naturaleza del amor. *Hay más dicha en dar que en recibir*. Pues el Amor es entrega y donación *antes* que recepción,[141] y de ahí que los Padres designen al Espíritu Santo más comúnmente con el nombre o la apelación de *Don*:

> *Es mi amado para mí bolsita de mirra*
> *que descansa entre mis pechos.*
> *Es mi amado para mí racimito de alheña*
> *de las viñas de Engadí.*[142]

De nuevo la poesía. Que en este caso pertenece a un Poema incluido en la Sagrada Escritura. Y como poesía que es, admite como interpretaciones valederas multitud de capas de variada profundidad, si bien todas ellas referidas al misterio del Amor. Aquí habla la esposa haciéndose eco de las gracias del Amado, y de ahí que sus expresiones hayan de interpretarse como una forma poética de aludir a los encantos del Esposo: Es mi amado para mí *como* bolsita de mirra... Es mi amado para mí *como* racimito de alheña... Pero es evidente también que igualmente es admisible la interpretación que entiende que aquí se habla del Amado como prenda y posesión de la esposa: Es mi amado *para mí* bolsita de mirra... Es mi amado *para mí* racimito de alheña...

Por otra parte, es igualmente expresiva la forma en la que el Esposo implora a la esposa para que le *permita* ver su rostro y oír su voz. Al amor no le importa implorar. Por lo mismo que no le importa humillarse y descender, si es preciso, al nivel de la persona

---

[141]Con anterioridad de naturaleza mejor que de tiempo, como fácilmente puede comprenderse. Es la clase de prioridad que existe en el seno de la Trinidad entre la *espiración activa* con respecto a la *espiración pasiva*.

[142]Ca 1: 13–14.

amada. Al fin y al cabo, ¿acaso no es pertenencia de ella? Como siempre ha sucedido y sigue sucediendo, el Esposo muestra otra vez su impaciencia por estar junto a la esposa, de donde sus prisas por llegar adónde ella se encuentra, *saltando por los montes y triscando por los collados*:

> *Ven, paloma mía,*
> *que anidas en las hendiduras de las rocas,*
> *en las grietas de las peñas escarpadas.*
> *Dame a ver tu rostro, dame a oír tu voz...*[143]

Pero quizá en ningún lugar de la Escritura se habla de manera más contundente, a la par que más bella y poéticamente, de la mutua pertenencia de los amantes tal como lo hace el *Cantar*. Por eso el Esposo le dice a la esposa:

> *Ponme como sello sobre tu corazón,*
> *ponme en tu brazo como sello...*[144]

No es extraño que la esposa muestre también su impaciencia ardorosa por estar junto al Amado. En cualquier lugar del espacio y en cualquier momento del tiempo. Solamente donde Él quiera, y como y cuando Él lo desee:

> *Allí iré, presurosa,*
> *allí donde el Amado me lo pida,*
> *allí seré su esposa,*
> *allí será mi vida,*
> *allí donde la pena ya se olvida.*

---

[143] Ca 2:14.
[144] Ca 8:6.

Bien poco podríamos decir aquí acerca del intercambio de vidas que tiene lugar entre los amantes. Aunque es importante advertir de nuevo que, a pesar de la entrega que cada uno de ellos hace al otro de su propia vida, ambos mantienen su natural personalidad, sin que nada de ella se difumine o se pierda.[145] Como no podía ser de otra manera si es que se quiere mantener como válido el misterio del amor, en el que siempre hay un *yo* y un *tú* que se *distinguen* el uno del otro.[146] Si se acepta que cada uno de los que se aman pierde su vida, como así es en efecto, debe admitirse al mismo tiempo que ello sucede así porque cada uno encuentra su vida en la del otro y la recibe también del otro. Pues de tal modo obra el amor que equivale a un recíproco y simultáneo dar y recibir que eclosiona, por fin, en una caudalosa corriente (*viento impetuoso, que sopla donde quiere y que no se sabe de dónde viene ni adónde va*)[147] que permanece por toda la eternidad. En el perfecto y verdadero amor cada uno de los amantes *entrega* su vida al otro, por lo que puede decirse con toda verdad que consiguientemente la pierde. Pero por razón de la reciprocidad la recibe de nuevo, junto con la del propio amante: lo cual vale para los dos. Y de ahí que la entrega de una vida se resuelve, como por paradoja, en la recepción de dos: *Yo he venido para que tengan vida más abundante*.[148] De esta manera la criatura llega a vivir la vida divina, aunque sin perder la suya propia. En

---

[145] Otra servidumbre y limitación del amor conyugal. Cuya consumación mediante la unión carnal no es sino un intento, por más que exaltado y ardoroso, de transformarse o perderse cada uno en el otro. Pero que a, fin de cuentas, queda solamente en una tentativa que conoce de antemano su incapacidad de llegar más allá.

[146] En cuanto que el amor es una contienda entre dos, de la distinción de un *yo* con respecto a un *tú* depende la realidad del amor. En teología trinitaria, la distinción entre las Personas Divinas se conoce como una *relación de oposición*.

[147] Jn 3:8.

[148] Jn 10:10.

cuanto al amante divino, también hace suya la vida humana de su criatura, lo que viene a equivaler a algo así como la absorción de una gota de agua en el océano de la inmensidad, puesto que Él es la misma Vida (Jn 11:25; 14:6). Lo que hace en realidad el Amante divino es recibir en posesión la vida de la criatura, pero ahora *en cuanto que ésta se la entrega voluntariamente*. Previamente Él ya había hecho suyo todo lo humano, incluidos los sufrimientos y la muerte, a fin de conocerlos *experimentalmente* o bien, para decirlo con más propiedad, también al modo humano. Una auténtica amistad, o un verdadero amor divino–humano, exigiría que la doble cualidad, divina y humana, se diera por igual *en ambas partes de la relación amorosa*.

Por supuesto que sería absurdo suponer que la ciencia divina necesitara de experiencia alguna, de la forma que fuese, en referencia al conocimiento de la naturaleza humana. En cuanto al Verbo Encarnado, en Col 1:15 y ss. se habla claramente de su universal señorío, extensible a todas las cosas creadas: *En Él fueron creadas todas las cosas... Todo ha sido creado por Él y para Él... Todas las cosas subsisten en Él..., etc.* Evidentemente que no se trata aquí de suponer una absoluta necesidad por esa parte. Pero sin embargo, por lo que se refiere a la criatura, *sí que puede hablarse, en cambio, de la conveniencia de advertir, por parte de ella, un "modo humano" en el otro término de la relación amorosa*. Es sabido que, en la relación de amor divino–humana, la criatura actúa su amor al modo humano (sobrehumano, si se quiere), aunque elevada por la gracia. Pero, de todos modos, sin dejar de ser humana. Por otra parte, la ley constante de la bilateralidad e igualdad en el amor, tal como hemos repetido siempre, exige una *cierta* relación, o plano de igualdad, entre ambas partes. Y es claro que, si Dios quería ser amado por el hombre, tal y como únicamente el hombre sabe y puede hacerlo, era necesario que mantuviera su modo propio de amar (humano), de un lado, y ofrecerle, de otro, un objeto al que amar asequible a su naturaleza. Es éste un lugar en el que sería legítimo hacer entrar en juego las *razones de conveniencia*, de las que tanto hablan los teólogos. Con lo que podría encontrarse otro argumento más en favor de un nuevo motivo (por más que no fuera el principal) acerca de la conveniencia de la Encarnación. En este sentido cabría decir que Dios se hizo Hombre también para poder ser conocido y amado por su criatura; no sólo al modo divino, *sino también al modo humano*. Aspecto éste último, sin el cual, el amor del hombre a su Dios tal vez hubiera adolecido (o alguien podría haberlo afirmado) de un carácter problemático.

Dicho lo cual, ya no queda sino advertir acerca del peligro de un cierto docetismo, más o menos larvado o más o menos consciente. Lo que el hombre encuentra al otro lado de la relación de amor divino–humana es al Dios verdadero, *aunque también al verdadero Hombre Jesucristo*. La verdad y realidad del amor divino–humano depende de la verdad y realidad de la declaración *Et Verbum caro factum est*. Precisamente en el sentido según el cual las razones de conveniencia pasan a ser de *necesidad*, desde el momento al menos en que Dios, en su soberana libertad, decidió *ser amado realmente por el hombre*. Pues no deja de parecer problemática la idea de que el hombre hubiera conseguido amar, hasta el punto del *enamoramiento*, al Dios de la Antigua Alianza; del que pensaba que la mera circunstancia de oír su voz era suficiente para causarle la muerte (De 5: 23–27). No es ajeno a la dificultad el hecho de que Dios sea Espíritu puro, con la imposibilidad de que su percepción, de la manera que fuere, se haga asequible al hombre: *Pero llega la hora, y es ésta, en la que los verdaderos adoradores adorarán al Padre en espíritu y en verdad. Porque así son los adoradores que el Padre busca. Dios es espíritu, y los que lo adoran deben adorar en espíritu y en verdad.*[149] De manera que Dios, efectivamente, es Espíritu. Sólo que ahora el hombre es capaz de llegar hasta Él a través de Jesucristo (del Verbo que se ha hecho Hombre en Jesucristo); aunque solamente a través de Jesucristo: *Nadie va al Padre si no es a través de mí.*[150] De ahí la necesidad del *Per Ipsum, Cum Ipso et In Ipso*.

El caso es que, de un modo o de otro, jamás el *yo* de la criatura hubiera podido adquirir tan profundo relieve como en su confrontación con el *yo* divino. Por otra parte, no es necesario recordar que el *yo* de cada uno se convierte a su vez, por obra y gracia del amor, en el *tú* del otro: pues sólo por él (el *nexus duorum*) el *yo* humano es capaz de tratar de *tú* al *yo* divino (*ya no os llamaré siervos, sino amigos*); mientras que el *yo* divino, descendiendo al nivel de su criatura, puede ahora decirle *tú* con el realismo que solamente existe en la verdadera amistad.[151]

Sin embargo, pensando en resumir, ¿acaso se podría hacer algo mejor, una vez enfrentados a tan profundo y maravilloso misterio, que sumergirnos en el silencio sin tratar de mancillarlo con pobres especulaciones las cuales, por otra parte, no habrían de conseguir otra cosa sino oscurecerlo más?

---

[149] Jn 4: 23–24.

[150] Jn 14:6.

[151] Cf la nota 72, *supra*. Tal vez así puede aportarse alguna luz en la doctrina de San Juan de la Cruz acerca de la relación de amor entre Dios y el alma, en la que habla de *la aspiración del Espíritu Santo de Dios a ella* (el alma), *y de ella a Dios*. Hay que reconocer que la terminología sanjuanista en lo referente a este punto, tanto en el *Cántico Espiritual* (Canción XXXIX), como en la *Llama* (Canción II, verso VI), es a veces imprecisa y hasta ambigua. Aunque parece que sería injusto exigir otra cosa. Por lo demás, su doctrina es suficientemente clara. Si bien en alguna parte alude a la transformación del alma en las tres Personas de la Santísima Trinidad, en otro lugar deja bien clara la distinción: *la substancia de esta alma, aunque no es substancia de Dios, porque no puede substancialmente convertirse en Él...*

La Ínsula Barataria

Habíamos comenzado esta disertación planteando el problema de la recompensa prometida, y en su caso otorgada, a los seguidores de Jesucristo. Lo cual nos había llevado a preguntarnos por el posible significado, caso de existir alguno, de la recompensa debida al amor. A este respecto, con el fin de encontrar una respuesta lo más adecuada posible a cuestión tan compleja, nuestro discurso pudo habernos conducido a distinguir entre el mundo de lo natural y el de lo sobrenatural.

En cuanto al primero, o el mundo de lo natural, podemos adelantarnos a decir que, dentro de su ámbito propio, muy rara vez las recompensas responden a criterios objetivos de justicia retributiva. Los humanos estamos demasiado acostumbrados a comprobar cada día la frecuencia con la que se premian los triunfos del mal, de la injusticia y de la mentira. Las recompensas y retribuciones casi nunca suelen otorgarse a quienes realmente las habrían merecido, y menos aún en razón proporcional al valor de las acciones realizadas. De ahí que estemos en condiciones de asegurar, sin temor a equivocarnos, que la justicia retributiva humana es una broma; si bien, por desgracia, podemos hacer extensiva la afirmación a cualquier pretensión de *justicia*, de la clase que sea, a realizar por parte de los hombres. Los títulos de grandeza y nobleza que algunos hombres se otorgan a sí mismos o a otros (las *excelencias*, las *ilustrísimas*, las *majestades* y *altezas*, las *eminencias* y un largo etcétera de egregias denominaciones) no tienen más fundamento real que la ocasión para sonreír que proporcionan a los demás. Nada tiene de extraño, por lo tanto, que acaben en el fracaso los que basan sus aspiraciones y ponen su confianza en las recompensas y promesas humanas. Por eso los discursos de despedida, pronunciados por Sancho Panza en el momento de abandonar su soñada ínsula Barataria (a sus súbditos primero, y a Don Quijote y a los Duques después), cuando ya se encontraba más que desengañado, además de hambriento y apaleado, contienen tal intensidad de tono de sentimientos agridulces en ingeniosa mezcla de decepción y de realismo, de tristeza por haber sucumbido ante el engaño de sueños sin fundamento, junto a la nostalgia y los deseos de recuperar lo peculiar y propio que tan equivocadamente había sido abandonado, que hacen de tales peroratas una pieza maestra (otra más) dentro de la obra de Cervantes:

> *Yo, señores, porque así lo quiso vuestra grandeza, sin ningún merecimiento mío, fui a gobernar vuestra ínsula Barataria, en la cual entré desnudo, y desnudo me hallo: ni pierdo ni gano. Si he gobernado bien o mal, testigos he tenido delante, que dirán lo que quisieren. He declarado dudas, sentenciado pleitos, y siempre muerto de hambre, por haberlo querido así el doctor Pedro Recio, natural de Tirteafuera, médico insulano y gobernadoresco...*[152]

En cuanto al mundo sobrenatural, por lo que se refiere a la recompensa otorgada al amor, tenemos motivos para creer que el tema ha quedado suficientemente claro. Si hablamos del amor sobrenatural o divino–humano, que es con mucho el verdadero, ya hemos visto que no tiene sentido hablar de recompensas con respecto a él. Puesto que, como hemos dicho tantas veces, el amor no desea retribución alguna fuera de sí mismo. Y aún en el grotesco caso de que la buscara, tampoco existe nada que pudiera satisfacerla. De ahí que la pregunta de San Pedro dirigida al Señor, acerca de la recompensa a percibir por los que habían abandonado todo para seguirlo, no tiene mucho sentido. Y por lo mismo, la respuesta de Jesús es una contestación, al modo humano, ante una interpelación formulada también al modo humano. Los Doce se hallaban todavía en una etapa previa, un tanto elemental en lo que se refiere a sus relaciones con

---

[152] *Quijote*, II, 55.

el Señor: *Todavía tengo que deciros muchas cosas, pero no podéis sobrellevarlas ahora.*[153]

Es verdad que, ante el seguimiento de Jesús, no vale la pena pensar en cosa distinta que pueda equivaler a un posible premio. El seguimiento del Maestro es por sí mismo la recompensa de las recompensas y la gracia de las gracias. Visto con visión sobrenatural, todo lo que se refiere al mundo de lo humano adquiere aquí un valor meramente relativo. No porque las cosas hayan dejado de ser buenas, o vestigios salidos de la mano del Amado, ni porque hayan perdido su condición de posibles regalos a ofrendar al Esposo. Sucede sencillamente que el brillo cegador del sol en su salida hace desaparecer la tenue lucecilla de la luciérnaga: *Pienso que todo es pérdida ante la sublimidad del conocimiento de Cristo Jesús, mi Señor. Por Él perdí todas las cosas, y las considero como basura con tal de ganar a Cristo y vivir en Él.*[154] Por eso San Juan de la Cruz:

> *Mi alma se ha empleado*
> *y todo mi caudal en su servicio:*
> *ya no guardo ganado,*
> *ni ya tengo otro oficio,*
> *que ya sólo en amar es mi ejercicio.*[155]

La verdadera Alegría otorgada al hombre en la tierra es la de saberse amado por Dios, y de tan peculiar manera además. Mientras que la única tristeza es la de saber que no ha sabido corresponder a tal amor. Pero el hombre, durante el tiempo de su condición peregrina en este mundo, vive de la Esperanza, y por eso sabe que *pasa la*

---

[153] Jn 16:12.
[154] Flp 3: 8–9.
[155] San Juan de la Cruz, *Cántico Espiritual*.

figura de este mundo.[156] De ahí que viva de la certeza de que cuando llegue lo perfecto desaparecerá lo imperfecto, dado que entonces él también conocerá como ahora es conocido. Es cuando será capaz de entablar por fin, sin velos ni oscuridades, el amoroso e inefable diálogo del *tú* a *tú* con Dios. Cuando olvidadas definitivamente todas las cosas, acabe de arribar a las orillas del ancho mar que confina con la eternidad:

> *Y allí quedaron, mis penas fenecidas*
> *junto al mar do se unieron nuestras vidas,*
> *mecido en suaves ondas, producidas*
> *por las azules aguas removidas.*

---

[156] 1 Cor 7:31.

VI

EL YELMO DE MAMBRINO

1. De cómo se puede hacer para que lo blanco parezca negro,
y viceversa

Los objetos que se ofrecen a nuestro conocimiento, o los sucesos de los que nos apercibimos, no siempre son lo que parecen ni siempre parecen lo que son. Lo cual ocurre a menudo por la simple naturalidad de las cosas, para cuyo conocimiento hemos de contar con las limitaciones de nuestro entendimiento y de nuestra capacidad de percepción. Vemos algo determinado, lo consideramos, lo clasificamos y lo encasillamos; pero sucede con frecuencia que nos equivocamos en nuestra estimación, sencillamente y sin más.

Tampoco es raro que el engaño se produzca a causa de nuestras propias estupideces, que parecen poseer cierta afinidad a sumarse a nuestra de por sí escasa capacidad intelectiva.

Pero el error en nuestras apreciaciones no siempre proviene exclusivamente de las limitaciones o defectos personales que afectan a nuestras capacidades perceptivas e intelectivas. De hecho también puede ser causado por algún agente exterior ajeno a nosotros. Y por extraño que parezca, esta fuente de confusión es la que interviene con mayor frecuencia en nuestra vida.

Sea como fuere, sin embargo, muchos de los que son engañados han puesto previamente algo por su propia cuenta, aunque en grado suficiente para hacerlos más o menos culpables del error. Pues *el que obra según la verdad, viene a la luz.*[1] No parece exagerado decir que ser víctima del engaño supone en muchos casos una cierta complicidad con la mentira. Para un cristiano, por ejemplo, la fidelidad a la Palabra de su Señor lleva consigo la garantía de alcanzar el conocimiento de la verdad; para llegar desde ahí a la consiguiente y auténtica liberación (Jn 8: 31–32).

Pero no siempre el error es imputable a la víctima. Forzoso es reconocer que, en no pocas ocasiones, resultaría difícil precisar la posible culpabilidad de la víctima del engaño. Y aún más todavía el grado de imputabilidad en que incurre quien confunde culpablemente lo blanco con lo negro, o viceversa. ¿Se trata de culpabilidad, de necedad, de locura, o de simple ingenuidad...? ¿Quién es capaz de apreciar los grados de debilidad cognoscitiva o tal vez de locura, con culpabilidad o sin ella, a los que puede llegar la naturaleza humana? Don Quijote, por ejemplo, estaba obstinadamente convencido de que la bacía robada al barbero (conquistada en buena lid, según su propio punto de vista) era nada menos que el yelmo de Mambrino; e igualmente también, que la albarda del burro del fígaro (también convertida en objeto de trofeo) era un jaez de caballo. Si bien hay que reconocer que, aunque de mal grado, don Quijote estaba dispuesto a ceder en este último punto:

...Cuando el demonio, que no duerme, ordenó que en aquel mesmo punto entró en la venta el barbero a quien don Quijote quitó el yelmo

---

[1] Jn 3:21.

de Mambrino y Sancho Panza los aparejos del asno, que trocó con los del suyo;... y se atrevió a arremeter a Sancho, diciendo:

—¡Ah don ladrón, que aquí os tengo! ¡Venga mi bacía y mi albarda, con todos mis aparejos que me robastes...!

Ya estaba don Quijote delante, con mucho contento de ver cuán bien se defendía y ofendía su escudero, y túvole desde allí adelante por hombre de pro, y propuso en su corazón de armalle caballero en la primera ocasión que se le ofreciese, por parecerle que sería en él bien empleada la orden de la caballería. Entre otras cosas que el barbero decía en el discurso de la pendencia, vino a decir:

—Señores, así esta albarda es mía como la muerte que debo a Dios, y así la conozco como si la hubiera parido; y ahí está mi asno en el establo, que no me dejará mentir; si no, pruébensela, y si no le viniere pintiparada, yo quedaré por infame. Y hay más: que el mismo día que ella se me quitó, me quitaron también una bacía de azófar nueva, que no se había estrenado, que era señora de un escudo.

Aquí no se pudo contener don Quijote, sin responder, y poniéndose entre los dos y apartándoles, depositando la albarda en el suelo, que la tuviese de manifiesto hasta que la verdad se aclarase, dijo:

—¡Porque vean vuestras mercedes clara y manifiestamente el error en que está este buen escudero, pues llama bacía a lo que fue, es y será yelmo de Mambrino, el cual se le quité yo en buena guerra, y me hice señor dél con ligítima y lícita posesión! En lo del albarda no me entremeto; que lo que en ello sabré decir es que mi escudero Sancho me pidió licencia para quitar los jaeces del caballo de este vencido cobarde, y con ellos adornar el suyo; yo se la di, y él los tomó, y de haberse convertido de jaez en albarda, no sabré dar otra razón si no es la ordinaria: que como esas transformaciones se ven en los sucesos de la caballería; para confirmación de lo cual corre, Sancho hijo, y saca aquí el yelmo que este hombre dice ser bacía.

—¡Pardiez, señor —dijo Sancho—, si no tenemos otra prueba de nuestra intención que la que vuestra merced dice, tan bacía es el yelmo de Malino como el jaez de este buen hombre albarda!

—*Haz lo que te mando* —*replicó don Quijote*—; *que no todas las cosas deste castillo han de ser guiadas por encantamento...*

Nuestro barbero, que a todo estaba presente, como tenía tan bien conocido el humor de don Quijote, quiso esforzar su desatino y llevar adelante la burla para que todos riesen, y dijo, hablando con el otro barbero:

—*Señor barbero, o quien sois, sabed que yo también soy de vuestro oficio, y tengo más ha de veinte años carta de examen, y conozco muy bien de todos los instrumentos de la barbería, sin que le falte uno; y ni más ni menos fui un tiempo en mi mocedad soldado, y sé también qué es yelmo, y qué es morrión, y celada de encaje, y otras cosas tocantes a la milicia, digo, a los géneros de armas de los soldados; y digo, salvo mejor parecer, remitiéndome siempre al mejor entendimiento, que esta pieza que está aquí delante y que este buen señor tiene en las manos, no sólo no es bacía de barbero, pero está tan lejos de serlo como está lejos lo blanco de lo negro y la verdad de la mentira; también digo que éste, aunque es yelmo, no es yelmo entero.*[2]

De manera que, tal como se desprende de este divertido episodio que describe Cervantes, hay gente que, al igual que don Quijote, es capaz de convencerse plenamente de que una bacía de barbero no es otra cosa que el legendario e imaginario yelmo de Mambrino. Ya no tan segura, en cambio, de que la albarda del jumento sea un jaez de caballo; porque bien puede haber sucedido, a su parecer, que el cambio se deba a algún maligno *encantamiento* de los que se han visto suceder en el *castillo* de marras que los aloja. Aquí dejamos para otra ocasión el intento de determinar el grado de culpabilidad (aunque en realidad parece que ninguno) que pudiera haber existido en don Quijote. En cambio sí que habremos de incluir a la gran mul-

---

[2] *Quijote*, I, 44–45.

titud de ingenuos, locos, semilocos y tantos engañados como existen en el mundo.³

Otros, por el contrario, sabían que la albarda del burro era efectivamente una albarda, y no un jaez de caballo; y dígase lo mismo del yelmo de Mambrino. Pero debido a la conveniencia de las circunstancias, estarían dispuestos a aceptar la falsedad de la situación *como si fuera* realidad; lo cual, por otra parte, les convenía, en cuanto que les proporcionaba una cierta seguridad (entiéndase ausencia de problemas) además de mejoras. Dicho de otra manera, son éstos los que estarían dispuestos a admitir como cierta y real una situación acerca de cuya falsedad preferirían no pensar. Se trata de estar con el que manda y puede, cuya palabra es más decisiva que la verdad; lo cual es para ellos tan seguro como el hecho de no buscarse complicaciones indagando acerca de veracidades:

*En eso no hay duda —dijo a esta sazón Sancho—; porque desde que mi señor le ganó hasta agora no ha hecho con él más de una batalla, cuando libró a los sin ventura encadenados; y si no fuera por este baciyelmo, no lo pasara entonces muy bien, porque hubo asaz de pedradas en aquel trance.*⁴

---

³Para el Eclesiastés (1:5), *stultorum numerus infinitus est*, tal como lo expone la Vulgata. Aunque en la Neovulgata el texto haya desaparecido, por exigencias seguramente de la crítica textual exegética. Por más que algunos se empeñan en decir que, al fin y al cabo, una verdad tan patente y tan comprobada cada día no necesita ser objeto de Revelación. Después de todo hay que reconocer que la discusión del problema sería intranscendente. A lo más, quizá valga la pena notar que el término *stultus* se puede traducir igualmente por *necio* o por *tonto*. En la sociedad moderna que ha prescindido de Dios sería difícil determinar, de manera siquiera aproximada, los diferentes grados de necedad, de imbecilidad o de locura de los que está compuesta la atmósfera en la que vive. Sea como fuere, el hecho de que las cosas sean así es un plato servido en bandeja para los aprovechados del momento.

⁴*Quijote*, I, 44.

Martín de Riquer anota que la palabra *baciyelmo* fue inventada socarronamente por Sancho para no contradecir a don Quijote, el cual creía que se trataba de un yelmo; y también para no traicionar su propia opinión, puesto que sabía que en realidad era una bacía de barbero. Es evidente que con esta ambigüedad Sancho salvaba su propia situación ante su señor..., al tiempo que procuraba no oír la voz de su conciencia que trataba (casi inútilmente) de imponerse. Estoy enteramente de acuerdo; aunque ya no tanto con Martín de Riquer en cuanto a que la actitud del escudero estuviera animada por una pura socarronería.

Aquí podríamos traer a colación como curiosidad histórica el hecho de que, durante el año 2004, el Gobierno socialista español, ateo y sectario, buscó el consentimiento de los ciudadanos para aprobar en referéndum el Proyecto de Constitución Europea. Para lo cual no vaciló en agotar todos los medios de propaganda, como el de hacer popular un eslogan, difundido a todas horas por todos los medios de comunicación, según el cual no era necesario para nada leer el texto del Proyecto (por otra parte bastante farragoso, aunque este detalle se ocultaba), y sí solamente atender al pensamiento de *los que saben y entienden* (sin especificar nombres, por supuesto), que ya lo daban por aprobado y bueno, según los esbirros y portavoces del Gobierno. Como se sabe, el Pueblo español, de antigua y reconocida raigambre cristiana ahora desaparecida, aprobó sin más el texto de una Constitución masónica y anticristiana; sin necesidad de buscarse las complicaciones que hubieran supuesto su lectura y, por supuesto, la enemiga del Gobierno.

Pero la actividad de fomentar errores entre la gente (engañarla), haciendo aparecer lo blanco como negro y viceversa con plena conciencia de la maniobra, es por desgracia bastante frecuente. Fue la actitud adoptada por el barbero convecino de don Quijote con respecto a su sufrido y agraviado colega:

El Yelmo de Mambrino

> *Nuestro barbero, que a todo estaba presente, como tenía tan bien conocido el humor de don Quijote,[5] quiso esforzar su desatino y llevar adelante la burla para que todos riesen, y dijo, hablando con el otro barbero...*

En esta ocasión para seguir adelante con la burla. Aunque también hay quien hace lo mismo para evitar problemas o prevenir nuevas complicaciones; hasta pagando si fuera necesario, como fue el caso del cura de nuestro don Quijote:

> *...Y en lo que tocaba a lo del yelmo de Mambrino, el cura, a socapa y sin que don Quijote lo entendiese,[6] le dio por la bacía ocho reales, y el barbero le hizo una cédula del recibo, y de no llamarse a engaño por entonces, ni por siempre jamás amén.[7]*

E incluso en otras ocasiones, que es lo más frecuente, con plena malicia y entera voluntad de perseguir ocultos intereses. Los cuales siempre conducen a la manipulación de la gente para hacerla pensar, decir o hacer, lo que desea el Sistema o los aprovechados del momento. Y la gente, bien por maldad, por debilidad, y aun a veces por pura ingenuidad, se deja fácilmente conducir y así acaba por prevalecer el engaño:

> *Finalmente el rumor se apaciguó por entonces, la albarda se quedó por jaez hasta el día del juicio, y la bacía por yelmo y la venta por castillo en la imaginación de don Quijote.[8]*

---

[5] Es evidente que la expresión ha de entenderse aquí como estado de ánimo; y no en el sentido de situación de jovialidad o alegría.

[6] Sin que don Quijote se enterara.

[7] *Quijote*, I, 46.

[8] *Quijote*, I, 45.

En la imaginación de don Quijote en este caso, o en la imaginación de la gente en tantos otros, según el negocio de que se trate. Prescindamos por el momento del evidente y jocundo humor cervantino; aunque sin dejar de recordar que la facultad de reír, además de ser exclusiva y una de las que diferencian al ser humano de los irracionales, es también uno de sus estados anímicos más misteriosos y difíciles de explicar. Si bien con frecuencia es un sentimiento de reacción ante la comicidad o el ridículo, también puede aparecer como un estado de defensa ante lo trágico: *No sé si reír o llorar*, por ejemplo, es una expresión que se escucha a menudo. Y en efecto, puesto que no es raro que suceda que ante lo horrible e inusitado de situaciones que asustan, el ser humano se escude en sentimientos que tratan de disimularlas, de apartarlas de la mente, o de darles al menos otro matiz que, aunque suele apreciarse como falso, alivia o diluye el sentimiento de tener que aceptarlas como son. Es sin duda alguna la ambivalencia de la risa, que también a veces sirve para disimular, para justificar, para olvidar, o para apartar ideas del pensamiento y de las que no se desea ni el recuerdo:

> *Gente de toda condición, que en ningún otro lugar se hubiera reunido, comunicábase allí su regocijo, que muchas veces, más que de la farsa, reía el grave de ver reír al risueño, y el sabio al bobo, y los pobretes de ver reír a los grandes señores, ceñudos de ordinario, y los grandes de ver reír a los pobretes, tranquilizada su conciencia con pensar: ¡también los pobres ríen! Que nada prende tan pronto de unas almas en otras como esta simpatía de la risa.*[9]

Por supuesto que lo que viene a significar el adjetivo *tragicómico* posee más actualidad de lo que parece. Porque lo trágico, cuando es

---

[9] Jacinto Benavente, *Los Intereses Creados*, Prólogo.

consecuencia de una situación deliberadamente buscada y aceptada, aparece siempre asociado con lo ridículo; por más que pueda no parecerlo. Que es justamente lo que explica que la angustiada y trágica sociedad postcristiana del siglo veintiuno, que ha rechazado a Dios de manera tan absoluta, aparezca al mismo tiempo como el espectáculo del conglomerado humano más cómico y burlesco que ha conocido la historia del Mundo. San Pablo ya lo había hecho notar aludiendo sobre todo a sus posibles consecuencias trágicas: *No os engañéis: de Dios nadie se burla*,[10] mientras que su cariz ridículo ya había sido señalado antes por el Salmista: *El que está sentado en los cielos se ríe de ellos*.[11] En definitiva, tanto es así que puede decirse que estamos ante una sociedad que se ha dado a vivir enteramente en la Farsa y de la Farsa; como vamos a tratar de mostrar de inmediato.

Por supuesto que mientras se trate de confundir bacías de barbero con el yelmo de Mambrino, o albardas de burro con arreos de caballo, la cosa no tiene más transcendencia. Unos dan rienda suelta a su locura, inofensiva en este caso, y otros se divierten sin más.[12] Pero el horizonte se vuelve más sombrío cuando las *transformacio-*

---

[10]Ga 6:7.

[11]Sal 2:4.

[12]Se ha escrito mucho (y se seguirá haciendo) acerca de la filosofía del *Quijote* y de las intenciones de Cervantes al escribir su libro inmortal. Y debe reconocerse que el tema y la importancia de la obra lo merecen y lo justifican. Pero prescindiendo de lo que se concluya en tales consideraciones (las cuales no son de este lugar), es evidente que el *Quijote* es también una novela de humor. El problema de los *libros de caballerías* sería importante en su tiempo y digno de ser abordado para acabar con él. Pero no creo que hiciera caer en la locura a mucha gente, además de Alonso Quijano el Bueno, ni que fueran muchos los que abordaran el asunto con excesiva preocupación; como lo prueba el mismo hecho de la hilaridad con la que siempre han sido abordados los dos héroes del libro y sus jocosas aventuras. Si Cervantes hubiera vivido en nuestro tiempo, es probable que hubiera encontrado temas mucho más graves y preocupantes, al mismo tiempo que también más chuscos y sorprendentes, a los que hacer objeto de su aguda ironía.

nes tienen lugar en cosas de más importancia, dando lugar a errores y apreciaciones equivocadas de mucho más bulto, que incluso afectan a los individuos y a las sociedades en temas vitales que también tienen que ver con el significado y el sentido de la existencia humana.

Por supuesto que no hablamos aquí de casos aislados, raros o extemporáneos. Ojalá fuera así. Porque los *encantamientos* que influyen sobre la sociedad moderna son tantos, y con tan enorme capacidad de manejo y manipulación, que han hecho de la humanidad de nuestro tiempo un Guiñol universal en el que, hasta los mismos que mueven los hilos de las marionetas, forman parte de la Farsa.[13] Si el Demonio es el Padre de la Mentira (Jn 8:44), también es cierto que es el Príncipe de este Mundo (Jn 12:31); y de ahí que haya logrado hacer de él un gigantesco Teatro en el que los hombres, mediante los apropiados disfraces, *representan* y tratan de parecer *lo que no son* y de ocultar *lo que son*.

El Diablo no siempre dice la mentira y solamente la mentira. Algunas veces, si bien que raras, también dice la verdad cuando le conviene. Cuando, por ejemplo, en el desierto tienta a Jesucristo y le ofrece todas las glorias del mundo (que se atribuye como suyas), con tal de que le preste adoración, no anda lejos de la verdad. Sería interesante que los cristianos prestaran más atención a la lectura del Evangelio.

---

[13]Los medios para la manipulación de las masas son hoy, gracias a los avances de la técnica, más numerosos y eficaces que nunca.

El Yelmo de Mambrino

2. Donde comienza a exponerse el estado de la cuestión, y donde se habla de algunos de los antecedentes que dieron lugar a la aparición del "show" como expresión y contenido de la fe

Pocos se darán cuenta de que, en el fondo de todo esto, yace oculto el viejo problema de la sustitución del *ser* por el *parecer* (o si se prefiere, por el *aparecer*). Dicho con otras palabras, nos encontramos aquí ante un viejo problema filosófico que además es muy grave.

Habrá quien pensará que exageramos y sacará a colación el conocido dicho de que *no es para tanto*. Lo cual no es sino una forma, como cualquier otra, de despachar los asuntos sin cogerse los dedos. Sin embargo, nada mejor para contrarrestar tales modos de pensar que comenzar con un ejemplo emblemático. Dado que los ejemplos son esclarecedores por definición, pueden servir para comprender mejor el problema; e incluso como herramienta útil para centrar el tema y ser utilizada como punto inicial de discusión.

Todo el mundo conoce las tendencias de la moderna teología. La mayoría de las cuales, aceptadas y seguidas por la Jerarquía eclesiástica, han enviado al desván de los trastos y trebejos inútiles la metafísica del ser. Hoy no es extraño encontrar Pastores que no conocen otras filosofías que las personalistas y fenomenológicas. No tiene sentido negar que la teología del momento ha sido invadida por el idealismo que, partiendo de Descartes como su punto fuerte, pasando por Kant y Hegel, llega hasta la *filosofía práctica* de Marx, a la fenomenología de Husserl, y a las doctrinas *componedoras* de Hartmann y Scheler que en realidad no componen nada. Justo es reconocer que los adeptos a tales filosofías también se vanaglorian de serlo.

Para esta moderna teología, las corrientes de pensamiento que intentan oponerle resistencia no suponen problema alguno. Basta con colocarles el sambenito de *tomistas*, que viene a ser un término universalmente aceptado como sinónimo de conservadurismo, oscurantismo y, en general, de todo lo que pueda etiquetarse como oposición a lo que hoy se llama *progresismo*. Y como todo el mundo sabe, los sambenitos no necesitan demostración ni explicación alguna, pues basta con colocarlos sobre las víctimas para que todo el mundo las considere *reaccionarias* y se aparte de ellas como de la peste. Como puede darse por supuesto, el progresismo no se molesta en absoluto en pararse a explicar en lo que consiste el pretendido *progreso*. Es progreso y basta. Ni menos aún con respecto al apelativo *reaccionario*, lo que supondría gravosas e inútiles explicaciones acerca del significado de la pretendida *reacción*, de sus posibles motivaciones y, lo que sería peor todavía, de la demostración de la falsedad de esta postura.

Es evidente que en todo este asunto existe un inmenso tinglado de *pre–juicios* cuyo común denominador consiste en la autoatribución de la cualidad de dogmáticos, que es lo mismo que decir indiscutibles, y poseedores, por lo tanto, de la posibilidad de prescindir de toda necesidad de demostración.

Dicho lo cual, podemos pasar ya a exponer el ejemplo que habíamos prometido, cuyos antecedentes intentaremos explicar. Todo el mundo conoce el desastroso fenómeno que se está produciendo en la actual Cristiandad, con consecuencias en el ámbito religioso así como en el social. Y nos referimos ahora a la falta de sacerdotes y de vocaciones a la vida consagrada. Por supuesto que sabemos que la Cristiandad se ve afectada de otros muchos fenómenos no menos calamitosos. Pero ahora hablamos de éste en particular, como ocasión de lo que vamos a decir a continuación y sin dejar de añadir que sus causas y completas consecuencias no son de este lugar.

A todo el mundo cristiano afecta el problema de la falta de sacerdotes, lo que hace con frecuencia imposible, o al menos difícil, la celebración de la Misa (ahora llamada Eucaristía), centro y fuente de vida sobrenatural para los fieles que conforman el Cuerpo de Cristo, también conocido como Iglesia.

Ante la imposibilidad para muchos cristianos (omitimos adrede el término *católicos*, a fin de conectar mejor con la línea del momento) de participar del Sacrificio de la Misa, ha habido necesidad de acudir a uno de los hallazgos pastorales nacidos del Concilio Vaticano II. Se trata de una especie de sucedáneo de la Santa Misa conocido con el nombre de *Liturgia de la Palabra*. Que goza de la particularidad de que para celebrarla no es necesario el sacerdote, lo que hace posible que pueda dirigirla cualquier ministro inferior y hasta un laico (hombre o mujer).

Y aquí conviene que nos apresuremos a advertir que nada tenemos que decir que menoscabe en lo más mínimo el valor y el sentido de ésta u otras ceremonias semejantes. Un sucedáneo es siempre un sucedáneo; y si los fieles no pueden disponer de otra cosa, siempre es bueno que tengan algo. A cuyo propósito no parecen existir sino buenas razones para que se reúnan a escuchar la Palabra de Dios, para alabar al Señor de alguna manera y para actualizar, en fin, el sentido de comunidad.

Pero no existe nada, sea lo que fuere, que se pueda calificar como bueno o malo de manera fácil y despreocupada; ni siquiera cuando se trata de cosas que ofrecen, a primera vista, aspectos optimistas y festivos, aparentemente útiles, y hasta caracteres de conveniencia que parecen solucionar un problema que indudablemente se presentaba como difícil. Sobre todo cuando nos enfrentamos con cosas o cuestiones de elevada transcendencia, la prudencia más elemental exige que sean examinadas despacio, serena y objetivamente y, por supuesto, sin prejuicios. En las cosas que afectan a la conducta práctica es necesario analizar con cuidado las diferentes posibilidades que ofrecen, buenas o malas, y que pueden dar lugar a consecuencias de diversa índole. Para decirlo brevemente, es conveniente que nos hagamos cargo de los *pros* y de los *contras* de la cosa en cuestión, a fin de hallar el correcto balance que garantice que vale la pena acometerla.

Ahora bien, y puesto que la Misa es el centro cultual, la fuente, el origen y lugar de encuentro de todos los parámetros que estructuran la vida cristiana, no puede admitir parangón ni sustitutivo alguno. De ahí que sea *imposible reemplazarla con algún sucedáneo*. Si bien es cierto que siempre cabe sustituir una ceremonia litúrgica por otra, realizarla de una o de otra manera (con mayor o menor solemnidad, o con un rito más o menos abreviado, por ejemplo), o celebrar sesiones de culto y oración según diferentes devociones (una novena, el rezo público o privado del rosario, la recitación del Vía Crucis, etc.), la Misa no puede ser considerada, como si fuera uno más, dentro de un conjunto de actos de culto disponibles. La fuente y el origen no pueden ser sustituidos por ninguno de los canales de distribución.

Por supuesto que a cualquiera se le ocurre fácilmente la objeción: más vale algo que nada. Siempre será preferible que los fieles oigan de alguna manera la Palabra de Dios, o se reúnan para darle culto e incrementar también el sentido de comunidad. Nada más justo y lógico..., a primera vista.

Desgraciadamente sin embargo, como hemos dicho más arriba, las cosas no se pueden calificar meramente *a primera vista*, sino que deben tenerse en cuenta todos sus aspectos y posibles implicaciones. Y no es infrecuente que, llegado el caso y realizada la operación de contabilizar todos los considerandos, no quede otro recurso que el de prescindir de algo que, si bien en principio aparecía como bueno, al final acaba por descubrirse que ofrece más inconvenientes que ventajas. Que es justamente lo que puede suceder cuando se sustituye la Misa por la Liturgia de la Palabra. Pues nadie que quiera afirmarse sencillamente como honrado realista podrá negar que los fieles (la naturaleza humana al fin y al cabo, cuya estructura y funcionamiento suelen olvidarse tan fácilmente) acaban por *acostumbrarse* a la Liturgia de la Palabra. Con variopintas y hasta lamentables consecuencias.

Puesto que es inevitable que llegue un momento en el que los fieles confundan la Misa con la Liturgia de la Palabra,[14] y al fin *acaban por ignorar u olvidar la necesidad y la importancia de la Misa*. Es por demás imposible evitar que, a fin de cuentas, una y otra cosa resulten para ellos exactamente lo mismo.

Aunque por desgracia no acaban ahí los problemas. Debido a que los *ministros*, ordinariamente laicos, suelen tomarse muy en serio su papel (a menudo excesivamente en serio: y de nuevo las flaquezas de la naturaleza humana),[15] organizan la susodicha Liturgia como una verdadera *mise en scène*. Piensan que para ellos ha llegado,

---

[14]La actual ignorancia religiosa del Pueblo cristiano es tan alarmante que nos hallamos ante un fenómeno inexplicable a la vez que pavoroso. Pues nunca como ahora se ha puesto tanto énfasis en la necesidad de actividades tales como *cursillos* previos de formación para la recepción de sacramentos (como, por ejemplo, el matrimonio, convirtiendo a veces su celebración en algo bastante difícil de realizar por los futuros contrayentes); ni se han exigido períodos tan largos de *catequesis* preparatoria para recibir la confirmación, o la primera comunión, por ejemplo. Y sin embargo jamás se ha podido comprobar tamaña ignorancia en lo referente a la religión. Personalmente he conocido casos de personas que, después de tres años de preparación catequética en su parroquia para la recepción de la confirmación, desconocían por completo cuántas Personas hay en Dios.

[15]La figura del *ministro laico* es una entidad sumamente extraña (aberrante) en Derecho Canónico y en la Teología en general. Con frecuencia incluso se les denomina con el sorprendente nombre de *agentes pastorales*: una extravagante denominación para comprender la cual habría que entender previamente cómo las ovejas pueden convertirse en pastores.

por fin, el momento de demostrar su propia importancia, y de ahí que pongan su empeño en enfatizar, con fuertes dosis de solemnidad y ornato, aquello que ellos consideran como lo más sustancial. ¿La consagración como el momento fundamental de la Misa? ¿El sacrificio de la Muerte del Señor hecho presente aquí y ahora...? *Érase una vez, hace mucho tiempo...* Los tiempos cambian inexorablemente. Ahora se pasean en solemne procesión los libros sagrados llevando muy altos los brazos; o se exhorta, se lee y se recita con voz engolada; o se hacen intervenir en la *gala* instrumentos musicales y sonoros de última generación. O todo ello a la vez, al mismo tiempo que intervienen también multitud de ministros; entre los que se encuentran, por supuesto, muchachas de aspecto agradable que se mueven graciosamente de acá para allá y que, como es natural, predisponen más favorablemente el ánimo de los fieles.

Resumiendo: se ha sustituido el "ser" por el "parecer", convirtiendo así una realidad sagrada en un "show" para agradar.[16]

Como puede verse, el disparatado y cómico suceso de la sustitución de la bacía de barbero por el yelmo de Mambrino queda ya demasiado lejos. Además pasó por la pluma de Cervantes sin transcendencia alguna, como no sea la de hacer reír a bastantes generaciones en tantos lugares del mundo. Pero aquí se trata de algo bien diferente, aunque con numerosas consecuencias no siempre favorables. Y así como los alquimistas medievales no pudieron menos

---

[16]Tengo a la vista un *report*, de fecha 11 de Mayo del 2005 referente a la reunión llevada a cabo por la Junta de Gobierno, presidida por el Obispo, de una determinada diócesis norteamericana y publicado por la misma Oficina Diocesana. Entre otras cosas, se da cuenta en ella de la intervención de uno de los asistentes, según el cual habría que insistir en la necesidad de adoctrinar a los fieles para que sustituyan la idea de la Eucaristía como *objeto sagrado* por la de *acto de culto*. No consta en el *report* que ni el Obispo, ni ninguno de los asistentes, pusieran la menor objeción a la propuesta.

que fracasar en su búsqueda de la piedra filosofal, la cual se suponía que habría de convertir el plomo en oro, los modernos expertos en Liturgia de laboratorio han logrado al fin cambiar el oro en plomo. No es el mismo caso exactamente, aunque sí se trata de un milagro al fin y al cabo.

Pero continuando con el ejemplo propuesto, no acaba aquí la lista de sucesos desafortunados. Debido a que el conjunto de los fieles se acostumbra fácilmente a las Liturgias de la Palabra, llevadas a cabo celosamente con pompa y aparato por fervorosos ministros y ministras de buena voluntad, es lógico que acabe por concluir, consciente o inconscientemente, en que *ya no hace falta el sacerdote*. Así es como ya resulta innecesaria la preocupación por la falta de vocaciones al ministerio sagrado, quedando definitivamente solucionado un problema que, a primera vista, aparecía como preocupante.

He aquí cómo, sin embargo, el remedio propuesto para solucionar la falta de sacerdotes se ha convertido, tal vez sin que nadie lo pretenda, en un eficaz instrumento para obstaculizar la afluencia de vocaciones y hacer desaparecer el interés por encontrarlas.

Existen más inconvenientes, como el de involucrar a los laicos en tareas ministeriales que no les corresponden, y para las que carecen del correspondiente carisma, o el de minimizar aún más, si cabe, la figura del sacerdote. Pero, puesto que en este momento estamos hablando de un ejemplo, de entre los muchos que se podrían traer a colación, no vamos a insistir más en él. Aunque vale la pena reiterar que la campaña contra el sacerdocio se intensifica a medida que pasa el tiempo. Todo parece indicar que la barca de Pedro no se había visto jamás tan zarandeada por las olas.

Una de las novedades introducidas por el actual progresismo, por ejemplo, se refiere a la eliminación de la figura del director espiritual. Se aduce que es una institución utilizada durante siglos por el clero para controlar y someter a los seglares; por lo que debe ser sustituida por la del *acompañante espiritual*, preferentemente laico o incluso monja (es evidente la intención de desplazar al sacerdote). Se alega que la libertad y la autonomía personales no necesitan depender de autoridad alguna, por lo cual se pretende prescindir, como innecesaria y obsoleta, de la figura del sacerdote. Adiós, por lo tanto, a instituciones de la Espiritualidad cristiana que han pervivido durante siglos, y adiós también a otra de las mayores oportunidades de practicar las virtudes de la obediencia y de la humildad... En general, *bye-bye* a la doctrina que durante dos milenios han profesado multitud de teólogos, santos y escritores de espiritualidad, tanto hombres como mujeres. Vienen a la mente las palabras del Qohélet: *¡Ay del que está solo y se cae! No tiene a nadie que lo levante* (Ecc 4:10).

3. Donde se hace un breve resumen de la evolución sufrida por la idea del teatro en la mentalidad de la Iglesia, desde sus primeros tiempos hasta nuestros días

La época clásica miró con desprecio al teatro y consideró a los actores como gentes de baja ralea. Incluso Platón, por ejemplo, fue uno de los más ilustres enemigos del mundo de la escena.

En cuanto al Cristianismo, es sabido que la Iglesia primitiva (con los Concilios y los Padres a la cabeza) mantuvo contra el teatro una constante hostilidad. Tertuliano[17] y San Agustín[18] fueron quizá, en-

---

[17] *De Spectaculis.*
[18] *Enarrationes in Psalmos, De Fide et Operibus, De Vera Religione*, etc.

tre otros muchos, sus más encarnizados detractores. En realidad la enemiga duró hasta pasado el siglo XVII (incluyendo a personajes como Bossuet), a pesar de la existencia de períodos contradictorios de consideración e incluso de cooperación. [19] El estudio detenido de las razones que motivaron todo este movimiento de ideas no es de este lugar. Puede decirse que, en general, desde la época clásica y primeros tiempos de la Iglesia, los elevados grados de inmoralidad alcanzados por el teatro fueron los causantes de la multitud de prohibiciones lanzadas contra él. En realidad estaba aquí involucrado el complejo y lascivo mundo dionisíaco, con sus bacanales, sus cultos fálicos y sus representaciones escénicas profundamente obscenas. Sin olvidar el sangriento y cruel espectáculo de los juegos circenses. No es de extrañar que la Reforma no fuera menos hostil al teatro que el Catolicismo.

Parece razonable, por lo tanto, en lo que se refiere a las relaciones de la Iglesia con el teatro, hablar de una primera época en la que prevalecieron la animosidad y la aversión. Sigue una segunda en la que la condescendencia y la cooperación alternaron con fuertes prohibiciones, hasta llegar a una relativa calma ya en tiempos muy modernos. Bossuet, como hemos dicho, ya casi en el siglo XVIII, todavía condenaba acremente el teatro. Desde la Edad Media hasta bien entrada la Moderna, las representaciones de carácter religioso centradas en la Eucaristía (*Autos Sacramentales*), en la Pasión del Señor, o en otros acontecimientos bíblicos (los *Misterios* también gozaron de gran popularidad), fueron frecuentes y en ellas intervi-

---

[19] Es de notar, como importante curiosidad histórica, el hecho de que, en plena Edad Media, Santo Tomás fue uno de los escasos teólogos que sostuvieron la honorabilidad del teatro y del oficio de los actores, siempre que se tuviera en cuenta la moralidad (*Summa Theol.*, II^a–II^{ae}, q. 168, a. 3). E incluso defendió la licitud de los estipendios recibidos por los actores que actuaban honradamente (II^a–II^{ae}, q. 87, a. 2, ad. 2).

nieron tanto clérigos como laicos. Lo que no fue obstáculo para que abundaran también las de tinte obsceno, burlesco y hasta blasfemo (incluidas las que se mofaban de algunos Papas o hacían befa de la Misa). No es de extrañar que las condenaciones sucedieran a la tolerancia, y viceversa. En España, por ejemplo, la cuna de Calderón, de Lope de Rueda, de Lope de Vega (y a un nivel menor Juan del Enzina), el mundo de la dramaturgia y de la comedia alcanzó cotas elevadas. Las comedias de Lope de Vega de carácter *moralizante* alternaron con otras de tonalidad bastante *picaresca*, y de ahí los períodos de prohibición, impuestos por el Rey, que no tardaban en alternar con otros de permisión. Y por último otra tercera época, que es la que abarca la actualidad y que ofrece la particularidad de estar adornada de caracteres sorprendentes.

Y decimos sorprendentes porque, en primer lugar, a pesar de tratarse de un hecho social tan relevante, sin embargo *ha pasado prácticamente desapercibido, como tal fenómeno, en la conciencia de la sociedad moderna*. A partir de la mitad del siglo XX aproximadamente, los avances de la técnica y el extraordinario desarrollo de los medios de comunicación, proporcionaron una nueva faceta al fenómeno religioso como hecho social. Los acontecimientos religiosos pasaron a integrarse profundamente, con carácter de espectáculo, en el entramado del mundo de la televisión y de la prensa informativa diaria (cuya tirada había aumentado ya en una proporción muy superior a la del mil por cien).

En segundo lugar, porque no es posible negar la realidad de que, al parecer de manera casi inadvertida, la conciencia de actuar *de cara a la galería* ha influido poderosamente en el contenido y en la forma de las actuaciones eclesiales. Y de un modo más específico en la predicación y hasta en toda la Pastoral cristiana. Sería interesante, por ejemplo, elaborar un estudio sobre el modo como los *media* han influido en la actuación de los Obispos. Con lo cual no se pretende aquí anticipar un juicio negativo acerca de tales actuaciones. Simplemente llamar la atención acerca de la transcendencia que podría alcanzar una investigación que, en todo caso, sería tan esclarecedora como útil.

Debemos dejar claro, ante todo, que aquí no se pretende hacer crítica negativa; sino meramente *crítica*, sin adjetivo alguno.[20] No es necesario hablar aquí de la forma de proceder la naturaleza humana, ni menos aún de la medida en que los hechos sociales pueden afectar a su comportamiento (positiva o negativamente). Los hechos sociales sencillamente están ahí, con la posibilidad de influir, de una manera o de otra, en la psicología y en el comportamiento de los individuos.

Aclarado lo cual, ya podemos hablar de lo que parece ser un hecho social de gran transcendencia. Con lo que nos referimos a la circunstancia de que, tanto la esfera del *parecer* como la del *aparecer*, han adquirido tanta relevancia en el mundo moderno, incluido el ámbito de la Iglesia, como para afirmar su supremacía sobre la del *ser*. Que algunos confundan una bacía de barbero con el yelmo de Mambrino, o la albarda de un burro con un jaez de caballo, pueden ser hechos considerados como un mero acontecimiento cómico y burlesco que suscita la hilaridad. Lo extraordinario del caso, sin embargo, es que muchos de los sucesos normales de la moderna vida eclesial, por extraño que parezca, poseen la rara cualidad de ser vistos también *como algo muy distinto de lo que en realidad son*. Sólo que aquí la paridad no es exacta, en cuanto que ahora no se presentan con carácter de comicidad (al menos a primera vista, y

---

[20]El sustantivo *crítica* no tiene primariamente un sentido peyorativo. Su significado más propio es el de juzgar y evaluar las cosas (ordinariamente para que mejoren). María Moliner, en su Diccionario, lo califica en su primer y más importante significado como *la expresión de un juicio sobre algo*; sencillamente y sin más.

salvo lo que vamos a decir ahora). No pocos de ellos configuran una parte importante de la sociología eclesial, pero sin que se pueda decir que han prescindido de un cierto carácter cómico a descubrir en su fondo. Por lo que más bien sería obligado hablar aquí de algo *tragicómico*. Sobre todo porque, desde el momento en que tales hechos se relacionan con frecuencia con elementos importantes de la vida de la Iglesia, ocasionan consecuencias desastrosas en el común de los fieles. Ya desde muy antiguo lo trágico y lo ridículo convinieron en aparecer juntos en la *tragicomedia*, y de ahí el empleo intencionado del término que hemos utilizado, en cuanto que da paso al viejo y conocido aforismo de *reír por no llorar*.

El cambio de mentalidad de la Iglesia con respecto al teatro ha dado lugar a la aparición de un hecho social de enormes repercusiones, tal como hemos dicho. Y si volvemos a trazar ahora, a fin de entender mejor el problema, un resumen de la evolución histórica de la que hemos hablado, nos encontramos con una primera etapa de hostilidad, por parte de la Iglesia, y en la que todo parece indicar que existían razones sobradas para justificar tal animosidad. Aparece después un segundo período, ya bastante próximo a nosotros, en el que la Iglesia participa en el mundo de la farándula y en el que alternan las aprobaciones con las prohibiciones. Siguen después los años de calma más o menos real, que son los que dan paso al momento actual y que es justamente al que nos referimos.

Conviene que insistamos en que este último momento se caracteriza por una sorprendente peculiaridad. La Iglesia ha dado luz verde al teatro. Para lo que no ha tenido inconveniente en introducirlo en muchos de los aspectos que conforman el desenvolvimiento normal de su praxis diaria. Aunque con la particularidad de que no ha realizado tal cosa atendiendo a las formalidades de un pretendido acontecimiento artístico (lo cual no tendría sentido), *sino como un elemento estructural de su intrínseca realidad.* Para decirlo con palabras más claras, aunque puedan sonar a extrañas, es un hecho que muchas actividades eclesiales, referentes al culto así como a la Pastoral en general, *han adoptado, consciente o inconscientemente, una índole teatral.* En la que ya no prima tanto la realidad del Misterio cuanto los sentimientos que se pretenden provocar en los fieles. La moderna Pastoral ya no se propone como principal objetivo el de fomentar y facilitar la acción del Espíritu Santo en la vida cristiana, sino que tiende más bien a suscitar sentimientos entre los fieles, por lo general de agrado y pasatiempo, y que prescinden de la realidad objetiva de su provecho espiritual.

Afirmación que puede sonar demasiado dura, en cuanto que supone admitir, como un fenómeno del momento, la paulatina desaparición de la realidad objetiva sobrenatural en favor de un mero sentimentalismo. Que a su vez, como ya puede suponerse, asienta sus bases en un puro subjetivismo individual.

Desde este punto de vista, muchos de los fenómenos que estructuran la moderna vida eclesial adquieren un sentido muy peculiar. Ahora ya no importa tanto el hecho de que el teatro refleje la vida ordinaria, con mayor o menor realismo y con moralidad o sin ella, puesto que es la praxis eclesial la que ha adoptado las pautas del teatro. *De tal manera que la Pastoral ha dado entrada a la teatralidad en muchas de sus líneas de actuación.*

4. Donde se aportan ejemplos que aclaran algunas de las afirmaciones hechas arriba, y donde se continúa exponiendo la historia del "show" eclesial

El Concilio Vaticano II, y el Papa Pablo VI que lo presidió en su mayor parte, introdujeron modificaciones de gran transcendencia en el ejercicio del culto eclesial.[21] La Liturgia en general fue dotada de gran capacidad de flexibilidad, quedando en buena medida al arbitrio y responsabilidad de los Obispos y de las Conferencias Episcopales. Como es lógico, tanto el Concilio como el Papa, en el legítimo ejercicio de sus atribuciones, tuvieron en cuenta prudentemente todas las posibles consideraciones al respecto: ventajas e inconvenientes. Después de lo cual no temieron afrontar los problemas que presumiblemente se iban a presentar, y que de hecho se presentaron.

Ante todo, conviene aclarar que nada se puede objetar al hecho de que la Iglesia ejerza los derechos que le competen, tanto de gobierno como de magisterio, dentro de su ámbito propio y siempre que se cumplan las debidas condiciones. Como indudablemente sucedió en este caso.

Pero la legítimas modificaciones de normas disciplinares no eliminan la posibilidad de que surjan riesgos y problemas concomitantes; sobre todo cuando se trata de disposiciones que atañen a lo más íntimo y delicado de la vida de la Iglesia, tales como la Misa y la administración de los Sacramentos, y que además modifican de raíz procedimientos y modos de actuación varias veces seculares. Y nadie debe extrañarse del hecho de que determinadas acciones humanas, no sujetas a ningún tipo de infalibilidad, sean susceptibles de efectos

---

[21]Constitución *Sacrosanctum Concilium*.

que no son siempre los deseados. Determinadas actuaciones o decisiones pastorales quedan sujetas al albur de lo que pueda suceder, según el curso de los acontecimientos y el mayor o menor acierto del gobernante.[22] Por lo que no se puede imputar al sujeto responsable de las decisiones responsabilidad alguna ante tales eventualidades; salvo que hubiera dejado de ejercitar las oportunas medidas para evitar o disminuir, en lo posible, las consecuencias negativas que pudieran producirse. Es necesario reconocer, sin embargo, que en el caso presente la situación se hizo más complicada por el hecho de que, en no pocas ocasiones, los Obispos y las Conferencias Episcopales se excedieron en atribuciones y determinaciones en modo alguno previstas ni deseadas por el Concilio Vaticano II.[23]

Es motivo de gozo el hecho irrefutable de que las modificaciones y cambios introducidos en la Liturgia y el Culto fueron, en su mayor parte, altamente beneficiosas para el conjunto de los fieles. La sustitución del latín por las lenguas vernáculas, por ejemplo, abrió un ancho campo a la participación de los fieles en el Culto, y muy particularmente en la Misa.

Por desgracia, como hemos dicho arriba, también hicieron acto de presencia los problemas *colaterales*. Es realmente difícil que muchas acciones humanas, pese a estar animadas por las mejores y

---

[22]Siempre se podría preguntar, por ejemplo, como juicios de valor meramente histórico, acerca del éxito o del desacierto de San Pío V en su alianza con España y Venecia para luchar contra los otomanos turcos en Lepanto, en 1571; o sobre la oportunidad o el fracaso del viaje del Papa Juan Pablo II a Cuba a fin de visitar al dictador Fidel Castro en 1998. Son demasiadas las actuaciones pastorales, a lo largo de la Historia, cuyo juicio nada tiene que ver con el respeto y la obediencia debidos al Magisterio.

[23]También es justo reconocer que tales excesos y los numerosos abusos que se han venido produciendo, tanto por parte de algunas Conferencias Episcopales como de numerosos Obispos, han estado orquestados e impulsados en todo momento por la teología progresista.

más nobles intenciones, produzcan siempre efectos beneficiosos *en estado puro*. Es cierto que, aunque siempre se tiende a pensar que las cosas son sencillas y claras, es imposible evitar que al final acabe por aparecer el temido fantasma de los inconvenientes. Una realidad que no exime, a quien corresponda, del derecho y del deber de tomar las decisiones que considere convenientes; aunque sí que obliga a ponderar con cuidado las circunstancias y a considerar las posibles eventualidades.

El uso de las lenguas vernáculas también dio lugar a la aparición de serios inconvenientes. Como el problema de las traducciones de los libros litúrgicos, por ejemplo. Las normas exigían que las diversas *traslaciones* de los textos fueran aprobadas por las correspondientes Conferencias Episcopales y, en su caso, por el Vaticano. Lo cual fue un precepto imposible de cumplir, como fácilmente se puede comprender. Las lenguas y dialectos existentes en el mundo se cuentan por bastantes millares, por lo que no hay posibilidad alguna de que el Vaticano cuente con expertos para conocerlos todos.[24] La experiencia de los años ha demostrado que los resultados han sido en gran medida deplorables, puesto que fue necesario abandonar las traducciones al arbitrio de personas o Instituciones que, además de su incompetencia, no fueron conscientes de la seriedad e importancia de la tarea. Así es como se hicieron posibles la arbitrariedad, la inventiva, la traducción errónea de los textos e incluso su manipulación; además de la extraordinaria profusión de *ministros lectores* que a menudo confundían su oficio con la actuación de los actores en la escena.

---

[24]De ahí que los grandes Maestros de los tratados clásicos *De Legibus*, como Santo Tomás, Suárez, Vitoria y otros, exigieran siempre, como condición esencial de una ley, la posibilidad de su cumplimiento.

Durante los muchos años que duró el reinado del Papa Juan Pablo II, tanto el Culto, como la Liturgia y la Pastoral, adquirieron un pronunciado tono de *espectáculo* que los aproximaron en gran medida al mundo del teatro. Los buenos deseos del Concilio Vaticano II, puesta la mira en la mayor participación del Pueblo cristiano en el Culto y la Liturgia, fueron generalmente malinterpretados. La *liberalización* de las normas litúrgicas, sobre todo en las referentes a la Misa, produjo una alocada carrera de inventivas, improvisaciones y arbitrarias interpretaciones en las que se buscaba sobre todo *encandilar y llamar la atención de los fieles. Todo el mundo buscaba asombrar con algo nuevo.*

Junto a las mejores intenciones de unos y de otros, se fue dando paulatinamente entrada al teatro en la Liturgia. Así es como fueron apareciendo: Los vistosos desfiles *procesionales* de ofrendas en el ofertorio de la Misa, frecuentemente acompañados de danzas y ritos *típicos* de cada lugar.[25] Las aparatosas y pomposas *paradas*, con el Evangeliario en alto, para la lectura del texto evangélico del día. Las ostentosas lecturas de los textos litúrgicos por parte de seglares, en su mayor parte mujeres y, a ser posible, de buena apariencia. También en diversos lugares se *escenificaron* las lecturas litúrgicas de la Misa de forma *espectacular*. Como, por ejemplo, cuando llegado el momento de la lectura de la Epístola se hacía un repentino silencio, al mismo tiempo que entraba un mensajero por la puerta del templo con un papel en las manos y gritando: *¡Carta de Pablo, Carta de Pablo...!* O los gestos teatrales de un celebrante, fiel adicto al pacifismo, rompiendo escopetas o rifles durante la homilía. Hubo lugares en los que se sustituyeron los textos litúrgicos bíblicos por lecturas de artículos de prensa o de escritores del momento (gene-

---

[25]Incluso de vistosas muchachas jóvenes ejecutando las llamadas *danzas litúrgicas* delante de la procesión de ofrendas.

ralmente de ideología de izquierdas), los cuales se consideraban más actuales y *más aptos para animar los sentimientos en los fieles*. Por su parte, los Movimientos carismáticos y similares pusieron de moda gestos y danzas peculiares en diversas partes de la Misa (brazos en alto, asimiento de manos, voces y gritos espontáneos *impulsados por el soplo del Espíritu*). Mientras que se generalizó la celebración del Santo Sacrificio en lugares extraños y fuera de los templos, con panes normales de alimentación de tamaño grande y vasos sagrados de materiales baratos y de baja calidad.[26]

Lo más significativo en este aspecto, sin embargo, de los tiempos del reinado del Papa Juan Pablo II, fueron quizá los gestos grandiosos y espectaculares que tanto se prodigaron en multitud de ocasiones. Llevados a cabo, con toda seguridad, con la intención ver-

---

[26] Podríamos señalar los nombres de lugares en los que, en la Víspera de Navidad y acabada la llamada Misa del Gallo de la medianoche, se dio a besar a los fieles al Niño Jesús según una costumbre ya inmemorial. Sólo que esta vez lo que se dio a besar no fue una imagen del Niño, sino uno de los niños recién nacidos en el lugar y casi desnudo. *¡Basta ya de símbolos sin vida!*, decía el cura para enardecer a sus fieles. No es lugar aquí para hablar de los comentarios sarcásticos, y hasta escabrosos, que muchos fieles hicieron al respecto.

Sería imposible, además de inútil, enumerar las innumerables veleidades, ligerezas y abusos llevadas a cabo en tantos lugares después del Concilio Vaticano II. Por lo demás, son conocidas por casi todo el mundo. Alguien podría objetar, no obstante, que la antigua Liturgia (con sus Misas Pontificales y Solemnes, las Procesiones, el Canto Gregoriano que solía acompañar a tantas funciones sagradas, etc.), también contenía mucho de espectáculo. Aunque afirmar tal cosa sería, además de injusto, sacar las cosas de quicio. Las antiguas funciones litúrgicas, de carácter tan espartano como fervoroso, apuntaban, como a su principal objetivo, a honrar a Dios mediante un culto que se consideraba sagrado. Mientras que las modernas, por el contrario, buscan sobre todo *avivar, animar y suscitar en los fieles sentimientos más bien de índole psicológica que religiosa*. Por otra parte, la música secularmente considerada sagrada del Canto Gregoriano, por ejemplo, se sitúa en los antípodas del estruendo sin sentido de las guitarras electrónicas y de los gritos y contorsiones que acompañan a la *música pop*.

daderamente ecuménica de atraer a la Iglesia a los alejados de ella, resultaba imposible despojarlos de un tono de ambigüedad capaz de alarmar a muchos, incluso dentro de la grey católica. Los gestos llamativos y aparatosos al llegar a determinado país, o realizados a determinados objetos *sagrados* de otras *religiones*; las visitas de buena voluntad y acercamiento a líderes políticos considerados por el mundo entero como dictadores y aun criminales (en busca de una mayor libertad para la Iglesia en aquellos países), o bien a jefes de *religiones* francamente ateas (como el budismo, el hinduismo o los cultos *vudús*), por citar solamente algunos casos, llegaron a intranquilizar a muchos que no vacilaron en considerarlos como de carácter demagógico o escénico. Con todo, lo más llamativo de toda esta época fueron los grandes *Encuentros de Juventud*[27] llevados a cabo con enormes multitudes de jóvenes, concentrados con gran aparato desde todo el mundo, y que a veces se iniciaban con una solemne y pomposa aparición del Sumo Pontífice mientras era aclamado de forma espectacular. *Encuentros* cuyos frutos espirituales, dígase lo que se quiera, sólo de Dios son conocidos, puesto que a los ojos de los hombres más bien son escasos.

Una de las serias consecuencias que se pueden derivar de todo esto, en perjuicio de los fieles, es la confusión y consiguiente sustitución de lo significado por el significante. No hace falta conocer demasiado la naturaleza humana para darse cuenta de que el aparato escénico, del cual no se ha hecho aquí más que un somero resumen, pronto hace olvidar a los fieles el contenido y hasta la existencia de la realidad significada. Se produce aquí una acentuación de sentimientos de índole psicológica y carentes de alcance sobrenatural. A

---

[27]Hubo otros que suscitaron todavía más la preocupación de muchos, incluso católicos. Como los famosos y discutidos *Encuentros de Asís*, en 1986 y 2002, en los que se reunieron para orar por la paz líderes de todas las *religiones* del mundo.

lo que contribuye también en gran medida la ambigüedad, utilizada tanto en los gestos como en las palabras.[28]

Se produce así una verdadera desnaturalización o inversión de la esencia del hecho teatral. El significante cumple tanto mejor su misión en la escena (aquí podríamos decir *cumple con su papel*) cuanto con más fidelidad refleja lo significado. El buen actor se identifica con el personaje representado; aunque con la particularidad de que, a medida que proporciona más realidad a su personaje, más se desvanece él como actor que *representa*. O dicho de otra manera: la mayor realidad del personaje significado pasa por el *olvido* o abstracción (por parte del espectador) del personaje significante, el cual va *desapareciendo* a medida que acentúa la realidad del personaje al que trata de encarnar. Lo que equivale a decir que el significante *se disipa* a medida que adquiere contornos de realidad lo significado. El actor más notable es aquél que mejor pone de relieve, en su función de *mero significante*, la realidad de su personaje ante el público. Exactamente lo contrario de lo que sucede en la moderna Liturgia, en la que se disipa la entidad significada a medida que se insiste en un significante cuya sola *realidad* es justamente la de ser mero significante. Que es lo único que queda ante los fieles.

El problema se comprende con mayor claridad cuando se considera la cuestión de los sacramentos. Los cuales efectivamente, siendo signos, sin embargo *contienen* y *hacen* la realidad significada. Su condición de signo posee meramente, por así decirlo, una intención

---

[28] La utilización de la ambigüedad es un recurso peligroso en la medida en que da entrada a interpretaciones subjetivas del misterio, las cuales difuminan la realidad sobrenatural. La adición, por ejemplo, de la expresión *para nosotros* en las fórmulas consecratorias *pan de vida* y *cáliz de salvación*, por muy correcta que se considere, es sin embargo capaz de inducir a confusión. El *pan de vida* y el *cáliz de salvación*, ¿son tales *en sí mismos*, o lo son solamente *para nosotros* (subjetivamente), abstracción hecha de su contenido? La proximidad al Modernismo parece acechar aquí como un peligro real.

pedagógica, cual es la de que se comprenda mejor el misterio de su contenido. De insistir demasiado en su carácter de signo, haciendo más o menos abstracción de su carácter sobrenatural, se desvanecería su eficacia. Nadie queda limpio de sus manchas con meros signos, ni se limita a alimentarse con puros símbolos. De esa forma ninguno de los sacramentos serviría para nada. El Pueblo cristiano lo entendió así durante siglos, por lo que siempre fue necesario explicarle en Catequesis que los sacramentos son *también* signos; lo que demuestra que en todo momento consideró menos en ellos el significante que la realidad significada.

Alguien podría decir que el boato y la fastuosidad de la antigua y tradicional Liturgia, bien que espartanos por más que solemnes, también habrían podido contribuir a acentuar el significante en perjuicio del significado. Afirmación cuya falsedad queda patente sobre todo por dos razones.

En primer lugar, porque el aparato que acompañaba a la pomposidad de la antigua Liturgia era de índole diversa al montaje escénico utilizado en el mundo profano. ¿Qué tienen de común, por ejemplo, la música y el Canto Gregoriano con la música profana medieval o renacentista...? Una prueba clara de la verdad de lo que decimos es el hecho, de todos conocido, de los fracasados intentos de introducir la música y el canto profanos en las funciones religiosas. La música sacra de Mozart, por ejemplo (sea un *Requiem* o sea una *Misa*), como todo el mundo sabe, jamás logró ser considerada como sagrada. Sin duda alguna que se trata de música de singular belleza..., aunque sólo apta para conciertos.

En segundo lugar, porque el fasto de la vieja Liturgia no apuntaba a otros propósitos que a los *meramente religiosos y sobrenaturales*. Un hecho histórico palmario que no necesita demostración alguna. Mientras que, por el contrario, el estruendoso y *espectacular* aparato escénico de las modernas funciones litúrgicas, muy a menudo y como hemos venido diciendo arriba, no tiene otro cometido que el de asombrar y entretener a los fieles, casi considerados como espectadores en muchos casos incluso *interactivos*. En cuanto al procedimiento para verificar la veracidad de esta afirmación, en el caso de que pueda suscitar alguna duda, quizá ninguno mejor que el de remitir a las intenciones y convicciones de los organizadores.

Con respecto a la Misa, el peligro que supone este montaje escénico es más grave todavía. Lo cual puede ser considerado bajo dos aspectos.

En primer lugar debe tenerse en cuenta que puede originar en los fieles el olvido, e incluso el desconocimiento total, de que la Misa es *el Santo Sacrificio de Cristo en la Cruz. Realizado una sola vez en el Monte Calvario, y hecho presente sin embargo aquí y ahora, en gracia al Misterio Eucarístico, de forma real y no meramente conmemorativa o rememorativa*. El Concilio Vaticano II insistió en que las dos partes de la Misa —la Liturgia de la Palabra y la Liturgia Eucarística— forman un todo único.[29] Pero el paso del tiempo y los abusos fueron dando preponderancia a la primera hasta el olvido casi total de la segunda, a lo cual contribuyó la profusión de los montajes escénicos de todo tipo en la celebración del Santo Sacrificio.

De ser esto cierto, los males que se han podido derivar para la Iglesia sólo de Dios son conocidos. El oscurecimiento u olvido del Misterio de la Cruz supone la desaparición de lo más esencial del Mensaje Cristiano, y en realidad del Cristianismo entero. Un peligro que ya asustaba a San Pablo y contra el que trataba de prevenir cuando decía que él, por su parte, procuraba no predicar con elocuencia de palabras, *ut non evacuetur crux Christi*.[30]

---

[29] *Sacrosanctum Concilium*, II, 56.
[30] 1 Cor 1:17.

El segundo aspecto está relacionado con el primero y se deriva de él. Se refiere al hecho de que el Pueblo cristiano puede adquirir una idea equivocada con respecto a su necesaria participación en el Sacrificio y Muerte del Señor.

La idea de la participación de los fieles en el Sacrificio Eucarístico ha sido paulatinamente desvirtuada. Aunque parezca difícil de creer, dicha participación quedó convertida en una mera *intervención activa en las ceremonias o actos del culto*. Actividades como distribuir la Eucaristía, recitar las lecturas litúrgicas, predicación de los seglares (hombres y mujeres), etc., etc., han sido durante años todo lo que los laicos han entendido por *participar* en la Misa. A lo que hay que añadir el fenómeno de la aparición de multitud de menesteres, bastante novedosos y peculiares algunos de ellos, realizados por los llamados *ministros* y cuyo número y diversidad, dada su complejidad y volumen, quedan reservados a los arcanos del conocimiento divino. La idea de la participación íntima en los sufrimientos y muerte del Señor —Misterio cuya única fuente vital y originaria se deriva de la Misa—, con todas las consecuencias prácticas que de ahí se deducen para la vida del cristiano, fue sustituida por la de intervenciones externas *coram populo* cuyo contenido, caso de que se le atribuyera alguno, no preocupaba ya a nadie. Con lo que se había llegado ya a solo un paso de la actuación teatral. Si acudimos de nuevo al recurso del conocimiento que aporta la naturaleza humana, comprenderemos enseguida la rapidez con la que se va poniendo el acento en la forma, al mismo tiempo que se va difuminando el fondo. La preocupación por la ceremonia, y la actuación ante los demás, es lo que en realidad va quedando como lo único importante. ¿Quién es capaz de recordar ya, en estas circunstancias, la muerte del Señor y la urgente necesidad de *compartirla* con Él...? Pero participar en los sufrimientos y en la muerte de Cristo no supone un hecho aislado en la Historia de la Salvación, pensado con vistas al beneficio de cada individuo que desee obtener su correspondiente provecho. Desde el momento en que el conjunto de los cristianos forma un Todo, o un solo *Cuerpo* con Cristo Cabeza,[31] tal participación es necesaria para la plena efectividad del plan de la Redención tal como Dios lo había trazado (Col 1:24). La objeción de que se trataría en este caso de una muerte *mística*, equivalente al contenido de un puro simbolismo, podría ser respondida con textos como el de Mt 16:25, Mc 8:35, Lc 9:24 y Jn 12:25, a los que habría que atribuir también en ese caso un significado poco menos que poético.

En este juego en el que el *ser* es sustituido por el *parecer* y lo *real* por lo *imaginado* (tan del gusto del idealismo),[32] o en el que los sentimientos y la subjetividad desplazan a lo hasta ahora tenido por objetividad (tan del gusto del modernismo), halla buena acogida la posibilidad de que el simbolismo consiga la categoría de objetivismo. De ser así, habría llegado también el momento en el que el teatro se presentara con alardes e ínfulas de desplazar a la vida real, y en el que el simbolismo (por otra parte tan útil y necesario para la existencia humana), pretendiera ser utilizado ahora más allá y fuera de su contexto propio. Todo ello habría podido ocasionar consecuencias funestas para la comprensión y la vivencia, por parte de los fieles, de los Misterios fundamentales de la Fe Cristiana. Y en particular, por citar uno de los más importantes, para el Misterio Eucarístico; y aún más concretamente, en relación con él, con respecto al de la Presencia Real de Cristo en la Eucaristía. Como suele suceder siempre, los acontecimientos también aquí se han precipitado según una norma lógica de pensamiento que ha afectado, como no podía ser

---

[31]Ro 12:5; 1 Cor 10:17; 12: 12.20; Ef 4: 4.12.16; Col 2:19; 3:15.

[32]El idealismo llega hasta el extremo en este punto: lo único que puede reivindicar para sí la condición de realidad, según esta filosofía, es justamente lo imaginado como tal imaginado.

de otra manera, a los modos de comportamiento de la naturaleza humana.

El Concilio Vaticano II, en la Constitución *Sacrosanctum Concilium* (I,7), habló de los diferentes modos de presencia de Cristo en su Iglesia. No es necesario insistir en la importancia del texto:

> *Cristo está siempre presente a su Iglesia sobre todo en la acción litúrgica. Está presente en el sacrificio de la Misa, sea en la persona del ministro, "ofreciéndose ahora por ministerio de los sacerdotes el mismo que entonces se ofreció en la cruz",[33] sea sobre todo bajo las especies eucarísticas. Está presente con su virtud en los sacramentos, de modo que, cuando alguien bautiza, es Cristo quien bautiza.[34] Está presente en su palabra, pues cuando se lee en la Iglesia la Sagrada Escritura, es Él quien habla. Está presente, por último, cuando la Iglesia suplica y canta salmos, el mismo que prometió: "Donde están dos o tres congregados en mi nombre, allí estoy yo en medio de ellos" (Mt 18:20).*

Como puede verse, el texto conciliar expone con claridad, conjuntamente y como en paralelo, los diversos modos de presencia de Cristo en su Iglesia. Es comprensible que ponga buen cuidado en aclarar, por medio de la expresión *maxime*, el modo de presencia bajo las especies eucarísticas, distinguiéndolo de los otros. Importante precaución esclarecedora que no deja de tener transcendencia.[35]

No obstante lo cual existe la posibilidad de que aparezcan problemas de índole práctica, pese a la autoridad del Concilio y a sus

---

[33] Cita del Concilio de Trento, ses. 22, decr. *De Ss. Misæ Sacrif.*, can. 2.

[34] Aquí una referencia a San Agustín, *In Io. Evang.*, tr. 6, c. 1, n. 7.

[35] Cuando habla de la presencia de Cristo en los sacramentos también puntualiza atinadamente, utilizando la expresión *virtute sua*. No lo hace, sin embargo, cuando se refiere a su presencia mediante la predicación de la Palabra.

evidentes intenciones pedagógicas y pastorales, debido precisamente al hecho de presentar los diversos modos de presencia en paralelo. Puesto que en todos ellos (a excepción de la Presencia Real Eucarística) se habla de presencia *mediante su virtud*, lo que se puede expresar igualmente por lo que podríamos llamar *presencia moral*, el peligro de considerar todos los diversos modos de presencia como algo equivalente, o en el mismo plano, es más que evidente. Debe tenerse en cuenta que el conjunto del Pueblo Cristiano no es docto en teología, ni menos aún experto en sutiles distinciones, por lo que resulta bastante difícil eliminar por completo el riesgo de confusión.

El texto conciliar alude a Mt 18:20 para referirse a la presencia de Cristo cuando la Iglesia suplica o canta salmos: "Cuando dos o tres se congreguen en mi nombre, *allí estaré yo en medio de ellos.*" Y es regla fundamental de la Exégesis escriturística, la de que los textos bíblicos han de interpretarse según su sentido propio y más obvio, sin olvidar tampoco el contexto en el que se hallan contenidos. El Concilio, por supuesto, no pretende otra cosa. Por eso mismo, es evidente que el texto de Mt 18:20 no puede interpretarse en el mismo sentido, estrictamente literal, que los que se refieren a la institución de la Eucaristía en la Última Cena; y dígase lo mismo del fragmento paulino de 1 Cor 11: 23–26, sobre el mismo tema.[36] Por lo demás, la misma ciencia exegética ha sostenido siempre que no todos los

---

[36] *Hoc est corpus meum* (Mt 26: 26 y ss.; Mc 14: 22 y ss.; Lc 22: 19 y ss.), es una expresión que el Magisterio ha entendido siempre en sentido estrictamente literal. La *presencia sacramental* de Cristo en la Eucaristía es tan real como que supone la actualización completa (y no simbólica), aquí y ahora, de la Humanidad del Señor (con su cuerpo y su alma, por lo tanto) y su Divinidad, a las que podríamos denominar con toda verdad *presencia real* si se tiene en cuenta su independencia con respecto a todos los accidentes, y singularmente al de la *quantitas*. Tal presencia real sacramental, según doctrina inconmovible del Magisterio perenne de la Iglesia, es distinta de la mera *presencia moral* o virtual, que es la que perdura en el sujeto que recibe el Sacramento después de la desaparición de las especies eucarísticas.

textos bíblicos pueden interpretarse en el mismo sentido; de donde la necesidad de no abandonar nunca la guía de la buena doctrina y, sobre todo, del Magisterio. Y así como, de una parte, existen textos que no pueden ser entendidos en sentido estrictamente literal (como los que se refieren, por ejemplo, a la conveniencia de extirparse un ojo o una mano para evitar el peligro del escándalo y del pecado), la Escritura contiene sin embargo otros cuyo sentido estrictamente literal, además de ser obvio, es exigido absolutamente por el Magisterio (y acerca de los cuales la Tradición no ha vacilado nunca).[37] Como los textos eucarísticos de los que estamos tratando. Sin embargo, el riesgo aparece cuando se alinean conjuntamente textos que no pueden ser interpretados en el mismo sentido, dado que en ese caso se abre la puerta al peligro de la confusión. Evidentemente la presencia real o física no es idéntica a la presencia moral, si es que hemos de atenernos a lo que se entiende en el lenguaje corriente y a lo que cualquier persona normal puede comprender.[38] Los hechos de la vida real son bastante elocuentes y enseñan por sí solos. De tal forma, por ejemplo, que cuando se habla de la presencia real o *física* de una persona, no tiene sentido alguno hablar al mismo tiempo, como en el mismo o semejante plano, de su presencia *moral*: ¿Qué sentido tendría hablar de la *presencia moral o virtual* de tal o cual persona, como que permanece en su ausencia, cuando en realidad tenemos a esa persona ante nuestros ojos? De ahí que no parezca muy afortunado el hecho de poner en paralelo textos cuyo sentido es diferente

---

[37]La Reforma, como se sabe, es caso aparte. También debemos citar aquí, como rara excepción, a Berengario de Tours (1000–1088), que cometió la herejía de negar la transubstanciación y, según la mayoría siguiendo a Santo Tomás, también la presencia real.

[38]El mismo texto conciliar lo entiende así desde el momento en que distingue la presencia moral de Cristo (o *mediante su virtud*), de la presencia propiamente eucarística.

o ambivalente, dado el peligro de confusión y, en último término, de equiparación de la realidad de una presencia con la virtualidad de un mero recuerdo. En el lenguaje real de la vida corriente, cuando se dice, por ejemplo, aludiendo a una persona querida y ya desaparecida, que *permanece siempre con nosotros*, es claro que se está hablando en un sentido simbólico o figurado. Incluso aunque la influencia de esa persona sea fuertemente real. La naturaleza humana es tal que no raras veces, y demasiado fácilmente además, acaba confundiendo la Historia con la Leyenda, para terminar después relegándola al olvido. Y el ser humano efectivamente, tal como muestra la experiencia, pasa tan fácilmente de lo uno a lo otro como pasa de lo real a lo simbólico. Como decía enfática y bellamente el novelista americano Robert Jordan: *La Rueda del Tiempo gira mientras que las Edades llegan y pasan, dejando tras de sí memorias que luego se convierten en Leyendas. Y las Leyendas a su vez se desvanecen en el mito, hasta que también el mito es olvidado.*[39] Por lo cual, y todo tenido en cuenta, quizá sea lo mejor dejar bien sentada la realidad (en este caso referida a la presencia) en su plena integridad; perfectamente diferenciada, con rotunda nitidez, de lo que no es sino una presencia, una fuerza, o una influencia moral o virtual. La claridad meridiana, tanto en los conceptos como en las palabras, es sin duda alguna la mejor salvaguarda de la verdad. Cuando lo real va siendo desplazado por lo simbólico, lo real acaba siendo considerado también como *meramente simbólico*; y después, por la simple lógica del pensamiento, como *pura nada*: pues, ¿qué sentido podría pretender poseer un símbolo que no significara absolutamente nada?

---

[39] Robert Jordan, de la Saga *The Wheel of Time*, en *The Dragon Reborn*, New York, 1992, pag 31.

El Yelmo de Mambrino

5. Donde se prosigue la historia del yelmo de Mambrino y se cuenta la extraña parábola de las cien ovejas rebeldes, junto con otras menudencias de acompañamiento que añaden sabor al tema

Si por una parte el Señor había dicho que su Reino no es de este Mundo (Jn 18:36), en cambio el Diablo tuvo el descaro de atribuirse el dominio sobre él (Lc 4:6). Pero, por más que el Diablo sea el Gran Mentiroso y el Padre de la Mentira (dicterios que provienen de la misma boca del Señor), es justo reconocer que, al menos en esta ocasión y bajo ciertos aspectos, no andaba muy lejos de la verdad.[40] Y como en estos últimos tiempos de la Historia parece haber extendido su reino en no pequeña medida, nada tiene de exagerado afirmar que vivimos bajo el imperio de la Mentira; siquiera sea en muchos aspectos y circunstancias de la vida. Se ha convertido en algo normal que *lo que no es* aparezca como *lo que es*, y viceversa. La moderna sociedad ya no se siente escandalizada de que al pan se le llame vino ni de que al vino se le llame pan. En el teatro clásico antiguo se utilizaban la *per–sona* y el *coturno* como instrumentos de disfraz.[41] En la actualidad no hay necesidad de emplear medios tan artificiosos, por otra parte tan incómodos, y que poseen además el

---

[40] Ciertamente el Demonio es el Gran Mentiroso. Pero algunas veces, cuando así lo exige su propia conveniencia, dice la verdad. En todo, en parte, o en mixtura en forma de embrollo. En ocasiones lo hace así para engañar a los mentirosos natos, aunque parezca una paradoja pero que en realidad no lo es. Pues el mentiroso, como el ladrón, piensa que *todos son de su condición*, y de ahí que en ocasiones parezca conveniente decirle la verdad a fin de que piense lo contrario. La consecuencia de todo esto es obvia. Porque lo único que puede hacer cualquier persona avisada es no creer jamás al Diablo, o mejor todavía, no dialogar con él bajo ningún concepto.

[41] Máscara y calzado, respectivamente, utilizado por los actores del teatro greco–romano.

inconveniente de mostrar con excesiva estridencia su carácter farandulero. Y aunque es un género que abunda entre los componentes de la actual sociedad, a casi nadie le gusta aparecer como arlequín. Lo que es más que evidente en el mundo moderno es el hecho de que, en algunos de sus ámbitos, el disfraz y el recurso a la apariencia se han puesto de moda, y que son tantos los que los utilizan que a menudo llegan a ser multitud. Ahora no tendría sentido el tumulto organizado en la venta en donde vino a parar la cuadrilla que acompañaba a don Quijote: la bacía de barbero sería efectivamente el yelmo de Mambrino, y la albarda del burro sería reconocida como jaez de caballo. Todo ello sin dar lugar a discusiones ni a problema alguno.

Los integrantes del *tinglado de la moderna farsa* tienen, sin embargo, algo en común con los actores del teatro clásico antiguo: también aparecen en la escena como héroes. Con alguna importante diferencia, sin embargo. Porque ahora no se pretende representar a grandes, sobrehumanos y casi (o puramente) legendarios personajes, tal como aparecen en el mundo de Esquilo, de Sófocles o de Eurípides, por ejemplo. No es el momento ya de *representar* o traer a la memoria lo sublime y heroico, sino de *pretender serlo*. De ahí que la moderna farsa ya no se presenta ante el mundo como farsa, sino con auténticas pretensiones de realidad. Lo dicho más arriba. Las cosas han evolucionado de tal manera que ya no tiene sentido que el teatro, como había ocurrido siempre, acepte su cometido de reflejar mejor o peor la vida real. Porque de hecho la ha invadido y se ha identificado con ella, de tal manera que la vida ordinaria se ha convertido a sí misma en el mundo de la carátula.

Pero en definitiva, ¿cuál es el papel que se atribuyen los nuevos actores de la moderna farándula? Por supuesto que el de héroes, tal como acabamos de decirlo. Pero con una peculiaridad importante, la cual los diferencia por completo de los superhombres antiguos. Porque los modernos paladines se presentan ante el mundo que los contempla, entre asombrado y atemorizado..., con la pretensión de ser auténticos *rebeldes*.[42]

Claro está que rebeldía significa oposición. Por lo general tan furibunda y colérica como dispuesta a derribar, por cualquier medio, los obstáculos que traten de impedir sus propósitos. Según lo cual cabe el interrogante: ¿Contra qué o contra quiénes se alzan entonces los modernos subversivos? La pregunta no es tan ociosa como puede parecer, puesto que hasta los mismos insumisos encontrarían dificultades para contestarla abiertamente. Puestos a la tarea, responderían seguramente con una larga lista de vocablos, aunque tan evanescentes y vaporosos como quizá poco convincentes para muchos: la *protesta* —nos dirían— va dirigida contra el Sistema establecido, contra la opresión y falta de libertad, contra las injusticias sociales, contra el conservadurismo obsoleto y constrictivo, contra la burguesía reaccionaria..., y contra un numeroso montón de etcéteras. En realidad, todos y cada uno de estos elementos *provocadores de indignación y protesta* no andan sobrados de un significado preciso y concreto, por lo que estarían necesitando abundantes aclaraciones que muchos agradecerían. Pero aparte de la dificultad de la tarea, no hay que olvidar que el mundo moderno prefiere los eslóganes y los tópicos a las explicaciones rigurosas y racionales.

Afortunadamente sin embargo, por esta vez al menos, creemos estar en posesión de la explicación adecuada. La que responde realmente al fondo y a la causa de tales Movimientos de inconformismo.

---

[42]Los héroes del teatro clásico antiguo luchaban contra la injusticia, contra el Mal, y por encima de todo contra el Destino. Aunque no parece que jamás se atribuyeran la condición de rebeldes. Incluso cuando se enfrentaban abiertamente contra el Destino, jamás lo hacían bajo la pretensión de rebelarse contra lo que más bien consideraban como irremediable.

Con todo, antes de intentar calmar la inquietud de intelectuales curiosos e investigadores del pasado, y previamente también al descubrimiento de la verdadera faz de las modernas rebeliones, quizá sea conveniente, con fines aclaratorios, un breve resumen recordatorio.

Los Movimientos Revolucionarios, por lo que se refiere al Mundo Occidental, parecen haber comenzado propiamente con la caída del *Ancien Régime*. Por supuesto que las revoluciones sociales de carácter obrero, las cuales alcanzan su punto álgido durante el siglo XIX y comienzos del XX, poseen un carácter distinto de las que comienzan a partir de la mitad del siglo XX. Nos referimos en estas últimas a las Revoluciones Estudiantiles, a las de los Jóvenes, a las de los Intelectuales, a las de los Homosexuales o los (las) Feministas y hasta las de los Clérigos, entre otras. Y, como es lógico, todas han pretendido siempre luchar contra la injusticia. Una intención que, de ser siempre cierta supondría, puesto que el Mal está actuando desde el principio (2 Te 2:7), que la lucha contra él (contra la injusticia) ha existido siempre. Aunque no con el carácter *revolucionario* que viene presentando en el mundo de la modernidad.

El problema, sin embargo, es mucho más complicado de lo que parece. Por lo general suele darse por resuelto con el planteamiento que se acaba de esbozar. Los rebeldes han luchado siempre contra la injusticia, en cualquier forma que se haya presentado. Y, si bien es cierto que en determinados momentos se han cometido excesos e incluso abusos, todo es comprensible si se tiene en cuenta el ansia legítima de acabar con las injusticias (con el mal en todas sus formas) por parte de los revolucionarios. En definitiva, estamos ante males ocasionales y marginales, necesarios por su parte para alcanzar los honrosos fines que se perseguían, etc.... *Pero sucede que es aquí precisamente donde reside el fondo oscuro y ominoso del problema.*

Porque lo único que legitimaría la protesta contra la injusticia sería el hecho de que *realmente se proteste contra la injusticia*. Pues, aparte de que las intenciones no siempre son tan claras, como cualquiera de buena voluntad puede comprender y como vamos a ver ahora, lo primero que ha de exigirse a un reformador es la condición de que empiece por reformarse a sí mismo: *Médico, cúrate a ti mismo*.[43] Ahora bien, ¿hasta qué punto pueden clamar por la justicia y la integridad quienes jamás han pensado seriamente en ellas...? Puestos a decir la verdad, el único que ha podido atribuirse a Sí mismo la condición de verdadero Revolucionario no es otro que el mismo Jesucristo. Pues la revolución y la rebeldía nunca son verdaderamente tales mientras no son realidad en el sujeto que las pretende y clama por ellas. Lo cual supone necesariamente la negación de sí mismo mediante la propia inmolación, de un lado; además de la lucha seria e incesante contra las pasiones, la concupiscencia y los desórdenes del propio yo, de otro: *Si alguno quiere venir detrás de mí, que se niegue a sí mismo, que tome su cruz y que me siga. Porque el que quiera salvar su vida la perderá; pero el que pierda su vida por mí, la encontrará*.[44] Y lo cierto es que no hay otro camino, dígase lo que se quiera. Sin embargo, ¿acaso puede alguien pretender seriamente que los numerosos y clamorosos *Grupos Rebeldes*, o los mismos que hacen funcionar la tramoya de la moderna farsa, luchan verdaderamente por la verdad, la libertad y la justicia...? Porque, según Jesucristo, el pecado es la única cosa que realmente priva de la libertad (Jn 8:34). Por otra parte, solamente Él es capaz de conducir hasta la auténtica verdad (Jn 14:6), y el único que puede recabar para Sí la realidad de haber dado testimonio de ella (Jn 18:37). Además, y como consecuencia de ello, el único también

---

[43] Lc 4:23.
[44] Mt 16: 24–25.

que otorga la verdadera libertad (Jn 8: 32–36). Pero, insistimos de nuevo, ¿realmente son tales realidades aquellas por las que claman, con tan abultado alboroto, los Modernos Rebeldes...?

Por desgracia, sin embargo, los hechos, harto evidentes por otra parte para quien quiera verlos, hacen sospechar que no es así. Por eso justamente hemos hablado antes de farsa teatral y de los modernos actores. *Llevan sobre sí el disfraz de rebeldes cuando en realidad jamás han pensado en la verdadera rebeldía.* Entonces, de ser así las cosas, ¿cuál es el objeto verdadero de la protesta y contra qué o contra quién va dirigida exactamente? La respuesta es clara, también para quien desee verla. Es probable incluso que muchos de tales rebeldes, sin poseer una conciencia clara de los motivos de su conducta, se dejen manejar por el Sistema. En el fondo, tanto unos como otros no son sino marionetas manejadas hábilmente desde arriba. De nuevo nos encontramos con el teatro, esta vez en forma de guiñol. Y si queremos una respuesta acertada y definitiva, vamos a descubrir que aquello contra lo que verdaderamente dirigen su rabia tales Movimientos no es otra cosa, quieran reconocerlo o no, que *lo que todavía resta de raíces y valores cristianos en la moderna sociedad.* Como ha dicho tan certeramente el escritor americano Kreeft: *No tiene nada de sorprendente que en una cultura en la que los filósofos desprecian la sabiduría y los moralistas la moralidad, los predicadores son los mayores hipócritas del mundo, los sociólogos los únicos que no saben lo que es una sociedad recta, los psicólogos los que poseen las mentes más confusas, los profesionales del arte los únicos que en realidad odian la belleza, mientras que los liturgistas son para la religión lo que el Dr. Von Helsing significa para Drácula...*,[45] suceda lo que viene sucediendo, por supuesto. El autor aplica su arenga

---

[45] Peter J. Kreeft, *The Philosophy of Tolkien*, Ignatius Press, San Francisco, 2005, pag. 14.

El Yelmo de Mambrino

al desprecio por los buenos libros, aunque claramente se ve que lo dicho puede extenderse a todos los aspectos de la moderna sociedad, como en definitiva es lo que él hace. ¿Estamos o no ante la cultura y el mundo de la moderna farándula? Los actores se han tomado tan en serio su papel que se han identificado con él, olvidando que no son sino actores, y de ahí que los modernos rebeldes hayan acabado creyendo que alzaban espadas cuando en realidad no son sino muñecos manejados mediante hilos.

La que algunos han llamado *Rebelión de los Clérigos* merecería un capítulo aparte.[46] La *protesta* clerical comenzó a manifestarse abiertamente ya en los momentos en los que se celebraba el Concilio Vaticano II, aunque la cresta de la ola alcanzó su punto culminante en los años que siguieron, y perdura en la actualidad.

Se puede atribuir su origen a dos clases de causas: de superficie y de fondo. Estas últimas que, como es lógico, son las menos conocidas y que ofrecen además la particularidad de que prácticamente no se ha hablado de ellas, son dos en realidad.

Nos encontramos, en primer lugar, con la deficiente formación que se venía impartiendo a los candidatos al sacerdocio en los Seminarios Tridentinos, tanto en el ámbito académico como en el espiritual. Dirigidos por lo general por hombres de buena fe, tales Centros no supieron adaptarse sin embargo al Mundo que siguió al final de la Primera Guerra Mundial, ya desde antes de acabar el primer tercio del siglo XX.[47]

La segunda causa no es menos importante, y se refiere a la infiltración de elementos extraños, principalmente la Masonería, que tuvo lugar en los

---

[46]El tema ha sido tratado en algunos de mis libros, aunque de manera muy sumaria. Pero siempre ofrece aspectos nuevos al estudio que, por otra parte, pueden ayudar a comprender mejor el problema del que estamos hablando.

[47]No vamos aquí a insistir en un tema que ya he tratado con más extensión en alguno de mis escritos. Puede verse mi opúsculo *Notes on the Spirituality of the Society of Jesus Christ The Priest*, Shoreless Lake Press, New Jersey, USA, 1994.

Seminarios a partir sobre todo de los años cuarenta del siglo pasado.[48] Por mi parte pienso que en aquella época, si alguien hubiera tenido el atrevimiento de advertir a los Obispos acerca de lo que estaba ocurriendo, habría sido internado seguramente en algún Centro de Salud Mental. A pesar de que yo mismo fui testigo directo de hechos bastante elocuentes, y más que convincentes, durante mis seis años de permanencia internado en un Seminario. Pero con todo, incluso hoy, es poco recomendable aludir al tema.

En Norteamérica hubo además otra causa muy peculiar y más grave aún, si cabe. Los Seminarios fueron abiertos sin trabas de ninguna clase, y sin que nadie haya explicado todavía la razón, a los homosexuales. El tema permaneció velado durante bastantes años hasta que al fin, en los tiempos actuales, ha estallado con las consecuencias catastróficas que eran de esperar.[49] Es difícil de explicar el hecho de que, tanto los Obispos norteamericanos como el mismo Vaticano, hayan podido permanecer ignorantes durante tanto tiempo acerca de lo que estaba sucediendo. En la actualidad la situación de la Iglesia americana es bastante delicada. Incluso problemática y bastante peligrosa, por decirlo de un modo suave.

En cuanto a las causas que hemos llamado de superficie, que son por definición más fáciles de comprender y de detectar, también son principalmente dos. Nos estamos refiriendo a la famosa *Promoción de los Seglares* y a la llamada *Crisis de Identidad Sacerdotal*. El enorme *shock* producido por la primera de estas causas, nacida de ideas difundidas por algunos de los elementos que más intervinieron en el Concilio Vaticano II, colocaron prácticamente al clero (o presbiterado) en una situación de olvido y de abandono. El mundo del *clero llano* quedó prácticamente aislado entre las doctrinas que pugnaron por poner en su puesto al Episcopado, por un

---

[48] La Masonería tampoco tuvo reparo en utilizar para sus fines elementos doctrinales pertenecientes a la ideología marxista, y que ejercieron una gran influencia en la formación de agitadores dentro de los Centros de formación. Nos referimos, sobre todo, a la ayuda que proporcionó en este sentido la *Teología de la Liberación*.

[49] Michael S. Rose, *GOODBYE, GOOD MEN: How Liberals Brought Corruption Into the Catholic Church*, Washington, 2002. El libro, que es un Documento serio e importante, causó en su momento un enorme revuelo en los Estados Unidos.

lado,[50] y también al Laicado, por otro. Fue quizá una de las principales razones que ocasionaron la *Crisis de Identidad*.

Una vez descubierta la gran importancia que representaba para la Iglesia el papel del Laicado (hasta ahora al parecer ignorada), y extendida la idea, difundida por los teólogos *progres*, de la falta de identidad sacerdotal (o del desconocimiento de la naturaleza del sacerdocio, por no hablar de su utilidad práctica), no es de extrañar que la gran masa de clérigos se entregara ardorosamente a la tarea de asemejarse a los seglares.

Fue así como surgió el extraño fenómeno del clero dedicado ahora a tareas profanas. Se hizo común el eslogan de la *necesidad de dar testimonio y de no aparecer como diferentes de los laicos*. Realmente la naturaleza humana es tan extraña, o tan divertida si se quiere, que a veces resulta bastante difícil encontrar una explicación racional a su comportamiento. Tal necesidad de *dar testimonio* fue la que impulsó a muchos clérigos a dedicarse a tareas tales como las de fontanero o de electricista, por ejemplo. Inexplicablemente, por lo que parece, nadie pareció darse cuenta tampoco de que la única forma de dar testimonio, para un sacerdote, no es otra que la de *ser sacerdote*. Por otra parte, con todo el respeto que se merecen tantos profesionales de tareas profanas, es bien sabido que se obtiene de ellas mucho más dinero, y con menos trabajo, que mediante la dedicación a las tareas pastorales. Los sacerdotes, por ejemplo (y hablamos solamente de los auténticos), gozan de sueldos inmensamente más pobres, además de estar sometidos a una dedicación diaria de veinticuatro horas y carecer en absoluto de días festivos y vacacionales. Lo extraordinario del caso es que tampoco aquí hubo muchos que cuestionaran la tan pregonada necesidad de *no diferenciarse de los seglares*: un engendro ideológico de origen oscuro

---

[50]Hasta entonces nadie pareció haber sido consciente de que el Episcopado no gozaba de la preponderancia que le correspondía. Por aquellos tiempos, hubo algunos que pretendieron ver intenciones de recortar las prerrogativas que el Vaticano I había reconocido al Papa. Sea como fuere, y puesto que no nos corresponde hacer otra cosa, nosotros preferimos archivarlo como problema de estudio para futuros historiadores. De todas formas, y vistas las consecuencias que siguieron a las decisiones del Concilio en este punto (Conferencias Episcopales sobre todo), los resultados no parecieron responder a lo que se buscaba.

que nada tiene que ver con los verdaderos deseos de los fieles, los cuales son justamente quienes más están interesados en que el sacerdote se diferencie de ellos.

Fue este batiburrillo de ideas, entre otras cosas, el que provocó la crisis de identidad y el que desterró definitivamente el traje distintivo clerical. Aunque desgraciadamente las cosas, por lo que se refiere a las prendas de vestir, no se quedaron limitadas a una simple sustitución. Pues ahora ya no se trataba meramente de utilizar o no un traje *secular*, sino de usar un tipo de vestimenta, o bien lo más menesterosa o indigente posible, o bien incluso hasta ridícula. Así fue como aparecieron, entre otros motivos de espectáculo, sacerdotes cincuentones, por ejemplo, vestidos con trajes llamativos de adolescentes quinceañeros. Por citar algún caso.

Ya desde el Concilio Vaticano II, y durante el período siguiente, el Papa Pablo VI exhortó en vano a fin de que se usara alguna vestimenta de distintivo clerical. Conducta seguida también por Juan Pablo II al principio de su Pontificado (después dejó de hacerlo), hasta que al fin la nueva situación se aceptó como cosa hecha y definitivamente establecida.

Por supuesto que alguien diría, a propósito de todo esto y con razón, que lo importante no es tanto el vestido cuanto la mentalidad. Y en efecto. Porque ante una situación tan extraña como la de la *crisis de identidad* (en la que se dejaron embaucar ingenuamente tantos sacerdotes), sería para preguntarse, por ejemplo, lo que sucedería si alguien se tomara la molestia de ir a la jungla y tratara de convencer al lobo, al mono, o al elefante; pero con la rara teoría, nada menos, de que ya no eran ni lobo, ni mono, ni elefante. En el supuesto y disparatado caso de que lograra ser creído, es para imaginarse a tales pobres animales (ahora sin identidad) esforzándose como locos tratando de buscar un disfraz para parecer algo. Puesto que, al fin y al cabo y de una manera o de otra, *es necesario ser algo* a toda costa (a no ser que alguien prefiera verse tragado por la nada de la que hablaba *La Historia Interminable*).

Pero en definitiva, lo que esta inmensa mayoría de clérigos estaban llevando a cabo, quizá sin darse cuenta muchos de ellos (de nuevo el gigantesco guiñol de las marionetas), era ni más ni menos que la tan cacareada actitud de *protesta*. De manera que, de ser esto cierto, nos encontramos de nuevo con la *rebeldía*. Ahora bien, podríamos preguntar, ¿contra qué o contra quién ha ido dirigida en este caso...? Y la respuesta, de nuevo para quien posea buena voluntad y deseos de conocer las auténticas realidades, no es difícil de hallar. La protesta ha ido dirigida esta vez contra un conjunto de ideas que podríamos resumir bajo el epígrafe, ideado por los mismos rebeldes, de *aburguesamiento de la Iglesia*. O sea, si es que queremos ser más breves: contra la Iglesia.

Lo que *no es* aparece como lo que *es*, y viceversa. En definitiva, la farsa. De manera consciente en unos e inconsciente en otros; pero al fin y al cabo teatro. Que a su vez puede ser de la clase de guiñol manejado con hilos a mano, o de guiñol manipulado por control remoto. Por eso hablaremos después de la chocante *parábola de las cien ovejas rebeldes*. La cual, si bien no se encuentra en los Evangelios, ni siquiera en los Apócrifos (y de ahí que sea escasamente conocida), contiene también tal número de enseñanzas como el que suele ser normal en este tipo de narraciones.

Todo el mundo tiene alguna idea del significado que suele darse hoy a la imagen de un rebaño de ovejas. Son pacíficos animales que se organizan en manada, incapaces al parecer de vivir aisladamente, y que se han convertido en un símbolo que designa a lo que el mundo suele llamar la actitud de *aborregarse*. Algo así como un sinónimo de lo que se conoce también con el nombre de *adocenarse* (que supone la pérdida de una personalidad propia), o de *masificarse* (convertirse en un número de la masa de ciudadanos que son manejados a su gusto por el Sistema). En realidad el concepto sociológico de *masa* es relativamente reciente, lo mismo que el fenómeno al que corresponde. Aunque no debe confundirse con el de clase social; ya que es normal que la masa abarque a veces a varias clases sociales a la vez, mientras que otras se refiera solamente a cualquiera de ellas. Por supuesto que las masas han sido siempre manejadas por el Poder Político, de forma más o menos despótica con no escasa frecuencia; aunque a veces, tal vez las menos, el Poder ha trabajado honradamente por el bien común. Pues es preciso reconocer que, por desgracia, los buenos gobernantes no han abundado mucho en la Historia de la humanidad. De todos modos, el Poder Político no había manejado antes a las masas de forma tan sistemática, científica, despectiva y desinteresada con respecto al bien de los ciudadanos, como lo viene haciendo en la actualidad. De ahí que hayamos dicho antes que los conceptos de masa y clase social pertenecen más bien a la modernidad. Por lo demás, la *Rebelión de las Masas*, que diría Ortega y Gasset, es una idea que pertenece al mundo de la utopía. La verdad es que no suelen ser las masas las que se rebelan ni las que gobiernan el mundo, ni mucho menos a sí mismas, sino que es el Sistema y el aparato intelectual que lo sustenta quienes las dirigen y provocan las rebeliones. Lo cual es precisamente lo contrario de lo que Ortega pensaba y de lo que él consideraba como deseable. Sin embargo es evidente que tales *rebeliones* nunca son verdaderamente tales, en cuanto que a menudo no pasan de ser un concierto de balidos de rebaño, provocado cuando conviene por aquéllos a quienes conviene. Nos encontramos de nuevo con el guiñol de las marionetas que por supuesto ignoran que lo son: carecen de capacidad de pensar y decidir, de manera que solamente les queda actuar según los deseos de quienes las dirigen.

La *aparición* de la clase obrera es uno de los fenómenos más característicos e importantes de nuestro tiempo. Su vitalidad adquiere grados de furor a partir de la mitad del siglo XIX y a lo largo del siglo XX. Y su coincidencia con el nacimiento y la rápida difusión del marxismo podría ser considerada por algunos como un mero accidente. Al menos así lo aseguran quienes piensan también que la Iglesia *adquirió conciencia* del problema obrero por primera vez. Otros sin embargo achacan esto último a un cierto complejo de inferioridad, surgido en parte de la Jerarquía de la Iglesia, ante la gran difusión alcanzada por el marxismo. Según ellos, se había creado un estado de ánimo, dentro del mundo eclesiástico, proclive al convencimiento del triunfo definitivo e irremediable de las doctrinas de Carlos Marx. Sea como fuere, es un hecho que la situación dio lugar a la aparición de un océano de exhortaciones, documentos y otros escritos sobre la llamada *Doctrina Social de la Iglesia*. Las obras de los expertos abarrotaron las librerías y bibliotecas de todo el mundo, al mismo tiempo que el Magisterio se esforzaba en proveer abundante doctrina sobre un tema considerado de tanta transcendencia. Desgraciadamente, como todo el mundo sabe, no es raro que los remedios aportados para solucionar ciertos problemas produzcan otros nuevos. A veces incluso de mayor gravedad de la que afectaba a los que se trataba de resolver.

Si fue eso, o no fue eso, lo que sucedió en este caso, es un problema a dilucidar por los teólogos y los estudiosos de la Historia. Aunque ya de entrada podemos decir que era obvio el riesgo de que la Iglesia se inmiscuyera en cuestiones temporales que podrían no ser de su competencia: *¿Quién me ha constituido a mí juez o repartidor entre vosotros?*[51] En realidad, la obligación de *dar al César lo que es del César, y a Dios lo que es de Dios*, prescrita en el Evangelio, no se ha entendido nunca, o no se ha querido entender, en toda la profundidad de su verdadero significado. El problema se plantea en torno a la necesidad de especificar claramente lo que es de Dios y lo que es del César, lo cual no es siempre fácil. Al Magisterio de la Iglesia le compete el derecho, y por supuesto el deber, de juzgar también acerca de las cuestiones temporales que afectan a la organización de la Sociedad Civil; aunque sólo en la medida, claro está, en que tienen que ver con la fe y la moral cristianas. La asistencia del Espíritu Santo garantiza al Magisterio contra la posibilidad del error, siempre y cuando se ejerza según las condiciones y en las circunstancias requeridas. No salvaguarda, sin embargo, de la eventualidad del deslizamiento hacia un cierto ámbito

---

[51] Lc 12:14.

de cuestiones temporales que, por el hecho de ser circunstanciales y coyunturales (y quedar al margen de la fe y la moralidad), están abiertas a multitud de soluciones. Por lo cual Dios las ha dejado a la libre determinación de los hombres que rigen la Sociedad secular.[52] De todos modos está claro que, siempre según Jesucristo y si ha de darse valor a sus palabras, el César *posee derechos que, precisamente por ser tales, y siempre que se ejerzan dentro de su ámbito propio, son intocables*. Llama la atención la aparente contradicción entre la insistencia en proclamar la *autonomía y Promoción de los Seglares*, de un lado; y el empeño de alguna parte del mundo eclesiástico en poseer la exclusiva (con la correspondiente receta mágica) de la solución a problemas de clara competencia de la Sociedad Civil, de otro. Por otra parte, tampoco garantiza el Espíritu su asistencia contra la posibilidad de que el Magisterio falte a su deber de juzgar sobre determinadas cuestiones temporales, justa y precisamente en aquellas circunstancias en que tendría que hacerlo, y en la medida en que debería hacerlo. Una posibilidad, en efecto, de la que no se puede decir que suceda más raramente que la anterior.

De hecho, muchas *soluciones* a problemas de *justicia social*, consideradas en su momento como felices y definitivas, no tardaron en mostrarse como obsoletas e inútiles. Tal vez el error no consistió tanto en el hecho de que se tratara de soluciones equivocadas, sino en la obstinada e insistente pretensión, por parte de la Sociedad Eclesiástica, de aportar sus propias soluciones, algo así como definitivas y casi mágicas, a cuestiones que en realidad habrían sido dejadas por Dios al arbitrio de la Sociedad Civil. La naturaleza de las cuales, ante la posibilidad de verse afectada por circunstancias variables y contingentes, podía admitir diversidad de soluciones. Todas lícitas por supuesto, y cuyo éxito queda subordinado al buen ejercicio de la inteligencia que le ha sido otorgada a la raza humana. Ni más ni menos que con el fin de ser ejercitada a través de un cúmulo de posibilidades cuya elección Dios ha querido dejar al arbitrio del hombre.

---

[52] Y aquí sí que sería legítimo reconocer un amplio espacio a la famosa *Promoción de los Seglares*. Desgraciadamente el clericalismo ha sido siempre la bestia negra que no ha dejado de acechar, con un disfraz o con otro, a la Sociedad Eclesiástica.

En íntima relación con lo dicho, tampoco debe olvidarse el riesgo de que la Pastoral de la Iglesia, enredada en infinidad de cuestiones difíciles para las que carecería de competencia, restara tiempo e importancia a la misión fundamental que le había sido encomendada por su Fundador; a saber: la de conducir a los hombres hacia el destino sobrenatural al que han sido llamados.

Por otra parte, la expresión *Doctrina Social de la Iglesia* parece poco afortunada. Pues todo tiende a indicar, como vamos a tratar de mostrar, que no es sino una tautología.

Ante todo, la doctrina de la Iglesia no es otra que la que le ha sido encomendada por su Divino Fundador. Entregada por Él a los hombres por medio de los Apóstoles, su transmisión en el tiempo y la vigilancia a la fidelidad de su contenido quedaba garantizada mediante el Espíritu y su asistencia al Magisterio: *Id pues e instruid a todas las gentes, bautizándolas en el nombre del Padre, y del Hijo, y del Espíritu Santo, enseñándoles a guardar todo lo que os he mandado.*[53] La doctrina de la Iglesia es, por lo tanto, la doctrina de Cristo, que es lo mismo que decir la *Doctrina Cristiana*.

Sucede sin embargo que la doctrina enseñada por Cristo es social por esencia y necesidad. Al fin y al cabo, Dios quiere la salvación de *todos los hombres* (1 Tim 2:4). Regulada por el *mandamiento nuevo* del amor al prójimo, y destinada a hacer de todos los creyentes un solo y mismo Organismo con Cristo como Cabeza (el Cuerpo Místico de Cristo), su mensaje no podría concebirse de otro modo que como *social*. Es impensable que el cristiano pueda imaginar su salvación de modo aislado, sin interesarse en el destino de los demás hombres sus hermanos: *Un mandamiento nuevo os doy: que os améis unos a otros. Como yo os he amado, amaos también unos a otros...*[54] *Sabemos que hemos pasado de la muerte a la vida porque amamos a nuestros hermanos... El que no ama no conoce a Dios, porque Dios es amor.*[55] Separar una parte del Mensaje de Cristo como algo peculiar, en la medida en que hace especial referencia *a los demás*, o a un

---

[53] Mt 28: 19–20.
[54] Jn 13:34.
[55] 1 Jn 3:14; 4:8.

grupo particular de ellos, no parece tener sentido: sería algo así como hablar de una doctrina social, *aunque considerada ahora como social*. A no ser que se pretendiera encasillar a algún grupo particular de seres humanos como *clase social* especial y determinada, con características propias como para convertirla en algo distinto y, en cierto modo, separado de los demás miembros de la sociedad de los hombres. Lo cual, además de encajar difícilmente en las enseñanzas contenidas en el Mensaje de Cristo (Ga 3:28), abre la puerta al empleo de una terminología peculiar, propia de una filosofía, cual es la marxista, que es absolutamente opuesta a todo lo sobrenatural. La doctrina de alguna Sagrada Congregación explicó en su día que la Iglesia *reconoce* la existencia de clases sociales. Lo cual parecía ser una declaración tan inocua como innecesaria (también podía haberse *reconocido* la existencia de la afición al deporte como un fenómeno social). Pero lo que nunca podría hacer la Iglesia sería reconocer como un hecho la existencia de la lucha de clases; salvo que estuviera dispuesta a aceptar los mismos postulados de la filosofía marxista.

Tal vez no sea necesario, por lo tanto, que la sustantiva Doctrina de la Iglesia, o Doctrina Cristiana, necesite para nada del adjetivo Social. Aunque todavía quedan dificultades por resolver.

Porque así como el Mensaje Evangélico no se puede concebir sino como *social*, tampoco puede imaginarse sino como algo estrictamente *individual* o *personal*. Pues la salvación es para las personas, y no para las clases sociales. Y de ahí que el Mensaje de Salvación, ofrecido a los hombres por Jesucristo, sea a la vez individual y social, sin que en ningún momento pueda hacerse abstracción de uno de los términos en favor del otro. Hablar de un *cristianismo social*, por lo tanto, tendría tan poco sentido como referirse a lo que sería un *cristianismo meramente individual*.

No hace falta decir que cada ser humano individualmente es para Dios una persona. Por lo cual es también alguien *único* para Él. Un *tú* con el cual establece una relación única bilateral y singular (*yo–tú*); puesto que no de otra manera se establece el vínculo de amor. Si bien Dios ama a todos los hombres, considera a cada uno de ellos como un *tú*, que para Él viene a ser como único. Dios no parece preocuparse demasiado por las clases sociales como tales clases sociales. Está interesado en la salvación de todos los hombres, para lo cual y por lo cual ama *a cada uno de ellos como un ser singular (persona)*. Incluso el Viejo Testamento es bastante expresivo en este punto. Sería curioso, y por demás provechoso, recorrer con atención cada una de las líneas del más bello Poema Sagrado de todos los tiempos:

> *Porque es única mi paloma, mi perfecta...*
>
> ....
>
> *Mi Amado es para mí y yo soy para Él.*[56]

Toda la estructura del *Cantar de los Cantares* está basada en la relación de amor, única, bilateral y personal, entre el Esposo y la esposa. Las doncellas y compañeras de esta última forman un coro aparte.

En cuanto al Nuevo Testamento, parece superfluo insistir en el tema. La parábola de los talentos, por ejemplo (Mt 25), habla de un hombre rico que, previamente al inicio de su viaje, quiso repartir bienes entre sus siervos *dando a cada uno según su capacidad*. El hecho de pedir cuentas, a cada uno de ellos cuando vuelve, es también expresivo del carácter de individualidad personal que recorre toda la parábola. Y aún es más elocuente en este punto la parábola de la oveja perdida (Lc 15: 4 y ss.), donde se dice que el dueño de un rebaño compuesto por cien ovejas salió en busca de una que se había descarriado, sin dudar en *abandonar para ello en el campo a las otras noventa y nueve*. Cualquiera diría, a la vista de este hecho, no ya que aquí se considera más importante lo individual personal que lo colectivo, sino incluso (valga la hipérbole) que lo segundo importa poco ante lo primero. Igualmente también, según el Apocalipsis, el Espíritu advierte al ángel de la Iglesia de Tiatira que es Él quien escudriña los corazones y las entrañas, y quien *dará a cada uno según sus obras*.[57]

En la doctrina paulina se aprecia con claridad la unión indisoluble de las dos vertientes, individual personal una y colectiva la otra, del Mensaje Cristiano: *Porque así como en un solo cuerpo tenemos muchos miembros,*

---

[56] Ca 6:9; 2:16; 6:3.

[57] Ap 2:23.

y no todos los miembros tienen una misma función, así nosotros, que somos muchos, formamos en Cristo un solo cuerpo, siendo todos miembros los unos de los otros.[58] Donde se aprecia que para el Apóstol los cristianos forman *un solo cuerpo*, integrado por muchos miembros; si bien *no todos los miembros tienen una misma función*. Tampoco tiene cabida en su pensamiento la existencia de grupos peculiares dentro del conjunto de los fieles (Ga 3:28). Por lo demás, existe para él una interacción perfecta, que supone a su vez una total distinción, entre lo colectivo y lo personal: puesto que ninguna de las dos partes tiene sentido sin la otra, no es posible practicar una vivisección en el Organismo formado por el conjunto de los fieles. Si cada uno de ellos forma un todo con los demás, es precisamente porque el todo está compuesto por cada uno de ellos. Tampoco se dice en lugar alguno que alguien vea menoscabada su personalidad por su vinculación al conjunto: *Dios dispuso cada uno de los miembros en el cuerpo como quiso. Si todos fueran un solo miembro, ¿dónde estaría el cuerpo? Ciertamente muchos son los miembros, pero uno solo el cuerpo. No puede el ojo decir a la mano: "No te necesito"; ni tampoco la cabeza a los pies: "No os necesito". Más aún, los miembros del cuerpo que parecen más débiles son los más necesarios... Vosotros sois cuerpo de Cristo, y cada uno un miembro de él.*[59]

La moderna sociedad está empeñada en que *lo que no es* aparezca como *lo que es*, y viceversa. Prefiere percibir lo que desea ver, más bien que enfrentarse con la realidad: *Los hombres amaron más las tinieblas que la luz.*[60] Y la razón de esta aberración no es ningún misterio, aparte de que está contenida en el mismo texto: *Porque sus obras* (las de los hombres) *eran malas*. Donde queda bien claro que se trata de una opción de la voluntad, libremente orientada al error, más bien que de un defecto del entendimiento. El hombre moderno se ha apartado de Dios, conducido por su propio orgullo,

---

[58] Ro 12: 4–5; cf Ef 4:16.
[59] 1 Cor 12: 18–22.27.
[60] Jn 3:19.

y ha incidido así en el más aparatoso ridículo que cabría imaginar. La única razón por la que una creatura rechaza a Dios es porque pretende ser su propio dios..., y también el de los demás, pues ¿por qué no iba a querer un dios que se ha proclamado a sí mismo como tal no ejercer también un dominio sobre todo lo demás y sobre todos los demás? Una pretensión que se puede calificar de *ridícula*, si se quiere utilizar el más suave de los apelativos, aunque quizá el más apropiado. Sin duda alguna que Lucifer, además de ser el Gran Mentiroso, es también el mayor Payaso que ha conocido la Historia del Mundo; pues nadie podrá jamás ser víctima de un ridículo tan espantoso como el suyo. Por supuesto que Satanás no lo piensa así, puesto que no conoce ni *re-conoce* nada que sea verdadero, y su entendimiento es incapaz de captar la realidad sino de forma retorcida y contrahecha. Vive de la mentira y en la mentira, aunque él no lo admita así porque eso supondría aceptar la verdad. Ahora bien, el orgullo se identifica con la mentira, mientras que la mentira acaba manifestándose como payasada. De ahí que, si en el Cielo existen las risas, habrá que imaginarlo también como el lugar de la eterna y general carcajada. Pretender suplantar el puesto de alguien que es superior es una insensatez cuya magnitud, en el caso de que pueda ser medida, dependerá de la distancia que media entre el pretendiente y el pretendido. Si esa distancia fuera infinita, habría que calificar la insensatez como infinita. Ya que considerarla simplemente como una fenomenal tontería sería hacerle favor, mientras que asignarle al aspirante el papel de payaso supondría un ejercicio de conmiseración. Ha de tenerse en cuenta, no obstante, que no debe confundirse el payaso imbécil, que no pretende serlo, con el payaso profesional. Este último hace reír de oficio a la gente con su comicidad fingida que excita la hilaridad. El público ríe por acciones y expresiones tan fingidas como cómicas y disparatadas, *aunque siempre sin asomo de burla hacia la persona del payaso.* Más bien se puede decir que el payaso profesional es más respetado y estimado como persona cuanto mejor lleva a cabo su cometido. Mientras que el payaso a su pesar, por el contrario, no actúa de forma fingida ni con intención de hacer reír; muy al contrario: porque sus tonterías manan con fluidez y naturalidad de un corazón simplemente imbécil.

Los numerosos *rebeldes* de la sociedad moderna inciden también en el ridículo, en cuanto que pretenden ser lo que de ningún modo son y solamente son creídos por otros tontos afines a ellos.[61]

A propósito de este asunto, alguien propuso una vez la siguiente parábola:

Había en cierto lugar y en cierta ocasión un rebaño compuesto de cien ovejas. Vivían felices y sin problemas (las ovejas no suelen tenerlos), iban de uno a otro lugar en busca de pastos conducidas por sus rabadanes, y se sentían seguras mientras transcurría su tranquila (y monótona) vida. Pero así como el hombre no puede vivir sin problemas (si acaso no los tiene, los busca), igual sucedió al parecer con las ovejas de nuestra historia. Cansadas de su vida lacia, sin alicientes y sin imprevistos y de algún modo *borreguil*, decidieron alzarse contra un género de vida y contra un entorno injusto a los que consideraron poco dignos de su condición de ovejas. Es cierto que algunos de los manuscritos que nos han transmitido esta narración, cuya exactitud histórica es puesta en duda por algunos, hablan también de la existencia de un grupo de agitadores; culpables en último término según ellos, de suscitar el descontento y la agitación entre el ganado ovino objeto de nuestra crónica. Pero, sea

---

[61]De todos modos, es preciso reconocer en el grupo de payasos que no pretenden serlo una doble especie: aquéllos en los que, además de su condición de bufones predomina el cinismo (en cuanto que de alguna manera son conscientes de su propia farsa), y los simples caricatos sin sueldo, esclavos del guiñol con el que son manejados y que hacen reír con el ridículo de su propia persona.

El Yelmo de Mambrino

ello verdad o no lo sea, es lo cierto que no puede decirse que ese detalle haya influido decisivamente en las consecuencias que luego se derivaron. Justo es añadir sin embargo, en atención a la veracidad de nuestra historia, que nuestras buenas ovejas habían oído también rumores despectivos, circulando por aquí y por allá, acerca de su modo de vida y referentes a su gregaria condición de *borregas*, amén del consiguiente *borreguismo* de su existencia, etc.; más que suficiente todo ello para desposeerlas, en boca de los malhablados, de cualquier sombra de personalidad o iniciativa.

No tiene nada de extraño, por lo tanto, que un buen día nuestras ovejas pensaran que había llegado el momento de rebelarse. Aunque hay quien afirma que la decisión de alzarse contra la injusticia del entorno no pudo surgir de seres tan poco propensos a las audacias, sino que en realidad fue alentada *desde arriba*, o quizá *desde dentro* (que en esto discrepan los analistas) por medio de elementos infiltrados. Sea como fuere, el caso es que nuestro rebaño, cuando menos se esperaba, promovió una sorprendente y ruidosa algarada con el fin de manifestar su protesta. Allí iban nuestras ovejas, gritando todas a la vez, de forma más gregaria que nunca:

¡Somos las ovejas rebeeeeeldes!... ¡Las rebeeeeeldes!... ¡Protestamos contra la injusticiaaa!... ¡Queremos ser nosotras mismaaas!...

Etc., pues todo el mundo conoce las demandas que suelen hacerse en esta clase de manifestaciones callejeras.[62]

Marchaban en manada suscitando la admiración de los espectadores, quienes se preguntaban asombrados de qué clase de injusticia se trataba, y qué podría significar la extraña reivindicación, exigida entre sonoros berridos, de que una oveja quisiera ser *ella misma*.

---

[62]Por extraño que parezca, no se oyeron en esta ocasión los conocidos gritos de *¡Queremos el amor, y no la guerra...!* Parece ser que previamente se había acordado que esa consigna hubiera parecido demasiado borreguil, además de imbécil.

Y así marchaban a coro las cien ovejas, *balando y velando* por sus exigencias y reivindicaciones. Porque a decir verdad, preciso es reconocerlo, nunca un rebaño había parecido tan borreguil. Si bien es preciso añadir sin embargo, como detalle importante y el más sorprendente de la historia, que en realidad no desfilaba la manada de las cien ovejas, *sino solamente noventa y nueve de ellas.*

Pues sí, en efecto; solamente noventa y nueve ovejas. Ya que hubo una, entre todas las que componían la manada, que se negó rotundamente a convertirse en oveja rebelde. De ninguna manera quiso serlo y no hubo modo de convencerla. Decía obstinadamente, una y otra vez:

—*Me niego a ser oveja rebelde y nadie me va a doblegar. Nunca seré oveja rebelde, pues es mi firme voluntad la de continuar siendo oveja, y nada más que oveja.*

Y no hubo forma. De tal manera que la *masa* formada por el resto de la manada tuvo que consentir en que no fuera incluida en el grupo de las rebeldes. Y fue así como impuso su voluntad y como hizo, ni más ni menos, lo que bien le parecía; en contra de todas las demás.

Los lectores avisados no necesitarán ser advertidos de que, según algunos comentaristas, esta última fue en realidad la única oveja rebelde de la manada. Pues, como todo el mundo sabe, siempre anda de por medio, en el común de los hombres, la diversidad de comentarios y la discrepancia de pareceres. Pero, en general, prácticamente casi acabó por prevalecer la opinión de que la rebeldía de las noventa y nueve ovejas no fue sino un nuevo acto borreguil; si bien en esta ocasión más pronunciado aún que los anteriores.

Y dicho esto, cada cual puede ahora hacerse cargo de la moraleja y de la enseñanza de la parábola. Pues en la sociedad moderna abundan las rebeldías que no son otra cosa que bufonadas y actuación de marionetas, o quizá ambas cosas a la vez. Y algo, o mucho de esto, podría referirse de algunas de ellas sobradamente conocidas: como la rebelión de los jóvenes, la de los intelectuales, la de los (las) feministas, la de los homosexuales, y las de otros muchos cuya protesta, ridícula unas veces y sutilmente disimulada otras (a fin de no aparecer como rebelión), suele ser obra de alguna manipulación interesada que maneja borregos a su gusto y placer.

Así es como nos encontramos con *estudiantes* que nunca han estudiado. Con *intelectuales* cuya *cultura* no pasa de ser ligeramente superior a la de un asno. Con movimientos *feministas* alentados por mujeres que tienen poco de carácter femenino. Con *homosexuales* acerca de los cuales y sobre cuya conducta no valen comentarios, puesto que la caridad cristiana impone correr un velo sobre el tema (nunca mejor dicho). Con *librepensadores* que siempre han carecido de libertad de pensamiento; entre otras razones porque es evidente, si es que se pretende gozar de dicha libertad, que para eso es necesario gozar previamente de la capacidad de pensar.

Algunas veces, como hemos dicho más arriba, la actitud de protesta reviste formas más sutiles, carentes de estrépito y hasta aparentemente heroicas. Son casos en los que la rebeldía va dirigida en realidad contra un entorno al que se considera injusto, o tal vez *conservador* (términos sinónimos para esta clase de insurgentes). Suele ejercerse de forma pacífica, por más que también trata de aparecer como actitud denodada y esforzada. Es el caso, por citar algún ejemplo concreto, de algunos clérigos *rebeldes*, cuya conducta, que produce en quienes los observan sentimientos que oscilan entre el asombro y la risa, aparece como algo bastante extraño. Surgen así figuras nuevas y peregrinas, tan difíciles de clasificar dentro de un catálogo de curiosidades como de dictaminar acerca de lo que pretenden. Clérigos cincuentones vestidos de adolescentes; o bien pastores responsables de una multitud de fieles a los que jamás pueden atender espiritualmente a causa de sus otras muchas *obligaciones*; capellanes de hospitales que desconocen otra vestimenta aparte de la bata que utilizan los médicos, sin ninguna insignia religiosa que los identifique: su jornada suele transcurrir entre los pasillos y el bar del establecimiento, por lo que los enfermos que desean recibir atención espiritual se ven obligados a pedir ayuda a clérigos extraños a la institución sanitaria... Etc.[63]

En fin, y para resumirlo en pocas palabras. Si alguien desea llamar a las cosas por su nombre, y pretende hablar de verdaderos rebeldes o tal vez ser uno de ellos, tendrá que negarse a sí mismo, elegir la senda estrecha y el camino del sacrificio y anteponer el amor a los demás al de sí mismo. Entre otras cosas no menos importantes. Pero pretender poseer la condición de rebelde siguiendo la inclinación de los propios gustos y apetencias, buscando en todo momento la propia comodidad y la satisfacción de sí mismo de la forma que sea, buscando obtener el aplauso y la estimación de los demás, exigiendo derechos y olvidándose de que también existen deberes, culpando a otros de los males que sufre la sociedad, procurando ser considerados como héroes a fin de esconder la cobardía de no enfrentarse jamás al mal y a las verdaderas injusticias, etc., etc..., no es en modo alguno nada que se parezca a la rebeldía. En todo caso un triste remedo, y una ridícula caricatura, que trata todo lo más de imitar al Gran Payaso y al Gran Mentiroso, de quien son verdaderamente, de una manera o de otra, discípulos e hijos. Es ni más ni menos que la farsa, pero ahora representada en la vida ordinaria

---

[63]Esta última forma solapada de protesta contra el *conservadurismo de siempre* no es en realidad otra cosa, dígase lo que se quiera, que la manifestación de un complejo de inferioridad. En este caso se trata de aparecer como perteneciendo a un estamento de la sociedad al que se mira con cierta envidia, y al que se considera también como superior al que pertenece el sujeto en cuestión.

con la pretensión de ser aceptada como si fuera realidad: *Tenéis por padre al diablo e intentáis cumplir las apetencias de vuestro padre... Cuando habla la mentira, de lo suyo habla, porque es mentiroso y el padre de la mentira.*[64]

6. Donde al fin se intenta mostrar el verdadero sentido del "show" cristiano

Decir que la existencia cristiana es un verdadero *show* puede parecer extraño después de todo lo dicho aquí sobre el teatro. Sin embargo, en ningún momento hemos pretendido lanzar invectivas contra tal género artístico. Desde luego no contra el verdadero teatro, que es el que nunca trata de ocultar su esencial condición de *ficción* (aunque su cometido consista en recrear la vida de personajes reales o el modo de vivir de la gente corriente). El auténtico teatro tiene poco que ver con las actuaciones faranduleras que, ocultando su carácter de farsa, llevan a cabo su representación con pretensiones de realidad. O dicho de otra manera, disimulando su carácter teatral: teatro que pretende hacer creer que no lo es.

Aclarado esto, ya podemos decir que la existencia cristiana es un verdadero espectáculo. Grandioso y palpitante drama en el que los actores han de procurar la mejor ejecución posible de su papel, incluso hasta el agotamiento de sus posibilidades. Y al que asisten para presenciarlo un gran número de espectadores, muchos de ellos de la más alta categoría y dotados del más agudo espíritu crítico.

---

[64] Jn 8:44.

San Pablo lo explica con toda claridad: *Pienso que Dios, a nosotros los apóstoles, nos ha puesto los últimos, como condenados a muerte; pues nos hemos convertido en espectáculo para el mundo, para los ángeles y para los hombres.*[65] El Apóstol no utiliza eufemismos para describir este auténtico drama que desemboca en tragedia: *Los últimos... Como condenados a muerte...* Por si quedaba alguna duda, lo especifica todavía más a continuación: *Nosotros, necios por Cristo..., nosotros débiles..., nosotros despreciados... Hasta el presente pasamos hambre, sed y desnudez; somos abofeteados, andamos errantes, y nos esforzamos trabajando con nuestras propias manos... Hemos venido a ser hasta ahora como la basura del mundo y como el desecho de todos.*[66]

Debe advertirse que este resumen argumental de la obra a representar no tiene por objeto provocar el desasosiego. Todo lo contrario, pues no trata sino de levantar los ánimos. Tal como sucede en los folletos o carteles que anuncian espectáculos, con los cuales se intenta atraer a los espectadores. Sólo que en este caso no existen detalles relevantes, deliberadamente exagerados y destinados a provocar la curiosidad de un público lo más numeroso posible. No existe aquí una presentación manipulada de la realidad. Por otra parte, por extraño que parezca, el folleto propaganda del guión no tiene ahora como principales destinatarios a posibles espectadores, a los cuales se trata de atraer..., ¡sino a los mismos actores!

El Apóstol intenta resaltar la grandeza del imponente drama que se va a representar, así como también la responsabilidad de los actores que van a salir a la escena para ejecutar su papel.

Y todo porque la existencia cristiana, como tantas veces se ha dicho, es la más sublime y grandiosa, la más audaz, emocionante y

---

[65] 1 Cor 4:9.
[66] 1 Cor 4: 10–13.

arriesgada de todas las aventuras. Es todo menos una broma. Pues del buen hacer del actor depende su destino eterno, o el que va a corresponder a un ser inmortal, además de la suerte definitiva de muchos otros seres también. Aparte de eso, existen elementos que hacen que la obra a representar sea bien diferente de las creadas por la imaginación de los hombres. Se trata de características que la convierten en algo peculiar y más emocionante. Con un desenlace final, por ejemplo, que nunca es conocido de antemano; y que además es alternativo, porque puede consistir, o bien en un esperado *happy ending,* o bien desembocar en una tremenda tragedia... *¡A elección de los actores!* Todo sucede aquí de tal manera que, así como las líneas generales del guión han sido escritas por el Autor de la obra, los detalles y su correspondiente ejecución (e incluso posibles cambios en el argumento y la elección del desenlace), son dejados al arbitrio de los actores.

Pero de todos modos es evidente que *la obra a representar es extremadamente importante.* De ahí la gravedad del delito de transformar lo que era una gran obra dramática, de la más intensa emoción, en un *comedia bufa.* Que es lo que hacen los que desprecian el guión del Autor para sustituirlo por el suyo propio. El cual desarrolla una trama más adecuada a las caprichosas apetencias personales; y, por supuesto, mucho menos enojosa y más apta para engañar a los demás y aprovecharse de ellos.

Una de las diferencias más importantes que separan el *drama* de la existencia cristiana del *show* mundanal (que con frecuencia se extiende también a la moderna Pastoral y a las nuevas Liturgias), tiene que ver con los sentimientos que experimentan los actores con respecto a los espectadores.

Por lo que hace al drama de la existencia cristiana, es de advertir que los actores no aparecen en ella preocupados por lograr la satisfacción de los espectadores. No están interesados en *quedar bien* ante ellos, y su esfuerzo se centra más bien en representar su papel de la mejor manera posible, sin otro fin que el de agradar al Autor de la trama. Es verdad que no pueden desentenderse por completo de espectadores que, de todos modos, se sabe que están ahí: *Brille vuestra luz ante los hombres para que vean vuestras buenas obras...*[67] Aunque vale la pena anotar, con respecto a este texto de San Mateo, que acaba con un importante inciso que es el que marca la pauta de todo el versículo: *y glorifiquen a vuestro Padre que está en los cielos.* Pues tal es lo que verdaderamente preocupa a los actores del drama cristiano: la gloria de Dios. Que viene a ser en definitiva lo propio y peculiar del amor, en el cual el amante busca siempre y sobre todo el bien del amado antes que el suyo propio (Ro 9:3).

La farándula mundanal, por el contrario, en la cual queda incluida gran parte de la moderna Pastoral, trata de no aparecer como teatro, aunque en realidad lo es. Por eso debe ser calificada como *show*, y porque tiene como punto de mira exclusivamente a los espectadores. Olvidando al Autor de la obra, no pretende otra cosa que la aprobación y la admiración del público; y siempre, por supuesto, con ánimo de conseguir sus propósitos: *Hacen todas sus obras para que les vean los hombres...*[68] *Amaron más la gloria de los hombres que la gloria de Dios*, etc.[69]

El actor del drama cristiano, por el contrario, intenta pasar desapercibido, a pesar de que sabe que el drama de su existencia ha de llevarse a cabo ante multitud de espectadores: *Spectaculum facti sumus.* Sin cuya presencia, por supuesto, no tendría sentido ni objeto la representación escénica. La tragedia griega, por ejemplo, no

---

[67] Mt 5:16; cf 1 Pe 2:12.
[68] Mt 23:5.
[69] Jn 12:43.

podría ser imaginada sin la presencia del coro.[70] Y el drama de amor entre el Esposo y la esposa, tal como se describe en *El Cantar de los Cantares*, destaca sobre el telón de fondo en el que interviene el coro de doncellas. Los dichos de amor que han lugar entre el Esposo y la esposa, secretos y escondidos, no son obstáculo para que ambos dialoguen con el grupo de acompañantes de la esposa.

La misma dualidad se observa también en la poesía mística de San Juan de la Cruz. En la que aparecen a la vez el diálogo en intimidad, entre el Esposo y la esposa, y las exhortaciones de ambos a las creaturas (racionales e irracionales). Y es que el amor, que es jardín cerrado y fuente sellada para el Esposo y la esposa, es al mismo tiempo apertura a todas las cosas. Las cuales son obra y hechura del Esposo, y de ahí que sean buenas y hermosas. Son reflejo de su Hacedor, quien las convierte a su vez en regalo nupcial para la esposa.[71]

Pese a todo lo cual el cristiano, a diferencia de los que practican el *show* farandulero, no desea que el drama de su existencia, ni su persona como tal, sean objeto de espectáculo.

¿Qué sentido tiene entonces la dualidad, que incluso aparece como paradoja, entre la soledad–intimidad Esposo y esposa, de una parte, y la presencia de las criaturas (personas y cosas), de otra?

---

[70]El papel del coro en la tragedia griega es esencial. Testifica la presencia y el papel del héroe, el cual no existe sin una multitud que lo reconozca como tal; lo mismo que las acciones *heroicas* carecen de significado si no se proyectan sobre el trasfondo de las acciones *ordinarias*.

[71]Este enriquecimiento de la esposa, llevado a cabo gracias al Esposo, hace posible la realización de una cualidad esencial del amor cual es la de la reciprocidad. Porque es ahora, después de verse cubierta por la opulencia, cuando la esposa puede entregarle al Esposo el tesoro de todo lo que ha recibido y que ahora es suyo: *Todas las cosas son vuestras, y vosotros sois de Cristo* (1 Cor 3: 22–23)... *Jesucristo, siendo rico, se hizo pobre por vosotros, para que vosotros seáis ricos por su pobreza* (2 Cor 8:9).

Teniendo en cuenta además que las criaturas aparecen, o bien en calidad de meros espectadores, o incluso interviniendo en la acción (como el coro de la tragedia griega).[72]

El principal objeto de la presencia de las criaturas, en el drama de amor entre el Esposo y la esposa, acabamos de indicarlo. Han sido entregadas a la esposa para que ella a su vez, ya enriquecida, pueda entregarlas al Esposo juntamente con ella misma. Sin recíproca donación no hay amor.

La esposa, por su parte, necesita de las cosas, como vestigios que son del Amado, para conocerlo y llegar hasta él: *Invisibilia enim ipsius... per ea, quæ facta sunt, intellecta conspiciuntur*.[73] Permaneciendo aún en la situación del *todavía no*, solamente percibe al Amado como en enigma, sin gozar aún de su entera posesión ni de su visión cara a cara (1 Cor 13:12). Por eso las increpa con sus preguntas:

> *¡Oh bosques y espesuras,*
> *plantadas por la mano del Amado!*
> *¡Oh prado de verduras,*
> *de flores esmaltado,*
> *decid si por vosotros ha pasado!*[74]

El *Cantar de los Cantares*, nos habla de la búsqueda apasionada del Esposo, por parte de la esposa, y de sus increpaciones a las

---

[72] A decir verdad, en la representación del drama de la existencia cristiana no existen propiamente los meros espectadores. Cuando San Pablo habla de que los cristianos son espectáculo para el mundo y para los hombres, en modo alguno está excluyendo la interacción de unos y otros. Es evidente que el hecho de que la vida cristiana posea la condición de drama, o incluso de tragedia, tiene mucho que ver con la actuación del mundo y de los demás hombres con respecto a ella.

[73] Ro 1:20.

[74] San Juan de la Cruz, *Cántico Espiritual*.

criaturas para que la ayuden a comunicarse con Él y le digan de su presencia:

> *Os conjuro, hijas de Jerusalén,*
> *que si encontráis a mi amado,*
> *le digáis que desfallezco de amor.*[75]

Pero es que, además, dada la situación de *todavía no* y de itinerancia en la que se encuentra la esposa, las criaturas han de servir de prueba para ella, a modo de crisol, a fin de mostrar la pureza de su amor y la entereza de su generosidad.[76] Ha de estar dispuesta a entregarlas en totalidad, junto con su ser. El Esposo es bien consciente de la debilidad de la esposa, y por eso increpa a las criaturas para que no supongan demasiado estorbo para ella y sean moderadas en la prueba:

> *Os conjuro, hijas de Jerusalén,*
> *por las gacelas y las cabras monteses,*
> *que no despertéis ni inquietéis a mi amada*
> *hasta que a ella le plazca.*[77]

Por otra parte, nadie siente placer en que la realidad trágica de su existencia, repleta como está de aflicciones y de angustias, se muestre como espectáculo a la curiosidad de un público. A este propósito el Maestro, y también San Pablo como ya hemos visto (1 Cor 4: 9 y ss.), han descrito con realismo lo que aguarda al cristiano (Mt 10: 17–18; Jn 15: 18 y ss.; cf 2 Tim 3:12). Pese a todo lo

---

[75] Ca 5:8.

[76] Que la esposa se encuentra todavía en situación de prueba, y que su amor no ha llegado aún al estado de perfección, es más que evidente: *Cuando venga lo perfecto desaparecerá lo imperfecto* (1 Cor 13:10)... *Sectamini caritatem* (1 Cor 14:1).

[77] Ca 3:5; 8:4.

cual, como hemos dicho, la existencia del discípulo no puede dejar de ser objeto de espectáculo. Como que forma parte del entramado de su existencia personal, puesto que sin espectadores, debemos insistir en decirlo, no tiene sentido la representación. Por eso el Maestro no pretendió nunca eliminar esa condición de la vida de sus discípulos: *No te pido que los saques del mundo, sino que los guardes del Maligno.*[78] Aunque la vida del cristiano no es una tragedia meramente *representada*, sino tan viva y real como que lleva consigo la pérdida de la propia vida (Lc 9:24).

Pero volvemos a lo mismo: el discípulo de Jesucristo no tiene interés en que su vida sea conocida, ni para bien ni para mal. Preferiría pasar desapercibido, según lo que solían decir los Antiguos: *De los hombres se puede decir lo que de los pueblos: dichosos los que no tienen historia*. De ahí que, en la medida en que de él pueda depender, optará por apartarse del mundo y ser olvidado: *Habéis muerto, y vuestra vida está escondida con Cristo en Dios.*[79] Algo así como para recordar con nostalgia la conocida estrofa de San Juan de la Cruz:

> *Quedéme y olvidéme,*
> *el rostro recliné sobre el Amado,*
> *cesó todo, y dejéme,*
> *dejando mi cuidado,*
> *entre las azucenas olvidado.*[80]

El cristiano no desea ser admirado por ninguna clase de público, y de ahí que se esfuerce en ser desconocido e ignorado. Huye del reconocimiento y del aplauso de los demás, siguiendo los consejos de su Maestro: *Guardaos de hacer vuestra justicia delante de los*

---

[78] Jn 17:15.
[79] Col 3:3.
[80] San Juan de la Cruz, *Noche Oscura*.

hombres para que os vean...[81] *Que tu mano izquierda no sepa lo que hace la derecha.*[82]

Las mismas advertencias que Jesucristo practicó con tanto cuidado en Sí mismo. Y de ahí que se negara a ser reconocido como rey por las muchedumbres, y huyera de ellas. Que impusiera silencio a los que curaba de sus enfermedades y dolencias, a fin de que no proclamaran el milagro. Que amonestara seriamente a sus discípulos para que no manifestaran en público que Él era el Hijo de Dios (Lc 9:21). Que prohibiera a sus tres discípulos predilectos que hablaran a nadie acerca de la visión del Monte Tabor, hasta que Él hubiera resucitado de entre los muertos. Que consintiera en ser contado entre los malhechores, y en aparecer como oprobio de los hombres y despreciado por el pueblo (Sal 22), etc.

La consecuencia se impone por sí sola: la práctica del *show* tiene poco que ver con la existencia cristiana. El grano de trigo debe caer en la tierra para desaparecer en ella y morir, si es que quiere dar fruto. Los aplausos de los hombres de hoy se convierten pronto en el olvido, cuando no en el desprecio, de los hombres de mañana. La adulación más descarada engaña a los hombres más avisados, a no ser que vivan con intensidad la virtud de la humildad. Por su parte la Historia nos muestra a muchos hombres que fueron proclamados como *genios*, o grandes benefactores de la humanidad, y que después fueron enteramente olvidados, cuando no menospreciados: *Los cementerios están repletos de hombres indispensables... y olvidados*, llegó a decir algún conocedor de la vida y de la naturaleza humana.

Aunque no siempre se queda todo en el mero olvido. Los Pastores del rebaño de Jesucristo que practican el *show*, o los que buscan a toda costa el primer protagonismo a fin de ser conocidos y aplau-

---

[81] Mt 6:1.
[82] Mt 6:3.

didos, habrán de dar cuenta a Dios por engañar a sus ovejas y haber impedido su salvación.

Una de las cosas que parecen haber sido olvidadas por muchos Pastores de la Iglesia, se refiere a que la verdadera Liturgia no puede tener otro fin que el culto a Dios y el bien de las almas. Mientras que la Liturgia del *show*, practicada hoy tan a menudo en tantos lugares, no pretende sino entretener y distraer a los que participan de ella. La verdadera Liturgia pretende *directamente* dar culto a Dios, contribuyendo así *indirectamente* a la salvación de los fieles. La Liturgia del *show*, por el contrario, busca *directamente* provocar sentimientos en los participantes (una secuela de la herejía modernista), e *indirectamente*... nada más; pues cuando se procede de ese modo, no es verdad que Dios quede en un segundo lugar: sencillamente desaparece del horizonte de visión capaz de ser alcanzado por el corazón humano.

Un ejemplo que aclara lo que se acaba de decir, y por demás conocido, podría ser el siguiente:

En los tiempos actuales, como todo el mundo sabe, se han difundido las llamadas Misas o Eucaristías para niños. Ideadas sin duda con la mejor intención del mundo, deben obedecer al intento de evitar el *aburrimiento y el cansancio* de los más pequeños. Con lo cual se supone que contribuyen a su mejor acercamiento al contenido y al significado de la acción litúrgica.

Con todo, es preciso reconocer el riesgo de que tales prácticas hayan olvidado, o puesto en un segundo plano, cuestiones que por ser fundamentales no admiten un manejo equivocado.

Ante todo debe tenerse presente que la Misa no es una ceremonia destinada a entretener a nadie. En realidad es el *Santo Sacrificio*, en el que se hace realmente presente la Muerte del Señor, con el fin de que los fieles participen de ella. Lo cual no puede ser considerado en modo alguno como ocasión de entretenimiento. Sería muestra de honradez reconocer el hecho de que, si los fieles sienten apatía y hastío en la ceremonia litúrgica, gran parte de las veces se debe a la actuación del celebrante.

En segundo lugar, la excesiva insistencia y preocupación por el posible aburrimiento de los niños, acaba por traducirse en una baja estimación de su fe y de su capacidad de resistencia. Cuando en realidad no es infrecuente que los niños practiquen la virtud de la fortaleza con más generosidad que los mayores. Esta creencia es causa a su vez de otra más equivocada todavía, la cual, a no dudarlo, constituye una de las plagas de la sociedad moderna. Nos referimos a las perniciosas teorías según las cuales debe ahorrarse a los niños cualquier esfuerzo. Además de haber producido tremendo daño en el mundo de hoy, han olvidado que los niños deben ser educados también en el cansancio, en el esfuerzo, en la entereza y en el dominio de sí mismos. Que es, a fin de cuentas, el único modo de lograr que lleguen a ser algún día hombres maduros: *Las batallas las ganan siempre los soldados cansados...*

En tercer lugar, no se tiene en cuenta que los niños deben adquirir conciencia cuanto antes de que *forman parte de una comunidad eclesial*, concretada ordinariamente en el ámbito de la parroquia. La cual es a su vez parte integrante de la comunidad cristiana en su totalidad, a saber: el conjunto de la Iglesia o Cuerpo de Cristo.

En cuanto a la costumbre de dejar la predicación de la homilía a cargo de los mismos niños, lo menos que puede decirse sobre el tema es que suscita una doble sospecha. En primer lugar hay que aludir al hecho de que los niños, pese a que *de su boca se oyen las verdades*, no poseen el carisma de la predicación. Pues no se puede confundir una cualidad de tan excepcional importancia (como es la del carisma; el cual, bien que proceda de lo Alto, requiere además una seria preparación), con la infantil sinceridad de los pequeños. Cuya ingenuidad candorosa suele producir a veces resultados tan pobres como hilarantes. En segundo lugar también, resulta difícil disipar el temor de que la conducta del oficiante de turno, más bien que la consecuencia del celo pastoral hacia los niños, no sea otra cosa sino el resultado de la pereza y del olvido del cumplimiento del propio deber.

7. A modo de recapitulación o resumen final

Y así fue como la bacía de barbero pasó a ser el yelmo de Mambrino, mientras que la albarda del burro quedó convertida para siempre en jaez de caballo.

Los animadores del engaño estaban decididos a llevar a cabo una burla maliciosa.[83] Aunque es justo reconocer que las víctimas del montaje parecieron encontrarse a gusto en tal situación; y de ahí que no dieran señales de que desearan abandonarla.

Entre los engañados hay que contar aquí a los aquejados de locura, como era el caso (prácticamente único) de don Quijote. Pues la locura es la única razón que exime de culpabilidad a los que con frecuencia suelen ser embaucados de tan variadas maneras.

Lo cual no sucede en los demás casos, que son la gran mayoría, ya que siempre hay que suponer una cierta complicidad, más o menos consciente, en las víctimas de la patraña: *Los que aman y practican la mentira.*[84]

Otros participantes en el suceso, según la narración cervantina, no estaban muy convencidos de la verdad de la farsa, aunque se mostraban dispuestos a aceptarla en atención a sus propios intereses. Sancho Panza, por ejemplo, no se sentía muy seguro en cuanto a los delirios de su amo; pero parecía inclinado a creerlos porque así le convenía. En realidad el engaño del que se suele hacer víctima a las masas, o el teatro que se representa ante ellas aparentando ser realidad en vez de farsa, debe ser encuadrado dentro de este grupo de actitudes que además son las más frecuentes:

---

[83] *Quijote*, I, 45.
[84] Ap 22:15.

> *...que como esas transformaciones se ven en los sucesos de la caballería; para confirmación de lo cual corre, Sancho hijo, y saca aquí el yelmo que este buen hombre dice ser bacía.*
> *—¡Pardiez, señor —dijo Sancho—, si no tenemos otra prueba de nuestra intención que la que vuestra merced dice, tan bacía es el yelmo de Malino como el jaez deste buen hombre albarda!*[85]

Estas consideraciones fueron escritas en los primeros tiempos del siglo XXI. Ante los ojos del hombre de hoy han transcurrido los años que jalonaron el largo Pontificado de Juan Pablo II. Mientras que ahora vive los que se suceden bajo el gobierno del nuevo Papa Benedicto XVI. Ha sido la época del Concilio Vaticano II y de su clausura, a la que han seguido los tiempos que se han venido llamando postconciliares. Época de gran importancia, en la que se han marcado nuevas y transcendentales orientaciones en el rumbo de la Iglesia.

Y tal como es de esperar de una providencia divina que cuida de su Iglesia, es de suponer también que los nuevos rumbos emprendidos conducirán la barca de Pedro por rutas más prometedoras.

Claro que la Iglesia Itinerante no es todavía la Iglesia Triunfante. Por lo que no es de extrañar que, puesto que la Iglesia navega por mares procelosos, se vea en ocasiones agitada por los elementos. A veces incluso demasiado agitada. Lo suficiente para inquietar a los que viajan en ella, hasta el punto de que pueden sentirse impelidos por la necesidad de gritar, tal como lo hicieron los Apóstoles en ocasión semejante: *¡Señor, sálvanos, que perecemos!*[86] Aunque en realidad no existen razones bastantes que justifiquen el pánico. El Señor, del que ya hemos dicho que cuida de su Iglesia, dejó bien

---

[85] *Quijote*, I, 44.
[86] Mt 8:25.

clara su promesa referente al fracaso definitivo de los intentos del Infierno contra ella. No es deseable, por lo tanto, hacerse merecedores del reproche que el Maestro dirigió a sus discípulos en aquellas circunstancias: *¿Por qué os asustáis, hombres de poca fe?*[87]

Tal miedo tendría tan poco sentido como la actitud contraria. La cual consiste en afirmar que todo va bien y que no hay lugar a temor alguno, puesto que nada alarmante sucede. Puestos a ser objetivos, debemos reconocer que es tan malo dejarse dominar por el pánico como cerrar los ojos para no ver la realidad. Navegamos por un mar borrascoso, en el que lo único que podría ser considerado extraño sería la ausencia de tormentas. El cristiano necesita una mirada penetrante para reconocer y sortear el peligro, de una parte; y una gran confianza en las promesas del Señor, de otra. Pues sabe que la Iglesia Itinerante es la que no ha llegado aún al estado de término o del descanso definitivo. Del cual serán excluidos precisamente los incrédulos. En los que hemos de suponer incluidos, tanto a aquéllos que no tuvieron fe en el Mensaje de Salvación, como a los que desconfiaron de las promesas acerca del triunfo definitivo del Señor. De ahí lo que ha sido escrito: *¿A quiénes juró que no entrarían en su descanso sino a los incrédulos? No pudieron entrar a causa de la incredulidad.*[88]

---

[87] Mt 8:26. Debe tenerse en cuenta, sin embargo, que el triunfo definitivo del Bien contra el Mal sólo tendrá lugar al final de la Historia. Las doctrinas triunfalistas, que pregonan incesantemente la actual prosperidad de la Iglesia y la marcha inexorable hacia un progreso aún mayor, caminan en dirección contraria a la experiencia de cada día y a las enseñanzas de la Revelación. Según las cuales la Iglesia marcha hacia pruebas dolorosas que la dejarán terriblemente disminuida; al mismo tiempo que la abundancia de la iniquidad producirá el enfriamiento de la caridad y la disminución casi total de la fe en el mundo (Mt 24:12; Mc 13: 19–20; Lc 18:8).

[88] Heb 3: 18–19.

Hemos venido hablando del peligro de que, tanto la Pastoral como la Liturgia de la Iglesia, influidas por el mundo del teatro, hayan dado paso, tal vez sin pretenderlo, al ejercicio de actuaciones escénicas ante los fieles. Lo cual habría sucedido en el caso de que, habiendo perdido su horizonte sobrenatural, hubieran preferido apuntar hacia objetivos meramente humanos, de la clase que fueran.

Los ejemplos que ayudan a explicar ciertas posturas equivocadas, ya sean imputables al individuo o a la sociedad, son siempre desagradables de utilizar; además de comprometedores. Sin embargo, su empleo se hace indispensable si se desean evitar confusiones y malentendidos. De ahí que valga la pena afrontar el riesgo de enumerar algunos.

Siguiendo esta pauta, no se puede negar que nos encontramos en la época de la *Pastoral–espectáculo*. Nos referimos, por citar algunos casos, a las grandes *concentraciones* de fieles convocadas por cualquier motivo religioso, tan de moda en la actualidad. O a los multitudinarios *Encuentros*, presididos ordinariamente por algún miembro de alto rango de la Jerarquía eclesiástica (cuya aureola personal, y el entusiasmo enfebrecido que suscita, suelen desplazar a veces al significado del *Encuentro*). O a las tumultuosas *canonizaciones*[89] y a las bulliciosas *peregrinaciones*, tan numerosas unas y otras co-

---

[89]Es de advertir una cierta diferencia entre las ceremonias de canonización de épocas pasadas y las actuales. En las llevadas a cabo en tiempos anteriores, realizadas después de prolongados y escrupulosos procesos de investigación en los que se apuraban, hasta extremos increíbles, las rigurosas exigencias del Derecho Canónico, los devotos del nuevo santo acudían a ellas con auténtico fervor religioso e incontenible emoción. En las canonizaciones modernas, en cambio, menos rígidas en sus exigencias que las antiguas, sus correspondientes ceremonias suelen estar promocionadas por un bien organizado turismo; por lo que no es extraño que en los asistentes a ellas predominen más bien la curiosidad, los sentimientos patrióticos o regionales y hasta otros intereses más bien ajenos a la religiosidad. Por eso las primeras pudieron justamente ser calificadas como *solemnes*, mientras que las modernas, en cambio, encuadran mejor en la categoría de *espectaculares.*

mo beneficiosas para el turismo internacional. O a los innumerables *Congresos*, a los que se invita a participar a un crecido número de Pastores y a otro no menos abultado de teólogos y expertos, venidos unos y otros de todas partes del mundo, etc., etc.

En circunstancias normales, estos acontecimientos, u otros semejantes, habrían contribuido evidentemente a fomentar la fe del pueblo cristiano. Y es gozoso reconocerlo. Los jubileos, peregrinaciones, romerías y procesiones de tiempos pasados, contribuyeron a mantener la fe de la sociedad cristiana durante siglos. Recuérdense, por ejemplo, a las grandes multitudes que acudían a oír las predicaciones de Santo Domingo de Guzmán (finales del siglo XII y comienzos del XIII), o a las extrañas *Procesiones de Flagelantes* que seguían por todas partes, casi fanáticamente, a San Vicente Ferrer (siglo XIV). Por no hablar de los devotos y numerosos jubileos y peregrinaciones al Sepulcro de San Pedro en Roma, o al de Santiago en España. Todos ellos crearon caminos y rutas de peregrinación que fueron recorridos durante siglos, con asombroso fervor, por un incontable número de romeros y peregrinos.[90] También estos fueron fenómenos sociales de magnitud que movieron a numerosas muchedumbres.

El problema está en que el cuerpo y la estructura pueden ser los mismos, pero no necesariamente el espíritu que los acompaña. Idénticos acontecimientos o acciones pueden ser alternativamente

---

[90] Los numerosos senderos recorridos por ellos desde los albores de la Edad Media e incluso antes, y cuyo número y lugar de partida fue siempre desconocido, se hallaban salpicados por multitud de humildes albergues que acogían gratuitamente a los que, con fe inquebrantable, viajaban a pie hasta los sepulcros de los Apóstoles. Los senderos y los albergues han sido sustituidos hoy por modernas autopistas, rápidos ferrocarriles, y confortables moteles y hoteles. Las costumbres han mejorado, indudablemente: al mismo ritmo en que ha menguado también la fe y el espíritu de los *peregrinos*.

buenos o malos, según el espíritu con el que se realicen. Jesucristo hablaba de las limosnas o de los ayunos que, por haber sido hechos con ánimo de ostentación, no podían esperar recompensa alguna (Mt 6: 1–4.16–18); y lo mismo hay que decir de la oración desprovista de humildad (Lc 18: 9 y ss.).

En tiempos más antiguos convivieron, al igual que siempre, el bien y el mal, la justicia y la injusticia, la santidad y el pecado. Existieron hombres buenos y hombres malos, hombres justos y hombres injustos (habría que recordar aquí la parábola de la buena semilla y la cizaña). Pero el mundo cristiano se paganizó muy sensiblemente a partir sobre todo del último tercio del siglo XX, de manera que el aumento de la maldad ha contribuido eficazmente al enfriamiento de la caridad y a la disminución de la fe (Mt 24:12). En la actualidad sería interesante un estudio serio acerca de las proporciones de buenos y malos, dentro del conjunto.

La Iglesia postconciliar ha confiado demasiado en el teatro. Las representaciones escénicas, a alto y bajo nivel, abundan en todo el mundo católico. Sería injusto afirmar que todas ellas están animadas de mala voluntad. En muchos casos, o quizá en la mayoría de ellos, es posible que se pretenda sinceramente el mayor aprovechamiento de los fieles. El problema consiste en que no basta con la buena voluntad, sino que es preciso examinar también si esa voluntad está o no está equivocada. La buena voluntad, por sí sola, no puede pretender estar dotada de una garantía contra el error.

El ejercicio de la Pastoral, el Culto litúrgico, y toda la acción eclesial en general, deben estar acompañados de las virtudes de la sinceridad y de la honrada sencillez. Los fieles no pueden ser inducidos a prestar su acatamiento a acciones y comportamientos cuyo contenido no es lo que parece. Tampoco pueden ser confundidos en cuanto al contenido y ejercicio de las virtudes cristianas. El bombo y el boato, por ejemplo, que a menudo se utilizan como exaltación del culto o de ciertos personajes, pueden ser un obstáculo a la comprensión y a la práctica de las virtudes de la humildad y de la sencillez. Cuando el bombo y el boato tampoco poseen la suficiente justificación, o incluso ninguna, declina la virtud de la sinceridad y la verdad desaparece. Y es horrible pensar en lo que ocurre cuando la verdad se desvanece del horizonte de la existencia humana. Cualquier acción eclesial, de la clase que sea, que no esté fundamentada en la verdad, es incapaz de producir en los fieles un mejoramiento de su vida cristiana. Más bien ocurre lo contrario, en cuanto que el olor de la mentira y la falta de sinceridad van instilando en los fieles, lenta pero eficazmente, la ponzoña venenosa del sentimiento de la inanidad de la religión.

En cierto santuario muy conocido de una ciudad española se venera a la Virgen María, concretamente bajo el título de una cariñosa advocación que tiene enorme predicamento entre el pueblo. Una vez al año se celebra una romería, con el traslado de la Virgen a la ciudad, que suscita una grandiosa expectación. Lo peculiar del caso es que son principalmente los jóvenes los que intervienen en este acto de culto, por otra parte tan encantador y expresivo de devoción a la Madre de Dios. Llegado el momento de la salida de la imagen de la Virgen del santuario para su traslado, son los jóvenes los encargados de llevarla a cabo. Cosa que hacen manifestando tan encendido entusiasmo, y tal desbordamiento de fe y de amor a la Virgen, que no se haría justicia calificando esos sentimientos meramente como devotos, cuando en realidad son más que *espectaculares*.

Pero el punto culminante del acto tiene lugar con el asalto de los jóvenes al santuario. Esperando a sus puertas, durante un tiempo más o menos largo, la muchachada aguarda con enorme impaciencia el momento en el que su amada Patrona haga su salida. La cual se retrasa, como es lógico pero no extraño, puesto que todo el mundo sabe que siempre sucede lo mismo. La prolongación del retraso se hace insoportable a los jóvenes, hasta el punto de que se sienten incapaces de reprimir su ansiedad por ver

El Yelmo de Mambrino

a la Virgen. Por lo cual, llegado un cierto momento, asaltan con ímpetu la verja que rodea el santuario y se lanzan como enajenados a sacar la imagen de la Virgen. Una verdadera explosión de devoción y entusiasmo.

Como puede suponerse, el asalto no está incluido en el programa, *aunque todo el mundo sabe que va a suceder*. Incluso está previsto el momento en que tendrá lugar, lo que facilita el trabajo de los *media*, siempre preparados y dispuestos para dejar constancia del hecho, por otra parte muy expresivo de una devoción juvenil a la Virgen tan inmensamente cordial como sincera.

Sin duda que sobran aquí motivos para alegrarse. Si bien, por desgracia, yo no he tenido jamás ocasión de ver luego traducida tal devoción en la vida de los jóvenes. Lo que más bien contemplo es que su actividad religiosa se debilita cada vez más; e incluso que para muchos de ellos, por no decir la mayoría, su religiosidad a lo largo del año empieza y termina con el asalto al santuario. Por lo cual, y muy a mi pesar, no puedo evitar percibir en estas actuaciones un cierto tufillo de acción teatral adornada con un poco de folclore.

Distinto es el caso de la Madre Teresa de Calcuta, de la que siempre he sido un admirador. Aunque no oculto, sin embargo, que mis sentimientos hacia ella serían más entusiastas si lograra entender algunos episodios de su vida. Por supuesto que no pretendo juzgarlos, y menos todavía suponer que fueran equivocados. Me refiero simplemente a mis dificultades para comprenderlos, junto a mi campechano reconocimiento de que, de no ser por ellos, mi entusiasmo hacia ella sería aún mayor.

Considero a la Madre Teresa como una misionera por excelencia, un alma entregada por entero a los desvalidos, y una adalid de la pobreza y de la humildad. Mi dificultad tiene que ver con el modo en que esas cualidades, que no discuto, se armonizan con el favor y fama universales que siempre la acompañaron. Pues, en realidad, si alguien tuvo siempre abiertas las puertas de los poderosos de este mundo, tanto buenos como malos, fue la Madre Teresa. Sus audiencias privadas con el Papa se cuentan por el número de veces que ella las solicitó. Dispuso en todo el mundo de todos los medios posibles de comunicación, de expresión y de desplazamiento; y sin limitación alguna. Pronunció discursos ante la Asamblea de la ONU. Algunos de sus gestos, tan geniales como espectaculares, se hicieron famosos y fueron publicados por las Agencias de noticias de todo el mundo: como el de arrojar por la ventana de las celdas de alguno de sus conventos, en demostración de pobreza, los aparatos de televisión; lo cual pudo difundirse gracias a la presencia de los *media*, que dieron fe del acontecimiento.[91]

Pocos meses después del Encuentro del Papa Benedicto XVI con los Jóvenes en Colonia (verano del 2005), el nuevo Obispo de cierta diócesis española hizo su entrada en ella para tomar posesión de su sede. Aprovechando la condición costera de la diócesis, el nuevo Obispo decidió llevar a cabo su entrada por mar. Cosa que hizo acogido por el entusiasmo de sus nuevos diocesanos y con toda solemnidad. Desde esa ciudad portuaria pudo emprender después su viaje de visita a las más importantes de la diócesis, recibido siempre y acompañado del cariño y fervor de sus nuevas ovejas.

Indudablemente el gesto no puede ser calificado sino como cariñoso y de afecto hacia sus fieles. Sucede, sin embargo, que resulta difícil no relacionarlo con la triunfal entrada de Benedicto XVI en Colonia, ocurrida

---

[91]Su discurso ante la Asamblea de la ONU, así como la recepción del Premio Nobel de la Paz, son actuaciones que me resultan particularmente difíciles de comprender. Es bien sabido que los Premios Nobel, y sobre todo el de la Paz, se conceden teniendo en cuenta consideraciones puramente políticas y manejos de conveniencia. En cuanto a la ONU, también es sobradamente conocida como Organización absolutamente inoperante; además de como gigantesco foco de corrupción y de fraudes políticos y, por supuesto, anticristiana. De ahí que pronunciar un discurso en tal ambiente, por muy buena voluntad que se ponga en ello, no parece tener mucho sentido. Bien es verdad que San Francisco de Asís, después de la toma de Damieta por los cruzados (Egipto, 1219), se introdujo valientemente en el campo musulmán para predicar ante el Sultán *al–Kāmil*. El cual, según los cronistas, le escuchó con respeto, aunque no le concedió al santo prácticamente nada aparte de permitirle marchar. Pero los sultanes del siglo XIII no son los sultanes modernos, partidarios solamente del fanatismo, de los petrodólares y de los misiles. Es cierto que a San Francisco, en efecto, le *escucharon con respeto* en el campo musulmán; mientras que, a mi modesto entender, la Madre Teresa meramente *fue oída en silencio* en la ONU.

poco tiempo antes y con la cual presentaba evidente semejanza. La circunstancia, por supuesto, lejos de juzgarse como reprochable, no puede ser considerada sino como un deseo de imitar los pasos del Santo Padre, lo que es de alabar.

Por si alguien lo ha olvidado, es bueno recordar que Benedicto XVI, también recién elegido Papa, hizo su entrada en Colonia para celebrar el Encuentro Mundial con la Juventud navegando a través del Rhin, en nave escoltada por otras cinco más pequeñas y en las que viajaban jóvenes de cada uno de los cinco continentes. Mientras tanto era esperado y aclamado ansiosamente por cientos de miles de jóvenes, provenientes de todas partes del Globo.

Y como el ejemplo de los Pastores suele ser imitado por la mejor parte del rebaño, pocas semanas después, también en otra diócesis española, el nuevo Obispo hizo su entrada triunfal en su diócesis para tomar posesión de ella. Sólo que en esta ocasión la entrada tuvo lugar montado sobre un asno. Quizá también para imitar a Nuestro Señor en su entrada en Jerusalén, por lo que es de aplaudir que el nuevo Obispo deseara remontarse, en sus deseos de emular a los Modelos, más arriba del Papa. Pidió permiso ceremoniosamente al Alcalde para entrar en la ciudad, cosa que el Corregidor concedió con gusto entregándole la llave, etc., etc.[92]

Ya puede suponerse que esta clase de actuaciones, en la medida en que son realizadas (como así es en realidad) con el deseo de fomentar la devoción y la religiosidad de los fieles, son por lo tanto dignas de alabar y de aprobación. Aunque ya dijimos más arriba que no es suficiente con la buena voluntad. Pues no se debe olvidar tampoco que este tipo de actividades contiene a su vez el riesgo de que el *continente* acabe por

---

[92]En el filme *Gladiator*, de Ridley Scott, aparece una secuencia muy expresiva. El nuevo emperador Cómodo, hace su entrada triunfal en Roma entre las acostumbradas aclamaciones populares. Su padre, el emperador Marco Aurelio, muerto poco antes, había dado fin victoriosamente a sus campañas contra los invasores germanos y en las que Cómodo no había intervenido para nada. Los senadores esperaban al nuevo emperador al pie de la escalinata del Capitolio, al mismo tiempo que, en tono de evidente desaprobación, se preguntaban unos a otros: *Entra como triunfador; pero, ¿de qué ha triunfado...?*

eclipsar al *contenido*. Existe la posibilidad de que se abra el camino, aun sin pretenderlo, para que quede oscurecido, o en un segundo plano, el contenido y el significado auténticos de las virtudes que componen el entramado de la existencia cristiana.

El Reino de Dios no viene con espectáculo; ni se podrá decir: "Mirad, está aquí", o "mirad, está allí"; porque daos cuenta de que el Reino de Dios está ya dentro de vosotros.[93] Las palabras de Jesús son tan categóricas como terminantes. Por supuesto que no se desprende de ellas un argumento para condenar los actos de culto externos, por otra parte tan necesarios para el fomento y desarrollo de la vida cristiana. *Los actos de culto externos, incluidos los llevados a cabo con esplendor, no son meramente convenientes, sino imprescindibles e indispensables.*

Sin embargo es evidente que las palabras del Maestro contienen un sentido y un significado. Señalan un cierto camino a seguir. Quizá nos están diciendo que la existencia del discípulo, o la *senda angosta* que es preciso seguir y que es elegida por muy pocos (Mt 7:14), no discurre por valles o llanuras preparados para una andadura fácil, a la vez que agradable. Tal vez nos quiso decir (en ese texto y en tantos otros a lo largo del Evangelio) que la existencia cristiana no es boato ni esplendor, ni triunfos ni aplausos, ni felicitaciones ni acogidas... Ni cualquier cosa agradable y fácil que suponga compartir con el Mundo, de la manera que sea, el Poder, el Triunfo personal, el Dinero, o cualquiera de las seducciones que el Mundo ofrece y que, en realidad, no van más allá de lo efímero y de lo engañoso.

Quizá los cristianos debiéramos recordar más a menudo que Freud mentía cuando decía que el impulso más determinante, o aquél que mueve al hombre con mayor fuerza, es el instinto sexual. Tal instinto, ni siquiera cuando se convierte en lujuria, no ha sido nunca la

---

[93] Lc 17: 20–21.

tentación mayor o más sutil a la que se ve sometido el ser humano; *pues, en realidad, ese mayor impulso no ha sido otra que el orgullo o el deseo de poder.* La demostración de ello se comprende mejor cuando se considera el contenido de la tentación que fue causa del primer pecado del hombre. El que fue cometido en el Paraíso, cuando el ser humano, seducido por la Serpiente, quiso ser su propio dios y no depender de ningún otro.

¿Cómo hemos sido capaces de olvidar el auténtico camino por el que discurre la verdadera existencia cristiana? Que no es otro sino el que el Mundo desprecia, como no podía ser menos:

Nos hacemos débiles cuando dejamos de entender el poder de la debilidad. Cuando hemos olvidado que el mayor poder consiste en la abnegación de sí mismo, en la renuncia y en el martirio. Incluso los católicos hemos dejado de utilizar palabras como la de "mortificación" o la de "renuncia". Sin embargo nuestro corazón es todavía capaz de entender en lo que consiste este poder. Por eso lo reconocemos cuando lo encontramos en obras como las de Tolkien, Buda, o Lao Tzu; incluso cuando nuestros propios Pastores han dejado de enseñarnos que está en el corazón de las enseñanzas de Jesús.[94]

Tal vez hubiera sido mejor que el yelmo de Mambrino se hubiera quedado para siempre siendo lo que era: una humilde bacía de barbero. ¿Quién sabe...? A lo mejor don Quijote hubiera vencido con ella más gigantes, enderezado más entuertos, y puesto en razón a más malandrines. La única fuerza capaz de vencer el orgullo del Mundo y el poder del Mal es la debilidad asumida en Cristo Jesús: *Dios eligió la debilidad del mundo para confundir a los fuertes,*[95]

---

[94]Peter J. Kreeft, *op. cit.*, pag. 189.
[95]1 Cor 1:27.

pues es claro que *la fuerza se perfecciona en la flaqueza*.[96] Y de ahí que *no me gloriaré de mí mismo, sino de mis debilidades*.[97] Es así como plugo a Dios dejar en ridículo el orgullo del Gran Mentiroso: mediante la debilidad y el aparente fracaso de la Cruz.

---

[96] 2 Cor 12:9.
[97] 2 Cor 12:5.

VII

LA EDAD DE ORO[1]

1. Donde se insiste en nuevas puntualizaciones sobre las utopías, a manera de introducción al tema

Acogidos que fueron don Quijote y Sancho por unos cabreros, y después de haber llenado el estómago de la rústica comida que les fue ofrecida, tomando en la mano nuestro héroe un puñado de bellotas y mirándolas atentamente, comenzó su famoso discurso sobre la Edad de Oro:[2]

---

[1] En la elaboración de este capítulo me han sido de extraordinaria utilidad las observaciones, avisos y sugerencias de F. Ruiz, personalmente y a través de su obra *El Estatuto Ontológico del Alma después de la Muerte: un Estudio a través de Platón y Santo Tomás de Aquino*, Santiago de Chile, 2002.

[2] *Quijote*, I, 11.

> —*Dichosa edad y siglos dichosos aquellos a quien los antiguos pusieron nombre de dorados, y no porque en ellos el oro, que en esta nuestra edad de hierro tanto se estima, se alcanzase en aquella venturosa sin fatiga alguna, sino porque entonces los que en ella vivían ignoraban estas dos palabras de "tuyo" y "mío". Eran en aquella santa edad todas las cosas comunes; a nadie le era necesario para alcanzar su ordinario sustento tomar otro trabajo que alzar la mano y alcanzarle de las robustas encinas, que liberalmente les estaban convidando con su dulce y sazonado fruto. Las claras fuentes y corrientes ríos, en magnífica abundancia, sabrosas y transparentes aguas les ofrecían. En las quiebras de las peñas y en lo hueco de los árboles formaban su república las solícitas y discretas abejas, ofreciendo a cualquiera mano, sin interés alguno, la fértil cosecha de su dulcísimo trabajo...*

Por descontado que Cervantes es consciente de que, a través de una disertación literaria elaborada en su mejor estilo, no está haciendo otra cosa que describir una utopía.

Todo el mundo sabe que las utopías, mientras permanecen en su propio terreno que no es otro que el literario, son útiles en cuanto divertidas y como alimento de la imaginación. A veces incluso responden a secretos impulsos y deseos del corazón humano, tan insatisfecho como para dar cabida a la esperanza por un mundo mejor, o tal vez para actualizar el recuerdo de un Mundo o de un Paraíso que se perdieron definitivamente.

Solamente se convierten en peligrosas cuando, después de haber olvidado su condición de pura fantasía, pretenden ser consideradas como algo real. Claro está que nada sucedería si todo quedara reducido a una mera creencia. Nunca ha pasado nada porque el universo de los niños se encuentre poblado de hadas, elfos, enanos, magos y brujas; los cuales no han hecho otra cosa que salvaguardar el fascinante mundo de la dorada infancia, hasta que han debido abandonarlo una vez que se ha dejado de creer en ellos.

Pero el mundo en el que vivimos parece estar repleto de locos, y de ahí que haya dado cabida a lo que, de otro modo, hubiera sido inimaginable. Porque nadie, aparte de los niños, ha tomado jamás en serio el mundo de los magos, de las hadas y de las brujas; productos todos ellos de una sana imaginación alimentada por una bella fantasía. Sin embargo la cuestión se hace problema, y sumamente grave además, cuando la utopía se nutre de una imaginación que ha dejado de ser sana para ser víctima de la enfermedad. Y si la enfermedad se agrava y se transforma en locura, el resultado no es otro sino el de que la utopía, convertida en aberración, tratará de imponerse en el mundo real, incluso por la fuerza. La conclusión se desprende por sí sola. Por increíble que pueda parecer, la utopía–locura acaba siendo aceptada fácilmente por un mundo de locos. Que es lo que ha sucedido con las imaginadas, por ejemplo, por cerebros anormales como los de Marx, Freud o Nietzsche.[3] O con las que han sido difundidas por ideologías que han prosperado dentro del catolicismo posterior al Concilio Vaticano II: en conjunto una variada plétora de corrientes triunfalistas, pacifistas, ecumenistas de ensoñación, etc., las cuales vienen a convenir en la creencia de la marcha inexorable hacia una Iglesia y un mundo mejores.

Lo difícil de explicar aquí es el hecho de que la locura sea aceptada, sin esfuerzo alguno, por un mundo que habría de suponerse cuerdo. Y no acaba aquí la cosa, puesto que hay algo más increíble todavía. La locura de un personaje imaginario como don Quijote, tan simpática como inofensiva, ha sido acogida unánime y universalmente como locura. Mientras que la locura auténtica de mentes tan siniestras como las de Marx y Freud, propias de personajes bien reales, ha sido aceptada *como cordura real y beneficiosa, y hasta como camino el más apropiado para la edificación de un mundo mejor.*

---

[3] Cf Henry de Lubac, *El Drama del Humanismo Ateo.*

El hecho de que locuras tan aberrantes y contrarias a la naturaleza humana, como las de Marx o Freud, o tan inconsistentes como las difundidas por la Pastoral triunfalista moderna, hayan podido ser consideradas como doctrinas verdaderas, además de ser acogidas universalmente y sin reservas, es un fenómeno difícil de explicar. Si se pretende aclararlo, siquiera sea de algún modo, es necesario acudir a la existencia del pecado original y sus consecuencias: cuales son la debilidad de la naturaleza humana, combatida por la concupiscencia, y su consiguiente inclinación al mal. Todo lo cual parece ser la única causa, en definitiva, de la constante proclividad de esa naturaleza hacia la mentira y en favor de los mentirosos.

Algo bien distinto hay que decir de la locura de un personaje imaginario como don Quijote. También ella ha sido unánimemente acogida, y además con universal simpatía. Aunque esta locura, sin embargo, nunca ha pretendido disimular su condición de demencia, por lo que siempre ha sido considerada como tal y sin ninguna vacilación. Nadie ha pensado nunca que el delirio de don Quijote, con su empeño de restablecer en el mundo la Orden de la Caballería Andante, fuera algo distinto de pura fantasía y de divertida utopía. Y de ahí que no haya habido quien se sienta arrastrado a convertirse en Caballero Andante, llevado del deseo de seguir los pasos de nuestro héroe.

La razón de lo cual debe buscarse en el hecho de que las andanzas de Alonso Quijano el Bueno, convertido ahora en el Caballero de la Triste Figura, nunca han pretendido salirse de su marco puramente literario. Por eso su grandiosa e idealizada empresa puede ser justamente considerada como *utopía buena*, en cuanto que en ningún momento ha pretendido disfrazarse de realidad. A diferencia de las utopías desatinadas e irracionales, que han procurado presentarse, no ya como doctrinas enraizadas en la realidad, sino también como las únicas capaces de comprender la naturaleza del ser humano, e incluso de mejorarlo y salvarlo.

Pero hay algo más. Los lectores de la aventura de don Quijote siempre han sido conscientes, pese a su simpatía, de que la empresa acometida por nuestro Caballero es una utopía. Han comprendido bien que el Reino universal de la justicia, implantada y salvaguardada en el mundo por los Caballeros Andantes, es una fantasía irrealizable; al menos por ahora, mientras que dure la Historia. En el abigarrado y variopinto mundo en el que transcurren las andanzas de don Quijote, solamente él cree en la realidad de su sueño; y ni siquiera el realista y prosaico de su escudero acabó de solidarizarse nunca en este sentido con su amo. De ahí que la utopía quijotesca, al no pretender aparecer como lo que no es, se encuentre fundamentada en la verdad. Por eso es buena, y por eso no engaña a nadie.

Los lectores que acompañan a don Quijote en el transcurso de sus desatinadas aventuras nunca son inducidos a tenerlas por verdaderas, dando de lado a la realidad. Saben que los seres humanos vivimos, *y seguiremos viviendo*, en un mundo convulso y crispado. Cuya dolorosa condición solamente acabará en el momento de la Parusía *y nunca antes*, digan lo que quieran las utopías y los falsos triunfalismos: *Porque la creación se ve sujeta a la vanidad, no por su voluntad, sino por quien la sometió; con la esperanza de que será liberada de la esclavitud de la corrupción a fin de participar en la libertad gloriosa de los hijos de Dios. Pues sabemos que la creación entera gime y sufre con dolores de parto hasta el momento presente. Y no sólo ella, sino que nosotros, que poseemos ya las primicias del Espíritu, también gemimos en nuestro interior aguardando la adopción de hijos, la redención de nuestro cuerpo.*[4] Nos encontramos aquí ante la verdad que nos sitúa en los antípodas de la utopía. Acaba de afirmarlo el realismo del Apóstol: gemimos en nuestro interior, incluso *a pesar de que ya poseemos las primicias del Espíritu.*

---

[4] Ro 8: 20–23.

Ahora bien, si eso es así, ¿cómo mostrar simpatía y admiración hacia una utopía que, por serlo, se sabe irrealizable? Y la respuesta está contenida también en el texto del Apóstol. Porque el conocimiento de la realidad, no sólo no es incompatible con la esperanza, sino que ambos se exigen mutuamente. El cristiano sabe que la creación entera, y el hombre con ella, serán algún día objeto de redención, hasta conseguir gozar plenamente de la condición de hijos de Dios. Y sin la aceptación de esa realidad, no es posible una virtud como la esperanza que, además, es imprescindible para la salvación. El Apóstol, aludiendo expresamente a la esperanza en la Parusía, dice que la corona de la bienaventuranza está reservada para aquéllos que desean con amor su venida: *Non solum autem mihi sed et omnibus, qui diligunt adventum eius.*[5]

2. *En donde se intenta decir algo más acerca del verdadero sentido de la esperanza cristiana*

La *espera amorosa* de la que habla el Apóstol posee todas las apariencias de equivaler a *espera ansiosa*.[6] Y no puede ser de otra manera cuando se trata de la llegada del Esposo:

> *Abrí a mi amado,*
> *pero mi amado se había ido, desaparecido.*
> *Le busqué, mas no le hallé.*
> *Le llamé, mas no me respondió...*

---

[5] 2 Tim 4:8.

[6] La expresión utilizada es extrañamente sugerente: *amar su venida*. El original ἠγαπηκόσιν, ptc. de pf. de ἀγαπάω, significa *diligo* o *desidero*, lo que parece corresponder a una espera realizada con ansiedad.

> *Os conjuro, hijas de Jerusalén,*
> *que si encontráis a mi amado,*
> *le digáis que desfallezco de amor.*[7]

Desfallecer de amor por la ausencia del Amado, al cual no es posible encontrar, conviene bastante bien con lo que podría ser una espera ansiosa enamorada.

> *Pastores los que fuerdes*
> *allá por las majadas al otero,*
> *si por ventura vierdes*
> *Aquél que yo más quiero,*
> *decidle que adolezco, peno y muero.*

La famosa estrofa de San Juan de la Cruz en su *Cántico Espiritual* es una bella glosa de ese texto.

De ahí el grito de esperanza de la liturgia de la Cristiandad primitiva: *¡Marana tha!*, o el ansiado *¡Ven, Señor Jesús!*,[8] lanzado como una explosión de ansiedad surgida del fondo del corazón.

La ansiedad ardiente por la venida del Señor fue la atmósfera en la que respiraba con normalidad la Cristiandad primitiva. A medida que fue pasando el tiempo, sin embargo, la espera amorosa e impaciente se fue debilitando, hasta llegar a su nadir en los tiempos ya actuales: *Como el Esposo tardaba, todas sintieron sueño y se durmieron,*[9] decía la parábola de las diez vírgenes.

Pero en la Cristiandad siempre ha existido, y seguirá existiendo como remanente, un *pusillus grex* (Lc 12:32) que será efectivamente

---

[7] Ca 5: 6.8.
[8] Ap 22:20; cf 1 Cor 16:22.
[9] Mt 25:5.

cada vez más diminuto a medida que se acerque el fin de los tiempos. Por más que digan lo contrario los valedores y propagandistas de los falsos triunfalismos. No es extraño que, ante la tremenda crisis de la situación actual, el pequeño rebaño que todavía permanece fiel anhele angustiosamente la venida definitiva del Señor. Nos encontramos ante una descomposición insostenible del catolicismo ante la cual, por contraste, un enorme aparato de propaganda pretende que se crea lo contrario. No vale la pena hacer aquí una descripción de la disolución de los valores cristianos que, además de que nos ocuparía demasiado tiempo y espacio (y nunca sería exhaustiva), es tarea que ya hemos delineado en otras ocasiones. Como decía hace poco un escritor articulista norteamericano: *Las hermenéuticas de la ruptura,*[10] *si así lo queremos, surgen del deseo de los Padres del Concilio por adaptarse a la cultura de la juventud, al "discernimiento de los signos de los tiempos", y a llegar a ser una especie de "hippies" eclesiásticos. Lo cual cambia el respeto a la tradición por la novedad que lleva consigo el arrojar por la borda el pasado. Cuando la cultura secular comenzó a envidiar a la juventud, la Iglesia hizo lo mismo. Pero la cultura secular se consideró a sí misma capacitada para aceptar el misticismo juvenil del materialismo cuyo objetivo es el libertinaje sexual. La Iglesia, por contraste, se debate bajo las cadenas de su vetusta moralidad: los teólogos se sienten libres de disentir de la "Humanæ Vitæ"; los obispos y los pastores hacen un guiño de aprobación a la contracepción; la oposición*

---

[10] El autor alude aquí a una expresión recientemente utilizada por el Papa Benedicto XVI, según la cual los documentos conciliares pueden ser interpretados según una doble hermenéutica: la tradicional y la de la ruptura. Añade el articulista que el término hermenéutica es propio de la interpretación de la Sagrada Escritura, aunque reconoce que puede tener un uso más amplio. Al tiempo que expresa su confianza en que el Santo Padre no extienda a los documentos del Concilio la reverencia debida a la Sagrada Escritura.

al aborto legalizado puede quedar reducida a formales e insustanciales publicaciones de prensa; se encomienda la dirección de los seminarios a los homosexuales. Pero, ¿cómo sumarse públicamente al gran desfile de la liberación sexual bajo cuya bandera marcha el mundo moderno? ¿Cómo cerrar la fisura existente entre la fe y la modernidad? Pues bien: ignorando que existe tal fisura.[11]

Esta espera ansiosa es compartida también por las almas bienaventuradas que, en el presente estado de escatología intermedia, aguardan la resurrección y glorificación de sus cuerpos. Según la Constitución *Benedictus Deus*,[12] la visión y la posesión de Dios de las que ya gozan tales almas, suprime en ellas los actos de fe y de esperanza en cuanto virtudes teológicas (*visio huiusmodi divinæ esentiæ eiusque fruitio actus fidei et spei in eis evacuant, prout fides et spes propriæ theologicæ sunt virtutes*). Pero es evidente que la Constitución se refiere a la esperanza en cuanto confianza de esas almas en su salvación última. En modo alguno puede pretender suprimir la espera ansiosa de la resurrección y consiguiente transformación y glorificación de sus cuerpos. Tal como siempre lo ha reconocido la teología católica. Pues esta *esperanza* de los bienaventurados, la cual ha lugar durante la escatología intermedia, posee a su vez una importancia decisiva.

Ante todo, porque su cumplimiento supondrá para ellas nada menos que su plena identificación con Cristo. La cual no tendrá lugar hasta que su cuerpo haya sido configurado al Cuerpo de Cristo glorioso. Acerca de lo cual los textos no dejan lugar a dudas (Ro 6: 4–5; 1 Cor 15: 44–54; Flp 3: 20–21). Es lo cierto que la tendencia platonizante a acentuar demasiado el valor del alma en el ser

---

[11]Edwin Faust, *A Pox on the New Springtime*, en *The Latin Mass*, Vol 15, n.1, 2006, 32. N.J., USA.

[12]Denz. 530 (1000).

humano, en detrimento u olvido del cuerpo, ha logrado sumir en un segundo plano, cuando no en el olvido, la significación fundamental de la glorificación del cuerpo en la bienaventuranza final, así como su papel con respecto a la Parusía.

En segundo lugar porque, hasta llegado ese momento, las almas bienaventuradas separadas de sus cuerpos contemplarán efectivamente la Esencia Divina, cara a cara y en visión intuitiva; si bien lo harán como *almas humanas bienaventuradas*, y no todavía al modo perfectamente humano, *como seres enteramente humanos* en su estructura esencial de cuerpo y alma, tal como Dios creó la naturaleza humana. Lo cual, como después trataremos de explicar, no supondrá en los bienaventurados un aumento de felicidad o beatitud: ni accidental ni esencial. Con respecto a la visión beatífica, en la que tiene lugar la contemplación de Dios cara a cara y su correspondiente posesión y fruición, no tiene sentido hablar de ninguna clase de *aumento*: ¿En qué podría consistir cualquier clase de *intensidad* cuando ya se está contemplando a Dios cara a cara y en visión intuitiva? Tal suposición no es otra cosa que una especie de antropomorfismo que viene a traducirse, en definitiva, en trasladar los modos de pensar humanos al mundo de lo sobrenatural y, lo que es más grave todavía, a Dios mismo. Cuando se piensa en el significado del misterio de la visión beatífica, se suele confundir *extático* con *estático*. Justamente dos términos que, no solamente responden a conceptos distintos, sino incluso contradictorios. Tanto es así como que la visión beatífica no tiene nada de *estatismo*, sino que es un verdadero *acto vital* de sobreexaltado dinamismo en el que hay que considerar la vida sobreabundante de la que hablaba Jesucristo para los elegidos (*ut vitam habeant et abundantius habeant*). Donde es de notar la importancia y riqueza de contenido del comparativo *abundantius*, en el que es difícil ver un mero aumento en intensidad de vida. Sucede aquí algo parecido a lo que suele decirse en la teoría de la mística, acerca de la *pasividad* del alma humana en la contemplación. Recuérdese el ejemplo de Santa Teresa, en el que compara el agua que cae del cielo en la lluvia (contemplación) con la extraída trabajosamente en la noria (meditación).[13] Lo que sí ha de tener lugar en los bienaventurados, llegado ese momento, es su *glorificación definitiva y completa*: cuando por fin hayan llegado a la completa medida de su identificación con Cristo (cada uno la suya, según Ef 4: 7.13); y cuando por fin también vean y amen a Dios al modo completo y perfectamente humano, mediante la posesión de su cuerpo glorificado. Lo que no significa, como ya hemos dicho, que vaya a tener lugar un aumento de su beatitud, ni esencial ni accidental, en la visión beatífica.[14]

Pero la esperanza sobrenatural se actualiza en el momento en que ha desaparecido toda esperanza humana: *Qui contra spem in spe credidit* (Ro 4:18). Por lo que puede decirse que las utopías de mala índole y los falsos triunfalismos atentan directamente contra esta virtud. Pretenden hacer ver lo que en realidad no se ve ni se puede ver, puesto que es falso. Mientras que la virtud de la esperanza, por el contrario, al orientar y conducir el corazón del hombre más allá de lo que ve, abre para él las puertas de la inefable realidad de las promesas de un Dios que nunca miente: *Somos salvados por la esperanza. Pero una esperanza que se ve no es esperanza; pues, ¿acaso uno espera lo que ve? Por eso, si esperamos lo que no vemos, lo aguardamos mediante la paciencia.*[15]

---

[13]He tratado este tema más extensamente en mi libro *La Oración*, Shoreless Lake Press, N.J. (USA), 2002, pags. 89 y ss.

[14]Con respecto a la expresión *nulla mediante creatura in ratione obiecti visi se habente*, de la Constitución *Benedictus Deus*, hablaremos más adelante.

[15]Ro 8: 24–25.

Así se explica que cualquier hombre de bien vea siempre con simpatía la Aventura de don Quijote y sus utópicos delirios. Vive así en la segura confianza de que la Edad Dorada, tan bellamente descrita por Cervantes en el discurso de don Quijote a los cabreros, será realidad algún día. Sabiendo que la esperanza cristiana nunca defrauda: *Spes autem non confundit* (Ro 5:5). Dado que, si existiera la menor posibilidad de que fuera de otra manera, quedaría vacía de contenido y ya no sería esperanza. Ni siquiera tendría sentido, cuando ya hemos visto que la expresión paulina es terminante. Confirmada además por una fuerza y fundamento tan convincentes como que viene avalada por el amor, según añade el Apóstol a continuación: *quia caritas Dei diffusa est in cordibus nostris per Spiritum Sanctum...*

Aunque esa Edad de Oro, objeto ahora de la virtud de la esperanza, será bien distinta y más sublime y elevada que la descrita en la pieza literaria cervantina. Con una diferencia que habría de calcularse según la distancia que media entre la tierra y el cielo. Tal seguridad en la esperanza, sin embargo, solamente es posible desde el reconocimiento de la realidad del mundo en el que vivimos, pues *la creación entera gime y sufre con dolores de parto hasta el momento presente*. Sin cuya conciencia de la miseria que nos envuelve no cabe esperar el mundo mejor que ahora no vemos todavía: *pues la esperanza que ve, ya no es esperanza*. El delirio de don Quijote es efectivamente una utopía, aunque encierra una esperanza oculta que el cristiano sabe que no es engañosa. Por lo cual puede decirse que está basada en la verdad, bien que fundamentada en una promesa segura todavía por realizarse.

Las modernas utopías, en cambio, apuntan hacia una esperanza que carece de fundamento, como no sea el de la mentira. Jamás se verán convertidas en realidad, y de ahí que puedan ser consideradas como falsas, perversas y engañosas. Al no reconocer la transitoriedad

La Edad de Oro

de la ciudad presente, estiman carente de sentido la búsqueda de otra futura que, sin embargo, había sido prometida indefectiblemente por Dios (Heb 13:14).[16] Su pretensión de que el hombre se establezca en la Ciudad Terrestre, puesto que no cabe esperar otra, acaba con la esperanza; a pesar de que sin ella, como sabemos, no hay salvación (Ro 8:24). Así se explica que la pérdida de la esperanza venga a desembocar en el paso decisivo por el que se atraviesa la Puerta del Infierno:

Lasciate ogni speranza, voi ch'entrate.[17]

El discurso de don Quijote sobre la Edad de Oro es perfectamente coherente con el espíritu de cualquier utopía. Contiene sin embargo un importante detalle del que no cabe hacer partícipe a Cervantes, como ahora veremos. Por supuesto que el autor del *Quijote* no está haciendo aquí sino pura literatura, y no tendría sentido alguno suponer que hace suyos los delirios y desatinos contenidos en el discurso, ni en todo ni en parte. Pero todo el mundo sabe que los sueños disparatados pueden contener detalles o elementos aún más extravagantes; a saber: despropósitos todavía mayores dentro de un desfile general de dislates. Y me refiero concretamente al pasaje del discurso en el que se dice que, para los que vivieron en aquella Edad Feliz, no existieron los conceptos de *tuyo* y *mío*. Con todo, es fácil suponer que la gravedad de las consecuencias que podrían derivarse, caso de admitir la verdad de tal afirmación, puede escapar a cualquiera que no se detenga a reflexionar.

Es natural que Cervantes, puesto a pintar utopías, incida en uno de los tópicos característicos de este género de fábulas. Pero en las

---

[16] El texto de los Hebreos viene a ser un eco lejano del antiguo profeta Miqueas: *¡Levantaos, marchaos!, que éste no es un sitio tranquilo* (Mi 2:10).

[17] *Vosotros, los que entráis, dejad aquí toda esperanza.* Dante, *La Divina Comedia*, *Infierno*, III.

aventuras, discursos y consideraciones de Alonso Quijano el Bueno, conocido como *don Quijote* o como el *Caballero de la Triste Figura*, así como lo que transcurre en los divertidos diálogos con su escudero, no hay sino literatura; por lo que nadie se atreverá a decir que el Príncipe de las Letras Españolas era socialista. Sucede sencillamente que los tópicos, como las cerezas, se enredan y se encadenan fácilmente unos a otros cuando se usan. A continuación nadie se toma demasiadas molestias en hacer análisis detallados: ni sobre los tópicos como tales, ni sobre las posibles incongruencias que suelen derivarse de ellos. Si se da por descontado, como así es en efecto, que la descripción de la Edad de Oro, tal como queda dibujada en el discurso ante los cabreros, no es más que la narración de una utopía, no es extraño que surja en ella la cuestión de la desaparición de los conceptos de *lo tuyo* y de *lo mío*. Aunque pudiera parecer extraño, nunca bien vistos por las utopías.[18]

---

[18]El tema ha estado siempre presente en toda utopía, incluida la de Tomás Moro.* Lo curioso en este caso es el unánime empeño de estas ideologías en desconocer la propiedad privada, *a pesar de que este concepto pertenece a lo más inherente y sustancial de la naturaleza humana.* Y sin embargo su negación es consustancial a las utopías en general, y a las fantasías socialistas en particular. En las cuales lo colectivo prevalece ante lo individual, y lo social anula al individuo como persona. Y puesto que la propiedad privada es inherente a la naturaleza humana, y única garantía de la libertad del individuo, es lógico que sea combatida por un eterno enemigo de las libertades como es el Socialismo.

*Moro fue en realidad el inventor de la palabra *Utopía*, según el nombre que asignó a su imaginaria isla. Su obra, escrita en latín y publicada en 1516, contiene una filosofía enteramente comunista. Todavía se sigue discutiendo si se trataba de un estudio serio, o de una mera elucubración quizá sin pretensiones de realidad (Tomás Moro fue justamente canonizado por la Iglesia como santo). Tal vez el autor quiso expresar una protesta contra el desgobierno existente en la Europa de su tiempo, sin pretender conceder relevancia a las soluciones aportadas en la obra. En cualquier caso, la utopía más importante en el orden de la filosofía política es la *República*, de Platón, completada con más detalle en su diálogo sobre *Las Leyes*.

3. En donde se incide en el importante concepto de la "posesión" dentro del fundamental tema del amor

El tema tiene mucha más relevancia de lo que podría parecer. Si bien debe reconocerse que la *propiedad privada* es algo inherente a la persona humana, *no es todavía eso lo más fundamental.*

La eliminación de las realidades correspondientes a los conceptos de *tuyo* y de *mío* supondría la *supresión del amor*. El cual significa esencialmente entrega y recepción, realizadas ambas en mutua reciprocidad y bilateralidad. Para lo cual es imprescindible que existan un *yo* y un *tú*, enteramente diferentes y capaces de entregar cada uno *lo que es suyo* para que sea recibido por el otro. La Revelación es lo suficientemente clara como para poder ser entendida sin más dificultades.[19] Vale la pena echar mano del testimonio de ambos Testamentos:

Yo soy para mi Amado y mi Amado es para mí.[20]

En una época como la nuestra, en la que el amor ha quedado reducido al sexo en su forma puramente animal, después de haber sido despojado de sus cualidades esenciales de perennidad y totalidad, la idea de la *posesión* del otro, por parte de cada uno de los amantes, ha desaparecido del pensamiento moderno. Sin embargo es imposible entregar una cosa a otro, para que la haga suya, si previamente no pertenece al que la entrega. De ahí que los conceptos de

---

[19] El tema en su conjunto está tratado en diversos lugares de mi libro *Comentarios al Cantar de los Cantares*, 2 Vols. Shoreless Lake Press, N.J. (USA), 1994 y 2000; y más detalladamente en el volumen I, 1ª parte, c. 7, pags. 110 y ss.

[20] Ca 6:3; cf 2:16.

lo mío y de *lo tuyo* sean tan esenciales en el amor como los del *yo* y el *tú*. Y de ahí también que sin entrega y recepción, llevadas a cabo mutuamente entre personas distintas como tales, no hay posibilidad de que exista amor. Por lo que podría concluirse en pura lógica, en el caso de que en la Edad de Oro no hubieran sido conocidos los conceptos *tuyo* y *mío*, que también el amor habría sido ignorado en ella por completo. Pero una hipotética *Edad de Oro* carente de amor, incluso considerada como algo lo más fantástico y utópico que la imaginación pudiera concebir, sería sencillamente impensable. ¿Acaso sería imaginable una *Edad de Oro* sin amor...? Cuando sucede además que el hombre fue creado por el Amor Infinito a su imagen y semejanza, ¡justa y precisamente para que fuera capaz de amar y de ser amado! En este sentido, como ingrediente sustancial del amor, también la propiedad privada es una cualidad inherente a la persona humana.

La idea de *posesión* en el amor ha sido erradicada del pensamiento moderno. Las nuevas ideologías que de algún modo tienen que ver con el amor, como son, por ejemplo, los *Movimientos* feministas, machistas, homosexuales, etc., la rechazan de plano. El concepto de *posesión*, tan fundamental en el amor, parece oponerse a la fluida verborrea montada sobre el libertinaje de conducta que ahora se llama libertad: autonomía del individuo, liberación de la mujer, derecho a realizarse según el propio criterio, a ser uno mismo, etc. En definitiva, todo lo que hoy se acomoda bajo la bandera de una cierta *liberación* y que no es otra cosa, a fin de cuentas, que el rechazo de Dios; o el eco más reciente del grito *non serviam!*, del Ángel Caído.

Sin embargo toda la doctrina del amor gira en torno al concepto de *posesión*. El intercambio de vidas, como cualidad esencial del amor, supone la entrega total y recíproca de los que se aman. Lo cual significa, si las palabras tienen algún sentido, que la vida de cada uno de ellos *pertenece* ahora al otro. Sin que haya necesidad de aclarar que la entrega de la vida equivale a la donación de la persona en totalidad: *Vivo autem iam non ego, vivit vero in me Christus.*[21] Con lo que se da lugar a un verdadero intercambio en el que la vida de cada uno pasa ahora a ser propiedad del otro: *El que come mi carne y bebe mi sangre permanece en mí y yo en él. Igual que el Padre que me envió vive y yo vivo por el Padre, así, aquél que me come vivirá por mí.*[22] En el proceso del amor, el amante no permanece tranquilo hasta que comprueba que su vida *pertenece al amado*. Y así es como se hace realidad el concepto de posesión, aunque en un doble sentido: Pues el que ama desea ardientemente *pertenecer* al amado, al mismo tiempo que, según lo que sería la más extraña de las paradojas, ansía igualmente *poseerlo a su vez*. Por eso dice el *Cantar*:

Mi amado es para mí y yo soy para mi amado.[23]

Los conceptos de *mío* y de *tuyo*, que a su vez se corresponden con el de *posesión*, son fundamentales en la doctrina del amor. A su vez, puesto que toda la doctrina teológica se deriva del Misterio de la Trinidad Divina, y dado que la Teología del Amor coincide exactamente con el Misterio de Dios, parece lógico que los textos escriturísticos que aluden al Misterio fundamental de la Fe Cristiana abunden en este sentido. El Misterio de la Trinidad de Personas en la Unicidad de la Esencia Divina sería por completo ininteligible sin los conceptos de *tuyo* y de *mío*; y por lo tanto sin el de *posesión*. Y

---

[21] Ga 2:20.
[22] Jn 6: 56–57; cf Mt 10:39.
[23] Ca 2:16; 6:3.

lo mismo habría que decir sin la referencia al *Amor*. Veamos algunos textos principales, puestos todos ellos en boca de Jesucristo:

Todo me lo ha entregado mi Padre...[24] *Yo estoy en el Padre y el Padre en mí...*[25] *Todo lo que tiene el Padre es mío. Por eso dije: "Recibe de lo mío y os lo anunciará"...*[26] *Todo lo mío es tuyo,* [dirigiéndose al Padre] *y lo tuyo mío.*[27]

De ellos se desprende la mutua, recíproca y total entrega de todo lo que es del uno al otro. Y ahí está contenido también, con toda claridad, el concepto de *posesión*; así como también los de *tuyo* y *mío*. Todo ello hecho posible por el *vínculo de amor* que los une.

La doctrina de los místicos, como no podía ser menos, ha entendido muy bien lo que significa en el amor la idea de la (mutua) *posesión*:

> *¿Por qué, pues has llagado*
> *aqueste corazón, no le sanaste?*
> *Y pues me le has robado,*
> *¿por qué así le dejaste,*
> *y no tomas el robo que robaste?*[28]

Pero estamos hablando del mayor de todos los Misterios, a saber: el del Amor (Dios es Amor). Acerca del cual las cuestiones podrían acumularse una sobre otra, y donde las posibles respuestas acarrearían a su vez nuevas preguntas, cada vez más difíciles de contestar. Comprender el fondo último del Misterio del Amor, en el caso de que exista tal fondo, sería para el hombre tan imposible como comprender el Misterio de Dios. En cuyo caso el Misterio dejaría de ser

---

[24] Mt 11:27.
[25] Jn 14: 10–11.
[26] Jn 16:15.
[27] Jn 17:10.
[28] San Juan de la Cruz, *Cántico Espiritual*.

Misterio, el Amor dejaría de ser Amor, y Dios dejaría de ser Dios, porque entonces nada existiría..., ni siquiera la Nada. Pero el amor creado es una participación de la Vida y del Amor Infinitos, por lo que él también *participa* de esa infinitud. Una infinitud a la que con inadecuada denominación podría llamarse relativa pero que, de todos modos y de alguna manera imposible de explicar, sería infinitud en cuanto que el amor (también el participado) es un abismo insondable. Pues el amor creado y otorgado a las creaturas, llegado un momento se pierde en el Abismo del Amor Infinito, como un río que desemboca en el mar. Aunque también es verdad que, si bien ambos amores se *funden* en uno, de ninguna manera se *confunden.* En realidad siguen siendo el amor de Dios a su creatura y el amor de la creatura a su Dios, puesto que la bipolaridad y la reciprocidad son esenciales al amor: *Pues el amor "de Dios" ha sido derramado en "nuestros corazones" por el Espíritu Santo "que se nos ha dado".*[29] O dicho de manera mejor: porque si el amor entre ambos es uno, Dios siempre es Dios y la creatura siempre es creatura. Dos que se aman y la relación que los une. Efectivamente, el número áureo en el amor es el tres.

Y puesto que venimos reflexionando acerca del Misterio del Amor y sus componentes esenciales, girando en torno a los conceptos *mío* y *tuyo*, cabría preguntar sobre la posible prelación de uno de ellos con respecto al otro. Según lo cual, la cuestión podría formularse de la siguiente manera: En cuanto a la entrega que de sí mismo desea hacer el amante con respecto al amado y la consiguiente posesión, ¿puede decirse acaso, si se tiene en cuenta también la reciprocidad, que el que ama desea convertirse en posesión del otro, más bien que poseerlo él a su vez? Y nadie va a poner en duda que la simultaneidad *en el tiempo* no es óbice para una prioridad de naturaleza.

---

[29] Ro 5:5.

Acerca de lo cual, parece que habría que dar preferencia al acto de *entregar* más bien que al de *recibir*. De donde el que ama desearía ante todo convertirse en posesión del amado, a saber: llegar a ser posesión del otro, más bien (o *antes*) que poseerlo él a su vez.

En realidad las palabras del Señor parecen confirmarlo así: *Hay mayor felicidad en dar que en recibir*.[30] Por lo demás, el Espíritu Santo es conocido como *Don* entre uno de sus diversos nombres. Y en cuanto a los textos neotestamentarios, siempre hablan de darlo todo, de renuncia, de olvido y de negarse a sí mismo, etc. Un problema que, si bien se mira, nos introduce de lleno en la por muchos considerada espinosa cuestión de si el amor es o no desinteresado. Porque, en efecto, ¿qué significaría para el hombre amar a Dios *desinteresadamente*? ¿Acaso puede poner su entrega al Amor Increado como algo prioritario o más importante que el deseo de poseerlo?

La respuesta, caso de que pudiera ser hallada, tendría que conducirnos hasta la esencia misma del amor. Y como siempre, dado que Dios es el mismo Amor Sustancial y el amor de la creatura no es sino una participación en él, habrá que partir una vez más de esta verdad fundamental.

Pero Dios es por esencia el *Amor Desinteresado*. De donde el amor creado, otorgado por Dios a su creatura como participación en su propia Vida, *necesariamente ha de ser también amor desinteresado*. Las palabras de Jesucristo que hemos citado más arriba son contundentes: *Hay más alegría en dar que en recibir*. Por otra parte, el amor supone necesariamente que el amante prefiere al amado antes que a sí mismo; por lo que desea el bien del amado antes que el suyo propio, e incluso con desprecio del suyo propio y aun de sí mismo si eso fuera posible: *Le pediría a Dios ser yo mismo anatema de*

---

[30]Hech 20:35.

La Edad de Oro 335

Cristo en favor de mis hermanos.[31] Por supuesto que la creatura no puede menos que amar y desear a Dios. Lo cual es cierto por encima de todo. Ahora bien, ¿qué es lo que significa desear necesariamente a Dios...? Sin duda alguna que amarlo necesariamente; aunque aquí es donde radica, a mi entender, el engaño de los que piensan en un *amor a Dios interesado* por parte de la creatura. ¿Dónde ha quedado demostrado que amar necesariamente suponga constricción alguna? Porque el hecho de que la creatura se vea compelida a amar a Dios no significa otra cosa... sino que efectivamente lo ama. Ahora bien: *¿Qué es amar, sino desear desinteresadamente, por encima de todo, el bien del amado?* Decir que alguien se ve impulsado necesariamente a amar, no solamente carece de sentido, sino que tal supuesto destruiría la esencia misma del amor. *Por la razón de que nadie puede ser "obligado" a actuar libre y voluntariamente.* Cuando la verdad es que no existe en todo el Universo cosa alguna más libre y voluntaria que el amor: *Ubi autem Spiritus Domini, ibi libertas.*[32] La afirmación de que el amor es libre, por esencia y naturaleza, es compatible con el hecho de que el Amor Supremo atrae irresistiblemente en un acto de perfecta libertad.[33] De esta forma, el amor a Dios, dado que es el acto amoroso más perfecto que es dable a la creatura, es por eso mismo el *acto más desinteresado* que le ha sido

---

[31]Ro 9:3.

[32]2 Cor 3:17. La libertad perfecta de Dios, y en cierto modo la de los bienaventurados en el Cielo, en modo alguno es incompatible con su imposibilidad de pecar. En ésta, como en otras muchas cuestiones, el error está en el planteamiento inicial, que es en realidad un sinsentido.

[33]Ya hemos dicho que en la libertad perfecta, o aquélla libre de las trabas que la habrían hecho defectuosa, *no tiene sentido* plantear la posibilidad de un *no* al Amor Perfecto. ¿Cómo podría alguien suponer que la posibilidad de tal *no* sería algo *mejor y más perfecto* que el hecho de no admitir siquiera su planteamiento? Y en el amor verdadero, y sobre todo en el perfecto, siempre se opta por lo más perfecto. Sería imposible dar cabida en él a una alternativa aberrante por naturaleza.

otorgado realizar. Lo que la creatura ansía al amar a Dios es que *Dios sea*, de tal manera que en ese sentido nada le importaría no ser ella; e incluso ser anatema si fuera necesario. *Dios es*, solía repetir incansablemente San Francisco de Asís en el colmo de su alegría. Para la creatura, Dios es antes que ella y está por encima de todo. Pues efectivamente prefiere a Dios antes que a sí misma; de tal modo que lo ama por encima de sí misma y más que a sí misma: *Amarás a Dios "sobre todas las cosas"*.

Explicar el misterio del *amor desinteresado* supondría explicar otro nuevo, aunque igualmente imposible de abarcar por una inteligencia creada. Se trata del hecho de que el amante prefiera al amado antes que a sí mismo, lo cual viene a patentizar que el amor impulsa al amante a salir de sí mismo hacia el amado.[34]

En el Poema de amor divino–humano que es el *Cantar de los Cantares* aparecen estas ideas. Si bien del modo como solamente

---

[34] No es necesario decir que el Amor Increado no es movido por nada fuera de Sí mismo. Existe en cada una de las Personas Divinas una referencia a la otra (o una referencia entre ambas), sin necesidad de ir más allá de la inefable simplicidad, unidad e infinitud de la Esencia Divina. Lo cual no tendría sentido alguno, puesto que Dios no puede desear algo que Él no poseyera porque estuviera fuera de Sí mismo. Lo que Dios ama en las creaturas, las cuales son distintas de Él, es la bondad que hay en ellas y que Él mismo les ha otorgado como participación de la suya propia. Dios ama el ser y la bondad que existen en las cosas y que Él mismo ha puesto en ellas, impulsado justamente por su propia voluntad bondadosa: *De donde como Dios no quiere las cosas distintas de Él sino por un fin, que es su bondad, como ya se ha dicho, se sigue que no hay cosa alguna que pueda mover su voluntad, salvo su propia bondad. Y así, lo mismo que Dios, conociendo su esencia conoce lo que es distinto de Sí, igualmente, queriendo su bondad, quiere lo que es distinto de Él.**

Unde, cum Deus alia a se non velit nisi propter finem qui est sua bonitas, ut dictum est, non sequitur quod aliquid aliud moveat voluntatem eius nisi bonitas sua. Et sic, sicut alia a se intelligit intelligendo essentiam suam, ita alia a se vult, volendo bonitatem suam (Santo Tomás, *Summa Theol.*, I^a, q. 19, a. 2, ad *secundum*).

es capaz de hacerlo la Poesía (divinamente inspirada en este caso). Pues es la poesía la que alcanza cotas de profundidad y belleza a las que la simple prosa es incapaz de llegar:

> *Es mi amado para mí bolsita de mirra*
> *que descansa entre mis pechos.*
> *Es mi amado para mí racimito de alheña*
> *de las viñas de Engadí.*[35]

El derroche de ternura con el que habla la esposa, dentro de la medida en que le es posible expresarse, manifiesta de alguna manera lo que el Esposo supone para ella.

Claro está que, como siempre, la esposa no puede hacer aquí sino *intentar* decir lo que siente. Por eso insinúa por medio de figuras poéticas, bregando por manifestar *algo* de lo que sería incapaz de expresar por medio de la simple prosa. En demasiadas ocasiones, y de manera más especial en los temas que se refieren al amor, la capacidad del lenguaje humano no llega más allá de un intento de *sugerir* algo de lo que el alma experimenta. Tarea para la que es evidente que la poesía goza de mayores posibilidades que la prosa llana. No que la poesía sea capaz de decirlo todo. Pues en realidad, si el hombre nunca es capaz de decirlo *todo*, menos aún lo es en lo referente al amor, donde no puede aspirar sino a quedarse detenido en el umbral del misterio.

Por supuesto, como ya hemos dicho, que incluso a la poesía no le es dable hacer sino sugerir o insinuar. Que es justamente lo que sucede aquí. Al hombre no le está permitido en este mundo saber del Misterio del Amor más allá de lo que de él ha recibido en forma de primicias (Ro 8:23; 2 Cor 5: 2–5). E incluso tales primicias ya

---

[35] Ca 1: 13–14.

suponen demasiado, desde el momento en que se *desbordan* sobre él (Ro 5:5) con una fuerza que le resultaría imposible de calcular (*non enim ad mensuram dat Spiritum*[36]). De ahí que la misma Poesía, que sabe bien de sus limitaciones, se esfuerce en echar mano de todos sus recursos: tropos, metáforas, sinonimias..., para acabar reconociendo su impotencia para expresar lo que siente, e incluso confesar también que no puede ir más allá de lo que sería un simple *balbucir*:

> *Y todos cuantos vagan,*
> *de Ti me van mil gracias refiriendo,*
> *y todos más me llagan,*
> *y déjame muriendo*
> *un no sé qué que quedan balbuciendo.*

Así se expresaba, una vez más, San Juan de la Cruz en su *Cántico Espiritual*. Y en efecto, ¿qué puede hacer la esposa sino romper en aparentes desatinos llenos de ternura? Como los de comparar al Esposo con una *bolsita de mirra*, para acabar diciendo en locura de amor que *descansa entre sus pechos*. Es verdad que, para cualquiera que no se sienta enamorado, el lenguaje poético amoroso parecerá cosa de insania. Y efectivamente posee visos de serlo. Al menos en el sentido de que, reconocida su impotencia para decir lo que siente, aún queda tan lejos de la realidad como para que sus expresiones parezcan, además de pronunciadas fuera de contexto, irracionales, inapropiadas e incoherentes.

Y ya puestos a escuchar un derroche de aparentes incongruencias, la expresión *para mí* que utiliza aquí la esposa,

> *Es mi amado para mí bolsita de mirra,*

---

[36] Jn 3:34.

parece intentar expresar, en primer lugar, la dulce maravilla de lo que la Persona del Esposo significa para ella. Y luego además, el hecho de que tan inefable Realidad cual es la del Esposo *le pertenece a ella*: es suya. Al igual que recíprocamente, como después dirá, ella también se reconoce como propiedad del Esposo.

Habrá quien piense que las expresiones *bolsita de mirra*, o *racimito de alheña*, no son sino pobres metáforas, más bien incapaces de proporcionar mucha luz acerca de la realidad del Misterio al que se refieren. Lo cual efectivamente es cierto. Aunque así se olvida la esencial limitación del lenguaje humano, dotado de excepcionales condiciones de pobreza, estrechez y carencia para referirse a cualesquiera de las cosas creadas. Además de que, cuando se trata del Amor, hasta el lenguaje de los ángeles es insuficiente, de forma igualmente semejante a la incapacidad del entendimiento humano cuando intenta profundizar en ese Misterio. El cual no es otro en definitiva que el Misterio insondable de Dios. También ha de tenerse presente que la misteriosa capacidad de llegar *más allá* de donde puede hacerlo la simple prosa, además de su innegable belleza, características ambas del lenguaje poético, no excluyen por eso sus limitaciones. Al fin y al cabo, el lenguaje poético, incluido el que Dios utiliza en la Escritura, sigue siendo también lenguaje humano (*Cantar de los Cantares*); en cuanto que de otra forma no podría ser entendido por el hombre.

Por otra parte, conviene repetirlo una vez más, de nuevo aquí se manifiesta la omnipresente ley de la reciprocidad en el amor. El Esposo, por su parte, se siente igualmente propietario de la esposa. La reconoce como cosa suya y como algo que le pertenece. Pues la idea de la posesión, como hemos dicho arriba, es constitutiva de la esencia misma del amor, y de ahí que no pueda concebirse el amor sin (mutua) posesión. Un estudio reposado del lenguaje poético del

Cantar de los Cantares mostraría con claridad estas realidades, como se desprende, por ejemplo, de la forma de hablar del Esposo:

> *Voy, voy a mi jardín, hermana mía, esposa,*
> *a coger de mi mirra y de mi bálsamo;*
> *a comer la miel virgen del panal,*
> *a beber de mi vino y de mi leche.*[37]

Una vez más la poesía dice demasiadas cosas. Muchas más de las que un lector apresurado sería capaz de apreciar. Podría aplicarse a esta estrofa del *Cantar*, lo mismo que a todas las demás (y en general a cualquier especie de verdadera poesía), el caleidoscopio de la mente y del corazón para extraer de ella multitud de lecturas. Cada una repleta de sugerencias en cantidad inagotable, puesto que nadie ha logrado avistar el lugar donde acaba lo más hondo de las profundidades del abismo de la Poesía. Tanto es así que adquiere

---

[37]Ca 5:1. Parece que la doctrina mística tradicional no ha insistido demasiado en la idea de la reciprocidad en el amor.

En primer lugar, el concepto de *posesión* suele quedar en ella demasiado circunscrito al alma con respecto a Dios. Algo así como si fuera el alma a quien le importara poseer y alcanzar a Dios, y ya no ocurriera tanto recíprocamente. De ser esto cierto y llevado a sus últimas consecuencias, supondría un concepto unilateral del amor por completo inadmisible, en cuanto que no tendría sentido alguno.

Pero es que además, cuando se trata de los grados más elevados de unión del alma con Dios, la doctrina insiste demasiado en la *pasividad* de la parte humana: oración *contemplativa*, el agua de lluvia que cae copiosamente del cielo y que, a diferencia de la extraída con no poco trabajo de la noria, inunda el alma humana sin que a ésta le quede hacer otra cosa que *recibir* el regalo de Dios, etc.

Quizá sea necesario insistir en la idea de la *bilateralidad* como parte de un concepto más profundo y acabado del amor. Además de hacer también más hincapié en el papel de la Persona de Jesucristo, a través de su Humanidad sobre todo, en la relación de amor divino–humana.

vida propia, de tal modo que las *intuiciones* y sentimientos que provoca escapan incluso a la percepción de su propio autor.[38]

Como puede verse, el Esposo deja constancia, en lenguaje poético (un lenguaje esotérico para los no iniciados, para los carentes de sensibilidad y para los estrechos de corazón), que va al encuentro de su esposa como a lo que es suyo: *mi esposa, mi hermana, mi jardín, mi mirra, mi bálsamo, mi vino, mi leche...* Todo un derroche literario, con despliegue de adjetivos posesivos, para expresar cumplidamente que la esposa le pertenece en absoluta posesión y en completa propiedad. El jardín aquí es, sin duda alguna, el lugar común en el que van a encontrarse los dos enamorados, después de haber desaparecido para ambos las distancias y cesar las ausencias: *Ya no os llamo siervos... A vosotros, en cambio, os he llamado amigos...*[39] *Cuando me haya marchado y os haya preparado un lugar, de nuevo vendré y os llevaré junto a mí, para que, donde yo estoy, estéis también vosotros.*[40] Seguramente acude presuroso el Esposo después de haber escuchado la tierna y tentadora voz de la esposa:

> *Son tus dichos de amores*
> *como una tela de suaves hilos*
> *en un lecho de flores;*
> *ven a mi lado, y dilos*
> *en mi jardín de rosas y de tilos.*

La esposa está convencida de que allí, por fin y para siempre, serán ambos el uno para el otro. Por eso se dispone a preparar el

---

[38] En este sentido, el lenguaje de la verdadera Poesía participa *quodammodo* de las cualidades de la palabra revelada: siempre antigua, siempre nueva, siempre actual y siempre viva. También él, de alguna manera, es capaz de llegar hasta las *hendiduras del alma*.

[39] Jn 15:15.

[40] Jn 14:3.

lugar. Viene el Esposo, y sus propios anhelos se verán al fin cumplidos y satisfechos. Cesaron las angustiadas esperas y se acabaron para siempre las anhelantes nostalgias:

> *Levántate, cierzo; ven también tú, austro.*
> *Oread mi jardín, que exhale sus aromas;*
> *viene a mi huerto el amado,*
> *a comer de sus frutos exquisitos.*[41]

Después le promete que allí estará, esperando con inquieta y nerviosa impaciencia. Oteando y vigilando, en las altas y solitarias cimas donde todo ha quedado atrás y olvidado, a fin de dar paso a un amor que ya por nada ni por nadie podrá ser inquietado:

> *Allí estaré gozosa,*
> *allí donde robaste tú mi vida;*
> *allí donde orgullosa*
> *el águila se anida;*
> *allí donde ya todo se olvida.*

Uno de los lugares del Evangelio en el que aparece la *posesión* como ingrediente esencial en la relación amorosa normal, y muy particularmente en la divino–humana, es el capítulo 10 de San Juan a propósito de la doctrina del Buen Pastor.

En él se dice que el Buen Pastor va delante de las ovejas y llama a cada una por su nombre. Ellas le siguen y atienden a su voz porque son sus propias ovejas: *Et proprias oves vocat nominatim... Cum proprias omnes emiserit, ante eas vadit, et oves illum sequuntur, quia sciunt vocem eius* (vv. 3–4). También contrapone aquí el

---

[41] Ca 4:16.

Maestro la figura del Buen Pastor a la del mercenario, *qui non est pastor, cuius non sunt oves propriæ... quia mercennarius est, et non pertinet ad eum de ovibus* (vv. 12–13). Añadiendo que Él es el Buen Pastor y conoce a las ovejas, así como ellas también le conocen a Él, precisamente porque son suyas: *Ego sum Pastor Bonus: et cognosco meas, et cognoscunt me meæ* (v. 14).

Donde es de notar que, según el texto, la amistad, la intimidad, la ternura y el amor que brotan del corazón del Buen Pastor hacia sus ovejas dependen del hecho (en el que el texto insiste repetidamente) de que ellas *le pertenecen*: son suyas. Tal circunstancia, sin embargo, coloca a las ovejas en la situación más opuesta imaginable a la de que pudieran sentirse sojuzgadas. La verdad es que no podrían mostrarse más felices ante tal intimidad y tales muestras de amor: el Pastor va delante de ellas y llama a cada una por su nombre, las conduce hasta los mejores pastos..., y hasta está dispuesto a dar la vida por ellas, si es necesario, llegado el momento del peligro... ¿Quién ha podido decir entonces que el hecho de pertenecer a otro equivale sin más a estar sometido, y en situación por lo tanto de detrimento y de menoscabo? ¿Acaso no dijo el Maestro que para ganar y encontrar la propia vida es necesario perderla...? Así las cosas, no es extraño que las ovejas sigan dócilmente a su Pastor, mientras que escuchan y reconocen su voz con alegría. Lo cual en modo alguno sucede cuando las dirige un mercenario, al que ellas saben que *no le pertenecen y que, por lo mismo, tampoco importan para él demasiado* (v. 13).

Como es lógico, y según otra de las leyes fundamentales del amor, cual es la de la reciprocidad, aquí tantas veces repetida, el Pastor, a su vez, *también pertenece a las ovejas*. Lo cual se desprende del texto con idéntica claridad; por lo que en modo alguno puede admitirse la opinión de considerar esta interpretación como arbitraria. Según las palabras del propio Jesucristo, el Buen Pastor da la vida por sus ovejas: *Bonus Pastor animam suam ponit pro ovibus* (v. 11). Ahora bien, si está dispuesto a dar la vida por ellas, y de hecho así lo hace, ¿cabe realizar entonces un acto de amor más grande y una *entrega a ellas* todavía mayor (Jn 15:13)? Y si se entrega a ellas hasta la muerte, ¿acaso no supone eso convertirse en su pertenencia por entero...? Que el hecho es patente y obvio lo demuestran hasta la saciedad las mismas palabras del Maestro. El cual establece, entre Él y sus ovejas, una relación de amor en paridad con la que existe entre Él mismo y su Padre: *Como el Padre me conoce a mí, así Yo conozco al Padre, y doy mi vida por las ovejas* (v. 15). Ellas lo saben bien, hasta el punto de que solamente la ausencia de amor podría ignorar este hecho. Han conocido por fin que, en cuanto a las relaciones mutuas a mantener con su Pastor, han desaparecido cualesquiera exigencias que pudieran desprenderse de una situación de superioridad–inferioridad: Porque ahora —así les ha dicho el Buen Pastor— *ya no os llamaré siervos, sino amigos* (Jn 15:15). No tiene nada de particular, por lo tanto, que las ovejas, a diferencia de lo que sucedería con un mercenario, atiendan dócilmente a la voz de su Pastor y se apresten a escucharla, así como a responder a ella con inmensa alegría: El amigo del Esposo, que le acompaña y le oye, *se alegra grandemente con la voz del Esposo*; y por eso su alegría es completa (Jn 3:29). En definitiva, la misma que hace exultar de gozo a la esposa del *Cantar*:

> *¡La voz de mi amado! Vedle que llega,*
> *saltando por los montes,*
> *triscando por los collados.*[42]

Pero volviendo a nuestro análisis de la relación amorosa, conviene recordar que los textos bíblicos son bastante expresivos. Hablando

---

[42] Ca 2:8.

del hombre y de la mujer, en el momento de su creación, se dice de ellos que *vendrán a ser los dos una sola carne*.[43] La unión originada en la relación amorosa de ambos, de la que deriva la vida conyugal, está claramente expresada mediante la declaración de que los que la constituyen llegarán a ser *una sola carne*. Al mismo tiempo la individualidad personal de ambos también queda patente, en cuanto que se dice que *serán dos*. Pues efectivamente es necesario que haya dos, perfectamente distintos como tales para que pueda existir el amor. E incluso *opuestos*, si acaso se quiere elevar la analogía hasta el misterio trinitario. Estamos ante la entrega de un *yo* que da lo que es suyo a un *tú* que lo recibe; el cual, al entregar a su vez lo suyo propio en reciprocidad, acaba por cerrar definitivamente el círculo amoroso.

Es de lamentar que, cuando se habla del amor en las creaturas, incluso en la doctrina teológica y hasta en los documentos del Magisterio, rara vez se profundice hasta la pura esencia de su carácter. Y no es infrecuente que se prescinda de valorarlo como participación que es del Amor Sustancial. Todo suele quedar reducido a la conocida verborrea de la solidaridad, del compromiso hacia los otros, de la consideración hacia los marginados, etc. Derivaciones prácticas y legítimas del amor si se quiere, aunque situadas como están en capas superficiales, y ya alejadas de su núcleo original, acaban por reducirse a la nada. Como las aguas de un río de excesiva longitud; las cuales, a medida que se van alejando de su fuente de origen, se van convirtiendo en más sucias y menos transparentes. Cuando es evidente que una consideración del amor, llevada a cabo a niveles de seriedad y de más profundidad, hubiera conducido a conclusiones importantes. Muy necesitadas, por cierto, de ser recordadas con insistencia ante el mundo moderno; como son, por ejemplo, la nece-

---

[43] Mt 19:5, citando Ge 2:24. Cf Ef 5:31.

sidad de reconocer la dignidad de la persona humana, la profanación que se está llevando a cabo acerca del concepto del amor, junto con el olvido de sus características y notas esenciales, etc.

El texto de Jn 16:15 referente a este tema es concluyente: *Todo lo que tiene el Padre es mío.*[44] Susceptible aparentemente de ser interpretado de dos maneras, aunque en definitiva ambas vengan a significar lo mismo.

Todo lo que posee el Padre me ha sido entregado a mí; y por lo tanto me pertenece. O bien: Todo lo que Yo soy y tengo lo he entregado al Padre.

Aunque esta última interpretación pueda parecer más alambicada que la primera, es sin embargo correcta. Y ambas vienen a poner de manifiesto que en la relación amorosa todo se reduce a entrega y recepción mutuas. De tal manera, sin embargo, que sin cualquiera de esos dos elementos no existiría el amor.

De donde se desprende que en el seno de la vida trinitaria hay un *mío* y un *tuyo*, cuya realidad es tan absoluta como la de las Personas de quienes proceden. La unicidad de naturaleza en Dios es compatible, según se desprende de la revelación del Misterio Trinitario, con la existencia en ella de un *Yo* y de un *Tú* unidos ambos por el Amor. *Todo lo mío es tuyo, y lo tuyo mío,*[45] dice Jesús dirigiéndose a su Padre. De donde *lo mío* y *lo tuyo* responden aquí a una idéntica realidad que pertenece, sin embargo, a *dos Personas distintas.* Y donde queda demostrada también la perfecta reciprocidad en el amor; puesto que si cualquiera de los conceptos de *tuyo* o de *mío*, que como tales conceptos son distintos, respondieran aquí a reali-

---

[44] La doctrina acerca de la vida trinitaria concierne a toda la Teología, a la vez que la ilumina. Sin embargo, cuando se trata del amor, la referencia al más profundo Misterio de la Revelación es tan fundamental como obligatoria. Al fin y al cabo, *Dios es Amor* (1 Jn 4: 8.16).

[45] Jn 17:10.

dades diferentes, resultaría el absurdo de que cualquiera de los dos —el Padre o el Hijo— sería mayor que el otro.

Quedando entendido que, tanto el concepto de lo *tuyo*, como el de lo *mío*, son un misterio cuya dificultad de explicar correspondería a la imposibilidad de agotar el del Amor, que es Dios (1 Jn 4: 8.16). De haber sido aclarado este último, de forma exhaustiva, hubiera quedado explicado también el de los otros dos: puesto que los conceptos de *lo mío* y de lo *tuyo* pertenecen a la esencia misma del amor. Ambos a su vez, como fácilmente se desprende de lo dicho, equivalen al de *entrega* y al de *recepción*, por su parte igualmente constitutivos de la naturaleza íntima del amor.

Una vez establecido que los dos conceptos, el de *tuyo* y el de *mío*, se corresponden exactamente el uno al otro, cabe formular todavía una pregunta: ¿Es posible apreciar, a pesar de lo dicho, alguna prioridad *intencional* o de naturaleza de alguno de ellos con respecto al otro? La cuestión, frente a lo que pueda parecer, no es ociosa; puesto que fue el mismo Señor quien dijo que *hay mayor felicidad en dar que en recibir*.[46]

Con el fin de alcanzar un mejor y más profundo entendimiento del problema, deberíamos tener en cuenta que Jesucristo no dijo que sea más importante el acto de entregar que el de recibir; sino que *hay mayor felicidad* en dar que en recibir. Tampoco conviene olvidar que la felicidad o el gozo, lejos de identificarse con el amor, no son sino el primer fruto que se desprende de él (Ga 5:22). Tengo para mí, salvo que se deduzca otra cosa de las enseñanzas del Magisterio, que el fin último de la persona humana no tiene que ver tanto con la *Beatitudo*, ni aun con la *Contemplación Saciativa de la Verdad*,

---

[46] Hech 20:35.

cuanto con la *Posesión de Dios por el amor*. De la cual —de esta última— se desprenden inmediatamente las otras dos.

4. En donde atrevidamente se intentan abordar los sobrecogedores problemas de la visión beatífica y de la doble escatología, necesariamente relacionados con el tema del amor; junto con el no menos arduo de la entidad del alma separada

Según la enseñanza de la Constitución dogmática *Benedictus Deus*, de Benedicto XII, la bienaventuranza celeste o *Beatitudo* consiste esencial y primariamente en la visión de Dios, la cual tiene lugar inmediatamente después de la muerte (para aquéllos que nada tienen que purgar). Es la doctrina común de los Padres y la tradicional de la Iglesia, y en ella queda confirmada, una vez más, la doctrina de la escatología intermedia.

Como dice Cándido Pozo,[47] es curioso que el documento no mencione explícitamente el *amor de Dios* como elemento de la vida eterna. *Sin embargo*, sigue diciendo Pozo, *el amor se encuentra implícitamente en varias frases del documento*.

Por mi parte no veo contradicción entre los elementos que, según el Magisterio, constituyen la *Beatitudo* o último fin del hombre. Es evidente que debe reconocerse una cierta prioridad de naturaleza a la *visión de Dios*. Sin percepción previa de la belleza y bondad del objeto amado no hay posibilidad de amor ni, por lo tanto, del gozo consiguiente. Sin embargo todo parece indicar que a la *visión*, según las exigencias de una aparente lógica, *siguen* la posesión y la fruición de Dios por los bienaventurados. ¿Qué sentido tendría una *visión* que no se consumara, en último término, en *posesión*? ¿Es posible limitar el deseo de la esposa a la mera posibilidad de con-

---

[47]Cándido Pozo, *Teología del Más Allá*, BAC, Madrid, 1980, pag. 403.

templar al Esposo? Cándido Pozo cita las palabras de Unamuno (en *Del Sentimiento Trágico de la Vida*), según las cuales, *una visión beatífica, una contemplación amorosa en que esté el alma absorta en Dios y como perdida en Él, aparece, o como un aniquilamiento propio, o como un tedio prolongado a nuestro modo natural de sentir.*[48]

Por otra parte, según la *Benedictus Deus*,[49] las almas que nada tienen que purgar, ya *inmediatamente después de su muerte... ven la esencia divina con visión intuitiva y también cara a cara, sin mediación de criatura alguna que tenga razón de objeto visto, sino por mostrárseles la divina esencia de modo inmediato y desnudo, clara y patentemente, y que viéndola así gozan de la misma divina esencia y que, por tal visión y fruición, las almas de los que salieron de este mundo son verdaderamente bienaventuradas y tienen vida y descanso eterno...*

Hasta aquí la doctrina es nítida, clara y carente de ambigüedades. Aunque es necesario reconocer la necesidad de afrontar varios y delicados problemas que quedan por resolver.

La cuestión se plantea en torno a lo que los teólogos conocen con la denominación de *doble fase* de la escatología; a saber: la escatología intermedia y la escatología final.

Si las almas de los justos que nada tienen que purgar, ya desde el momento inmediatamente posterior a la muerte, gozan de la visión de la esencia divina de forma intuitiva y cara a cara, con la consiguiente fruición, ¿qué es lo que añade la escatología final a su bienaventuranza?

Ordinariamente se ha resuelto la cuestión diciendo que los bienaventurados se encuentran aguardando la resurrección de sus cuer-

---

[48] Cándido Pozo, *op. cit.* pag. 406.

[49] No es posible duda alguna acerca del carácter dogmático (y por lo tanto irreformable) de este Documento del Magisterio, si bien la exposición del tema no es de este lugar.

pos. Realizada la cual, una vez llegado el momento de la *Parusía*, recibirán en ella un aumento *accidental* o extensivo de bienaventuranza o felicidad.

Sucede, sin embargo, que los acontecimientos que tendrán lugar al final de la Historia, cuales son la aparición de la Parusía, la Resurrección de los muertos y el advenimiento de unos *cielos nuevos* y de *una tierra nueva*, en modo alguno pueden suponer un significado meramente *accidental* en la Historia o Economía de la Salvación. Muy al contrario. Porque la Resurrección de los muertos y la Segunda Venida del Señor, el Juicio Universal, la Redención de la creación (que se encuentra hasta ahora gimiendo en dolores de parto), y el advenimiento de unos cielos nuevos y de una tierra nueva, gozan de un carácter de esencial importancia, tanto por lo que se refiere a los textos revelados como a la Tradición. Es imposible, por lo tanto, limitarse a reconocer en ellos un carácter meramente *accidental*.

No han sido pocos (sobre todo en los tiempos modernos) los que han intentado resolver la dificultad asegurando que, para los justos, la resurrección ya ha tenido lugar en el momento mismo de su muerte: una vez realizado el paso a la eternidad ya no es la temporalidad la que cuenta, sino solamente la atemporalidad. Otros prefieren acudir a una cierta explicación psicológica en la que se afirma, según suelen decir, que el alma separada no tendría percepción de la duración.

Pero estas doctrinas, ya sea de forma expresa o implícita, consciente o inconscientemente, lo que hacen en realidad es negar la escatología intermedia. Sin embargo, tanto la doctrina de la Resurrección de los muertos como la de la Escatología intermedia *son objeto de fe*; por lo que no pueden ser negadas ni tampoco puestas entre paréntesis.

Cándido Pozo, por citar un ejemplo entre los modernos, rechaza con razón las explicaciones que optan por un aumento *accidental* de la bienaventuranza en la escatología final. Sin embargo, después de darle vueltas al tema, y ante la necesidad de mantener la transcendentalidad de todo lo que lleva consigo la *Parusía*, se decide por un *aumento intensivo* de la bienaventuranza final.[50]

Con lo que el problema queda sin resolver. Pues lo que hace Cándido Pozo, en realidad, es *cambiar las palabras manteniendo el mismo concepto*. Conviene caer en la cuenta de que hablar de aumento intensivo y de aumento accidental es hablar de lo mismo; ya que el aumento intensivo sigue siendo igualmente accidental. La diferencia que existe, por ejemplo, entre la distancia que media del 3 al 1, y la que media del 5 al 1, es meramente aritmética; y por lo tanto accidental. No puede considerarse una diferencia esencial dado que es meramente cuantitativa; y la cantidad, como se sabe, es también un accidente. El problema, como puede apreciarse, no es fácil de resolver. Puesto que hay que mantener, por una parte, la realidad de la escatología intermedia; y por otra, la no menos real transcendentalidad de la Parusía y de la Resurrección de los muertos en la Economía de la Salvación.

Es probable que solamente exista un modo de encontrar posibles vías de solución al problema. El cual consistiría en estudiar sus relaciones, caso de que existan, con el no menos difícil y delicado de la *entidad* del alma separada. Como se sabe, Santo Tomás, y con él la mayor parte de la tradición doctrinal, niegan al alma humana separada la condición de persona. Fundamentando su posición en el hecho de que, si bien el alma separada goza de la condición de un ser subsistente e inmortal, no posee sin embargo la perfección de la naturaleza intelectual completa, en cuanto que está destinada a unirse con el cuerpo.[51]

---

[50] Cándido Pozo, *op. cit.*, pags. 319–320.
[51] Cf *Summa Theol.*, Iª, q. 29, a. 1, *ad quintum*.

El problema sin embargo, como puede suponerse, es tan difícil y delicado como para plantear multitud de interrogantes que aún no han sido contestados.

Es doctrina de fe que las almas separadas de los bienaventurados, según se desprende de la enseñanza de la *Benedictus Deus*, gozan de la bienaventuranza plena ya en la escatología intermedia. Ven a Dios cara a cara, dentro de lo que supone la contemplación de la Esencia Divina, y gozan de la consiguiente fruición. Por otra parte, no cabe duda alguna acerca del carácter dogmático de la Constitución.

Según lo cual ya queda planteado el problema. Si las almas separadas gozan ya en ese estado de la plena bienaventuranza, ¿qué es lo que puede faltarles todavía? ¿Qué puede ser añadido a tal *bienaventuranza plena*? ¿Qué sentido puede tener para tales almas la espera de la Parusía, por otra parte considerada con razón como fundamental? ¿Qué es lo que van a recibir estas almas, *a modo de añadidura*, a través de ese transcendental acontecimiento...? Y tal como ya se ha dicho arriba, admitir un aumento accidental de su bienaventuranza habría de traducirse en conceder una importancia también accidental a la Parusía.

Las almas bienaventuradas gozan de la plenitud de la bienaventuranza ya durante la escatología intermedia. Según se dice en la *Benedictus Deus*, con tanta claridad como contundencia, *vident divinam essentiam visione intuitiva et etiam faciali, nulla mediante creatura in ratione obiecti visi se habente, sed divina essentia immediate se nude, clare et aperte eis ostendente, quodque sic videntes eadem divina essentia perfruuntur*... Pero el alma separada bienaventurada es un ser subsistente que razona, contempla, conoce, quiere, ama y es amada, y se siente tan plenamente feliz como es lógico suponer al gozo consiguiente a la posesión del Amor Perfecto. ¿Qué es, por lo tanto, lo que le falta, y qué puede significar para ella la espera de la Parusía?

Según lo cual, tal como se ha dicho y ha quedado bien patente, el alma separada bienaventurada goza de las cualidades propias de un ser racional: conoce, contempla, razona, quiere, ama y es amada...

Puestas así las cosas (tal como son, ni más ni menos), el problema queda planteado. Parece que tales actividades, propias y exclusivas de un individuo racional, *no pueden ser ejercidas, por lo tanto, sino por un "yo" personal*. ¿Es posible pensar en un ente subsistente que entienda, razone, dialogue, ame y sea amado, y que no posea, sin embargo, la condición de un *yo* personal...? ¿Será necesario admitir que tal posible entidad, capaz de ejercer tales actividades *racionales* (y al parecer propiamente personales), lejos de ser un *quién*, habría de ser considerada meramente como un *qué*?

Ya el mismo Santo Tomás consideró necesario mejorar y matizar la definición de Boecio. Por lo que no debe parecer imposible admitir la posibilidad de un nuevo planteamiento del concepto de *persona*, a pesar de la tremenda dificultad que pudiera entrañar el problema y de que finalmente se mostrara como tarea imposible.

Simplemente a manera de hipótesis tal vez se podría intentar esbozar la siguiente conjetura. Puesto que el alma humana (incluso separada del cuerpo) es capaz de realizar tales operaciones *racionales*, y por supuesto la de amar, puede decirse por lo tanto que es un ser esencialmente *abierto y capaz de entregarse al otro*. Tal vez no sea demasiado arriesgado, por lo tanto, sostener que es un ser relacional. Lo cual significa, a fin de tratar de explicar semejante afirmación, que es necesario recurrir una vez más a la analogía.

Las Personas Divinas están constituidas por las llamadas *relaciones*, las cuales se distinguen realmente entre sí. Claro está que, al no haber en Dios accidentes, tales relaciones son necesariamente *subsistentes*, puesto que se identifican realmente con la Divina Esencia; si bien se distinguen de ella con mera *distinción de razón*.

Análogamente existe en las creaturas una condición relacional, indisolublemente unida a su ser creado y que impide que sea un accidente.[52] No existe aquí identificación alguna con la esencia o naturaleza, sino con el acto de ser participado. Tal condición relacional, puesta por Dios como perfección fundante en la creatura, por la cual es capaz de abrirse al otro, es inherente entonces al alma humana, tanto si está unida al cuerpo como si está separada de él, y en la medida en que es inherente al acto de ser que la constituye *ex nihilo*. Sería algo así como aquella perfección (que acompañaría necesariamente a las otras cualidades racionales) por la cual quedaría constituido el *yo* creatural. Que no tendría necesariamente que desaparecer cuando el alma se separa del cuerpo.[53]

El hombre, creado en la condición de persona a imagen y semejanza de Dios, que es Amor, ha sido hecho para amar. Lo que quiere decir que ha sido destinado a olvidarse de sí mismo (negarse) y a entregarse, estableciendo así una *relación* con el otro y con los otros: *Nos hiciste, Señor, para ti...*, decía San Agustín.[54] Según lo

---

[52] Millán Puelles habla de la existencia de una *relación transcendental*, la cual consiste en la referencia que todo ser creado tiene hacia su Creador; algo que no le conviene de un modo secundario o adjetivo, sino presente en ella (sustancia creada) de un modo fundamental o primordial (A. Millán–Puelles, *Léxico Filosófico*, Rialp, Madrid, 2002, pags. 513–514). Cf *Summa Theol.*, Iª, q. 45, a. 3, *Resp*.

[53] El problema de la distinción real de las Personas Divinas entre sí, pese a su identificación también real con la Esencia Divina, parece que fue causa de confusión para Suárez, quien creyó ver en la cuestión una contradicción con el principio de identidad (dos cosas iguales a una tercera son iguales entre sí). El problema, sin embargo, estaba solucionado por Santo Tomás con su doctrina acerca de la distinción de razón con fundamento *in re* entre las Personas Divinas y la Esencia Divina (*Super Sent.*, lib I, dist. 2, q. I, a. 3, *ad sextum*; *Summa Theol.*, Iª, q. 13, a. 4; q. 28, a. 2).

[54] Evidentemente se trata aquí de una referencia al Otro como Sumo Ser. Pero, de todos modos, queda clara la necesidad de que el hombre salga de sí mismo para entregarse a otro.

cual, el hombre es persona en cuanto que goza de la posibilidad de amar (y por lo tanto también la de ser amado). Que es lo mismo que decir que posee la capacidad de entregarse, así como también la de recibir.

Las Personas Divinas están constituidas por las *relaciones trinitarias*. Bien entendido que las relaciones en Dios no son accidentes, puesto que se identifican realmente con la Esencia Divina, en la que es impensable la existencia de accidentes. No pueden ser consideradas, por lo tanto, dentro de la categoría de accidentes, habida cuenta de que Dios es Acto Puro. Por lo cual tampoco se halla nunca en *potencialidad* de amar, sino que es absoluta y perfecta *actualidad*. Dicho sencillamente, Dios *es* Amor.

Mientras que en las creaturas las cosas son diferentes. Afirmar que el hombre ha sido creado *para* amar, equivale a decir que la *potencialidad* de amar es un constitutivo de su propia persona. Pero es claro que la potencialidad de amar no puede consistir sino en la *posibilidad* de relacionarse. O dicho de otra manera, la de salir de sí mismo, a fin de entregarse; y consiguientemente la de recibir también en reciprocidad. Lo cual significa que el hombre, en cuanto que es persona, goza de la potencialidad de establecer una relación, la cual en este caso no es claramente un accidente.[55]

Por lo que la posibilidad de la que aquí se habla es efectivamente potencialidad. No obstante, en cuanto que le ha sido otorgada al hombre como constitutivo de su ser persona, es indudable que ha de suponer para él algo más que una mera posibilidad. En realidad está llamado a actualizarla. Pero de tal manera, sin embargo, que hasta podría decirse que *necesita* hacerlo..., a no ser que quiera verse a sí

---

[55]Téngase en cuenta, sin embargo, que lo que aquí se viene sosteniendo nada tiene que ver con las teorías modernas personalistas o fenomenológicas. Las cuales no son sino excrecencias del idealismo, y de ahí que no conduzcan sino a reducir a la nada la realidad del hombre.

mismo con su propia naturaleza disminuida o truncada. O si quiere expresar en un lenguaje más actual, *sin realizarse*. Por supuesto que el hombre puede negarse a amar, dejando así sin actualizar aquella esencial potencialidad. En cuyo caso se queda sin conocer a Dios (1 Jn 4: 8.16), que es lo mismo que decir sin conocerse a sí mismo. Y aun dicho de forma más tajante todavía, sin conocer absolutamente nada: *Si tu ojo es sencillo, todo tu cuerpo estará iluminado. Pero si tu ojo es malicioso, todo tu cuerpo estará en tinieblas.*[56]

Es evidente por lo tanto, por lo que respecta a la relación entre las creaturas, que es preciso que exista previamente un *Yo*, capaz de actualizar su capacidad de amar. Para lo cual es necesaria también la existencia de otro término correlativo, el *Tú*; capaz de ser amado y de hacer posible a su vez, según las leyes de la reciprocidad y bilateralidad propias del amor, que el otro término opuesto, o el *Yo*, sea un *Tú* para él. Y viceversa. Por lo demás, conviene insistir en que para que exista un *mío* es preciso que haya también un *tuyo*, puesto que el amor es *entrega* al mismo tiempo que es igualmente *recepción*.

Lo que nos lleva a su vez a considerar algunos aspectos prácticos de la cuestión, dada la importancia del tema y su repercusión en tan amplios sectores de la sociedad.

Las consideraciones que acabamos de hacer, pese a su forma de simple diseño, ponen de manifiesto la inanidad de ciertas expresiones que, a modo de consigna, se dirigen a determinados sectores de fieles, como es por ejemplo el de la juventud. Algunos eslóganes aireados en discursos y arengas, como el de *sé tú mismo* u otros semejantes, carecen de contenido, cuando no son además incompatibles con la doctrina del Nuevo Testamento. La verdad es que el hombre nunca llega a completarse a sí mismo, según la madurez en Cristo a la

---

[56] Mt 6: 22–23. Cf Lc 11:34; Ef 5:8; Ap 18:23; 1 Te 4: 4–5; Jn 12:35; 1 Jn 1:6.

que está llamado, si no *pierde su vida*, si no *se niega a sí mismo*, y si no *sale de sí mismo* para entregarse a los demás. El cúmulo de tópicos, con el que a menudo se pretende halagar a los jóvenes, viene a quedar reducido a un conjunto de vaguedades que no parecen gozar de otra justificación que la de que *suenan bien*. Aunque, puestos a ser consecuentes, habría que decir que esta clase de tópicos tampoco suena bien. Por la sencilla razón de que lo falso no puede parecer bien, que es lo mismo que decir que no puede ser captado o percibido como bueno; como no sea por oídos dispuestos ya de antemano a la mentira y a la inanidad. Es verdad que una tinaja, o un cántaro, suenan mejor estando vacíos que cuando se encuentran llenos; bien entendido que a lo que suenan en realidad es *a vacío* y a ruido *hueco*, aunque sin engañar a nadie acerca de su falta de contenido.

Según lo que hemos venido diciendo hasta aquí, ¿qué le puede faltar todavía al alma bienaventurada separada del cuerpo? Es de fe que goza de la visión beatífica y de la fruición de Dios. Acerca de lo cual, ya hemos hablado de las dificultades que surgen cuando no se les reconoce a tales operaciones (del entendimiento y de la voluntad) un carácter personal.

Y la respuesta, en la medida en que sea posible elaborar una respuesta, tal vez podría configurarse en términos más o menos como los siguientes: *Como alma, no le falta nada.* El alma separada sigue siendo un ser subsistente, ahora ya bienaventurada, ve a Dios cara a cara, lo conoce tal como ella es conocida (1 Cor 13:12), y goza ya, por consiguiente, de la consiguiente fruición.

Sin que esta observación pretenda resolver el problema, es curioso que lo primero que viene a la mente, de forma natural y lógica, al enfrentarse con el texto de 1 Cor 13:12, es el hecho de que el Apóstol emplea tanto el *yo* como el *nosotros* (utiliza en el mismo verso el singular y el plural). De tal manera que parece referirse (es sin duda la impresión que causa en el lector) al ser humano como persona más bien que meramente a *las almas bienaventuradas*. Por supuesto que el Apóstol tiene en mente la escatología final; pero ¿puede afirmarse con certeza que excluya intencionadamente de su consideración en este momento la escatología intermedia? Suponer esto último (lo que no tendría mucho sentido) significaría rechazar la doctrina de la *Benedictus Deus*.

Sin embargo, el alma bienaventurada durante el estado de escatología intermedia, *como alma humana que es, se encuentra todavía a la espera de la recuperación de su cuerpo, aunque ahora ya glorificado*. Una vez admitido que el ser humano, constituido como está en unidad de naturaleza por la unión de las dos sustancias que son el cuerpo y el alma, es forzoso reconocer que, una vez separadas ambas por la muerte, el ser humano deja de poseer una naturaleza humana completa. Una doctrina firme y segura que nadie parece contradecir.

La cuestión a plantear aquí es la siguiente. Según la doctrina tradicional y segura, el hombre pierde tras la muerte su condición de tal. El cuerpo se convierte en un cadáver. El alma sigue viviendo y llevando a cabo sus operaciones propias, como ser que es subsistente, espiritual e inmortal; aunque deja de ser persona, puesto que se encuentra separada del cuerpo.

El alma humana, separada del cuerpo ya no es, por lo tanto, un ser humano completo. A pesar de lo cual es indudable que *sigue siendo un alma humana*. A propósito de lo cual podría formularse aquí una pregunta tan importante como la siguiente: Así las cosas, *¿puede decirse entonces que esa alma ha perdido también su personalidad?* Por supuesto que si se admite la definición de Boecio sobre la persona matizada a su vez por Santo Tomás, y tal como ha sido aceptada por el común de la doctrina, la respuesta afirmativa es evidente. Afirmar lo contrario supondría enfrentarse a la delicada tarea de reelaborar el concepto de persona.

Sin embargo, como ya se ha visto arriba, las dificultades que surgen del hecho de negarle al alma separada su carácter personal tampoco son despreciables. De donde, llegados a este punto, lo menos que puede decirse es que la cuestión sigue abierta.

Lo que no puede negarse es el hecho de que al alma humana bienaventurada, durante el estadio de la escatología intermedia, efectivamente le falta algo; o bien está esperando algo. ¿Qué es o en qué consiste ese algo que le falta o que espera todavía recibir? Evidentemente su cuerpo, aunque ahora ya resucitado y glorificado. Sin ese cuerpo, ya transformado, el alma bienaventurada no ha llegado aún a ser *el hombre completo, totalmente configurado con Cristo*. Lo cual no se cumplirá hasta que también su cuerpo sea semejante al de Cristo resucitado y glorioso. Pues para eso, y no para otra cosa, fue bautizado el ser humano: *¿No sabéis que cuantos hemos sido bautizados en Cristo Jesús hemos sido bautizados para unirnos a su muerte?... Porque si hemos sido injertados con Él con una muerte como la suya, también lo seremos con una resurrección como la suya...*[57] *Él transformará nuestro cuerpo vil en cuerpo glorioso como el suyo, en virtud del poder que tiene para someter a su dominio todas las cosas...*[58] *Y como hemos llevado la imagen del hombre terreno, llevaremos también la imagen del hombre celestial...*[59] *Y cuando este cuerpo corruptible se haya revestido de incorruptibilidad, y este cuerpo mortal se haya revestido de inmortalidad, entonces se cumplirá la palabra que está escrita...*[60]

La restauración del hombre completo, con su alma y su cuerpo definitivamente glorificados, supone un acontecimiento *transcen-*

---

[57] Ro 6: 3–5.
[58] Flp 3:21.
[59] 1 Cor 15:49.
[60] 1 Cor 15:54.

dental. Por lo que significa para la Historia y la Economía de la Salvación, por supuesto, así como también para cada cristiano en particular. Habrán llegado, por fin, el triunfo y la consumación definitivos del Plan de Dios. El Designio por el cual fueron creadas las cosas y el hombre como coronación de todas ellas. Para el que fue creado tal hombre y colocado en el Edén, a fin de que participara y gozara de la vida divina. Tal Plan, sin embargo, quedó sumido aparentemente en el fracaso, a causa de la caída original en el primer pecado..., si es que se puede hablar de frustración en los planes de Dios. La realidad, no obstante, es bien diferente. Porque no solamente el Plan Divino no fue desbaratado, sino que alcanzó la plenitud de su cumplimiento y el triunfo definitivos que desde siempre habían sido previstos por Dios: *El misterio que estuvo escondido durante siglos y generaciones y que ahora ha sido manifestado a sus santos.*[61] Es ahora cuando el Nuevo Adán es más glorioso que lo fue el Antiguo. Pues ha sido configurado con Cristo, y ha participado de su triunfo y de su glorificación: *Oh, felix culpa!* Ahora por fin, después de haber sido hecho partícipe de la existencia del Nuevo Adán que es Cristo, el hombre lo comparte todo con Él: ha sufrido la prueba y la experiencia de la cruz y también ha vencido; con el resultado de la derrota definitiva del demonio. La victoria de Cristo es ahora la suya también. Ya no es un ser meramente *salvado*, sino que mediante esa participación en la existencia del Nuevo Adán, y a través de la gracia y la fuerza de Él recibidas, *es ahora también él un vencedor* ¿Cabe decir que la Parusía, con todo lo que este acontecimiento lleva consigo y significa, puede ser considerada como un simple evento *accidental* con la consecuencia, harto limitada, de otorgar al hombre un mero aumento accidental o intensivo de su bienaventuranza?

---

[61] Col 1:26.

La glorificación del cuerpo humano, a semejanza y según su modelo y causa cual es el Cuerpo glorioso de Jesucristo, junto con la redención de toda la creación material (la cual ahora sufre todavía dolores de parto), suponen un acontecimiento *transcendental*, como es la culminación de la Historia del Universo. La coronación y el cumplimiento definitivo del Plan de Dios en la obra de la Creación y de toda la Economía de la Salvación: *Después llegará el fin, cuando entregue el Reino a Dios Padre... Y cuando le hayan sido sometidas todas las cosas, entonces el mismo Hijo se someterá a quien a Él lo sometió todo...*[62] *Nosotros somos ciudadanos del Cielo, de donde también esperamos al Salvador, al Señor Jesucristo, el cual transformará nuestro cuerpo vil en un cuerpo glorioso como el suyo, en virtud del poder que tiene para someter a su dominio todas las cosas.*[63] Se trata del misterioso y benévolo designio divino, previsto desde toda la eternidad y realizado al fin: *El benévolo designio que se había propuesto realizar mediante Él y llevarlo a cabo en la plenitud de los tiempos: recapitular en Cristo todas las cosas, las de los cielos y las de la tierra.*[64] Mientras tanto, en anhelante expectativa hasta que llegue el momento en el que se cumpla y culmine el más glorioso de los acontecimientos, *la espera ansiosa de la creación anhela la manifestación de los hijos de Dios.*[65] Habrá llegado por fin el momento definitivo. La culminación grandiosa de una Historia en la cual, *cuando Cristo, vuestra vida, se manifieste, también vosotros apareceréis gloriosos con Él.*[66] La Historia de la Creación, la de la Salvación del hombre, la del Amor de Dios hacia sus creaturas, y la de su propia Gloria manifestada en ellas, habrán alcanzado en ese

---

[62] 1 Cor 15: 24.28.
[63] Flp 3: 20–21.
[64] Ef 1: 9–10.
[65] Ro 8:19.
[66] Col 3:4.

instante la gloriosa culminación que había sido prevista *desde antes de todos los tiempos.*

Especular acerca de un pretendido *aumento* en la beatitud propia de la bienaventuranza, ya sea esencial o accidental, *no tiene sentido alguno.* Hablar, por ejemplo, del aumento del volumen que experimenta un océano al arrojar en él un cubo de agua, todavía tendría algún significado: el incremento sería tan ínfimo como se quiera, aunque siempre sería mensurable. Mientras que es difícil imaginar un *aumento* de felicidad, de la índole que sea (mayor o menor, mensurable o inconmensurable), en la fruición consiguiente a la contemplación de la infinitud de la Esencia Divina. La contemplación y fruición de la Esencia Divina por las almas bienaventuradas habrá de producir en ellas, sin duda alguna, un torrente de variados y profundos sentimientos durante toda la eternidad. Pero es casi imposible suponer un *aumento* de gozo en almas bienaventuradas que *inmediatamente después de su muerte... aun antes de la reasunción de sus cuerpos y del juicio universal... ven la divina esencia con visión intuitiva y también cara a cara... y que una vez hubiera sido o será iniciada esta visión intuitiva y cara a cara y la fruición en ellas, la misma visión y fruición es continua sin intermisión alguna...*[67]

La Parusía y la Resurrección supondrán ciertamente para las almas bienaventuradas la consumación de su gloria. Lo que significará para ellas su plena identificación y configuración con Cristo, *con un cuerpo glorioso como el suyo.* Por fin el hombre quedará restablecido en la plenitud de su naturaleza y se verá a sí mismo enteramente identificado con Cristo. Momento esperado desde siempre para cuya realización, según San Pablo, había recibido el cristiano su bautismo. Al fin también, una vez consumada la espera, podrá conocer y amar por medio de sus sentidos corporales según su modo propio

---

[67] Const. *Benedictus Deus.*

natural, por más que haya de ser sobrenaturalizado y elevado por la gracia. La cual, ni siquiera en el Cielo anula la propia naturaleza. La posesión de los propios sentidos corporales supondrá para los elegidos el conocimiento y el amor de la Persona de Jesucristo a través de su Humanidad, aunque de manera peculiar y específica y en cierto modo nueva: lo cual quiere decir *al modo humano*, con las salvedades dichas. De donde así las cosas, ¿cómo no se va a pensar aquí en un acontecimiento que sin duda es *fundamental*, incluso para los bienaventurados?[68]

5. Donde se intenta recuperar para la Humanidad de Cristo el lugar doctrinal que le corresponde. Acerca de la expresión "nulla mediante creatura in ratione obiecti visi se habente", de la Constitución "Benedictus Deus"

Todavía resta por abordar una importante cuestión, íntimamente relacionada con la anterior. Y nos referimos al modo de ver a Dios las almas bienaventuradas.

Para la Revelación, la respuesta a este tema fundamental es clara. Las almas bienaventuradas verán a Dios cara a cara y lo conocerán como son conocidas. La Constitución *Benedictus Deus* añade sin embargo una importante precisión. Según el Documento, la visión de Dios tiene lugar para esas almas sin mediación de criatura alguna que tenga razón de objeto visto: *nulla mediante creatura in ratione*

---

[68] Si el hombre es un ser esencialmente compuesto de cuerpo y alma, es evidente que no se encontrará en su estado definitivo hasta que posea de nuevo su cuerpo; aunque ya le haya sido otorgada la bienaventuranza. Y no podrá considerar que ha alcanzado su plena identificación con Cristo hasta que se vea revestido, por fin, *de un cuerpo glorioso como el suyo* (el de Cristo).

obiecti visi se habente. Por lo que, partiendo de lo que se desprende de tal declaración, cabe formular aquí una importante y decisiva pregunta: ¿Qué papel desempeña en esa visión la Humanidad de Cristo, si es que se puede decir que desempeña alguno?

Es evidente que una lectura rápida del Documento produce la impresión de que la Humanidad de Cristo no es necesaria en la visión beatífica. Si se acepta la suposición de que la Humanidad de Cristo, interpuesta entre la Esencia Divina y el alma bienaventurada en el acto de la visión beatífica, ejerce un papel de mediación, tal hipótesis parecería estar en contra de la doctrina definida. Por lo que se impondría la conclusión de la superfluidad (¿tal vez obstáculo?) de la Humanidad del Señor en la visión beatífica.

Y todo parece indicar que la cuestión es más delicada de lo que aparenta. Pues del hecho de aceptarla sin más, o tal vez de rechazarla, pueden derivarse importantes consecuencias.

Mucho ha sido dicho sobre platonismo y neoplatonismo, sobre la oposición de dualismo o monismo en referencia a la naturaleza del ser humano, sobre la sospecha contra la materia y consiguientemente contra el cuerpo humano, etc. Es sabido que las discusiones sobre el tema vienen desde muy lejos en el tiempo; así como que, de una manera o de otra, en forma de aceptación más o menos clara, o tal vez de rechazo, sus repercusiones han llegado hasta nuestros días. Aunque es necesario reconocer una cierta preponderancia del platonismo en la Historia de la Espiritualidad Cristiana. Sus grandes maestros, incluidos San Agustín y hasta el mismo Santo Tomás, por no hablar de místicos tan geniales como San Juan de la Cruz, se han dejado impregnar de platonismo. Si bien esta influencia en Santo Tomás es menos acusada, debido seguramente a su dependencia de Aristóteles.

La Edad de Oro

Sin embargo, la teoría de la superfluidad de la Humanidad de Cristo en la visión beatífica es difícil de aceptar. Por no referirnos a algo más grave todavía, como es la posibilidad de considerarla incluso como obstáculo. Es sabido que es doctrina común entre los místicos, como San Juan de la Cruz por ejemplo,[69] la que se refiere a la necesidad de prescindir de tal Humanidad, una vez alcanzados ciertos altos grados de oración contemplativa y de unión con la Divinidad.

Pese a lo cual, todo parece indicar la *absoluta necesidad* de la Humanidad del Señor. Tanto con respecto a la visión beatífica como, en general, con todo lo que se refiere al gozo y a la posesión de Dios en el Cielo. Una afirmación que, como vamos a ver, puede ser capaz de mostrar su compatibilidad con la doctrina definida en la Constitución *Benedictus Deus*.[70]

Quienes convivieron con Jesucristo, y lo contemplaron con sus propios ojos, *veían* efectivamente su Humanidad y más concretamente su Cuerpo. Al menos tal era el objeto *directo* de su visión. Pero lo que en realidad *percibían* era justamente la *Persona* de Je-

---

[69] Aquí habría que hacerse eco de las diferencias existentes entre la espiritualidad del Santo de Fontiveros y la de Santa Teresa de Ávila. Ya H. U. Von Balthasar (en *Herrlichkeit*) hizo referencia a las discrepancias existentes entre los dos grandes Místicos y Doctores de la Iglesia.

[70] Para Hans Urs von Balthasar, *incluso las definiciones de la Iglesia, aunque son infalibles y asistidas por el Espíritu Santo, no comparten esta especial condición de la Escritura; pues su principal objeto es principalmente el de poner fin a un período de incertidumbre, o resolver un punto controvertido, más bien que el de conducir a una nueva perspectiva* (*Explorations in Theologia, I, The Word Made Flesh*, Ignatius Press, San Francisco, 1989, pag. 25). Urs von Balthasar cita en el mismo lugar a Scheeben, según el cual *una diligente comparación y reflexión acerca de las expresiones e indicaciones de la Sagrada Escritura, conduce... a un más profundo y completo entendimiento de la verdad revelada que la que se desprende de la enseñanza de autoridad dogmática de la Iglesia* (en su *Dogmatik*, I, 122).

sucristo. Y en ella, por supuesto, la divinidad: *Philippe, qui vidit me, vidit Patrem.*[71]

Así es como funciona el modo humano de conocer. Cuando hablamos directamente con alguien que se encuentra ante nosotros, como puede ser por ejemplo un amigo, percibimos *directamente* su cuerpo con nuestros sentidos corporales. Pues efectivamente *no vemos su alma, ni menos aún su persona.* Y sin embargo es precisamente su persona lo que percibimos, de tal manera que no se nos ocurre pensar que su cuerpo representa, con respecto a nosotros, una *razón de objeto intermedio o interpuesto*: algo así como una especie de pantalla u obstáculo *entre él y nosotros*. A nadie se le ocurre decir que ha estado hablando con la boca o los oídos de tal o cual persona; *sino con esa persona*. O que ha visto el rostro de tal o cual persona; *sino que ha visto a esa persona.* De ahí la dificultad en considerar la Humanidad de Cristo, *interpuesta* entre el alma bienaventurada y la Esencia Divina, como una creatura con razón de objeto visto: *nulla mediante creatura in ratione obiecti visi se habente.*

Prescindir de la necesidad de la Humanidad de Jesucristo, con respecto a la visión de la Esencia Divina por parte del alma separada, es fuente de importantes problemas. Más graves aún que los que puedan derivarse del hecho de reconocer su compatibilidad con las enseñanzas del Magisterio.

Ante todo sería necesario explicar el papel que asume la Humanidad del Señor en el Cielo, después de la Resurrección y Ascensión, donde incluso ha conservado las llagas producidas durante su Pasión. Todo parecería indicar que, una vez llevada a cabo la Redención, su Humanidad quedaría relegada a la función de producir un *cierto aumento* de felicidad en los bienaventurados. De manera que, una vez cumplida la misión que le había sido encomendada por el Padre,

---

[71] Jn 14:9.

no quedaría para ella otro significado que el meramente accidental: como un objeto glorioso, o un trofeo de victoria, al que se le asigna en la casa un lugar visible y de función meramente decorativa.

Por otra parte, sería más difícil también explicar la permanencia de los justos del Antiguo Testamento en el Seno de Abraham. De donde no fueron liberados para entrar en el Cielo hasta el momento de la Ascensión; en el que lo hicieron juntamente con Jesucristo, ya resucitado y glorioso. La teoría de la necesidad de la Humanidad del Señor, a fin de hacer posible la visión de Dios, facilita la mejor comprensión de este acontecimiento. Por lo demás tan fundamental en la Historia de la Salvación.

Los textos escriturísticos parecen favorables a esta interpretación: *Nadie conoce al Padre sino el Hijo y aquel a quien el Hijo se lo quiera revelar...*[72] *Nadie va al Padre sino por mí...*[73] *El Padre está en mí y yo en el Padre...*[74] *Sin mí no podéis hacer nada.*[75] Etc.

Alguien podría objetar, y seguramente con razón, que estos textos no son decisivos (apodícticos) con respecto a la fundamentación de esta teoría. Aunque también está claro que son más afines que opuestos a ella. La verdad es que más bien parecen favorables a la teoría de la necesidad de la Humanidad de Cristo en la visión beatífica.

La tendencia a considerar al hombre como alma caída y encerrada dentro de un cuerpo (el cual sería entonces como una especie de cárcel del alma), y a la materia como un principio malo, es una misteriosa constante de fondo maniqueo del pensamiento humano y que ha perdurado a través de los siglos. Con ella se ha hecho posible

---

[72] Mt 11:27; Lc 10:22.
[73] Jn 14:6.
[74] Jn 10:38.
[75] Jn 15:5.

la aberración de considerar al cuerpo humano, incluso en el pensamiento de los místicos, como una carga de la que conviene liberarse en cuanto sea posible.

Sin embargo el Verbo de Dios no consideró bajeza alguna asumir una naturaleza humana: alma y cuerpo, por lo tanto, a los que tomó como algo suyo y enteramente propios de su único *Yo* divino. San Juan emplea una expresión fuerte para decirlo: *Y el Verbo se hizo carne*.[76] Donde el vocablo *carne* no permite ninguna duda ni da lugar a sombras docetistas. Y todavía más. Pues el Evangelista llega a decir que, precisamente por eso —porque se hizo carne— *vidimus gloriam eius, gloriam quasi Unigeniti a Patre*. Expresión en la que resulta imposible apreciar resabio alguno de que su Humanidad constituyera obstáculo para que pudiéramos *ver su gloria; la gloria del Unigénito del Padre*. Y también aquí, lejos de apreciarse huella alguna de *interposición*, más bien parece desprenderse de la mente de San Juan el convencimiento de que, gracias a eso, hemos podido ver (directamente) su gloria. La gloria del Hijo Unigénito, que es la misma gloria del Padre (Jn 17: 22.24). E igualmente podrían hacerse consideraciones semejantes con respecto al comienzo de su Primera Carta (1 Jn 1: 1–4).[77]

---

[76] Jn 1:14.

[77] Es evidente que, en este último texto, San Juan establece una línea de distinción–paralelismo entre los que vieron con sus propios sentidos corporales al Verbo de Dios hecho Hombre (los Apóstoles y los discípulos), y los que solamente lo han conocido por la fe a través del testimonio prestado por ellos (*ex auditu*). Sin embargo parece integrar a unos y otros dentro del mismo ámbito; como si hubieran sido partícipes de una misma percepción y, por supuesto, de la misma consiguiente alegría (a la que se refiere en plural de primera persona): *Os escribimos esto para que nuestra alegría sea completa*. Se hace difícil interpretar estos textos en el sentido de que la Humanidad de Cristo signifique una mera *interposición* (¡o incluso un obstáculo!) con respecto a la contemplación de la gloria del Unigénito.

Por lo demás, Jesucristo resucitado y glorioso no parece considerar ninguna especie de interposición entre su corporalidad y su propio *Yo*. Ciertamente que, tal como se desprende de la revelación del misterio de la unión hipostática, las dos naturalezas de Jesucristo (la divina y la humana) no se mezclan entre sí, *aunque ambas pertenecen con propiedad e igualmente a la Persona del Verbo*. En este sentido existe un texto muy expresivo en el que se cuenta una de las apariciones del Señor, ya resucitado, a los Apóstoles, que creían estar viendo un fantasma: *¿Por qué os asustáis, y por qué admitís esos pensamientos en vuestros corazones? Mirad mis manos y mis pies: soy Yo mismo*.[78] Un texto en el que se da la circunstancia de que el último inciso es bastante convincente: *Mirad mis manos y mis pies: "soy Yo mismo"*.

6. Donde el empecinado autor sigue insistiendo acerca del contenido de los conceptos "entregar" y "recibir", así como en los de "mío" y "tuyo", por considerarlos fundamentales para el entendimiento del misterio del amor

Pero volviendo a las palabras del Señor, según las cuales *hay más felicidad en dar que en recibir*, es evidente que han de tener un significado que, como suele suceder, será más profundo de lo que aparece a primera vista. A pesar de que no será fácil de explicar; salvo que el texto se lea de forma superficial y quede de esta manera privado de contenido.[79] Por otra parte, con respecto al Espíritu Santo, el cual procede a la vez y conjuntamente del Padre y del Hijo, existe una tendencia en los Padres a referirse a Él bajo la consideración de un

---

[78] Lc 24: 38–39.

[79] Al abordar estos temas debe tenerse presente que estamos ante el Misterio del Amor, que es tan insondable como el de Dios, con el cual se identifica.

Don. A Él se atribuye también la procedencia de todas las gracias, frutos y dones sobrenaturales que Dios otorga al hombre. Lo cual parece indicar, salvadas la total reciprocidad y mutua necesidad de ambos conceptos, la existencia de una cierta *prioridad intencional* de la donación, con respecto a la recepción, en el misterio del amor.

Según lo cual, y una vez supuesta la mutua reciprocidad, correspondencia e igualdad de los conceptos de dar y de recibir, ¿cabe establecer en el amor una cierta prioridad intencional del *tuyo* sobre el *mío*? O dicho de otra manera: ¿Es posible pensar en alguna preferencia de intencionalidad que afecte al *dar* más bien que al *recibir*?

Caso de que la respuesta fuera afirmativa, se explicaría más fácilmente el hecho de que el amante piense en entregar(se) a la persona amada, antes o mejor que en recibir de ella. Y así parecen confirmarlo las palabras del Señor: *Nadie tiene amor más grande que el de dar uno la vida por sus amigos.*[80] De donde todo parece indicar que Jesús se inclina a favor de la opción de *entregar* más bien que por la de *recibir*, según lo que se desprende también de otros textos: *El Hijo del Hombre no ha venido a ser servido, sino a servir...*[81] *Si no te lavo los pies, no tendrás parte conmigo...*[82] *Yo estoy en medio de vosotros como quien sirve.*[83] Los textos por lo tanto, y en general la doctrina del Amor, parecen inclinarse a la opción de la *entrega* mejor que a la de *recibir*.

Pero sucede que no es posible dar o entregar sin poseer primero. Nadie da lo que no tiene. Para que exista el *tuyo* es necesario que exista antes el *mío*. Aparte de que el *tuyo*, según el amante, es justamente el *mío* de la persona amada. Y lo mismo recíprocamente.

---

[80] Jn 15:13.
[81] Mc 10:45.
[82] Jn 13:8.
[83] Lc 22:27. Cf Mt 20:28; Flp 2:7.

Así ocurre al menos en el orden de la naturaleza, aunque otra cosa sea en el orden de las intenciones. Que es eso en lo que consiste, o donde se encuentra lo nuclear, del juego y misterio del amor.

Por lo cual, debido a la tricotomía del tuyo–mío–reciprocidad, los textos referentes al amor, tanto bíblicos como extrabíblicos, suelen girar en torno a una cierta polivalencia. Sobre todo los que se expresan en lenguaje poético, que es sin duda alguna el más apropiado para hablar del amor. De ahí que unas veces se refieran clara y expresamente a una o a otra de las personas que se aman, mientras que otras parecen poseer un sentido ambiguo, de tal manera que bien pueden referirse lo mismo a una que a otra. Pero en todos ellos, los conceptos de *tuyo* y de *mío* se suponen recíprocamente; por lo que cada uno de ellos adquiere su sentido gracias al otro. De lo cual se deduce que, caso de no existir la reciprocidad, tampoco podría pensarse en el *tuyo* o en el *mío* como entidades diferentes, independientes y distintas, y constitutivas por lo tanto de la personalidad. Con lo que quizá pudiera abrirse así otra vía de investigación en el estudio del misterio de la *persona*: como el ser subsistente, racional y más perfecto, y a la vez el universo más cerrado e independiente. O como el *yo* que es al mismo tiempo lo más abierto al *otro*; sin cuya *apertura* su existencia como tal *yo* no tendría sentido. El *mío*, o el *yo*, son impensables sin el *tuyo* y sin el *tú*. De esta forma, el universo *cerrado* (o mejor, *completo*) del *mío* es inconcebible sin la *apertura* al *tuyo*. Así el *yo* solamente podría ser considerado como persona en la medida, y solamente en la medida, en que estuviera abierto al *tú*, al igual que *lo mío* no tendría sentido sin *lo tuyo*. Pues parece claro que la persona creada, hecha a imagen y semejanza del Amor increado, está hecha para darse o abrirse al *otro*: que es lo mismo que decir que ha sido hecha para amar y para ser amada. Según lo cual, quizá podría decirse que los condenados en el infierno, incapaces de amar ya de ningún modo, más bien habrían de ser considerados como simples *seres* que como personas. De hecho todo parece indicar que los demonios han perdido su condición personal, según se desprende de la circunstancia de que sus nombres son designados en los textos frecuentemente en plural más bien que en singular (o indistintamente de una u otra manera), como partes de una *masa* indiferenciada.[84]

Así se comprende que el diálogo amoroso (arquetípico) que tiene lugar entre el Esposo y la esposa, tal como aparece en el *Cantar de los Cantares*, adopte la forma de contienda (Ca 2:4) a la vez que de mutuos requiebros y lisonjas. Aparentemente una paradoja difícil de explicar, como todo lo que tiene que ver con el amor. El Esposo y la esposa aparecen como *dos* que se cortejan mutuamente. Lo cual hacen, como suele ser lo normal, mediante preguntas, respuestas, quejas, alabanzas, elogios, apóstrofes y hasta ditirambos. Donde se conjugan un *Yo*, un *Tú* y una *Mutua Relación*. En el Amor Sustancial los tres términos son tres relaciones realmente distintas que constituyen tres Personas también distintas. Y las tres se identifican realmente con la única y misma naturaleza divina.

Podemos examinar algún ejemplo que tal vez contribuya a un mejor entendimiento del problema. Aunque sin olvidar que, en último término, nos enfrentamos al mayor de los misterios que se ofrecen al entendimiento humano, cual es el gran Misterio de Dios:

> *El día ya se aleja,*
> *dulce jilguero de color trigueño,*
> *y así otra vez nos deja,*
> *como en amargo sueño,*
> *a ti sin libertad, y a mí sin dueño.*

---

[84] El que hayan perdido su condición personal quiere decir aquí que han sido desposeídos de la nobleza o excelencia en el ser que los distinguía de las simples creaturas. En modo alguno que dejen de ser (aniquilación); pues, si bien podría suceder, como dice Santo Tomás, de hecho a los condenados les conviene más el ser que el no ser (*Summa Theol.*, Iª, q. 104, a. 3-4; *De Pot.*, q. 5, *ad sextum*).

La estrofa se supone referida por una persona que ama y está dirigida a la persona amada. Y así como la primera podría ser considerada aquí como sujeto agente, la segunda podría ser imaginada, también en este caso, como sujeto pasivo u objeto del amor. Si bien sabemos de todos modos que, en gracia a la reciprocidad, la relación podría invertirse. En el ámbito de la mística parece que la estrofa tendría que ser atribuida a la esposa; aunque sin excluir la alternativa de asignarla igualmente, dado el caso, al Esposo. Aquí sin embargo, convencionalmente y a fin de facilitar el comentario, la suponemos puesta en labios de la esposa.

Admitidos estos supuestos, la estrofa podría interpretarse de una forma aproximada a lo siguiente. Juega con la idea de la posesión amorosa por parte de la persona amada, la cual es consiguiente al acto de entrega en totalidad que ha llevado a cabo, por amor, la persona amante. Si bien en realidad, para ser más exactos, habría que hablar aquí más concretamente de *desposesión*; a saber: el amante se queja de que la persona amada no ha querido ser su dueño, puesto que se ha negado a aceptarlo en posesión (donde damos de lado por ahora a las posibles razones del caso). Con lo que de momento nos encontramos con un nuevo dato del problema, el cual consiste en que la idea de *posesión* es inherente a los conceptos de *tuyo* y de *mío*. Y en efecto, porque al menos con respecto a las Personas Divinas (término último de referencia de todas las cosas creadas), los textos parecen avalar esa correlación: *Omnia mihi tradita sunt a Patre meo...*[85] *Omnia, quæcumque habet Pater, mea sunt.*[86]

La esposa habría deseado verse convertida en propiedad del Esposo. Mientras que, en lugar de eso, parece que Él ha preferido desaparecer, abandonándola en soledad. Ella, sin embargo, no se rinde

---

[85] Mt 11:27.
[86] Jn 16:15.

—¿por qué iba a hacerlo?—, y por eso ansía salir en su busca, a fin de reunirse con el amado de su corazón:

> *...Y ya sin esperar alzó su vuelo*
> *en busca del Esposo tan querido,*
> *dejando para siempre el blando nido*
> *sin pena, sin dolor, sin desconsuelo.*

Empeñarse en no pertenecer a nadie, sin negarse a sí mismo, sin renunciar a la propia vida..., es condenarse a no fructificar jamás y a quedarse solo para siempre: *ipsum solum manet*.[87] Por eso, hablar de ser uno mismo, de realizarse, de independencia, de autonomía, de emancipación, de libertad entendida al modo mundano, etc., equivale en último término a hablar de egoísmo y de *soledad*; pues todos ellos, unos y otros, son términos sinónimos. El egoísta desconoce la dualidad de conceptos *mío–tuyo* para quedarse solamente con el *mío*, y así es como se cierra a toda posibilidad de amar.

La esposa, por el contrario, se siente por completo feliz cuando se sabe propiedad del Esposo. Cuando todo lo que es de ella —en realidad ella misma— por fin le pertenece a Él:

> *Bajó mi amado a su jardín,*
> *a los macizos de balsameras,*
> *para recrearse entre las flores y coger azucenas.*[88]

El Esposo, por su parte, al ratificar y corroborar tal propiedad y posesión, colma la felicidad de la esposa:

---

[87] Jn 12:24.
[88] Ca 6:2.

> *Yo me dije: Voy a subir a la palmera*
> *a coger sus racimos.*
> *Sean tus pechos racimos para mí.*
> *El aliento de tu boca es aroma de manzanas.*[89]

Es de notar el gozo de la esposa al saberse *propiedad* del Esposo. Pues en este caso no se trata tanto de poseer, al fin, al Esposo cuanto de ser posesión suya. De donde ya se puede inferir que cualquier intento de alguien obstinado en pertenecerse a sí mismo, o en eludir la donación de la propia vida, *equivale a renunciar para siempre a conocer la Alegría*. Y estamos aquí en los antípodas de los modos de pensar propios del mundo.

Por supuesto que, tanto el Esposo como la esposa, saben muy bien que no pueden ser objeto de propiedad sin ser a la vez dueños del otro. Por eso ambos se sienten de acuerdo en confirmar ambas cosas. Ya se ha visto como lo ha hecho el Esposo, quien añade en otro lugar:

> *Voy, voy a mi jardín, hermana mía, esposa...*[90]

E igualmente la esposa, por su parte:

> *Yo soy para mi amado y mi amado es para mí.*[91]

Si no te lavo los pies, no tendrás parte conmigo...[92] Muy lejos andaba todavía el Apóstol Pedro de conocer los entresijos y profundidades del amor..., aunque era bien seguro que habría de llegar

---

[89] Ca 7:9.
[90] Ca 5:1.
[91] Ca 6:3; 2:16.
[92] Jn 13:8.

ese momento: *Lo que yo hago no lo entiendes ahora* —dijo Jesús—, *aunque lo comprenderás después*.[93]

Desgraciadamente el hombre moderno está dispuesto a reconocer el amor como ocasión de pertenencia, pero en modo alguno como motivo para ser objeto de posesión. Se ve a sí mismo como capaz de poseer, pero no está disponible para pertenecer a otro. Con lo que se hace incapaz de reconocer uno de los elementos esenciales del amor, cual es la *condición de igualdad* entre los que se aman. Lo hemos visto en el *Cantar*, y podríamos verlo de nuevo en tantos lugares de los Evangelios. E igualmente convendría recordar también el texto del Apocalipsis: *He aquí que estoy a la puerta y llamo: si alguno escucha mi voz y abre la puerta, entraré a su casa y "cenaré con él, y él conmigo"*.[94]

Si ascendemos, a través de la analogía, hasta la primera Fuente y Origen de todo amor, podremos darnos cuenta de que, en el seno de la Trinidad, el Padre ama al Hijo *porque ve en Él su exacta y misma Imagen*. Y lo mismo el Hijo con respecto al Padre: *Ego et Pater unum sumus*.[95] El amor creado, o el amor participado, no pueden pretender sino una igualdad mediada por la analogía; aunque de todos modos es el caso que, de una manera o de otra, *si no existe un cierto plano de igualdad, no puede haber amor*. Fue el Amor quien hizo que Dios fuera capaz de tomar para Sí mismo una vida humana, así como quien otorgó al hombre la posibilidad de convertirse en partícipe de la vida divina. Dios se hizo humano por amor a fin de que el hombre, también por medio del amor, pudiera hacerse divino: *Ahora ya no os llamaré siervos, sino amigos*.

---

[93] Jn 13:7.
[94] Ap 3:20.
[95] Jn 10:30.

7. Donde, por fin, el autor expone algunas fútiles consideraciones acerca de la Edad Dorada

El Gran Mentiroso y Padre de toda Mentira cual es el Diablo Satanás, no solamente ha conseguido sumir al Mundo, y en particular a la Iglesia, en la crisis más grave conocida por la historia de ambos, sino que además ha logrado presentarla como la mayor Era de esplendor y de auge que la Humanidad ha disfrutado hasta ahora. En el Mundo moderno, y más concretamente en la Iglesia, se tiene por inconcuso que el presente momento de la Historia es una etapa irreversible de luz y de progreso; sin conceder importancia a algunas leves sombras todavía remanentes y que, por lo demás, se supone que andan en vías de desaparición. Cosa esta última que al fin ocurrirá —se dice— en el momento en que se imponga en el Planeta definitivamente la por todas partes proclamada, universalmente ensalzada, y al parecer ya inminente, Paz Universal. Nos encontramos, por fin, en el umbral (prácticamente ya casi dentro, según muchos) de la situación que el ser humano ha estado ansiando durante milenios: la Edad de Oro.

Aunque acerca de este punto, sin embargo, existe todavía una única discrepancia entre la Iglesia y el Mundo. Si bien este último, tal como acabamos de decir, admite la persistencia tenaz de algunas ligeras sombras, por otra parte ya próximas a desvanecerse, la Iglesia en cambio va más allá en su optimismo. No existe en su horizonte, en lo que a su vida y desarrollo se refiere, nube alguna que entorpezca su soleado brillo y que haya perdurado hasta este momento histórico. El Concilio Vaticano II, y más aún y sobre todo la etapa que le ha seguido, han marcado el cenit de una Historia que, si bien durante veinte siglos ha sido testigo de abundantes vicisitudes (con preponderancia de sucesos desafortunados), contempla ahora el esplendor de una madurez que bien se puede considerar como Grandeza.

Claro que, como siempre sucede en todos los acontecimientos que jalonan la existencia humana, y pese a ese pretendido optimismo *universalmente consensuado*, todavía persisten algunas voces que proclaman su discrepancia con respecto a tal euforia. Por supuesto que se trata de un número insignificante de disconformes, a quienes por otra parte el poderoso estruendo de los *media* se encarga de callar. No importa que los hechos parezcan lo suficientemente evidentes, patentes y notorios, como para hablar enteramente a favor de tales disidentes. Ya se ha dicho más arriba que estamos ante la gran Época Dorada, casualmente montada y dirigida por el Gran Mentiroso. Probablemente ni siquiera el mismo Lenin (gran discípulo y ferviente partidario del Padre de la Mentira) fue consciente, en su momento, de la enorme fuerza de la consigna por él inventada, y por él también mandada divulgar y poner en práctica, según la cual, *si los hechos están contra nosotros, peor para los hechos.*

Si nos ceñimos al ámbito de la Iglesia, pronto salta a la vista (para quien quiera verlo) que los hechos no transcurren como lógicamente habrían de hacerlo en la tan proclamada *Edad de Oro* postconciliar. Hasta el punto de que más bien parecen discurrir en la dirección contraria. Lo que sin duda extrañaría a cualquiera que no estuviese advertido acerca de las posibilidades de seducción, de farsa y de histrionismo que posee la Mentira.

Que lo que fue el Occidente cristiano se ha descristianizado, es un hecho evidente. O al menos lo es para quien honradamente desee reconocer la verdad. Como igualmente es obvio y patente que el cristianismo (y aquí nos referimos sobre todo a la Iglesia Católica) se ha vaciado de contenido sobrenatural y que una gran parte del pueblo cristiano, consciente o inconscientemente, ha dejado de creer.

Abundan los Obispos que actúan como incapaces de predicar el contenido del Evangelio. Silenciados por la cobardía, movidos muchos de ellos por intereses financieros, y dedicados a la adulación sin otra razón que la de escalar puestos o conservar sin problemas su *statu quo*, se han convertido en colaboradores del Sistema y han olvidado su misión. Mientras tanto el Pueblo cristiano ha dejado de practicar los sacramentos, ha perdido la fe en la Presencia Real Eucarística, ha sido confundido respecto al sentido y significado de la Misa, ha perdido de vista la importancia del papel y la necesidad de la Jerarquía dentro de la Iglesia, ha olvidado la noción y el sentido del pecado y, como consecuencia de ello, ha dejado de pensar en la necesidad de la penitencia. Por si eso fuera poco, la gran masa del Pueblo cristiano ha sido inducida a creer que la moral es un mero relativismo en el que cada uno depende de su propio arbitrio, para quedar así despojado de toda consideración hacia el significado de los valores (tanto naturales como sobrenaturales). Puestos a citar algunos resultados concretos se podría hablar, por ejemplo, del abandono casi total de la asistencia a la Misa, del olvido de la práctica de la confesión, de la desertización de seminarios y noviciados y de la total desvalorización, y casi desaparición, de la vida consagrada. Y así un largo etcétera en el que no vale la pena insistir.

Mientras tanto también la Pastoral parece haber adoptado como instrumento suyo principal el del *show*. Menudean las *demostraciones* teatrales, tanto en lo que se refiere a la pequeña liturgia doméstica de las parroquias, como en lo que afecta al extraordinario montaje de la liturgia de *parada* o gran espectáculo. No resulta fácil, por otra parte, entender bien lo que se pretende con estas liturgias de guiñol, incluso suponiendo la buena intención de muchas de ellas. Puesto que en la de *parada* y gran espectáculo colaboran asiduamente los *media*, todo hace suponer que se busca sobre todo provocar sentimientos entre los fieles. Tal vez con el ánimo de impedir la aparición de una conciencia de crisis, o de crear una sensación de euforia y triunfalismo favorecedora de determinadas situaciones. De una forma o de otra, no parece existir excesiva preocupación acerca de si tales sentimientos son de contenido sobrenatural, y si van o no encaminados al fomento de la vida cristiana. Los temas de bienestar social y de relaciones humanas han desplazado al Evangelio en la Predicación, hasta el punto de que la Teología ha quedado reducida a Sociología y Psicología: *Ellos son del mundo; por eso hablan según el mundo, y el mundo los escucha.*[96] Si bien ya antes lo había dicho claramente el mismo Jesucristo: *El que es de la tierra, de la tierra es y de la tierra habla.*[97]

Textos acerca de los cuales conviene hacer una observación que puede resultar importante. Porque si ya es preocupante el hecho de la existencia de Pastores que *hablan según el mundo porque ellos mismos son del mundo*, no es menos de temer la circunstancia de que *el mundo los escucha*. Sin duda que esto último se refiere al Pueblo cristiano, o la gran masa de aquéllos a quienes habría de ir dirigida la Predicación de la Palabra. Un Pueblo que escucha la Mentira a sabiendas de que se trata de la Mentira, puesto que ya ha optado previamente por apartarse de la Verdad.

Queda entendido que todo esto no es sino la punta del iceberg, puesto que la relación podría extenderse bastante más, e incluso apuntar a situaciones y supuestos aún más graves que los señalados aquí. Sólo que a veces no es posible, o no es conveniente, destapar demasiado la herida; quizá por un número de variadas razones, entre las que no hay que olvidar el estado delicado del paciente.

Y sin embargo, es creencia firmemente admitida en el mundo del catolicismo la de que al fin ha llegado la auténtica *Primavera de la Iglesia*, o la verdadera *Edad de Oro* de un resurgir triunfal

---

[96] 1 Jn 4:5.
[97] Jn 3:31.

que ha sustituido a un Período Oscuro por fin felizmente olvidado. Y desgraciado de aquél o de aquéllos que se atrevan a objetar la menor duda al respecto, puesto que serán tratados como tradicionalistas, fundamentalistas, conservadores, enemigos del progreso y de mirar hacia delante, nostálgicos, insolidarios, preconciliares y hasta enemigos del Concilio; cuando no de padecer una acusada tendencia a la paranoia. El menor intento de defenderse, por parte de estos infelices, no conseguirá otra cosa que confirmar su estado de proximidad a la insania. En la gran Época del *Diálogo*, sus mayores propugnadores no están dispuestos a entablar ninguno con quienes no compartan su forma de proceder *monologante*.[98]

El hecho de que la crisis padecida por el cristianismo, sin duda alguna la más profunda de su historia, haya podido ser presentada y aceptada unánimemente como la Primavera y Edad de Oro de la Iglesia, es una prueba evidente del increíble poder seductor del Gran Mentiroso. La iniquidad se ha convertido en bondad, la destrucción en progreso, el enfriamiento de la fe en rejuvenecimiento del catolicismo, y la mentira en verdad. La aniquilación de la fe y la jubilación del Magisterio son considerados como la panacea con respecto a los males del pasado, y como el elixir de la juventud para el futuro de una Iglesia que antes se debatía en la decadencia y la senilidad.

Que se haya hecho posible esta situación es otro de los misterios de la Historia. Quizá Dios la ha permitido a la vista de la metamorfosis de la vida cristiana en paganismo. Por eso ahora cobran

---

[98] Es evidente que lo de *mirar hacia atrás*, siquiera de vez en cuando, también ofrece sus ventajas. Ante todo, está aquello de que *Historia est magistra vitæ*. Y en segundo lugar, aunque no lo menos importante, no se puede olvidar el valor fundamental que representa la Tradición con respecto al contenido del Cristianismo y a la vida de la Iglesia: *Nihil innovetur nisi quod traditum est*, decía San Vicente de Lerins en su conocida máxima, por otra parte aceptada sin discusión durante demasiados siglos.

actualidad, más punzantes y actuales que nunca, las palabras del Apóstol: *¿Qué tienen de común la luz y las tinieblas? ¿Y qué armonía cabe entre Cristo y Belial?*[99] Sin embargo, el prodigio *al revés* parece haberse producido. Pero sin nada en común, ni armonía alguna. Simplemente ha ocurrido que las tinieblas han desplazado a la luz.

¿No queda entonces esperanza alguna para el *pusillus grex*? Por supuesto que sí, pues precisamente ahora es cuando ha llegado el momento de la esperanza y de la confianza en Dios. El sufrimiento y las oraciones de la diminuta grey no quedarán sin respuesta: *¿Acaso Dios no hará justicia a sus elegidos que claman a Él día y noche, y les hará esperar?...*[100] *En el mundo tendréis sufrimientos, pero confiad: Yo he vencido al mundo.*[101]

La Edad de Oro, proyectada hacia el pasado o supuestamente realizada en el presente, no es más que una tremenda mentira. Pero por lo que hace al futuro, será realidad algún día. Aunque no ahora; ni nunca antes de la segunda y definitiva venida del Señor: *Nosotros, según su promesa, esperamos unos cielos nuevos y una tierra nueva, en los que habitará la justicia.*[102] La Edad de Oro solamente es una utopía, o bien cuando se intenta instalarla en el presente, o bien cuando se pretende suponerla en el pasado. Pero si en esa Edad Feliz, todavía por llegar, habitará por fin la justicia, según San Pedro, es que entonces el Apóstol reconoce que ahora *no existe la justicia entre los hombres*. Y lo mismo Jesucristo, como hemos visto antes, el cual también promete que, llegado ese momento, *hará justicia a sus elegidos*. No pretendamos encontrar ahora, por lo tanto, aquellas cosas que nos han sido prometidas sólo para el futuro.

---

[99] 2 Cor 6: 14–15.
[100] Lc 18:7.
[101] Jn 16:33.
[102] 2 Pe 3:13; cf Ap 21:1.

La Edad de Oro

Por eso el cristiano vive siempre con la mirada puesta en el futuro, que es lo mismo que decir que vive de la esperanza. Y puesto que el presente solamente es decisivo para él *en la medida en que delinea y decide el futuro*, no puede creer en utopías pasadas, ni menos aún en las que se pretenden destinadas a construir el presente. De ahí el tremendo error de los que pretenden hacer un Cristianismo *sólo para este mundo* porque no creen en otro. Han dejado de elevar sus ojos al Cielo, creyendo haber llegado por fin al final del camino, cuando en realidad sólo se encuentran todavía en un albergue de paso.

En la futura y auténtica Edad de Oro, a diferencia de aquélla de la que hablaba Don Quijote en su discurso, por supuesto que seguirán existiendo el *mío* y el *tuyo*. Aunque entonces con mayor realidad que nunca. Puesto que ambos forman parte del contenido y de la esencia del amor. El mismo que, habiendo existido desde siempre, fue otorgado un día como regalo a los hombres, a fin de que llenara y colmara en plenitud su existencia por eternidad de eternidades.

La Edad de Oro es ciertamente una realidad, aunque futura. Y por eso el cristiano vive en la espera y en la impaciencia que se convierten en ansiedad con respecto al que ha de venir: *Qui est et qui erat et qui venturus est...*[103] Por eso grita: *¡Ven, Señor Jesús!*[104] El Apóstol, en un texto que evidentemente se refiere a la Parusía, interpreta la llegada de esa futura Edad como el momento de la definitiva glorificación del que viene: *Cum Christus apparuerit, vita vestra...*, aunque conjuntamente con la nuestra: *tunc et vos apparebitis cum ipso in gloria.*[105] Será entonces, y sólo entonces, cuando tendrá lugar *el cumplimiento y la consumación definitiva del Plan de*

---

[103] Ap 1:4.
[104] Ap 22:20.
[105] Col 3:4.

Dios, establecido y determinado desde toda la eternidad.[106] Mientras tanto, continúa diciendo el Apóstol, *si habéis resucitado con Cristo, buscad las cosas de arriba... saboread las cosas de arriba, no las de la tierra.*[107]

Exhortación ésta última que induce al cristiano a vivir *en tensión*. Porque, ¿acaso son despreciables las cosas creadas?... ¿O estamos de nuevo quizá ante el *contemptus mundi*?...

Todas las cosas creadas son buenas. Dios las dispuso como regalo de bodas preparado para la esposa. Sin ellas la esposa no podría ofrecerlas a su vez al Esposo. ¿Cómo podría de otra manera entregarlo todo por amor? ¿O hacerse enteramente pobre sin estar primero rodeada de riquezas? En la relación amorosa, la pobreza nunca es una condición *establecida* o *a priori*; sino que es más bien una situación, *voluntariamente buscada y querida* (en realidad una *virtus*), por la que el que ama lo ha entregado todo a la persona amada.

Si las cosas no fueran buenas y hermosas, o su lenguaje no fuera semejante al de los ángeles, no podrían ser reflejo del Creador. En cuyo caso no podrían servirnos como recuerdo suyo, ni menos aún serían capaces de hablarnos de Él. Podemos convertirlas en ofrenda amorosa (incluidas nuestra vida y nuestra muerte) en la medida en que nos han sido dadas:

> *Abunda en nuestras huertas toda clase de frutos exquisitos,*
> *los nuevos, los añejos, que guardo, amado mío, para ti.*[108]

---

[106] De ahí que la Parusía no se refiera tanto a lo que podrían ser aumentos accidentales o esenciales de la Beatitudo, alcanzada como fin último del hombre, cuanto a la suprema y última glorificación de Cristo. Y con ella la del hombre, definitivamente identificado con Él y ahora también en su cuerpo. Y juntamente con ambas, la de toda la Creación, la cual ha estado sufriendo dolores de parto hasta este momento de su total liberación: y ahí está, ni más ni menos, todo el *transcendental* significado de la Parusía.

[107] Col 3: 1–2.

[108] Ca 7:14.

VIII

LA GRAN TENTACIÓN

(HISTORIAS INCREÍBLES)

Hace ya algunos años, el productor–director americano Spielberg produjo una serie televisiva de relativo éxito bajo el título de *Historias Asombrosas*.[1] Las tales *Historias*, en realidad algo escasas de imaginación, más bien que asombrosas tendrían que haber sido tachadas de inverosímiles y hasta de imposibles de ser creídas. Claramente se veía que no podían ser reales. Lo peor del caso consistía en que si no era posible creerlas bajo ningún concepto, inmediatamente dejaban de ser asombrosas. ¿Por qué se iba alguien a asombrar de lo que se sabe que no es sino pura ficción y mero producto de la imaginación? Es evidente que para que algo sea verdaderamente asombroso ha de ser, ante todo, *real*; y después de eso, extraordinario, poco corriente o nunca visto antes, inusual, difícil de explicar o de equiparar a lo ordinario o común, susceptible de causar admiración y fascinación, etc. Sucede, sin embargo, que estas cualidades

---

[1] *Amazing Stories*, ahora disponibles en U.S.A. en DVD de la *Universal*.

de lo que es realmente asombroso tienden a diluirse, por la sencilla razón de que la gente no suele creer lo que es de verdad asombroso.

Podemos admitir, seguramente en contra de la opinión general, que las historias verdaderamente asombrosas son siempre reales. Por la razón de que la realidad supera en mucho a la imaginación humana. La cual, cuando quiere caminar por las sendas de lo fascinante o portentoso, se ve obligada a recurrir a lo irreal y a lo falso. Un deplorable error, puesto que basta con mirar con atención al mundo de lo real, si es que se ha aprendido primero a introducirse (siquiera de alguna manera) en las profundidades del ser, para obtener consecuencias y resultados verdaderamente asombrosos. Pero el común de los humanos, por lo general, se considera satisfecho con ver el mar por encima, sin considerar para nada el agua que hay debajo de la superficie.

Lo más penoso de este asunto es que las historias verdaderamente asombrosas (precisamente porque son reales) no suelen ser creídas por casi nadie. Bien porque no se ha aprendido nunca a ver el mundo y la realidad en profundidad, o bien porque no se está dispuesto a aceptar conclusiones que, por más que sean verdaderas, pueden contradecir a una existencia humana sin deseos de enfrentarse consigo misma. La verdad completa (Jn 16:13) suele ser privilegio de pocos. Y en cuanto al mundo, no solamente no conoce al Espíritu de la Verdad, sino que tampoco está dispuesto a recibirlo (Jn 14:17). No es infrecuente la actitud humana según la cual, a mayor abundancia de verdad, menor es la disposición a recibirla: *La luz brilla en las tinieblas, pero las tinieblas no la recibieron.*[2]

Con lo que ya se puede adelantar que la historia, o las historias, que se van a contar aquí no van a ser creídas prácticamente por nadie. ¿Tiene sentido entonces insistir en ellas? Francamente, es difícil

---

[2] Jn 1:5.

saberlo. De todos modos quizá valga la pena intentarlo, aunque es imposible adivinar las consecuencias prácticas que puedan derivarse de la empresa. Jesucristo hablaba a veces con plena conciencia de la ineficacia de su discurso, y hasta sabiendo que solamente iba a ser causa de perdición para muchos: *Si no hubiera venido y les hubiera hablado, no tendrían pecado. Pero ahora no tienen excusa de su pecado.*[3] Sin embargo, dado lo que es ahora la naturaleza humana, y conforme a lo que viene sucediendo en la Historia de la Salvación, parece que también son necesarias *las voces que claman en el desierto*.

Lo que se va a decir aquí es verdaderamente increíble y, por supuesto, asombroso. Lo cual quiere decir que es absolutamente real, aunque nadie o casi nadie lo querrá admitir. Algo explicable hasta cierto punto, porque afecta a muchos intereses en juego, y porque también es susceptible de remover profundos y delicados sentimientos humanos.

Es verdaderamente asombroso, por ejemplo, el hecho de que grandes montajes, capaces de poner en marcha enormes cantidades de dinero y de poder, aparezcan ante el mundo como prototipos del heroísmo y del sacrificio, a saber: de pobreza, de abnegación, de solidaridad humana, de entrega al prójimo..., sin suscitar en nadie extrañeza alguna. O que las caricaturas de las más sublimes y elevadas virtudes cristianas (pobreza, caridad heroica, humildad, sacrificio) se vean escenificadas en los *platós* del mundo y aclamadas al son de bombo y platillo, consideradas como auténticas y hasta como el paradigma de la verdadera santidad..., sin que al parecer nadie oponga objeción alguna. O que ciertas Familias Espirituales, creadas para defender el catolicismo y propagar la fe según la intención de sus fundadores, se vean ahora implicadas en manejos de

---

[3] Jn 15:22.

intereses políticos, con frecuencia turbios, y en el control de grandes capitales de dinero; al mismo tiempo que son bendecidas por los medios de difusión, para acabar promoviendo doctrinas puramente naturalistas y enteramente extrañas (cuando no enemigas) al cristianismo..., sin que nadie eleve la menor queja o la menor protesta. O que los medios y métodos de Evangelización, propuestos en el Nuevo Testamento, hayan sido olvidados para ser reemplazados por otros cuya filosofía práctica, además de ser puramente naturalista y con frecuencia mundana, es ajena por completo a las enseñanzas de la Escritura..., sin que lo desastroso de los resultados haya parecido suscitar la alarma o la preocupación de nadie. O que después de veinte siglos de haber sido restablecida, por derecho divino, la doctrina de la indisolubilidad del matrimonio, la Iglesia haya aceptado el divorcio (por más que haya sido cambiado de nombre). O que la mayor crisis que viene padeciendo la Iglesia desde los últimos cincuenta años, y que es sin duda la más grave de su historia, sea considerada unánimemente nada menos que como la *Primavera* de la Iglesia.

Es evidente que todas esas cosas, y otras muchas, son sobradamente capaces de provocar el asombro. Aunque la más asombrosa de todas, sin duda alguna, es *el hecho de que no lo susciten*. Aquí vamos a hablar solamente de alguna de ellas. No porque sea la más grave o la más importante, sino porque de tal modo es consecuencia de la más sutil y falaz de las tentaciones, que casi siempre suele pasar desapercibida a las mentes más esclarecidas. Si bien puede decirse que es difícil de descubrir en su origen, todavía lo es más en lo que se refiere a admitir sus consecuencias o a que se ha sido víctima de su engaño. Incluso todo parece indicar que han sucumbido a ella algunos de los personajes más brillantes del Santoral de la Iglesia, aunque sin que jamás se les haya imputado como culpa y sin que tal cosa suponga merma de su santidad.

La Gran Tentación

Aunque más adelante abordaremos la cuestión de las posibles responsabilidades, más bien achacables a circunstancias externas y coyunturales que imputables a las personas, conviene adelantar que aquí no se van a poner en duda los merecimientos de quienes han sido elevados por la Iglesia al honor de los altares. En realidad el problema se plantea, más que nada, debido a la extraordinaria peculiaridad de esta tentación; y también —¿por qué no decirlo?— por las graves consecuencias que es capaz de acarrear.

La cual tentación, además de no aparecer nunca como tal (que es lo normal en toda clase de tentaciones), se reviste en este caso tan esclarecidamente del ropaje de virtud que es casi imposible detectarla; lo que ya no es tan ordinario. Y de ahí que la consideremos como *extraordinariamente sutil*.

Por supuesto que el mal siempre se presenta bajo apariencia de bien, así como la mentira adopta siempre el disfraz de la verdad. Servidumbre a la que ambos se ven forzados a someterse, pero que es la que hace posible al mismo tiempo que sean aceptados por el hombre. Aunque el caso del que aquí hablamos es diferente. Y es precisamente acerca de esa diferencia de lo que se va a tratar en este capítulo.

1. De donde se desprende que la muerte de un ser humano puede ser tan expresiva, por lo menos, como haya sido su vida

Casi podemos asegurar que el momento más emocionante de la gran aventura de don Quijote es el de su muerte. Maltrecho y malparado nuestro héroe, de nuevo en su casa y recobrado ya el juicio, abomina de su ya pasada locura:

> —Dadme albricias, buenos señores, de que ya no soy don Quijote de la Mancha, sino Alonso Quijano, a quien mis costumbres me dieron renombre de "Bueno". Ya soy enemigo de Amadís de Gaula y de toda la infinita caterva de su linaje; ya me son odiosas todas las historias profanas del andante caballería; ya conozco mi necedad y el peligro en que me pusieron haberlas leído; ya, por misericordia de Dios, escarmentando en cabeza propia, las abomino.
>
> ....
>
> —Señores —dijo don Quijote— vámonos poco a poco, pues ya en los nidos de antaño no hay pájaros hogaño. Yo fui loco, y ya soy cuerdo: fui don Quijote de la Mancha, y soy agora, como he dicho, Alonso Quijano el Bueno. Pueda con vuestras mercedes mi arrepentimiento y mi verdad volverme a la estimación que de mí se tenía...[4]

Y así finalizaron los ensueños e ilusiones de don Quijote, convertidos ahora en nostalgia y en mero recuerdo. Y juntamente con ellos, sus ansias de deshacer y acabar con la multitud de entuertos y desaguisados que anda suelta por el mundo. Todo lo cual queda ya atrás y olvidado para siempre:

> *Yo, señor barbero, no soy Neptuno, el dios de las aguas, ni procuro que nadie me tenga por discreto no lo siendo; sólo me fatigo por dar a entender al mundo el error en que está en no renovar en sí el felicísimo tiempo donde campeaba la orden de la andante caballería. Pero no es merecedora la depravada edad nuestra de gozar tanto bien como el que gozaron las edades donde los andantes caballeros tomaron a su cargo y echaron sobre sus espaldas la defensa de los reinos, el amparo de las doncellas, el socorro de los huérfanos y pupilos, el castigo de los soberbios y el premio de los humildes.*[5]

---

[4] *Quijote*, II, 74.
[5] *Quijote*, II, 1.

Ha sido asestado un tremendo y merecido varapalo, o más bien un golpe de gracia, a los malhadados y pestíferos libros de caballerías. Aunque aún queda algo en lo que parece no han parado mientes los estudiosos. Pues todavía cabría preguntarse si esto supone simplemente el final de los libros de caballerías, o si quizá esta burla es capaz de acabar también con alguna otra cosa.

Difícil es saber si Cervantes se dio entera cuenta de que, junto con el final de tales engendros bibliográficos, su obra certificaba también el final de una Leyenda. Una hermosa Leyenda precisamente, para la que la multitud de entuertos, desafueros e injusticias de los que está repleto el mundo, podrían ser desbaratados mediante la actuación de alguna Andante Caballería.

Pero, ¿se trataba realmente de una Leyenda, o sería simplemente una maravillosa ilusión...? Incluso prescindiendo, al menos por el momento, de que el sueño tuviera o no posibilidades de convertirse en realidad.

Ya se sabe que Cervantes no resolvió el problema, y es probable que ni siquiera tuviera conciencia de su existencia. Por lo que respecta a nosotros, hemos de confesar que, de buenas a primeras, estaríamos fácilmente dispuestos a rechazar la Leyenda: ninguna Caballería Andante sería capaz de terminar con la enorme montaña de injusticias que rondan por el mundo.

Sin embargo, a pesar de la multitud de objeciones que se podrían plantear, existen demasiadas ideologías dispuestas a pensar lo contrario. Por citar solamente una, que puede ser la más próxima a nosotros y la de mayor actualidad, pensemos en el *Paraíso Marxista*, concebido para este mundo, y en el que siguen creyendo tantos engañados. El hecho de que tal desvarío haya encontrado tan universal aceptación pudo haber sido uno de los grandes misterios de la Historia; de no ser porque la Teología, con su aportación al conocimiento de la naturaleza humana, ha suministrado suficientes respuestas. Aunque no es éste el aspecto del problema que vamos a contemplar aquí.

Según se ha dicho arriba, el intento de acabar con las injusticias y con el mal existente en el mundo, tal como a su manera pretendía don Quijote, ¿ha de ser interpretado como una mera ilusión, condenada de antemano al fracaso...? ¿O tal vez como una nueva utopía, que en realidad no dejaría de ser otra Leyenda...?

De contestar afirmativamente a la pregunta, habría que aceptar el hecho de que no existe explicación acerca de los fines de la Encarnación. E igualmente sería imposible entender la declaración de San Pablo a Timoteo: *Dios quiere que todos los hombres se salven y lleguen al conocimiento de la verdad.*[6] La aventura de don Quijote parece ciertamente descabellada, *pero en modo alguno por la ilusión que alentaba en ella.* El hecho de que se haya podido calificar como disparatada no se debe a otra cosa que *al enfoque equivocado de los motivos que la impulsaban, así como a la falta de consistencia de los medios empleados para llevarla a cabo.* Se puede decir lo que se quiera acerca de que los Caballeros Andantes no han existido nunca, fuera de los desventurados libros de caballerías; del anacronismo de la empresa que intentaba realizar don Quijote; de la endeblez e insuficiencia de los medios, y de muchas cosas más. Con lo que habríamos llegado al punto neurálgico de nuestro problema, a saber: lo que puede suceder cuando los medios empleados en una tarea a realizar son inapropiados, inútiles, o incluso improcedentes; o bien cuando las motivaciones que sirven de aliento al proyecto responden a razones equivocadas.

---

[6] 1 Tim 2:4.

2. Donde se comienza a explicar la realidad de que, tal como sucede en el Infierno, también el Cielo está lleno de buenas intenciones

La cuestión de la que estamos tratando se complica cuando la empresa a realizar es la Evangelización. Desde luego no es admisible la pretensión de *evangelizar a cualquier precio*.

En primer lugar, porque no sería conforme a los deseos de Dios. O al menos eso es lo que parece desprenderse de la Revelación.

En segundo lugar, porque no sería práctico ni procedente; puesto que, según ha quedado demostrado a lo largo de una experiencia de siglos, el intento no serviría para nada.

Id y haced discípulos a todos los pueblos, bautizándolos en el nombre del Padre y del Hijo y del Espíritu Santo; y enseñándoles a guardar todo lo que os he mandado.[7] Tal es el mandato del Señor, de tal manera que hasta aquí no existe problema alguno desde el momento en que todo está claro.

Pero, tal como suele suceder con las encomiendas formuladas de manera demasiado general, queda todavía la tarea de encontrar el modo de llevarlas a cabo. Empresa que puede resultar difícil y arriesgada, puesto que el error en la elección de los medios puede conducir a resultados desastrosos. Como sucede en nuestro caso, del que no cabe duda que es la más importante y transcendental de todas las empresas humanas.

Pero, antes de seguir adelante, conviene deshacer primero tres equívocos que podrían inducir a confusión.

En primer lugar, es de advertir que el principio de la moral cristiana según el cual *el fin no justifica los medios*, si bien constituye el fondo del problema, no es lo que va a ser contemplado aquí como el objeto directo de nuestra reflexión.

---

[7] Mt 28: 19–20; cf Hech 1:8.

La segunda aclaración tiene que ver con las verdades llamadas de *Perogrullo*. Tradicionalmente, como es sabido, se ha venido asignando al Infierno la ubicación de las buenas intenciones; sin duda alguna bajo la influencia del refrán que asegura que *el infierno está lleno de buenas intenciones*. Por supuesto que aquí no se trata de dudar de la veracidad del adagio; sino simplemente de recordar el hecho, un tanto olvidado, de que también el Cielo está repleto de intenciones bondadosas. Como vamos a mostrar en este capítulo.

Pero la eliminación del tercer equívoco es la más urgente de todas. Ante todo porque es el más difícil de descubrir, y de ahí que *casi siempre* pase desapercibido incluso a las mentes más perspicaces. Pero es que además, y debido seguramente a esa dificultad, se encuentra bastante extendido; y más particularmente —cosa curiosa— en ciertos círculos de los que tendría que haber sido desterrado. Se refiere al hecho de la existencia de humanas intenciones que pueden ser a la vez (o al menos así lo parece) tan honradas, justas y sinceras, como equivocadas, desacertadas y descaminadas. Lo más interesante del caso es que esta clase de intenciones, que en modo alguno constituyen una *rara especie*, también abunda en el Cielo (queremos decir, como es lógico, que cobraron vida en gente que ahora son moradores de tan bienaventurado lugar). Y algo más sorprendente todavía, porque a pesar de su acogida en las Estancias Celestiales (que nadie se atrevería a calificar de injusta), y pese también a la bondad que las impulsa (al fin y al cabo son buenas intenciones), *no por eso dejan de producir efectos desastrosos y contraproducentes*. Cosa lógica, al fin y al cabo, si se tiene en cuenta que el error, por más que pueda hallarse exento de culpa, no por eso deja de ser error. Y jamás se ha visto que la falsedad produzca nada bueno.

Que el fenómeno de las buenas intenciones, aunque desacertadas, también es frecuente en la Iglesia, es cosa que nadie pone en duda.

La Gran Tentación 395

Aunque aquí solamente nos interesa en cuanto a su influencia en la vida de las Familias Espirituales que, a lo largo de los tiempos, han ido surgiendo en ella.[8] Y aquí es justamente donde puede comenzar la extrañeza de unos y el escándalo de otros. Puesto que, según parece deducirse de las apariencias, muchas de las tareas evangelizadoras llevadas a cabo por tales Familias, han estado animadas por una filosofía política errónea..., con los consiguientes lógicos y nefastos resultados que cabría esperar.[9]

Como no podría ser de otro modo, las Familias Espirituales han sido establecidas en la Iglesia con miras hacia fines los más elevados, cuales son la santificación de sus miembros y la Evangelización. Motivaciones generales que luego han de concretarse según los fines específicos y el carisma de cada una. A su vez han de recibir también la oportuna sanción por parte de la Iglesia (sin cuyo requisito carecerían de legitimidad), que es quien reconoce la autenticidad del carisma recibido por los respectivos fundadores. La razón de su número y diversidad está basada en que la Iglesia, ante la riqueza y profundidad de las enseñanzas evangélicas, admite la posibilidad de

---

[8] Utilizamos aquí el término genérico *Familias Espirituales*, sin más precisiones, por pura comodidad. Agrupamos en él a los diversos grupos de fieles, religiosos o seculares (Órdenes, Congregaciones, Institutos, Asociaciones, etc.), aprobados y erigidos jurídicamente por la Iglesia según las Constituciones, Estatutos o Reglamentos de cada uno. El fin de estas Sociedades de fieles es doble: por una parte apunta hacia la vida en común (en términos generales) como medio de una mayor y más fácil santificación; por otra, tiene por objeto el cumplimiento de los fines peculiares de cada una con respecto a la Evangelización.

[9] Ha de tenerse en cuenta que aquí no se pretende hacer un estudio a fondo del problema; ni histórico ni teológico. Simplemente esbozamos algunas consideraciones, de carácter más bien general, con fines eminentemente pastorales. Por lo demás, la cuestión fue tratada (aunque también superficialmente) en A. Gálvez, *Comentarios al Cantar de los Cantares*, 2 Vols., Shoreless Lake Press, N.J. (USA), 1994 y 2000. Para detalles sobre el tema, ver especialmente el volumen I, pags. 387 y ss.

la existencia de diversos y variados caminos para llevarlas a cabo: *En la casa de mi Padre hay muchas moradas*.[10] Y aquí es donde entra en juego la oportunidad y conveniencia de los diversos carismas.

Y también, por supuesto, donde comienzan los problemas. Después de la Encarnación, y una vez consumada la obra de la Redención, corresponde a la Evangelización la tarea de hacerla fructificar. La cual quiso Dios dejar en manos de los hombres (Mt 15:24; 24:14; 28:19) como la más importante y como la más difícil y arriesgada. Toda renuncia o vacilación en llevarla a cabo, así como cualquier error en los métodos utilizados, habrán de traducirse en resultados que podemos calificar como desastrosos; por llamarlos de algún modo.

Una vez nacidas y sancionadas las Familias Espirituales, comienzan su desarrollo y expansión. Los cuales tienen lugar, por lo general, de forma rápida y exitosa. Partiendo de un carisma que se supone bien fundamentado en el Evangelio, y contando además con el sincero amor de Dios y el entusiasmo que suelen adornar a las personas de los fundadores, no es de extrañar que pronto aumente el número de discípulos y seguidores. Pero los verdaderos problemas no han comenzado todavía, por lo que bien podemos considerar esta etapa inicial como triunfal. Por lo general, suele ser una etapa en *fase de ofensiva* y de fáciles conquistas.[11]

---

[10] Jn 14:2. Interpretado en un sentido amplio, tal como lo ha hecho a menudo la Doctrina. Es preciso reconocer que la Iglesia suele mostrar, con respecto a este punto, una visión más amplia y profunda de la que acostumbran a hacer gala algunas Familias Espirituales.

[11] No siempre sucede así, como vamos a ver enseguida. Es seguro que el momento elegido por el Diablo, a fin de llevar a cabo su *contraofensiva*, estará cuidadosamente planificado. Dependerá de diversas circunstancias, entre las que no hay que descartar por su parte la voluntad de permitir (y aun de fomentar) una rápida expansión..., con vistas, claro está, a precipitar la aparición de las primeras dificultades. Pronto tendremos ocasión de hablar del tema.

Conviene advertir sin embargo, antes de seguir adelante, que estas consideraciones no pretenden hacer crítica negativa de las Familias Espirituales que, a través de los tiempos, han ido surgiendo en el seno de la Iglesia. Algunas han sido para ella una auténtica corona de gloria y un luminoso firmamento de santos, así como también una fuente inagotable de bienes (naturales y sobrenaturales) para la humanidad. El propósito perseguido aquí no tiene otro objeto que el de llamar la atención acerca de ciertos riesgos que acechan a las Familias Espirituales y que, a pesar de su carácter de eminente peligrosidad, parecen pasar desapercibidos.

Asimismo, estas reflexiones no tienen otro propósito que el aprovechamiento espiritual de quienes así lo deseen con buena voluntad. De ninguna manera tratan de juzgar a las personas, sin inconveniente alguno en dar por supuesta una hipotética buena voluntad en unos y otros; por lo que van a intentar atenerse escuetamente a los hechos. Solamente Dios es quien juzga con entera verdad y absoluta certeza, al paso que los veredictos históricos de los hombres, se quiera o no se quiera, habrán de estar siempre sujetos a cierta inseguridad y a la posibilidad de revisión.

Por desgracia no puede decirse que las Familias Espirituales sean muy partidarias de la autocrítica; y todavía menos de las apreciaciones negativas llevadas a cabo por extraños. Unas actitudes fáciles de comprender, dado el modo de ser de la naturaleza humana, aunque no siempre justificadas. Cabe la innegable posibilidad de la existencia de estimaciones y valoraciones de hechos realizadas con buena voluntad, por más que a veces resulten dolorosas y duras desde el momento en que responden a situaciones difíciles de comprender. La realidad de que sea extremadamente difícil hallar juicios históricos absolutamente objetivos, desprovistos de prejuicios y marcados por la honradez y el amor a la verdad, no justifica la cerrazón a la crítica histórica. Y siempre dando por supuesto —¿habrá que repetirlo?— que la Historia real, absolutamente cierta y única merecedora de total aquiescencia, solamente quedará definitivamente escrita, sellada y firmada por Dios, cuando la Humanidad vea llegado el final de la Historia tal como ella la había visto hasta ese momento.

Cualquier Institución humana, incluida la Iglesia (que siendo de condición divina es también humana), anda lejos de ser enteramente perfecta. Por lo que respecta a esta última, conviene recordar la antigua denominación de *Casta Meretrix* que a veces le ha sido aplicada. A propósito de la cual, decía Hans Urs von Balthasar que *cuando Lutero se atrevió a comparar la Iglesia Romana con la gran ramera Babilonia, sus palabras sonaron a blasfemia. Sin embargo no fue el primero en acuñar la frase. Se pueden encontrar expresiones semejantes en Wicleff y en Hus; aparte de que su forma de hablar no era innovación, sino una violenta y tosca simplificación de un viejo "theologoumenon". El que a su vez tiene su origen en el Antiguo Testamento, según las palabras del juicio pronunciado por Dios, como Esposo traicionado, contra la archirramera Jerusalén; y en la aplicación de estos textos que hace el Nuevo Testamento, los cuales fueron tan fundamentales para el Antiguo. Es verdad que ahora la Iglesia se considera a sí misma como completamente diferente de la infiel sinagoga; existe en ella al menos algún lugar cognoscible en el que es absolutamente pura e inquebrantablemente fiel. Ningún creyente o teólogo cristiano (incluido Lutero) dudaría jamás de estas verdades. Pero, ¿es la Iglesia únicamente eso? ¿Podría la "Ekklesia" real, constituida por "estos" creyentes particulares ser también diferente en algo? Los cristianos de otros tiempos lo han reconocido así sin vacilación, y sería bien difícil negar "a priori" tales posibilidades.*[12]

---

[12] Hans Urs von Balthasar, *Explorations in Theology*, II, Ignatius Press, San Francisco, 1991, pags. 193 y ss.

Y en efecto, porque la Iglesia siempre se ha reconocido a sí misma como Santa y Pecadora a la vez (*Ecclesia semper reformanda*), sin que tal cosa haya dado motivo jamás para suscitar el escándalo de nadie. Al fin y al cabo, *veritas liberabit vos*.

San Pablo (1 Cor 15: 8–9; 1 Tim 1:15) se reconocía a sí mismo como pecador, y hasta admitía con sencillez que era víctima de tentaciones que le avergonzaban (2 Cor 12:7). Jesucristo, por su parte, habló duramente contra los malos Pastores, a los que increpa como mercenarios a quienes no les interesan las ovejas, como no sea para aprovecharse de ellas y sin vacilar en abandonarlas ante el peligro (Jn 10). El tema de los malos Pastores fue denunciado ya desde muy antiguo por los Profetas del Viejo Testamento, además de ser tratado después con no menor acritud por los Padres de la Iglesia y especialmente por San Agustín.

Sin embargo en la época actual, a propósito de este tema, el Sistema ha utilizado un doble juego. De un lado no ha vacilado en emplear el procedimiento de la adulación, sin olvidar el culto a la personalidad. Mientras que, de otro, ha procurado minar la autoridad y el prestigio de los Pastores.

Lo primero le ha servido para acallar cualquier intento de reservas justificadas ante algunas actuaciones de la Jerarquía. A causa del presente estado de anarquía y de confusión que sufre la Iglesia (originado por la difusión de las doctrinas neomodernistas), cualquier intento de contactar con la Jerarquía con el fin de exponer razonadas reservas o respetuosas objeciones, es erradicado de modo fulminante por el Sistema. El cual no ha dudado en tachar a tales intentos de rebeldes, e incluso de contumacia contra un pretendido *espíritu del Concilio*. Una ambigua expresión esta última, cuyo significado tampoco nadie se ha cuidado de precisar.

Al mismo tiempo, y por contradictorio que parezca, aprovechando el culto universal a la *democracia*, el Sistema ha trabajado para destruir la constitución monárquica de la Iglesia utilizando todos los medios a su alcance. Entre los que no hay que excluir la manipulación de las Conferencias Episcopales, a fin de difuminar la autoridad de los Obispos en sus propias diócesis; o el de resucitar las viejas doctrinas conciliaristas para debilitar o anular la autoridad del Papa.[13]

Parece que han quedado muy atrás los tiempos en que los Concilios de la Iglesia no ponían reparos en condenar errores doctrinales, e incluso actuaciones equivocadas de la Jerarquía susceptibles de ocasionar daño a la Fe. Sin consideración de cargos o de personas y meramente en defensa de la sana doctrina. El Concilio III de Constantinopla (VI Ecuménico), por ejemplo, condenó al Papa Honorio I bajo la acusación de monotelismo.[14] Sin que sea necesario recordar que la *infalibilidad pontificia* requiere determinadas condiciones, y

---

[13] En realidad el espíritu de democratización de la Iglesia se ha extendido a todas sus estructuras, hasta llegar incluso a la organización y funcionamiento de las parroquias.

[14] En la sesión XIII del Concilio (28 de Marzo del 681) los Padres pronunciaron la sentencia siguiente:

Habiendo encontrado que estos escritos son enteramente disconformes con las enseñanzas apostólicas, con las definiciones de los santos concilios y de los santos Padres dignos de aprobación; y conformes (por el contrario) con las falsas doctrinas de los herejes, las rechazamos absolutamente y las vomitamos como veneno que son del alma. En cuanto a los hombres cuyos dogmas impíos rechazamos, pensamos que sus nombres deben ser igualmente erradicados de la santa Iglesia de Dios; cuales son los nombres de Sergio, Ciro de Alejandría, Pyrro, Pablo y Pedro que han sucedido a Sergio en la sede de Constantinopla y el de Teodoro de Pharan. Todos ellos nombrados en la carta del Papa Agatón y rechazados por él por haber pensado contrariamente a la ortodoxia. Compartimos también la opinión (συνείδομεν) de desterrar de la santa Iglesia de Dios y anatematizar igualmente a Honorio, Papa en otro tiempo de la antigua Roma; pues hemos encontrado, en las cartas enviadas por él a Sergio, que ha seguido en todo la opinión de aquéllos cuyas impías enseñanzas él ha sancionado (Mansi col. 556; DS., 550–552).

La condenación fue refrendada y confirmada por los Papas posteriores.

que no se extiende a *todas* las declaraciones o actuaciones del Papa.[15] Por otra parte, la Historia no nos dice que la fe del Pueblo cristiano haya vacilado por acontecimientos de esta clase. Una observación o advertencia bien intencionadas, realizadas con ánimo constructivo y en las que se tengan en cuenta las normas que imponen la caridad y el mutuo respeto, no debieran ser rechazadas sin más. Jesucristo recomendaba la corrección fraterna como algo normal (Mt 18:15),[16] y San Pablo no trató de ocultar que había reprendido a San Pedro con dureza (Ga 2:11). La actitud de no admitir a consideración criterios distintos y aun opuestos, expuestos ante quien proceda con buena voluntad, puede conducir a la tiranía y al despotismo.

Los tiempos modernos son tan proclives a hablar de democracia, de derechos humanos, de libertad de pensamiento y de expresión, de respeto a todas las ideas, etc..., como poco inclinados a hacer realidad en la práctica tales proclamas. Por lo que a la Iglesia se refiere, el culto a la personalidad (alimentado por la Pastoral del *show*), hábilmente utilizado por el Sistema, hace prácticamente imposible que los simples fieles intenten exponer ante sus Pastores cualquier duda, dificultad o sugerencia, por respetuosas que puedan ser, pero que no parezcan estar enteramente de acuerdo con los eslóganes establecidos. Utilizando para ello incluso, si es necesario, la acusación de desobediencia y de falta de sintonía con el *espíritu del Concilio*.

La Iglesia fundada por Jesucristo no es ni meramente divina ni meramente humana, sino divino–humana. No ha sido establecida para los ángeles sino para los hombres, los cuales se integran en ella y forman con ella una unidad. Por lo cual había que contar con que

---

[15] Si el Papa, por ejemplo, lleva a cabo un viaje (del que quizá es imposible excluir implicaciones políticas) a un país con un determinado régimen de gobierno, aun admitiendo las buenas intenciones que puedan animar tal proceder, es evidente que su conveniencia o inconveniencia no cae dentro del campo de la infalibilidad.

[16] Cf Lc 19:17; Ga 6:1.

la deficiencia formaría parte de su composición. Tal deficiencia, por parte de la Iglesia, equivale a algo defectuoso, incompleto, imperfecto, e incluso a la condición de pecador por parte de los miembros que la integran. Como el mismo Maestro ya advirtió, *Uno sólo es el bueno.*[17] Y por eso aseguró a Pedro: *Yo he rogado por ti para que tu fe no desfallezca; y tú, cuando te conviertas, confirma a tus hermanos.*[18] Un texto del que se desprende que Jesucristo admitía *la posibilidad de que Pedro pudiera desfallecer.* Y que no se trataba de una mera posibilidad, pronto lo iban a demostrar unos acontecimientos por los que Pedro, según el mismo Jesucristo, se encontraría en la necesidad de *convertirse*. Realizado lo cual, tendría a su vez que *confirmar* a sus hermanos, no menos necesitados de ayuda que él.

No deja de ser extraño que muchas Familias Espirituales se nieguen a reconocer cualquier deficiencia en lo que a ellas se refiere. Bien sea en cuanto a su forma de vida, el comportamiento de sus miembros, la forma de llevar a la práctica su propio carisma, o la composición de sus Constituciones, Estatutos o Reglamentos. Por lo que respecta a la persona del fundador, la posible canonización solamente garantiza que ha practicado todas las virtudes cristianas y en grado heroico. Asimismo, la favorable sanción de las Constituciones o Estatutos se limita a asegurar su sentido eclesial; pero de tal manera que nada tiene que ver en cuanto al modo como vayan a ser aplicados, a las consecuencias políticas o sociales que se puedan derivar, o a la interpretación de los seguidores con respecto a ellos o al propio carisma del fundador.

El hombre es un ser que fácilmente puede ser víctima de los espejismos. Y el Diablo, que lo sabe bien, pone buen cuidado en fomentarlos.

---

[17] Mt 19:17.
[18] Lc 22:32.

La Gran Tentación 403

En cuanto a las Familias Espirituales, el fervor de sus primeros miembros, acompañado del normal éxito de los comienzos, contribuyen a fomentar la idea de que la práctica del propio carisma se presenta como felizmente viable. En tales momentos todo parece depender de la autenticidad de la vida según el Evangelio, del ímpetu apostólico que brota del sincero amor de Dios, y de la firmeza del testimonio cristiano capaz de impactar a los hombres. Así se llega al convencimiento de que son necesarios más seguidores, en número cada vez mayor, capaces de asimilar el espíritu de la Familia Espiritual y extenderlo por todas partes (*Euntes ergo docete omnes gentes*); lo que supone la necesidad de disponer de los suficientes medios. Por supuesto imprescindibles, a fin de atender con ellos a las exigencias que el funcionamiento de una gran Agrupación de personas lleva consigo.

Es fácil comprender que los tres consejos evangélicos de castidad, pobreza y obediencia, considerados como esenciales en cuanto al seguimiento e imitación de Jesucristo, hayan constituido siempre un ingrediente fundamental del espíritu de las Familias Espirituales. Aunque practicados con diferente fuerza vinculante según las diversas Constituciones o Estatutos, en todos ellos forma parte de su espíritu. Lo que no es de extrañar cuando se piensa que estas Agrupaciones, o Familias Espirituales, constituyen lo que podría llamarse un Cristianismo de Vanguardia.

Pero ocurre, sin embargo, que alguno de estos consejos evangélicos (el de la *pobreza*, concretamente) suele convertirse en algo problemático llegado el momento de su acomodación a la vida y al desenvolvimiento de las Familias Espirituales. El hecho ha producido durante siglos un conjunto de tensiones verdaderamente perturbadoras, en cuanto que todo parece suceder como si las dificultades aparecieran en número proporcional al deseo de practicar tan desafiante consejo. Los problemas a los que ha dado lugar a lo largo de la historia de la Iglesia han sido objeto de multitud de tratados, sin que nunca se hayan resuelto enteramente. Recordemos solamente, a modo de ejemplo, la vieja discusión acerca de la distinción entre *pobreza material* y *pobreza de espíritu*. Cuestión espinosa que ya ha producido bastantes quebraderos de cabeza, y hasta no pocos motivos de maledicencia.[19]

La pobreza (en oposición a *las riquezas*) es uno de los dos puntos clave en los que pueden naufragar las buenas intenciones de una Familia Espiritual.[20] Los problemas, dificultades y peligros a los que puede dar lugar la práctica equivocada de este consejo evangélico, hasta el punto de desnaturalizarlo y convertirlo en algo diferente,[21] se podrían sistematizar más o menos de la siguiente manera, que vamos a presentar en forma de esquema por mor de la claridad:

---

[19]En realidad el problema siempre estuvo solucionado..., para quienes lo han abordado con buena voluntad. No existe contradicción alguna entre la *pobreza material* y la *pobreza de espíritu*. Pues no es difícil comprender que la pobreza de espíritu, o es pobreza *real*, o no lo es en modo alguno; ya que la autenticidad del adjetivo *espiritual* supone la realidad del sustantivo *pobreza*. Aunque de todos modos no es éste el problema que se va a tratar aquí, puesto que ni el contenido ni el significado de la pobreza evangélica van a ser ahora objeto de reflexión; sino que la cuestión va a ser contemplada desde un punto de vista diferente. Cf A. Gálvez, *El Amigo Inoportuno*, Shoreless Lake Press, New Jersey, 1995, pags. 107 y ss.

[20]El otro punto, íntimamente relacionado con el primero y del que hablaremos después, se refiere a la adquisición de Poder e Influencia como medios de *hacer el bien* y *facilitar* la tarea de la Evangelización.

[21]Es verdad que los problemas se presentan para ser resueltos y los peligros aparecen para ser sorteados. Pocas empresas humanas existirán, caso de haber alguna, que puedan evitarlos por completo. Pero el mayor y el más grave de los problemas surge justamente cuando los peligros no se perciben como tales; de tal manera que por eso no son afrontados convenientemente, o no lo son en modo alguno.

a) Ante todo, si la pobreza evangélica es factible o no. En realidad es aquí donde radica todo el problema.

b) Caso de ser considerada como viable, si ha de ser entendida en un sentido estricto o tal vez en otro más o menos mitigado.

c) En el supuesto de que sea entendida en sentido estricto, si acaso puede ser practicada colectivamente (en comunidad), o quizá solamente como virtud individual y en casos aislados.

d) Si la llamada *pobreza de espíritu* es susceptible de ser mal entendida; hasta el punto de convertirse en una entelequia que sustituya a la verdadera pobreza y la haga desaparecer como virtud.

e) Si una cierta *pobreza de espíritu* es compatible con la adquisición y posesión de bienes. Que pueden ser tan abundantes como lo exijan (al parecer) las necesidades de una Evangelización más eficaz y extensiva.

f) Si el espíritu de pobreza, distorsionado y hecho compatible con la posesión de cuantiosos medios (considerados necesarios para una eficaz labor de cristianización), puede dar al traste con el carisma y el espíritu fundacional de una Familia Espiritual. Aspecto este último del problema que parece decisivo y adonde van a confluir seguramente todos los demás.

¿Es posible que, a causa de algún misterioso arte de birlibirloque, la pobreza acabe por convertirse en riqueza...? ¿Acaso unas originarias intenciones, de cuya sinceridad y honestidad no cabe dudar, pueden llegar a producir un resultado contrario, o por lo menos diferente, del que se pretendía...?

Al menos de entrada, la respuesta parece que ha de ser afirmativa. De todas formas, intentaremos responder a éstas y otras cuestiones del mejor modo posible. Aunque de un modo más bien asistemático, sin ceñirnos demasiado al planteamiento tal como lo acabamos de proponer.

3. En el que, con la mejor intención posible, se habla acerca de las maravillas de la pobreza cristiana; así como de los problemas que, por extraña paradoja, es capaz de causar esta virtud a las Familias Espirituales que tratan de practicarla

La virtud de la pobreza, de tal modo forma parte del núcleo de la existencia cristiana, que sin ella ni siquiera podría plantearse la posibilidad del seguimiento de Jesucristo: *Cualquiera de vosotros que no renuncie a todos sus bienes no puede ser mi discípulo.*[22]

Como es lógico, dado el carácter de las que hemos convenido en llamar Familias Espirituales en la Iglesia, todas enarbolan esta virtud como uno de sus estandartes. Lo cual adquiere en ellas una doble faceta:

Ante todo y en primer lugar, aparece como parte integrante y esencial de la propia espiritualidad. Considerada, por lo tanto, como elemento fundamental en la santificación de los propios miembros.

En segundo lugar, como factor básico en cuanto al testimonio de vida evangélica se refiere. Un testimonio del que se espera que resulte eficaz en la medida en que sea elocuente (atrayente). Si bien es de advertir que esta última condición de la pobreza es la que acaba adquiriendo en la práctica la mayor importancia; al menos bajo ciertos aspectos, como vamos a ver.

Las dos facetas suelen alcanzar carácter de brillantez en las primeras etapas de la vida de las Familias Espirituales. Practicada la pobreza en esos momentos con sinceridad e intensidad, como cosa normal, su condición testimonial adquiere tintes sugestivos que atraen a muchos. Los cuales pueden convertirse a su vez, o bien en

---

[22] Lc 14:33. Cf Mt 5:3; 19:29; Lc 6:20; 9:58; 12:33; 18:22; etc.

nuevos miembros, o tal vez en admiradores y colaboradores de la correspondiente Familia Espiritual.

Sin embargo, y por paradójico que pueda parecer, este último carácter (testimonial) de la pobreza adquiere enseguida una condición de grave ambigüedad. Puede dar lugar a una promesa brillante de santidades y de fecundidad apostólica..., o puede significar el anuncio de la aparición de inquietantes problemas para dicha Familia Espiritual.

Aunque la mejor forma de abordar este problema, tan importante a la vez que inquietante y cautivador, es la de examinarlo allí donde se originó y desenvolvió de la manera más singular y paradigmática. Durante un tiempo considerablemente largo, toda la Iglesia estuvo pendiente de la cuestión, tal como se planteó y desarrolló, con sus numerosas incidencias, en el seno de la Orden Franciscana o de Frailes Menores. Su eximio Fundador, San Francisco de Asís (el principal actor del drama), es sin duda uno de los hijos más gloriosos e ilustres de los que ha tenido la Iglesia a lo largo de su historia.

Es doctrina común que los santos vivieron en grado heroico todas las virtudes cristianas, así como que cada uno se distinguió en alguna de ellas más particularmente. Por lo que hace a la pobreza, quizá nadie la haya practicado jamás de forma tan estricta y sublime como *El Poverello* de Asís. En San Francisco no tendría sentido plantear la distinción entre pobreza *material* y pobreza de *espíritu*. Sería una disquisición inútil que él habría entendido menos que nadie. Sencillamente su pobreza *estaba ahí*, como fiel reflejo de las enseñanzas evangélicas: tan sincera y real, a la vez que tan humana y tan divina, que no necesitaba de explicación alguna. Su evidencia era la manifestación de la verdadera santidad, capaz de suscitar un sentimiento profundo, de fascinación y de nostalgia, ante el presentimiento de aquellas cosas que superan a las de este mundo (según la sentencia paulina de *quæ sursum sunt quaerite...; quæ sursum sunt sapite, non quæ supra terram*:²³

> *El varón que tiene el corazón de lis,*
> *alma de querube, lengua celestial,*
> *el mínimo y dulce Francisco de Asís...*²⁴

Como no podía ser de otro modo, la emocionante santidad de Francisco atrajo enseguida a un círculo de discípulos. Pocos al principio, aunque tan ansiosos por imitar a Jesucristo como el mismo Santo. Muy pronto, sin embargo (demasiado pronto quizá), el número de discípulos fue aumentando hasta hacerse bastante numeroso (quizá también demasiado numeroso). Con lo que se dio paso al comienzo de lo que parecía inevitable, de tal manera que el éxito fue como el prólogo de la tragedia.²⁵

---

²³Col 3:1.

²⁴Rubén Darío, *Los Motivos del Lobo*.

²⁵Una situación cuyos peligros suelen pasar desapercibidos y a la que el Demonio, siempre *circuit quærens quem devoret*,* tal vez tenga interés en fomentar en cuanto que predispone a apartarse de los parámetros sobrenaturales. O a prescindir de ellos, que viene a ser lo mismo. El éxito es de agradable condición a la naturaleza humana, y de ahí que no siempre se preocupe de parar mientes (en realidad casi nunca lo hace) en cuanto a si va a resultar beneficioso o tal vez nefasto. Sin embargo no es cosa fácil asociarlo con la idea de la Cruz (al menos entendido el triunfo en sentido humano, que es como frecuentemente se le suele considerar), a pesar de que esta última es lo único que conduce a la fecundidad apostólica y a la vida eterna. Lo cual habría de ser razón suficiente para sospechar de los éxitos iniciales tumultuosos, espectaculares, fáciles y aplaudidos..., si se hiciera más uso del sentido común y de la recta razón. Algo que evidentemente supone esperar demasiado de la naturaleza humana. Existe algo acerca de cuya comprensión los cristianos son bastante contumaces, cual es el hecho de que la existencia cristiana es una increíble sucesión de paradojas. ¿El éxito como posible antesala del fracaso...? Con todo, la dialéctica fuerza–debilidad, sabiduría–locura, pertenece a lo más medular del Nuevo Testamento (1 Cor 1: 25–28).

*1 Pe 5:8.

La Gran Tentación

Los escasos discípulos de los primeros momentos, al igual que San Francisco, no encontraron dificultades en cuanto al cumplimiento estricto de la pobreza. Puesto que no se trataba de otra cosa que de seguir al pie de la letra las doctrinas evangélicas, ¿qué dificultad podía haber en eso?

Obsérvese, sin embargo, que el simple enunciado de esta pregunta plantea ya el problema en toda su crudeza. O dicho de otro modo, en toda su gravedad e importancia: ¿Acaso es cuestionable la puesta en práctica de las enseñanzas evangélicas...? Ciertas consignas emanadas de la boca del mismo Jesucristo (ordinariamente llamadas *consejos evangélicos*), ¿suponen ya de antemano la posibilidad de su realización en la vida real...? ¿O se trata, por el contrario, de idealizaciones utópicas, dirigidas a una cierta minoría (estricta minoría), ante la imposibilidad, ya contemplada más o menos implícitamente, de su puesta en práctica por colectividades numerosas...?

El hecho histórico es bien conocido de todos. En cuanto los discípulos comenzaron a ser numerosos, se planteó la gran cuestión: *¿No serían las normas de vida elaboradas por San Francisco, y más particularmente las referentes a la pobreza, demasiado estrictas (entiéndase impracticables)?*

El problema no existió nunca para San Francisco. Su *Regla* era una copia fiel y sencilla (*sine glossa*) del Evangelio, de la que él pensaba que le había sido inspirada por el mismo Jesucristo. ¿Y acaso el Evangelio necesita de añadiduras, o tal vez de recortes...? Desde luego no para San Francisco, para el que un amor apasionado hubiera sido incompatible con mitigaciones, condiciones o modificaciones circunstanciales. Dado que la pobreza perfecta (desprendimiento absoluto) se identifica con la entrega total, o amor perfecto; y puesto que San Francisco estaba enamorado de Jesucristo *en totalidad*, hubiera sido imposible para él entender otra cosa que no fuera la *pobreza perfecta*.

Para San Francisco, claro está; pero no para el común de los mortales. Así comenzó la larga lucha de las diversas *Reglas*, con sus muchos y variados *retoques*, y cuya complicada historia no es de este lugar.[26]

Baste decir aquí, a modo de resumen, que la Primera Regla, aprobada verbalmente por Inocencio III en 1209, sufrió frecuentes modificaciones en los Capítulos que San Francisco reunía cada año. Después del último viaje del Santo a Oriente (1219), él mismo introdujo en la Regla primitiva (ya bastante retocada, según queda dicho) diversos textos evangélicos, en una redacción que terminó de llevar a cabo el hermano Cesáreo de Spira. El texto fue luego conocido con el nombre (inexacto) de *Primera Regla*; o mejor aún, como *Regla de 1221*, que es la fecha de su composición. A falta de su aprobación eclesiástica, parece que San Francisco se hizo aconsejar del Cardenal Hugolino (el cual le había sido dado como *Protector* por el Papa Honorio III), quien le indujo a modificar y abreviar el texto de la Regla antes de presentarla al Papa. Fue en ese momento cuando el Santo, según cuenta San Buenaventura, se retiró con dos de sus compañeros a una ermita solitaria en la que, después de intensa oración y de severos ayunos, escribió lo que pensaba que le era inspirado por el Espíritu Santo. Una vez terminado el trabajo, el Santo lo entregó al hermano Elías, que ya andaba prácticamente manejando la Orden y a quien se lo volvió a pedir al cabo de pocos días. Extrañamente, sin embargo, el Hermano Elías *había perdido* el manuscrito, por lo que fue necesario escribirlo de nuevo. En fin, y para abreviar esta complicada historia, la aprobación *definitiva* fue otorgada por Honorio III mediante la Bula *Solet annuere*, el 29 de Noviembre de 1223. Y todavía quedaría por tratar el tema del famoso *Testamento* del Santo, con la larga y debatida cuestión acerca de su obligatoriedad, la cual fue zanjada negativamente por Gregorio IX en 1230. Una sinopsis de todo el problema puede proporcionarla el siguiente texto: *La renuncia total a la propiedad y posesión de bienes, tanto colectiva como individualmente, y la prohibición de recibir dinero, por sí o por persona interpuesta, son caracteres distintivos de la regla franciscana. Y será precisamente acerca de esta cuestión de la pobreza de la que surgirán las controversias que conducirán a las divisiones y ocasionarán las reformas. Inocencio III habría dicho a Francisco: El género de vida que deseas abrazar me parece*

---

[26]Para un estudio más detenido del problema desde el punto de vista histórico, véase *DTC*, artículo *Frères Mineurs*, VI-1.

demasiado difícil. Es verdad que no intimidó a los primeros discípulos; pero pronto aparecieron, entre el gran número de los que se unieron a ellos, los que repetían que la vida elegida por Francisco y ordenada por la Regla era demasiado austera, e incluso impracticable. Los últimos años del Santo se vieron entristecidos por esta oposición, la cual él percibía en su entorno y especialmente en los superiores provinciales. Fue motivo de que acabara renunciando a su cargo; lo cual trató de disimular bajo el pretexto de sus enfermedades.[27]

Pero, tal como hemos dicho más arriba, no es de este lugar insistir en la minuciosa complejidad de los hechos históricos. Más bien parece preferible atender aquí a la consideración de los sentimientos humanos que los motivaron. Los cuales fueron los que, en definitiva, dieron lugar a uno de los fenómenos históricos más importantes y curiosos de la historia de la Iglesia.

Los hombres pasan, pero las ideas permanecen e incluso adquieren vida propia. Por eso crecen, maduran, desarrollan sus virtualidades y se extienden por doquier. San Francisco había aceptado que el pequeño grupo inicial de discípulos aumentara gradualmente. Nada más lógico, pues ¿quién no va a desear que la práctica perfecta del Evangelio, concretada en el seguimiento e imitación de Jesucristo, se extienda al mayor número posible de hombres...? Sucede, sin embargo, que la organización de una gran agrupación humana supone una serie de necesidades a las que no hay más remedio que atender, y para las que hacen falta los medios correspondientes. *Lo que no parece encajar muy bien con la pobreza absoluta, tal como la quería el Santo.* Aparte de lo ya dicho arriba con respecto a la pobreza perfecta, la cual solamente puede ser entendida y practicada por los verdaderos enamorados; y cuyo número, como es bien sabido, nunca será demasiado abundante. No es necesario ver nada de extraño en lo dicho: son numerosos los textos de la Escritura que confirman la conocida verdad de que la caridad admite grados; por lo cual, incluso en un círculo reducido de almas próximas entre sí, y tan allegadas

---

[27] *DTC*, loc. cit.

al Señor como para sentarse con Él sobre tronos en el Día del Juicio (Lc 22:30), la intensidad y profundidad del amor puede alcanzar cotas de más y de menos (*Simón, hijo de Juan, ¿me amas más que éstos?*[28]).

De ahí que pronto empezaran, en la Familia Franciscana (*Hermanos Menores*, como quería San Francisco que fueran llamados sus frailes), las discusiones acerca de las convenientes mitigaciones y suavizaciones de la Regla. Y a pesar de que el Santo no entendía nada del problema, *parecía razonable* que no quedaba otro camino que el de aceptarlas. Hasta el punto de que incluso personajes como San Buenaventura y San Antonio de Padua, por no hablar del Cardenal Hugolino y de otros muchos, eran partidarios de hacer de la Regla algo más práctico y asequible.[29] Y es lo más probable, consideradas las circunstancias, que tuvieran razón; aunque el problema es mucho más complicado de lo que parece.

Vista la cuestión con la mayor serenidad posible después del paso del tiempo, todo parece indicar que San Francisco estaba en lo cierto. E igualmente también los que no pensaban como él. Porque la clave del problema estriba en el punto de vista que se adopte, o según la situación en la que uno se coloque. Así, mientras que para el amor perfecto la pobreza total es imprescindible, para el amor que no ha llegado a tan alto grado la virtud de la pobreza admite *componendas* con la naturaleza humana. Lo más curioso, y hasta lo más interesante de esta famosa e importante cuestión, que además ha pasado desapercibido para los historiadores, es el hecho de que San Francisco *cometió un grave error*. Un error a lo divino, como todas sus cosas, pero error al fin y al cabo; como vamos a tratar

---

[28] Jn 21:15.

[29] Acerca de la posición de San Buenaventura y de su opinión sobre la necesidad de *racionalizar* la Regla, véase Étienne Gilson, *La Philosophie de Saint Bonaventure*, Vrin, París, 1943, pags. 9–75.

de explicar. Se trata de una de las paradojas, y al mismo tiempo también una de las mayores ironías, que ha conocido la historia de la Iglesia: el hombre que parece haber comprendido y vivido mejor, de la manera más perfecta, la pobreza de Jesucristo —*El Poverello de Asís*—, se vio inmerso en una situación que incluía necesariamente el manejo de *riquezas*. Una situación tan extraordinariamente curiosa como real. De todos modos, como sucede con casi todos los hechos históricos insólitos, también aquí puede encontrarse una explicación.

En primer lugar, el Santo estaba convencido de que los consejos evangélicos son practicables y nada tienen que ver con las utopías. Jesucristo, *que se había desposado con la Pobreza en la Cruz*,[30] elevó esta virtud a un rango que está más allá de lo sublime, y así es como San Francisco lo entendía. Para el Santo, la posesión de bienes (o de riquezas, que viene a ser lo mismo) estaba en contradicción con el Evangelio. Él entendía al pie de la letra, en toda su profundidad, las enseñanzas de Jesucristo; tales como la de *no podéis servir a Dios y a las riquezas*,[31] o aquella otra, no menos terminante, en la que el Maestro afirmaba que *cualquiera de vosotros que no renuncie a todos sus bienes no puede ser mi discípulo*.[32]

Pero con estas sentencias de Jesucristo (de una contundencia que las convierte en problema) sucede lo mismo que con otras también contenidas en el Evangelio. Con respecto a las cuales los cristianos suelen a menudo *mirar hacia otra parte*; que es lo mismo que decir que tratan de disimularlas, de pasar sobre ellas como sobre ascuas, o de algo mejor todavía cual es el procedimiento de *interpretarlas*. Cosa esta última que llevan a cabo desde su punto de vista, como

---

[30]La frase, cuya belleza y profundidad de pensamiento ha merecido pasar a la Historia, es del mismo Santo de Asís.

[31] *Non potestis Deo servire et mammonæ* (Mt 6:24; Lc 16:13).

[32] *Sic ergo omnis ex vobis, qui non renuntiat omnibus, quæ possidet, non potest meus esse discipulus* (Lc 14:33).

no podía ser de otro modo, pero con el peligro de que sea la razón humana la que acabe juzgando a la fe, y no al revés.

En los comienzos del siglo XIII (época en la que se desarrolla el presente apartado de nuestra historia), ni San Francisco ni sus primeros discípulos se plantearon el problema de la distinción entre pobreza material y pobreza de espíritu. Para ellos la pobreza era sencillamente la pobreza, tomada literalmente. La cual consistía, como hemos visto más arriba, en la desapropiación y la desposesión de todos los bienes. Así lo entendían San Francisco y los partidarios de leer el Evangelio *sine glossa*, para quienes la privación de bienes habría de ser radical. O en todo caso, abarcando solamente lo indispensable para vivir. Hasta el mismo San Pablo parece que no andaba lejos de esta forma de entender las cosas, cuando aconsejaba a su discípulo Timoteo que *mientras tengamos alimentos y con qué cubrirnos, nos daremos por contentos*.[33]

Aunque pronto veremos, sin embargo, que la ambigüedad del concepto de lo *indispensable* va a ser la causa de los problemas que enseguida van a surgir.

Porque a decir verdad, el concepto *indispensable* aplicado a la pobreza es algo más que ambiguo y sutil. Es también peligroso; puesto que corre el riesgo de prestarse a un mero juego de palabras privado de contenido, y próximo por lo tanto a convertirse en algo sencillamente *vacío*. Y en efecto; porque si se trata de decidir lo que el hombre necesita para vivir, ¿qué es lo que se ha de considerar indispensable para atender a las necesidades (mínimas y perentorias) de su subsistencia? La Ciencia Económica conoce un axioma de validez universal, cual es el de que las necesidades del hombre son ilimitadas en número, pero limitadas en capacidad. Podemos comprobar que, de hecho, si se deja la solución del problema a cargo de

---

[33] 1 Tim 6:8.

peritos, aparecerá inmediatamente una diversidad de opiniones cuyo número será igual al de los expertos que lo estudian. Y de ahí que el concepto de lo *indispensable* solamente tenga utilidad *en tanto en cuanto que no sea objeto de discusión*. O dicho de otro modo, cuando se acepta sencillamente y sin más, tal como primeramente se ofrece a la intuición de una mente sincera, humilde... y enamorada. Es lo que sucede a veces con los conceptos ambiguos: que lo mejor es dejarlos como están, a fin de que no pierdan expresividad si se trata de precisarlos. Ni San Francisco, ni sus primeros compañeros, encontraron problema alguno en aplicar a sus necesidades de subsistencia la idea de lo indispensable. No se les pudo ocurrir que tal cosa pudiera dar origen a una *quæstio disputata*. Y bastante disputada, por cierto. Pese a todo lo cual, no han sido muchos los que se han dado cuenta de que la famosa cuestión de la pobreza franciscana, con las interminables discusiones, disensiones y separaciones de los primeros tiempos (y subsiguientes), ha girado siempre en torno al significado del concepto de lo indispensable; a saber: como aquello que podría ser considerado *razonable y apto para la convivencia*; o como lo que podría ser considerado *como conforme al Evangelio*. ¿Cuál de las dos interpretaciones responde al correcto significado de lo indispensable y es más armonizable, por lo tanto, con el concepto de pobreza evangélica?

Las enseñanzas evangélicas son para todos. La consigna de Jesucristo: *Sed perfectos como vuestro Padre celestial es perfecto*,[34] es válida para todos los cristianos absolutamente. Al menos en principio. Porque, si bien Dios dispensa sus gracias generosamente sin faltar a nadie, cada hombre es para Él un ser peculiar. De ahí que, aunque todos los cristianos forman un mismo Cuerpo y participan de un mismo Espíritu (Ro 12:5), cada uno de ellos supone para Dios

---

[34]*Estote ergo vos perfecti, sicut Pater vester cælestis perfectus est* (Mt 5:48).

una historia distinta. Hasta el punto de que por cada uno de ellos ha pagado el precio de la sangre de su Hijo (1 Cor 6:20; 1 Pe 1: 18–19).

Así se explica que, aunque Dios reparte sus dones generosa y suficientemente sin omitir a nadie, no todos reciben por igual. Del mismo modo que tampoco todos responden por igual a la bondad divina. Al fin y al cabo Dios creó un universo polícromo de seres libres, capaces todos ellos de inmensas posibilidades y de reacciones variables.

San Pablo exhortaba a los cristianos de Roma a que se estimaran entre sí sobriamente, *según la medida de la fe que Dios ha otorgado a cada uno.*[35] Y recordaba a los de Corinto que, si bien *a cada uno se le concede la manifestación del Espíritu para provecho común*, los diferentes dones y carismas —seguía diciendo el Apóstol— son cosa *del mismo y único Espíritu, que los distribuye a cada uno según quiere.*[36] Aunque quizá el texto más expresivo en este punto está contenido en su Carta a los de Éfeso: *A cada uno de nosotros, sin embargo, le ha sido dada la gracia en la medida en que Cristo quiere otorgar sus dones.*[37]

A pesar de que el Mensaje de Salvación predicado por Jesucristo es de contenido y alcance universales, el Maestro sabía que no sería seguido por todos los hombres. Y que lo más profundo de las enseñanzas evangélicas sería comprendido por muy pocos. De hecho Él hablaba de su *pequeño rebaño* (Lc 12:32), mientras que los setenta y dos discípulos de los comienzos, enviados a predicar, quedaron reducidos al fin solamente a doce. Por otra parte, sus palabras hablan por sí solas: *Si alguno quiere venir en pos de mí, que se niegue a*

---

[35] Ro 12:3.
[36] 1 Cor 12: 7.11.
[37] Ef 4:7.

sí mismo, que tome su cruz y que me siga;[38] donde se ve que la misma expresión *si alguno quiere* es ya bastante elocuente, en cuanto al número escaso de los que habrían de emprender un verdadero seguimiento.

Así las cosas, no tiene nada de extraño que el concepto de pobreza evangélica, tomado en su sentido más puro y primigenio, solamente haya sido entendido por unos pocos. En realidad, como se ha dicho arriba, solamente por los más enamorados, puesto que únicamente un *amor total* es capaz de entender lo que es la *pobreza total*. En este sentido puede decirse que el problema de la práctica de la pobreza evangélica, tal como la entendía San Francisco, está mal planteado desde el momento en que su solución discurre por otros senderos. Por supuesto que debe reconocerse la posibilidad de esa práctica, como la de todas las que se derivan de las enseñanzas evangélicas, si acaso no se quiere tachar de idealista o de soñador a Jesucristo. Pero el divino error de San Francisco al que antes nos hemos referido es cosa distinta; como pronto hemos de ver.

Es indudable que la pobreza evangélica, practicada al modo de San Francisco, parece exagerada e igualmente extravagantes muchos de sus modos de comportamiento. Aunque no se debe olvidar, sin embargo, que tales juicios más bien suelen formularse *desde el punto de vista de la razón humana, y no desde el de la fe*. Calificaciones de esa índole únicamente pueden ser consideradas como *meramente racionales*, y no como suprarracionales o sobrenaturales (teniendo en cuenta que suprarracional o sobrenatural no son términos sinónimos de irracional). Y puesto que es imposible, por medio de la mera razón, conocer el punto exacto al que puede conducir la fe, no es lícito hablar ligeramente de exageraciones o de extravagancias en el campo de lo sobrenatural.

---

[38] Mt 16:24; Lc 9:23.

Es por eso por lo que las opiniones que han tachado de exagerado el modo de pobreza primitivo franciscano, que es como decir impracticable, podrán parecer (ser) tan razonables como se quiera, aunque sólo desde un punto de vista en el que no se tenga en cuenta (metodológicamente) la fe. Resulta arriesgado calificar, como extravagantes o exageradas, ciertas cosas o actitudes a las que la razón humana no alcanza a comprender. Salvo que se quiera tildar de irracional al modo de comportamiento divino, como efectivamente se ha venido haciendo con el misterio de la Cruz, considerado *escándalo para los judíos, necedad para los gentiles..., pero fuerza de Dios y sabiduría de Dios. Porque lo necio de Dios es más sabio que los hombres, y lo débil de Dios es más fuerte que los hombres...*[39] A lo que añadía el Apóstol: *Porque como en la sabiduría de Dios el mundo no conoció a Dios por medio de la sabiduría, quiso Dios salvar a los creyentes por medio de la necedad de la predicación.*[40] De hecho, ya había advertido Dios desde antiguo, por medio del profeta Isaías, que *mis pensamientos no son vuestros pensamientos, ni vuestros caminos, mis caminos —oráculo del Señor—. Tan elevados como son los cielos sobre la tierra, así son mis caminos sobre vuestros caminos y mis pensamientos sobre vuestros pensamientos.*[41]

La misión de todo apóstol es la de ser continuador de la obra de Jesucristo. Una tarea, cual es la del establecimiento y propagación del Reino de Dios en la Tierra, que trató de llevar a cabo aquel hombre de tan gran santidad que fue San Francisco. Pero la misión salvadora de Jesucristo es universal y abarca a todos los hombres. Por lo que no es extraño que *El Poverello* deseara llegar a todos ellos (incluido el Sultán *al-Kãmil*), a fin de que su espíritu (que no es

---

[39] 1 Cor 1: 23–25.
[40] 1 Cor 1:21.
[41] Is 55: 8–9.

otro que el de Cristo y el Evangelio) se extendiera al mayor número posible de los que habrían de convertirse en sus propios discípulos: *Id y haced discípulos a todos los pueblos... Como el Padre me envió así os envío yo a vosotros.*[42] Y efectivamente ya se podían contar por miles al poco de comenzar el Santo su andadura.

Sin embargo, Jesucristo, pese a tener a la vista una misión absolutamente universal, *solamente instituyó a doce de sus discípulos como Apóstoles.* Fundador de una Iglesia que habría de congregar a todos sus seguidores (los cristianos, como pronto fueron llamados), en ningún momento, sin embargo, pensó en crear una gran Organización a la manera de un inmenso Cuerpo Administrativo. El Cuerpo Místico, o la ἐκκλησία, por su singularidad y peculiaridad transciende a todo tipo de Organización humana. No obstante lo cual San Francisco, impulsado sin duda por un indudable celo apostólico, *creó una gigantesca Organización integrada a su vez dentro de la Iglesia*; con todo lo que esto lleva consigo y con las consecuencias pertinentes.

La aparición del franciscanismo dio origen a dos importantes consecuencias que afectaron personalmente a San Francisco.

A una de ellas ya hemos hecho alusión, cuando nos hemos referido a que una Organización humana, integrada por un gran número de personas, necesita medios para su subsistencia y desenvolvimiento: alimentación y alojamientos de los miembros que la componen, medios y lugares de formación, desplazamientos de personal, etc. Todo lo cual requiere el necesario manejo de abundante dinero.

Por otra parte, creer que tal Organización humana va a ser capaz de vivir la pobreza evangélica en sentido estricto, o que va a estar dispuesta a hacerlo..., si bien puede ser verdad *en teoría*, evidentemente es un puro sueño *como hecho*. Según lo dicho antes, no a todo

---

[42]Mt 28:19; Hech 1:8; Jn 20:21.

el mundo le es otorgada la gracia de entregarse a un amor perfecto y total.[43] Los repetidos intentos del Santo de Asís para convencer a la multitud de sus discípulos, llevados a cabo en los numerosos *Capítulos* por él convocados, acabaron siempre en el fracaso. *El Poverello* demostró ser un tan gran conocedor de los caminos y misterios de Dios..., como poco versado en cuanto a los modos de comportamiento de la naturaleza humana. De todas formas y como era de esperar, las circunstancias impusieron al franciscanismo la necesidad de la posesión y manejo del dinero (léase riquezas). No es extraño que, en definitiva, no haya más remedio que comprender a San Buenaventura cuando, pocos años después, se vio en la necesidad de arreglar lo mejor posible el desorden; no cabía otra solución que la de *poner un poco de orden en la horda*.

Pero, volviendo al Serafín de Asís, la segunda consecuencia de las que venimos hablando le afectó más gravemente que la anterior.

La facultad de manejar a tan gran número de personas, sujetas a la más estricta obediencia,[44] equivale en definitiva a ejercicio de poder. Se quiera o no se quiera reconocer. Es cierto que a este concepto se le debe atribuir aquí el matiz más benigno posible. Incluso bajo la aplicación de alguna especie de analogía, en el sentido de descartar de él cualquier aspecto de imperfección. Y aun, por si esto fuera poco, también se puede pensar que, tanto por lo que hace al sujeto inmediato de esa atribución, como a la obediencia que se le presta, todo está motivado por consideraciones estrictamente

---

[43] El hecho de que la Doctrina tradicional haya distinguido siempre, con respecto a las enseñanzas evangélicas, entre los *consejos* y los *preceptos*, es bastante elocuente acerca de esta cuestión. Y aunque la nomenclatura no parece muy afortunada, es justo reconocerle un fondo de verdad.

[44] Pronto apareció también la Rama Femenina del franciscanismo, dirigida por Santa Clara, discípula predilecta e hija espiritual del Santo de Asís. Las *clarisas* alcanzaron también muy pronto una rápida difusión.

sobrenaturales (obediencia por amor de Dios, a imitación de Cristo Obediente). Ante esta situación, la persona a quien se le presta obediencia (Padre, Superior, Responsable, o de cualquier forma como se le denomine) acepta una pesada carga de alta responsabilidad que le convierte, siguiendo las enseñanzas del Maestro, en el esclavo y servidor de todos (Mt 20:27).

Todo lo cual, sin embargo, no anula la innegable realidad de que la persona a quien se presta obediencia *posee un poder de decisión sobre otros (que pueden ser muchos) y que es en cierto modo absoluto*. Las connotaciones evangélicas que acompañan al concepto cristiano de *autoridad*, a pesar de toda su elevación y transcendencia, no pueden eliminar de él la consiguiente (necesaria) idea de *poder*. El hecho de que la sujeción a la obediencia comporte una situación aceptada y ejercida libremente, bajo la motivación del amor, no anula la obligación real de *sometimiento* que queda establecida.

> Solamente en Cristo la idea de potestad aparece en perfecta conjunción o identificación con la de servicio. La *auctoritas* (facultad de someter) se encuentra en Él en situación de perfecta equivalencia con la *obœdientia* (voluntad de sometimiento). Pues la actitud obediencial (absoluta) no es otra cosa en Él sino el fruto y el resultado de un acto de amor perfecto o absoluto (*Habiendo amado a los suyos, que estaban en el mundo, los amó "hasta el fin"*[45]). De ahí que la autoridad de Cristo, al contrario de la humana aun elevada por la gracia, haya de ser contemplada a la luz de la analogía, en el sentido de eliminar de ella cualquier posibilidad de imperfección: *Vosotros me llamáis el Maestro y el Señor, y tenéis razón, porque lo soy. Pues si yo, que soy el Señor y el Maestro, os he lavado los pies...*[46] *El Hijo del hombre no ha venido a ser servido, sino a servir, y a dar su vida en rescate por muchos...*[47] *Yo estoy en medio de vosotros como quien sirve.*[48] Solamente Cristo puede ejercer con absoluta perfección el oficio de *Señor*, pues solamente Él, por

---

[45] Jn 13:1.
[46] Jn 13: 13–14.
[47] Mt 20:28; Mc 10:44.
[48] Lc 22:27.

amor, se ha *abajado hasta la nada* (*semetipsum exinanivit*), haciéndose *obediente hasta la muerte y muerte de cruz* (Flp 2: 7–8). De modo que la autoridad, por lo demás identificada con el amor perfecto, excluye de sí misma toda especie de imperfección.[49] Y puesto que el ejercicio de la *auctoritas* por parte humana no puede responder a un acto de amor infinitamente perfecto, tampoco puede eliminar todo atisbo de imperfección en un acto que, en definitiva, no puede renunciar a ser *potestas* (léase aquí *dominio*).

Esto explica el hecho de que, según Jesucristo y para Jesucristo, la situación señor–siervo, o la de maestro–discípulo, se identifican (Mt 10: 24–25; Lc 6:40). En el sentido de que coloca a uno y otro (señor–siervo, maestro–discípulo) en el mismo plano. Una relación de oposición bilateral que, debido al hecho de perder su carácter específico de tal *oposición*, quedaría reducida a una mera *relación* en situación de equivalencia de nivel: en definitiva, justamente lo necesario para que pueda darse paso a una de las condiciones del amor perfecto. La *autoridad* (absoluta) de Cristo se convierte, por obra y gracia del amor, en *entrega* (absoluta).

No es necesario decir que esta situación es ininteligible si se extrae del contexto de la existencia cristiana. Y aún debe ser añadida la restricción de que solamente es válida dentro del campo de las relaciones de amor divino–humanas, y no en el de las puramente humanas aun elevadas por la gracia. Pues solamente el amor divino es capaz de colocar al *otro* en situación de perfecta igualdad y reciprocidad:

Mi amado es para mí y yo soy para mi amado.[50]

---

[49] Es evidente que el concepto de *auctoritas* en Dios no puede contener imperfección alguna. Lo cual no sucede en el ejercicio de la autoridad humana, incapaz de eliminar toda especie de *dominio* que no suponga imperfección. Con Respecto a la Realeza de Cristo, véase A. Gálvez, *Meditaciones de Atardecer*, Shoreless Lake Press, N.J. (USA), 2005, pags. 135 y ss. La misión de *apacentar* el rebaño, encomendada a la Jerarquía de la Iglesia (Jn 21), será una tarea más acabada cuanto más se parezca al oficio de Cristo, Supremo Pastor (Jn 10; Heb 13:20).

[50] Ca 2:16; 6:3. Por lo demás, *Ya no os llamo siervos...; a vosotros en cambio os he llamado amigos* (Jn 15:15). Ha de ponerse cuidado, sin embargo. Como se ha indicado más arriba, la relación de perfecto amor no anula en modo alguno la relación señor–siervo, maestro–discípulo: *Vosotros sois mis amigos si hacéis lo que os mando* (Jn 15:14). Y con todo, sigue siendo una relación de absoluto y perfecto amor: *Dichosos aquellos siervos a quienes al volver su amo los encuentre vigilando. En verdad os digo que se ceñirá la cintura, les hará sentar a la mesa y acercándose les servirá* (Lc 12:37).

El poder de disposición sobre otros (que pueden ser muchos, como en este caso) no es otra cosa que poder. De todos modos, aunque se fundamente en el amor de Jesucristo, sin embargo ya no es propiamente una relación de amor divino–humana. El amor al prójimo, aun como derivación del amor a Jesucristo, no es capaz de concretarse en una relación de igualdad, entrega y pertenencia mutuas; exactamente al modo como lo haría la relación de amor divino–humana. *Amarás al prójimo como a ti mismo...*, pero ya no *sobre todas las cosas*. No es posible, bajo ningún concepto, dirigirse al prójimo como lo hacía el Apóstol, pensando en Cristo: *Vivo yo, pero ya no soy yo quien vive, sino Cristo el que vive en mí.*[51]

San Francisco, llevado del más ardiente y sincero amor a Dios, creó una situación que ahora podemos llamar *franciscanismo*. Claro está que el Santo solamente pensaba en comunicar a otros el fuego divino que lo consumía y jamás le hubiera importado el franciscanismo como tal. Lo animaba el amor a Jesucristo y la posibilidad de hacer extensivo el Reino de Dios a todos los hombres... Y el Santo de Asís es una de las figuras señeras de la Historia, además de haber quedado para siempre como una de las Luminarias mayores que ha conocido el Cristianismo. ¿Habrán sido muchos los que hayan amado a Jesucristo tanto como él?

Pero los hechos son los hechos, la realidad es como es, y las leyes de la Lógica no son otra cosa que las Leyes mismas de la Naturaleza.

Tal como venimos diciendo, una Organización humana necesita medios para subsistir y desenvolverse, que habrán de ser necesariamente numerosos si la Organización es demasiado grande. E igualmente venimos diciendo que la facultad de decisión sobre otros

---

[51] Ga 2:20.

equivale a poder. El cual, a su vez, queda incluido irremediablemente en la categoría de lo que los hombres llaman *bienes*, y otras veces también *riquezas*. Término este último demasiado amplio (el de *riquezas*) y que abarca, por lo tanto, todo lo que sobrepasa a lo que es meramente necesario; además de incluir a los bienes que no son puramente materiales. Será necesario abordar el tema.

Para lo cual es preciso tener a la vista las palabras terminantes del Señor: *No podéis servir a Dios y a las riquezas.*[52] Porque, aunque parezca increíble, aquí había sucedido lo que menos cabía esperar. El más Pobre entre los pobres, o el hombre angelical conocido como el *Serafín de Asís* que fue San Francisco, estaba quedando comprometido con los Poderes de este Mundo. Y nos referimos, por supuesto, a las *riquezas*, a las que hemos convenido en otorgarles el sentido amplio que propiamente les corresponde. Todo sucedía así precisamente cuando las intenciones del Santo, sin duda las más sublimes y elevadas, eran enteramente contrarias; y cuando los resultados eran bien patentes, aunque opuestos por completo a lo que San Francisco había pensado y deseado.

Si hemos de tomar en serio las palabras del Señor —si admitimos que significan algo y que van más allá del lenguaje poético o alegorizante—, habremos de reconocer como real que el servicio a (de) las *riquezas* es incompatible con el servicio a Dios. Y ya hemos dicho antes que la complejidad del término abarca igualmente al Dinero y al Poder. Tal como Quevedo los había identificado en su conocida sentencia: *Poderoso caballero es Don Dinero*. Y ambos, según apunta el Evangelio y demuestra cumplidamente la experiencia, corrompen al ser humano desde la raíz.

Lo verdaderamente sutil y peligroso de esta situación es la facilidad con que se disfraza. Parece lógico suponer que los bienes no

---

[52] Mt 6:24; Lc 16:13.

pueden producir sino otros nuevos y más abundantes bienes... si los primeros son utilizados —por supuesto— *con un buen fin*. Sin contar con que adquieren el carácter de necesarios cuando se trata de emprender nuevos o ambiciosos proyectos, que en este caso concreto serían de índole apostólica, de beneficencia o de cualquiera de las formas con las que se puede hacer el bien (extender el Reino de Dios) a los semejantes. Empresas o proyectos en los que juegan indudablemente dos factores, que son los que justifican la adquisición y el aumento de bienes (riquezas): la mera *posibilidad* de realizarlos, en primer lugar; y la mayor *facilidad* y prontitud para llevarlos a cabo, en segundo.[53]

Pero lo más increíble de este complicado asunto es la extraordinaria facilidad con la que son relegadas al olvido, o permanecen voluntariamente ignoradas ciertas cosas que, por otra parte, son elementales y sobradamente conocidas:

Una de ellas, quizá la más importante y que comprende a las demás, es la de que el fin no justifica los medios.

Otra segunda, no menos importante y que tiene que ver con la anterior, se refiere a que no es posible objetar que aquí no se trata en absoluto de utilizar medios intrínsecamente malos. Sería precisamente por eso por lo que, según algunos, el conocido y fundamental principio de la Moral cristiana no tendría aplicación en este caso.

Cuando la verdad es que el principio es válido también aquí. A pesar de la posibilidad de admitir que los medios aplicables a la empresa a realizar (absolutamente loable, por lo demás) puedan carecer de malicia. Lo cual será incluso lo ordinario y normal.

Pero desde el momento en que son desproporcionados al fin que se pretende, convierten el conjunto en algo improcedente; que es lo

---

[53] El problema presenta en realidad dos facetas: el peligro de las riquezas en sí mismas en orden a la salvación, y el de su utilización con fines de Evangelización. Aunque la Escritura incluye claramente a ambas, aquí sólo nos vamos a referir a la segunda.

menos que se puede decir. Aquí suele olvidarse el principio fundamental de que los medios deben ser proporcionados a los fines. Un fin sobrenatural exige necesariamente la utilización de medios sobrenaturales. No en el sentido de excluir en absoluto la utilización de medios naturales, los cuales pueden ser idóneos, y hasta convenientes, para la empresa sobrenatural que se persigue. También la técnica y los productos derivados de la técnica son cosa de Dios. El problema surge cuando se pone el acento y la confianza en los medios naturales, que viene a ser el primer paso para desechar los sobrenaturales y terminar construyendo una religión de corte enteramente humano. Con todo, la objeción determinante contra tales procedimientos se basa más que nada en las enseñanzas bien claras del Nuevo Testamento; sin olvidar la experiencia derivada de las lecciones que proporciona la Historia. La tremenda realidad, por lo que a este asunto se refiere, no es otra sino que el uso de las *riquezas*, con fines de Evangelización o de extensión del Reino de Dios, *es incompatible con las enseñanzas del Nuevo Testamento*. Y aún se puede decir más todavía. Puesto que tal incompatibilidad, lejos de quedar reducida a lo que sería un mero error de procedimiento, acaba produciendo resultados quizá inesperados, pero que son siempre contrarios a los fines elevados y nobles que se perseguían.

Es seguro que serán muchos quienes piensen que estas afirmaciones son exageradas y están fuera de lugar. Sin embargo, ahí están los hechos para confirmarlas. Tan variados, y al mismo tiempo tan patentes, como para convencer a cualquiera de buena voluntad animado de deseos de conocer la verdad. Es cierto que a la civilización decadente en la que vivimos no le importan demasiado los hechos, así como tampoco está dispuesta a aceptar evidencias que parezcan contrarias a sus principios materialistas y paganos. Como sucede por ejemplo con el *darwinismo*, admitido como dogma por el ateísmo; a pesar de que carece de datos científicos serios y de que todos ellos están más bien en su contra. Como decía Lenin, *si los hechos están contra nosotros..., peor para los hechos.* Todo lo cual no es sino la consecuencia del rechazo del *ser*, de la vuelta de espaldas a la *verdad* y la afirmación del *yo* como único y supremo árbitro de todas las cosas. En cuanto a la Iglesia, que sufre una crisis catastrófica (seguramente la mayor de su Historia) desde el Concilio Vaticano II y que parece estar llegando ahora a su punto culminante, afronta una serie de hechos tan tremendos y dolorosos como para cegar con su evidencia; y sin embargo, según pregona por todas partes la propaganda del Sistema, la Iglesia se encuentra ahora, más que nunca, gozando del triunfo de una auténtica *Primavera*.

El primero y principal de los hechos al caso, el cual no podrá ser negado por nadie, tiene que ver con la actitud adoptada por el mismo San Francisco. El cual no vaciló en desentenderse y apartarse del enorme montaje surgido en derredor suyo, nada más ver el rumbo que tomaban las cosas y los acontecimientos. Se han dado muchas y variadas explicaciones acerca de su retiro a la soledad, acompañado de unos pocos íntimos y dejando a la multitud de *Hermanos Menores* en otras manos. De hecho él mismo alegó sus enfermedades. Pero la verdadera y única razón que le indujo a hacer tal cosa fue su deseo de vivir la Regla, y más concretamente el capítulo de la pobreza, de la manera más estricta. Atrás quedaban para él las Reglas mitigadas que permitían a los Hermanos un modo de vida más viable y *racional...* Que es donde estaba precisamente el problema, ya que San Francisco consideraba incompatible (dígase lo que se quiera) tal modo de vida con lo que Dios le había inspirado, o aquello que era justamente lo que él deseaba y que venía a traducirse en una forma de vida *suprarracional*, o tal vez cuasiangélica. Mientras que el modo de existencia que ahora se pretendía, mucho más razonable y ajustado a una existencia más llevadera, acabaría con el tiempo (seguramente que así lo pensaría el Santo) por extinguir el espíritu:

No apaguéis el Espíritu.[54] Cosa que vinieron a confirmar los hechos posteriores.

La discusión acerca de si era o no factible la forma de vida que pretendía San Francisco, o tal vez adecuada para unos pocos pero no para comunidades numerosas, se convierte en irrelevante y no vamos a insistir en el problema. Lo mejor que podemos hacer ahora, procediendo de manera contraria a como lo hacen las ideologías modernas, es atenernos a los hechos. Los cuales son aquí tan expresivos como patentes. La situación de decadencia que se inició enseguida entre los Hermanos Menores, para continuar después en las diversas ramas de la Orden Franciscana (Hermanos Menores de la Observancia, Hermanos Menores Conventuales, Hermanos Menores Capuchinos), ha ido en aumento hasta llegar a su cenit en los tiempos actuales, como una manifestación más de la crisis universal que padecen la Iglesia y la sociedad occidental. Obviamente no vamos a achacar *toda* la culpa de la crisis de la Orden Franciscana al olvido de la pobreza evangélica, que es la que deseaba San Francisco. Aunque está suficientemente claro que la opción por las riquezas ha sido uno de los (principales) motivos *determinantes* del desastre.[55] Tampoco sería conforme a la verdad considerar la situación de declive originada como otra manifestación de la crisis que afecta a la Iglesia y a la sociedad occidental. Sin negar la existencia de explicables dependencias e interconexiones, también aquí sucede lo mismo que en todas las crisis singulares; en las que siempre concurren causas particulares y concretas, susceptibles de ser conocidas. Por lo demás, negar la existencia de un estado de deterioro en la

---

[54] 1 Te 5:19.

[55] Es sabido que el término *riquezas* tiene en la Escritura un sentido más amplio y comprensivo que el que le atribuye el lenguaje ordinario. Más arriba se ha hablado de esta cuestión.

La Gran Tentación 429

Orden Franciscana no sería otra cosa que el sinsentido de negar la evidencia.

De todas formas, el espíritu de San Francisco pervive y seguirá existiendo hasta el fin de los tiempos. Siempre habrá hombres y mujeres tan seducidos por la personalidad del Santo como para tratar de vivir, cada vez más y mejor, el espíritu del Evangelio. Lo cual sucede tanto dentro como fuera de la Familia Franciscana, ya que el verdadero *franciscanismo* no suele coincidir con los límites oficiales de la Orden: no todos los que son sus miembros son capaces de practicarlo, ni tampoco muchos de los que lo viven realmente han pensado nunca en pertenecer a ella.

La desaparición del espíritu de San Francisco supondría nada menos que la desaparición del espíritu del Evangelio. En este sentido, la cuestión de la viabilidad de la pobreza y de la forma de vida que pretendía el Santo, es completamente inane. Cuando Jesucristo exhortó a todos sus discípulos a que fueran perfectos, *así como vuestro Padre celestial es perfecto*,[56] seguramente no se hizo problema en cuanto a la posibilidad de la consigna. La metas están siempre ahí, aunque para ser perseguidas más bien que para ser alcanzadas. Cuando se llega a ellas dejan de ser objetivos *a perseguir* para convertirse en realidades ya *conseguidas*. Pues *una esperanza que se ve ya no es esperanza*, cuando en realidad se trata de una virtud tan necesaria como que *somos salvados por la esperanza*.[57] Un deseo realizado es un deseo colmado que, justamente por eso, ha dejado ya de ser deseo. Sin embargo, la existencia cristiana transcurre inexorablemente entre el deseo y la ansiedad, y solamente queda consumada después de haber luchado *un buen combate y haber consumado el camino* (2 Tim 4:7). Muchas *metas*, que confinan el horizonte de la existencia cristiana como objetivo a conseguir, no son alcanzadas sino al final del trayecto. Para dejar entonces de ser búsqueda y convertirse en hallazgo ya encontrado y poseído. Mientras tanto están ahí, como un faro que ilumina y señala el camino que es preciso recorrer. Quizá no se trata tanto de considerarlas ya conseguidas cuanto de luchar siempre por alcanzarlas. Porque justamente en eso había consistido la contienda: *Muy bien, siervo bueno y fiel; como has sido fiel en*

---

[56] Mt 5:48.
[57] Ro 8:24.

lo poco, yo te confiaré lo mucho.[58] Ningún cristiano va a hacer cuestión acerca del realismo de la consigna que lo impulsa a ser perfecto, tal como su Padre celestial es perfecto; y sin embargo no habrá alguno que piense haber conseguido en este eón una perfección semejante que, pese a todo, está ahí como una meta a perseguir.[59]

Vistas así las cosas, una condición de esperanza y ansiedad por lo que aún no se tiene, de itinerancia y de búsqueda por alcanzar lo todavía no conseguido, no puede ser delimitada dentro de unos parámetros fijos y bien determinados. No tendría sentido afirmar, por ejemplo, que la pobreza evangélica ha de consistir en poseer esto, pero no aquello; y de esto en concreto tanto y cuanto: tanta cantidad exactamente y no más ni tampoco menos (no más porque sería destruir la pobreza, y no menos porque conduciría a hacer inviable la existencia). Una situación que pretendiera ser evangélica jamás podría afirmarse como que *ésta* es la pobreza cristiana; sencillamente porque la pobreza, lejos de ser una realidad que ya está aquí, no puede ser sino una meta por la que luchar. Sólo Cristo se desposó con la Pobreza y sólo de Él se pudo decir que ya era realmente pobre (2 Cor 8:9). En cambio, para un cristiano la pobreza es siempre un camino a recorrer y una meta por alcanzar: ¿Y quién podría decir que ya es lo bastante pobre...? Por lo cual, en este sentido, las muchas energías desplegadas en la discusión de las diversas *Reglas* franciscanas no fueron sino un desperdicio. Que fue tal vez la razón por la que ninguna de ellas llegó a satisfacer ni a convencer. ¿No hubiera sido mejor dejar en paz a San Francisco, consintiendo en que viviera sencillamente la existencia que, según él decía, le había sido inspirada por el mismo Jesucristo...? ¿Y no habría sido mejor para el mismo Santo *dejar el agua correr*, sencillamente, sin preocuparse demasiado por algo tan irrealizable como ser imitado por un numeroso grupo de discípulos...? ¿Acaso nadie se daba cuenta de que la verdadera pobreza, o la pobreza evangélica, dejaría de ser la Pobreza de Cristo en el momento mismo en que alguien pretendiera encasillarla en una *Regula*?

---

[58]Mt 25:21.

[59]Como es obvio, la consigna no tiene por objeto impulsar a conseguir una perfección tal como la del Padre Celestial. En realidad no es difícil de comprender: Vuestro Padre Celestial es Perfecto; pues así vosotros habéis de tender *continuamente* hacia la perfección. Lo cual coloca a la existencia del cristiano en su condición propia de itinerancia y búsqueda ansiosa de Dios. En definitiva en una situación de esperanza viva, *justamente por la cual es salvado* (Ro 8:24).

La Gran Tentación 431

Hasta aquí hemos hablado del franciscanismo como prototipo, movidos sobre todo por razones de conveniencia histórica y por la singularidad del caso personal de San Francisco. Pero, con respecto al problema que estamos planteando, el franciscanismo no es el caso más reciente, ni tampoco el más llamativo. Existen Familias Espirituales, más modernas y poderosas, que se muestran a la vez, tanto como ejemplos más patentes del problema..., como de las graves consecuencias que puede ocasionar. En realidad, el mismo hecho de considerar a estas Familias como *poderosas*, según puede verse y tal como acabamos de hacer, ya es bastante expresivo.

Lo que sigue a continuación aborda un tema delicado, capaz de suscitar sentimientos de animadversión y de rechazo. Sin embargo, ni deseamos herir susceptibilidades ni menos aún ofender a personas o Instituciones. Pretendemos solamente buscar la verdad, como un posible medio de aprovechamiento para gentes de buena voluntad. No buscamos denunciar conductas, ni juzgar acerca de intenciones acometiendo una tarea que no nos compete en absoluto. Intentamos simplemente señalar formas de proceder que, por el hecho de mostrar señales que las hacen parecer desenfocadas, tal vez obedezcan y sean el resultado de intenciones equivocadas. Las cuales, en cuanto que tienen que ver con la actuación de las Familias Espirituales, con vistas a la evangelización en general y a la propia santificación de sus miembros, es evidente que pueden dar lugar a resultados desafortunados y tal vez imprevistos. Por supuesto que podemos estar equivocados en lo que vamos a decir, en todo o en parte. En cuyo caso habrá que contar con que las personas de buena voluntad tendrán en cuenta nuestra recta intención y juzgarán con benevolencia. Aunque de no ser así, en la medida en que hubiera algo de cierto en estas consideraciones, pueden ser un instrumento útil para quien desee aprovecharse buenamente de ellas. A su vez, el lector ya habrá comprendido que esta reflexión no es en modo alguno un estudio o ensayo de tipo histórico. Y puesto que no busca otra cosa que la utilidad o el aprovechamiento espiritual, las referencias a los hechos de la Historia serán necesariamente breves, sin pretender aludir a todos los sucesos (ni siquiera a los más importantes) ni exponer con amplitud su desarrollo y sus consecuencias.

San Ignacio de Loyola fundó la *Compañía de Jesús* en 1534. Y es preciso reconocer que, desde entonces, la *Compañía* ha sido uno de los mayores misterios de la historia de la Iglesia. Por supuesto que no pretendemos utilizar aquí el vocablo *misterio* en sentido peyorativo. Más bien tratamos de aludir al complejo conjunto de hechos, a menudo de gran importancia social y política, a que ha dado lugar la *Compañía* a lo largo de la Historia. Acontecimientos no siempre ajenos a cierto sentido ambiguo o equívoco, por lo que no es extraño que hayan sido a veces motivo de discusión y temas de no fácil explicación.

Sin embargo, sería algo peor que desafortunado pretender desacreditar, siquiera en lo más mínimo, a una figura tan prominente y excelsa como fue la persona de San Ignacio de Loyola. Su influencia beneficiosa en la Iglesia de los últimos siglos, así como en la evolución de los acontecimientos históricos del mundo occidental, están fuera de toda discusión. La constelación de santos en la historia de la *Compañía*, su papel como importante instrumento de apoyo de los Papas, su labor evangelizadora a lo largo y ancho del mundo, su influencia positiva universal en el mundo de la cultura, etc., son hechos que están ahí y no admiten duda alguna.[60]

El problema radica en que en la historia de la *Compañía* aparecen también otros hechos que, tal como hemos apuntado más arriba,

---

[60]Para la mejor comprensión de lo que sigue a continuación, véase A. Gálvez, *Comentarios al Cantar de los Cantares*, Shoreless Lake Press, N.J. (USA), 1994, vol. I, pags. 387 y ss.

son susceptibles de interpretaciones equívocas. O quizá se trata de hechos que por su extraordinaria complejidad y múltiples consecuencias, tanto religiosas como sociales y políticas, no siempre parecen tener el carácter de positivos y de ahí que se presten a ser objeto de discusión. Aunque si atendemos honradamente a la realidad de la vida, nada tiene de particular que una Orden Religiosa tan extendida e influyente, tal como ha sido siempre en todo el mundo la *Compañía de Jesús*, haya de estar sometida a tales eventualidades.

Una vez decidido su radical cambio de vida, San Ignacio quiso poner en manos de la Iglesia un importante instrumento de Evangelización que constituyera, al mismo tiempo, un arma poderosa contra la Reforma (la cual a la sazón ya se iba extendiendo peligrosamente por Europa). Hombre de armas que había sido, de recio carácter y de espíritu aventurero, el Santo acometió la tarea con algo más que fogoso entusiasmo. El mismo hecho de otorgarle a su Obra el nombre de *Compañía*, tomado del argot militar, dice bastante del carácter castrense, de militancia acometedora, que habría de caracterizar a sus discípulos en la lucha sin cuartel contra el Mal. Y así fue, en efecto. Pues, entre otras muchas cosas que redundaron en beneficio de la Iglesia, la Compañía de Jesús desempeñó un importante papel en la contención de la Reforma. No pudieron haber sido mejores las intenciones del Santo.

Sólo que el concepto de *buenas intenciones* y el de *intenciones las más acertadas* no son sinónimos. Desgraciadamente las buenas intenciones pueden estar equivocadas, y el hecho de ser fruto de la bondad no supone necesariamente que hayan de ser las más apropiadas para el fin perseguido. El significado del conocido adagio, según el cual *el infierno está lleno de buenas intenciones*, se refiere a rectas intenciones que nunca se vieron realizadas; a pesar de que, como es sabido, el camino que conduce a la Vida Eterna (la *senda estrecha*) no se reduce a meros deseos, por buenos que sean. Pero en este caso no se trata de eso. Ya que aquí nos enfrentamos a intenciones enteramente realizadas, en las que el problema no radica ya en la mala voluntad, sino en el error. Porque todo parece indicar que San Ignacio, como siglos antes le había sucedido a San Francisco, también cometió un error. El cual, si bien nada merma de la grandeza del Santo, no deja de ser error y de producir sus lógicas consecuencias. Como sucede siempre con las ideas, que parecen tener vida propia y evolucionar por su cuenta; aunque siempre con la suficiente lógica como para hacer imposible atribuir sus resultados a la arbitrariedad de algún pretendido *Destino*.

San Ignacio redactó instrucciones concretas acerca del modo como la Compañía había de llevar a cabo su misión. Completadas luego por sus colaboradores y seguidores más cercanos, venían a concluir en la conveniencia de ganarse la confianza y la colaboración de los poderes más encumbrados; incluso otorgando al objetivo un carácter en cierto modo prioritario. La intención, como puede suponerse, no era otra que la de recabar los medios adecuados para las tareas de evangelización y del mejor servicio a la Iglesia. El objetivo a cumplir, bien claro por lo demás, apuntaba a aprovechar la ventaja que reporta la influencia de las más poderosas personalidades en el resto de la sociedad. En definitiva, *ascendiente y poderío económico*, aunque enfocados y aprovechados ahora para los más altos fines. Está claro que no podían ser más correctas las intenciones del Santo Fundador de la *Compañía*, ni más conformes con la pura lógica.[61]

---

[61]Lo de la *pura lógica* no está dicho aquí con ánimo de crítica negativa, acerca de la cual debemos insistir que es ajena a nuestro propósito, aunque sí con una especial intención. Lo que quiere expresarse aquí al hablar de la *pura lógica* no es sino la referencia a un propósito enteramente honesto, pero en el que no ha existido la preocupación de ponerlo en parangón con las enseñanzas de la Revelación sobrenatural.

Aunque, tal como evidencian los hechos de la Historia, los resultados no fueron los previstos por San Ignacio, ni seguramente hubieran sido nunca de su agrado caso de haberlos conocido. Y es que, como ya hemos dicho más arriba, las ideas se empeñan en tener vida propia e independizarse de las intenciones de sus progenitores.

Después de la muerte del Santo, no tuvieron que pasar demasiados años para que uno de sus importantes objetivos —la pretensión de influir en los puestos más altos de la sociedad con los fines ya dichos— se convirtiera en un tema problemático. Por decirlo de la manera más suave posible. La verdad es que los manejos e intrigas políticas, por parte de miembros importantes de la *Compañía*, empezaron a adquirir carta de naturaleza; primero en Europa (sobre todo en España), y en la América colonial después. Conjunto de actividades que acabaron desembocando en importantes consecuencias políticas.[62] Pero puesto que aquí nos limitamos a esbozar un resumen lo más breve y rápido posible, sin ánimo alguno de juzgar acerca de hechos históricos, no entraremos en el discutido y complicado problema de las *Reducciones* en Paraguay y Argentina,[63] ni menos todavía en las razones, también muy discutidas por los historiadores que motivaron la supresión de la *Compañía*.

Hacia los tiempos más modernos las actuaciones de la *Compañía* fueron adquiriendo tonalidades bastante ambiguas. Abundancia de misioneros y de Santos, lluvia de bendiciones y aprovechamiento es-

---

[62] Lo más notable de ellas es que son susceptibles de ser analizadas desde muy diversos puntos de vista, tanto religiosos como políticos y sociales, con conclusiones muy diversas. Aun admitiendo la extrema dificultad de elaborar (y de encontrar) una Historia objetiva y sin prejuicios, es preciso reconocer la existencia de actuaciones altamente discutibles.

[63] Parece que entre 1610 y 1677 los jesuitas habían convertido, solamente en la región que media entre los ríos Paraguay y Paraná, más de 700.000 indios; de los que más de 150.000 vivían en las *Reducciones*. El problema de la organización y de la vida en las Reducciones, del que tanto se ha hablado, no es de este lugar. Baste con señalar la existencia de una prolija problemática histórica acerca de él.

piritual para el Pueblo cristiano, por una parte..., y continuación e incremento de actividades puramente temporalistas o incluso altamente dudosas, de otra. Por muy lamentable que nos parezca decirlo, aproximadamente desde los tiempos que precedieron y siguieron al Concilio Vaticano II, este segundo aspecto de las tareas de la *Compañía* fue adquiriendo importancia hasta obtener la primacía.

No hay que olvidar que el desarrollo y enorme difusión que alcanzó en toda la Iglesia universal, especialmente en la América Hispana y algunos países de Europa, la *Teología de la Liberación*, fue principalmente obra de la *Compañía*. Así se hizo posible la *marxistización* de un ancho campo de la teología católica y de una buena parte de la vida de la Iglesia.

Lo cual no fue sino un paso más en el camino hacia la implantación, en el mundo católico, de las corrientes neomodernistas. Las cuales han venido tratando de imponerse en la Iglesia, tanto en los tiempos que precedieron al Concilio Vaticano II como en los años de su celebración, y todavía más en los que vinieron después. El estrago que estas ideologías, de tipo naturalista–horizontalista (todavía en plena vigencia), está ocasionando en la vida de la Iglesia y en la fe del mundo católico, sólo de Dios es conocido. Su método consiste, como es bien sabido, en la puesta en cuestión de gran parte de los dogmas y de todo lo sobrenatural. Si bien no se puede cargar la totalidad, ni tal vez tampoco la mayor parte de la culpa, en las actividades de la *Compañía*, es imposible honradamente negar su decisiva influencia en la presente crisis. Todavía hoy en día, la mayor parte de sus Universidades tanto en Europa como en América, continúan difundiendo con libertad y amplitud de extensión las doctrinas neomodernistas.

Su cooperación en la difusión de las teorías darvinistas es bien conocida. Aparte de dar cobijo como miembros suyos a personajes

La Gran Tentación

tan dudosos, y tan extraordinariamente influyentes, como Teilhard de Chardin[64] y Karl Rahner,[65] por ejemplo. Sin contar con que su contribución a la propagación en Occidente de los cultos y métodos de oración orientales (naturalistas o panteístas, y siempre enteramente ajenos al cristianismo), es demasiado patente y del suficiente dominio público como para que sea imposible negarla.

También son conocidas las teorías de algunos historiadores modernos, cuya seriedad y honradez intelectual no es posible poner en duda, acerca de los extraños vínculos de acercamiento y cooperación de la actual *Compañía de Jesús* con la Masonería. Una acusación delicada con respecto a la cual no vamos a pronunciarnos, si bien los que la mantienen pretenden poseer la correspondiente documentación sobre el tema. Si afecta solamente a miembros o grupos aislados de la *Compañía*, o tal vez tiene que ver con actividades de la Orden

---

[64] Teilhard de Chardin, muy conocido por sus famosas teorías del *Cristo Cósmico* o del *Cristo Omega*, y cuya doctrina en totalidad, aunque no fácil de resumir, viene a desembocar en un cristianismo naturalista y muy *acorde con la ciencia*. Al menos con la ciencia tal como la entendía Teilhard, quien se tenía a sí mismo por paleontólogo reconocido, pero que nunca fue tomado en serio por el verdadero mundo científico. Hay que reconocer que al menos consiguió difuminar la Cristología y diluir la Persona de Cristo, en un pretendido *Punto Final* que venía a coincidir con la nada. Aparte de su contribución a la erosión de la fe en el Pueblo cristiano, si bien se examina, sus creencias son más panteísticas y gnósticas que otra cosa. Muy celebrado entre los acatólicos, es curioso, por su absoluta falta de objetividad, el resumen histórico que hace de este personaje la *Encyclopaedia Britannica*.

[65] Karl Rahner fue el personaje más influyente en las deliberaciones y desarrollo del Concilio Vaticano II. Sus intrigas doctrinales, antes del Cónclave y durante él, son imposibles de ocultar en cuanto que existe documentación histórica. Karl Rahner fue el profeta de la duda. Si hubiera que redactar un brevísimo resumen de su obra habría que decir que consistió sobre todo en cuestionar todos los principales dogmas del Catolicismo. Incluso hoy día, muchos años después de acabado el Concilio, Karl Rahner, además de ser el Gran Patriarca y Definidor de toda la Teología Católica, es también, precisamente por eso, el principal responsable de la difusión del neomodernismo en la Iglesia actual.

como tal, es asunto desconocido aunque no por eso menos desconcertante.

Tal como venimos diciendo, las ideas son como los seres vivientes. Transcurrido su período de gestación, nacen por fin; después crecen, se desenvuelven, se extienden..., y acaban dando a luz las consecuencias que llevan contenidas en sus entrañas. La Lógica, como las Matemáticas con las cuales se identifica en el fondo, importa exigencias férreas a las que no se les concede otra salida. A este respecto, bastaría con recordar lo que ha sucedido, en el mundo de las doctrinas filosóficas, con el *cogito* cartesiano y sus consecuencias. Con respecto a nuestro caso, todo parece indicar que quienes deciden hacerse con la Influencia y el Poder (al fin y al cabo realidades mundanas y mundanales), y sean cuales fueren sus intenciones, acaban convirtiéndose en otro instrumento más de los manejados por el Mundo para sus propósitos: *Es imposible servir a Dios y a las riquezas.*

No hace falta decir que no todo el mundo estará dispuesto a admitir lo que aquí se ha dicho. Más bien serán muchos los que lo nieguen, empezando por lo general por las mismas Familias Espirituales que se sientan aludidas.

Aunque habrá también quien esté de acuerdo en reconocer los hechos, aunque negando la relación existente de causa y efecto en este caso. Se alegará que nada tienen que ver las intenciones originales o proyectos fundacionales de una Familia Espiritual, ordinariamente intachables y fuera de discusión, con la situación y funcionamiento de dicha Comunidad Espiritual en la actualidad. Se insistirá en que, si bien los hechos podrían haber sucedido como aquí se describen, no se desprende de eso una relación de causalidad con la filosofía práctica y las intenciones del Fundador.

Tal argumentación coincide con un dicho puesto en circulación en su día, acabado el Concilio Vaticano II, en los momentos cruciales de la crisis que desde entonces azota a la Iglesia. El dicho, que tal vez parecería ingenioso a una mirada superficial, se refería a los desastres de los que estaba siendo víctima la Iglesia postconciliar, con la intención, sin duda, de exculpar de ellos al Concilio. Para ello

La Gran Tentación

se limitaba a asegurar pretenciosamente, aludiendo a la hecatombe, que tales cosas habían sucedido *post hoc, sed non propter hoc*.

Es muy posible que los autores de la parida estuvieran convencidos de que con tal exhibición de sabiduría, y tan profunda argumentación, el problema quedaba definitivamente resuelto. Pero prescindamos, al menos de momento, de la veracidad o falsedad de tan clarividente locución. Pese a lo cual, por muy buena voluntad que se quiera poner en el tema una vez examinado el asunto, siempre se viene a concluir en lo mismo; a saber: que es imposible dejar de sentir un intenso desasosiego. Pretender despachar un problema, sumamente grave y extremadamente importante, mediante un mero juego de palabras, es una indignidad. No parece honesto dar por supuesto en los demás un índice de inteligencia demasiado bajo.

Pero podemos dar por admitido el *post hoc*, puesto que no cabe duda en cuanto a su veracidad. Los hechos están ahí, y no es posible negarlos ni tampoco es necesario demostrarlos.* Sin embargo, ¿qué hay del *non propter hoc*? Pues es evidente que aquí el problema se complica.

Desafortunadamente no existe evidencia alguna con respecto a él. La simple afirmación de que los hechos no sucedieron a causa del Concilio podría ser verdadera o falsa. Pero nada prueba la simple afirmación, puesto que el mero hecho de pronunciarla sin más no es una demostración. Obviamente tal declaración exige unas pruebas adicionales que hasta este momento no han sido aportadas. Efectivamente no deja de ser curiosa la pretensión de ciertos Sistemas (ordinariamente todos los dictatoriales) en cuanto a la obligación que afecta a todo el mundo (así lo suponen) de creer lo que ellos dicen, como si fuera un dogma de fe y *simplemente porque ellos lo dicen*. Lo cual viene a ser como un eco del famoso principio de Lenin: *Miente más fuertemente a fin de ser creído más firmemente*. Desde luego es admirable la tendencia de la gente a *creer sin más lo que oye, simplemente porque lo oye*, e incluso a creerlo más abiertamente cuanto más embustero es el que habla. Si bien es cierto que Lenin era un redomado criminal, también es obligado reconocer que conocía bien la naturaleza humana.

Con respecto al tema del que aquí se habla, no hace falta decir que la relación existente entre la adquisición de Poder e Influencia (riquezas), por parte de una Orden Religiosa o Familia Espiritual, y su situación de decadencia o corrupción,

---

*En los tiempos más recientes (estamos hablando en la primera decena de años del siglo veintiuno) la estrategia del Sistema ha cambiado de orientación. En vez de reconocer y pregonar tan abiertamente el *post hoc*, tiende más bien a negar descaradamente los hechos y a dar como segura una pretendida *Primavera de la Iglesia*. Aunque el eslogan productor de tan buenos frutos sigue siendo utilizado, cuando así lo aconseja la oportunidad.

puede ser reconocida o negada. Lo normal, por supuesto, es que la discusión finalice con la negación rotunda de los hechos y considerando el problema como inexistente; o a lo más como una mera elucubración, sin fundamento alguno y elaborada por gentes de mala voluntad.

Debe tenerse en cuenta, no obstante, que el hecho de negar sin más la relación aludida no demuestra nada. Puesto que, de todos modos, la relación de causa y efecto podría ser una realidad, se hace necesaria la aportación de pruebas convincentes. Por desgracia, y como cualquiera puede comprender, las pruebas que podrían apoyar la negación del supuesto son difíciles de encontrar, por no decir prácticamente imposibles. ¿Qué clase de argumento, fuera de la clase que fuera, podría convencer de que no existe relación entre la adquisición de Poder e Influencia y la corrupción...? Caso de que se encontrara, es evidente que sería algo tan interesante como tranquilizador para todo el mundo.

Como es lógico, la posición que admite la existencia de la relación aludida también necesita aportar argumentos. Cualquiera podría decir que tampoco vale aquí lo de afirmar por afirmar o lo de negar por negar. Evidentemente es algo acerca de lo cual todo el mundo estará de acuerdo.

Digamos ante todo, a modo de introducción necesaria, que los argumentos que apoyan esta doctrina no pretenden ser apodícticos. Lo cual no quiere decir que no existan. Y con la fuerza suficiente para convencer a quienquiera que sienta deseos de conocer honradamente la verdad. Si la vida humana tuviera que conducirse siempre por argumentos puramente apodícticos, la existencia se haría imposible.

La primera prueba a aportar aquí es de orden experimental. Cuando una realidad determinada produce un resultado concreto una y otra vez, sin variaciones ni excepciones, es evidente que es lícito hablar de la existencia de una relación causa-efecto con bastante probabilidad. Aquí no nos hallamos en el mundo de la Física,[66] sino en el de la conducta y de las relaciones entre humanos. Y si bien el hombre es un ser dotado de libertad y de reacciones en cierto modo impredecibles, también es cierto que la naturaleza humana se rige por tendencias fijas, o de la suficiente regularidad al menos, como para que puedan ser consideradas como normas o pautas de conducta. De ahí que ciertas ramas del saber, como la Antropología, la Psicología o la Sociología, sean catalogadas con razón como verdaderas ciencias. Negar la razón de causa a un hecho cuyos efectos son siempre los mismos, sin excepciones conocidas, sería notable imprudencia o considerable empeño en no aceptar la verdad.

---

[66] Ni menos todavía en el de las partículas subatómicas. Por lo tanto no existe ninguna razón para pensar aquí en algún principio de *incertidumbre*.

La Gran Tentación

Por lo que hace a nuestro caso, la experiencia de una Historia que abarca suficientes siglos, y la más próxima ya de nuestros días y fácilmente comprobable, muestran inequívocamente la relación causa–efecto entre las *Riquezas–Poder–Influencia*, adquiridos por las Familias Espirituales..., y la correspondiente *Decadencia*, cuando no la corrupción, de las mismas.

Por supuesto que siempre se puede negar la verdad de estas conclusiones, como de hecho será negada por la mayoría. El mundo en el que vivimos (comienzos del siglo veintiuno) no es precisamente un mundo afecto a la verdad. La mentira, la manipulación, y el control de las masas por el Sistema, utilizando los medios de la moderna técnica, han alcanzado un punto culminante en la Historia de la Humanidad. Debido a lo cual hay menos libertad que nunca, precisamente en los tiempos en que más se habla de ella. Al fin y al cabo, como ya había dicho Jesucristo, la verdad es lo único que hace libre al hombre (Jn 8:32).

Pero el segundo argumento a aducir en apoyo de nuestra teoría es más importante que el primero.

Tiene que ver con el hecho, innegable por otra parte, de que el Nuevo Testamento está claramente en contra de las *Riquezas*. Y, por lo que respecta a su uso en la Evangelización (que es lo que incumbe directamente a nuestro caso), no sólo se descarta de ellas enteramente, sino que aconseja, abiertamente y sin vacilaciones, la práctica de la Pobreza y del Desprendimiento para hacerla eficaz y efectiva. Es lo que vamos a intentar demostrar, con claridad y amplitud, en la sección siguiente de este trabajo.

Según lo cual, y caso de que lo dicho aquí fuera cierto, la única *responsabilidad* que cabría imputar a algunos Fundadores, en cuanto a ciertos objetivos plasmados en sus Estatutos, Constituciones o Instrucciones, o a la Iglesia que los aprueba, sería el hecho de la marginación, o puesta entre paréntesis, de las enseñanzas claramente expuestas y establecidas respecto al caso en el Nuevo Testamento. Por supuesto que no hablamos aquí de responsabilidad *moral*. Dudar de la recta intención de intachables Fundadores, la mayoría de ellos elevados al honor de los altares, o de la Iglesia en sus funciones Docente y Magisterial, sería propio de alucinados. En todo caso tal vez cabría hablar aquí de responsabilidad *intelectual*, ajena a toda culpa *subjetiva* que pudiera achacarse a las personas o Instituciones; si bien no exenta de una cierta imputabilidad *objetiva* cuya exacta naturaleza sería difícil de precisar. ¿Por qué no se tuvieron más en cuenta los avisos y enseñanzas contenidos en el Nuevo Testamento...? ¿Y hasta qué punto eran predecibles las consecuencias prácticas, no siempre beneficiosas, que podrían aparecer en el futuro como corolario ineludible de las premisas establecidas...?

En los tiempos modernos, con la aparición de nuevas y pujantes Familias Espirituales, el problema ha adquirido mayor actualidad e importancia. Algunas de esas Familias han desplazado a la Compañía de Jesús en influencia y medios, así como en el número de miembros. Mientras que la Compañía, por el contrario, además de haber visto disminuir considerablemente el número de vocaciones, ha tenido que sufrir la experiencia de numerosas deserciones.

Es indudable que las causas del auge de algunas de las nuevas Familias Espirituales en la Iglesia son complejas y merecerían un estudio aparte. En el caso de que fuera posible hacerlo. Ninguna de ellas dudará en atribuir su rápido florecimiento a la peculiaridad de su propio *carisma*, oportunamente inspirado por el Espíritu al respectivo fundador, con el que pretenden responder a los nuevos desafíos y necesidades que ha de afrontar la existencia cristiana en los tiempos modernos. Una creencia avalada por la aprobación de la Iglesia y acerca de la cual no podemos sino suponer que es cierta.

Eso por lo que hace al estudio del problema de tejas para arriba. Pero si se analiza también de tejas para abajo, no es difícil encontrar otras causas del fenómeno. No ya de orden sobrenatural esta vez, aunque sí tan determinantes como para ser igualmente merecedoras de reflexión. En cuanto a cuál de esos dos tipos de causas ha sido más importante, o si acaso alguno de ellos es incompatible con el otro y en qué medida, es algo sólo de Dios conocido y cuyo estudio no corresponde a este lugar.

Si se hace honor a la verdad, es necesario reconocer que algunas de estas Familias Espirituales, hoy tan en auge, han hecho un importante acopio de lo que aquí hemos venido llamando *Riquezas*: Poder,

Influencia, Medios y Dinero. Algunas parecen recordar incluso a las poderosas Organizaciones Multinacionales.

Dado el modo de ser de la naturaleza humana, habrá quien se sienta afectado y herido por estas afirmaciones. Y de ahí que suelan ser rechazadas a pesar de la evidencia. Sin embargo, hacemos constar de nuevo aquí que *no pretendemos hacernos jueces de intenciones*. No solamente no nos corresponde esa tarea, sino que incluso, puestos a decidir en el caso de que fuera preciso hacerlo, estaríamos dispuestos a reconocer tales intenciones como enteramente honestas. Solamente intentamos hacer labor de Historia, con entero ánimo de prestar un servicio a la verdad que pueda servir de aprovechamiento a gentes de buena voluntad.

El problema radica, como ya hemos dicho arriba y como después hemos de ver más ampliamente, en que tales modos de proceder, por parte de las correspondientes Familias Espirituales, *no parece ajustarse bien a las enseñanzas contenidas al respecto en el Nuevo Testamento*.

Si se admite como cierto lo dicho acerca de la acumulación de Poder e Influencia, todo parece indicar que han intervenido en el caso dos factores a cuál de ellos más importante. De nuevo procuraremos atenernos a los hechos, valga la insistencia.

En primer lugar, parece haberse producido una cierta *desnaturalización* con respecto a alguna de las virtudes cristianas más importantes. Lo que ha contribuido, como por paradoja, al extraordinario auge de alguna de estas Familias Espirituales.

En lo que respecta a nuestro caso, la más importante y característica de las virtudes *metamorfoseadas* es la pobreza. El hecho de que se preste fácilmente a sufrir determinados manejos la convierte en la clave del problema.

Por raro que parezca, y puesto que es la virtud que más se presta al histrionismo, una vez disfrazada y convenientemente maquillada puede dar lugar a una verdadera fuente de *riqueza*.

Es la pobreza una virtud tan extraña y singular como sublime. Sin embargo, si no está bien arraigada en lo más sólido de la existencia cristiana, produce inesperados efectos que la desvirtúan enteramente. Uno de ellos, por ejemplo, es el que podríamos llamar *efecto llamada*.

Cuando la pobreza pierde el más seductor y peculiar de sus encantos, cual es el desprecio que constantemente sufre por parte del mundo, se convierte prontamente en una virtud *espectacular*. A pesar de ser lo más opuesto que cabe imaginar al espectáculo, o *show*. Ni está hecha para el teatro, ni disfruta jamás del gusto o del aplauso de posibles espectadores. Sus características más peculiares serían la de pasar desapercibida y desconocida, la de no ser aplaudida por nadie, y la de no verse envidiada ni deseada en parte alguna. La verdad es que, si acaso alguien deseara comprender esta virtud, tendría que acercarse primero al Misterio de la Cruz. A pesar de lo cual, si la pobreza opta por abandonar su lugar propio de miseria, estrechez y silencio..., y olvida que el desprecio por parte del mundo es una cualidad propia de su esencia... y siempre que procure presentarse con el adecuado aderezo de maquillaje y un tanto perfumada..., se convierte, como por prodigio, en una virtud *espectacular* y objeto, ahora sí, de todos los aplausos. Por supuesto que también necesita el ingrediente de la propaganda, como siempre que se pretende que algo sea bien conocido por el público. De lo cual resulta, una vez puesto en marcha el montaje y gracias al *efecto llamada*, que surgen como por encanto las que hemos convenido en llamar *riquezas*. Los múltiples bienes de los que dispone el mundo comienzan a llover de todas partes. Al mismo tiempo que aumentan también el prestigio y la influencia de los ahora considerados tan encantadoramente pobres. Al fin ha sucedido el cambio que menos cabría esperar: la maravillosa, inefable, increíble y divina virtud cristiana de la Pobreza, se ha convertido en algo tan extraño como es el raro trinomio Dinero–Influencia–Poder; aunque acompañado, como no podía ser menos, por el aplauso y la admiración del Mundo.

Y llegados a este punto es cuando comienza la decadencia. Pronto aparecen las desviaciones con respecto a los propósitos y al carisma del fundador, aunque a velocidad por lo común uniformemente acelerada. Al final puede ocurrir que una determinada Orden Religiosa, Instituto, Congregación, o cualquiera de las formas de Agrupación que la Iglesia aprueba con fines de santificación o evangelización, acabe convirtiéndose en algo que se parece poco o nada al proyecto del fundador e ilusiones de los primeros tiempos. Una vez aceptadas las riquezas como el medio más adecuado para conseguir los fines propuestos, el proceso se hace irreversible. Ni es preciso suponer que el resultado haya sido buscado, o siquiera previsto, dentro del conjunto de los propósitos originales. Pero de todos modos el efecto se produce por sí mismo, una vez puestas las causas, de manera parecida a lo que sería una actuación *ex opere operato*.

Este proceso da lugar a actuaciones, aparentemente desconcertantes, que a veces son de carácter ambiguo mientras que otras son claramente equivocadas. Sin que, por desgracia, puedan excluirse ocasiones en las que aparecen intenciones difíciles de calificar. Cuando los que estaban destinados a evangelizar el Mundo mediante el testimonio *escandaloso* de las virtudes cristianas, vividas en plenitud y en absoluta oposición a los criterios de ese Mundo, optan por utilizar las armas y los medios propiamente mundanales..., *el fracaso del pretendido testimonio y la victoria del Mal están por completo asegurados.*

Ha de tenerse en cuenta que las Órdenes Religiosas, a lo largo de los siglos, además del propósito de santificación de sus miembros, tuvieron como objeto el de proporcionar al Mundo un testimonio de vida cristiana. El cual habría de ser tan patente, notorio y manifiesto (*escandalosamente* abrumador) como para servir de revulsivo, a fin de disponer el Mundo a la conversión. En cuanto al modo de llevarlo a cabo, no podía haber otro más apropiado que el de la vivencia de los tres votos o consejos evangélicos, de modo estricto y enteramente riguroso.[67]

La sal es buena; pero si la sal se vuelve sosa, ¿con qué se sazonará? No es útil ni para la tierra ni para el estercolero; la tiran fuera. Quien tenga oídos para oír, que oiga.[68]

¿Qué sucede cuando un testimonio de vida cristiana, llamado a ser tan exhaustivo y convincente, mediante la práctica rigurosa de los consejos evangélicos, como para servir de revulsivo ante el Mundo para impulsarlo *agresivamente* a la conversión (*compelle intrare*,

---

[67]Ésta es la principal característica que habría de diferenciar, dentro de la Iglesia, a los *religiosos* de los *seculares* (estos últimos en su doble vertiente de sacerdotes y simplemente laicos). Y así como el *espíritu* de los consejos evangélicos abarca por igual a todos los cristianos con propósitos de santidad, es obvio que de manera *formal* siempre ha correspondido más propiamente a los religiosos; a saber: practicados por ellos de forma *ostensible* y desafiante ante el Mundo y sus criterios. En la actualidad, debido a que algunas Agrupaciones (Institutos Seculares y otros) han pretendido también hacer suya la vivencia de los votos (con distintos y variados caracteres jurídicos en cuanto a su condición de obligatoriedad, temporalidad, etc.), sin considerarse por eso de carácter *religioso*, unido además al hecho de que la legislación canónica todavía no es demasiado clara al respecto, aún no ha sido posible disipar enteramente algún atisbo de confusión. Pero sigue siendo patente que el espíritu de los consejos evangélicos, vividos más o menos obligatoriamente y bajo diversas formas jurídicas (aunque siempre de manera *manifiesta*), es la nota distintiva de todas las Familias Espirituales de almas consagradas.

[68]Lc 14: 34–35.

ut impleatur domus mea[69]), se desvirtúa hasta el punto de que los combatientes asistan a la contienda con las mismas armas y en el mismo terreno del Mundo? La respuesta la ha dado el mismo Jesucristo sin utilizar ningún lenguaje eufemístico: Si la sal se vuelve sosa, ya no sirve para nada; ni para la tierra, y ni aun siquiera para el estercolero.

Algunas Familias Espirituales parecen haber llegado a este punto. No solamente pretenden que viven la pobreza, sino que incluso alardean de ella y lo pregonan por todas partes. Empiezan dando por cierto que viven esa virtud con admirable (y novedosa) autenticidad, y acaban permitiendo a los *media* que se encarguen de la publicidad. Lo cual provoca enseguida, como hemos dicho más arriba, el *efecto llamada*. A medida que se conoce mejor la *extraordinaria pobreza*, el absoluto desinterés y la entrega a los marginados por parte de tal Familia Espiritual, aumentan abrumadoramente los medios de que dispone. Entre los que no faltan el Prestigio y la Fama, cuyas glorias se encargan de pregonar y difundir con estruendo los voceros del Mundo.

Es importante darse cuenta de que el escándalo con efectos de revulsivo, destinado en principio a contradecir a un Mundo apartado de Dios y conducirlo a la conversión, produce sin embargo un efecto extrañamente contrario. Lo que ahora provoca es la admiración de un Mundo que aplaude con entusiasmo las glorias de la Pobreza. Como si el Mundo hubiera llegado a una situación en la que reconociera, por fin, la existencia de un Cristianismo en el que alguien lo vive con sinceridad. ¿Acaso tal cosa no iba a ser merecedora de elogios y alabanzas, a la vez que una lluvia de medios para seguir favoreciéndola?

Decididamente es necesario reconocer lo que sucedería si el ser humano no se dejara cegar con tanta facilidad. Muy pronto vería

---

[69] Lc 14:23.

surgir ante él un agudo sentimiento de sospecha. *Porque sucede que la pobreza (la verdadera virtud cristiana) jamás ha sido aplaudida (y desde luego, no por el Mundo), ni menos aún ha sido fuente de nuevas riquezas, fama o poder.* En realidad el hecho sobrepasa los límites de lo extraño para convertirse en extraordinario e insólito. Pues todo parece indicar, gracias a esta situación, que por fin el Mundo reconoce la grandeza del Evangelio..., y además lo aplaude.

¿Cómo es posible un hecho tan inaudito, y cómo se ha podido llegar a una situación en la que alguien que habla el lenguaje del Evangelio sea escuchado por el Mundo, no sólo con admiración y aplauso, sino hasta con espíritu de entusiasta colaboración? Y la respuesta, por más que parezca dura, no parece difícil de encontrar. Tal forma de hablar es aceptada y celebrada por el mundo *porque ya no se trata del lenguaje del Evangelio*, sino de algo distinto y más bien mundano: *Ellos son del mundo; por eso hablan según el mundo, y el mundo los escucha.*[70]

Cuando una virtud tan importante y sublime como es la pobreza se desnaturaliza, surgen situaciones de las que lo menos que se puede decir, utilizando un lenguaje eufemístico, es que son *ambiguas*. Es muy posible, y hasta probable, que el Mundo las aplauda con entusiasmo. Lo cual es suficiente para probar que tales situaciones (producidas tal vez de modo inconsciente por parte de quienes las realizan) han sido despojadas y vaciadas de su contenido cristiano: *Si fuerais del mundo, el mundo os amaría como cosa suya.*[71] Efectivamente *parecen* cristianas; si bien lo son en proporción menor a medida que más lo aparentan (de nuevo el *show*; cf Mt 6:1). El testimonio que aportan entonces es nulo en el mejor de los casos, y hasta cabe la posibilidad de que sea incluso negativo. Pues hay que tener en cuenta, por lo que respecta a la existencia cristiana, que el testimonio nulo, no sólo no parece tener sentido: *Nisi granum frumenti cadens in terram mortuum fuerit, ipsum solum manet;*[72] sino que incluso presenta un contenido peligrosamen-

---

[70] 1 Jn 4:5.
[71] Jn 15:19.
[72] Jn 12:24.

La Gran Tentación

te negativo: *Yo soy la vid y mi Padre es el labrador. Todo sarmiento que en mí no da fruto lo corta... Si alguno no permanece en mí es arrojado fuera, como los sarmientos, y se seca; luego los recogen, los arrojan al fuego y arden.*[73]

Sin pretender adoptar posturas que sólo a Dios corresponden, cual es la de enjuiciar intenciones (de nuevo conviene repetirlo), no parece probable que el gesto de la Madre Teresa de Calcuta, tan aireado por los *media* previamente preparados, de arrojar televisores por la ventana de alguno de sus conventos, haya convertido a nadie. Es difícil creer que las demostraciones espectaculares de pobreza, como las de cualquier virtud, puedan servir de testimonio cristiano ante el Mundo. Quizá alguien pretenda sostener que en casos semejantes no se trata de ofrecer un testimonio, sino de exigir simplemente que se cumpla una determinada virtud. Una pretensión, sin embargo, imposible de mantener, en cuanto que un gesto tan evidentemente publicitario no puede renunciar a su carácter esencialmente testimonial.

A este respecto, es claro que los cristianos habríamos de adoptar una actitud sospechosa ante los gestos espectaculares. Olvidamos fácilmente que Jesucristo los rehuía siempre por principio: se escondía cuando pretendían hacerlo rey, prohibía a los que curaba que pregonaran el milagro, vedaba a sus discípulos que dijeran que Él era el Mesías, se negaba terminantemente cuando alguien le exigía una demostración de Poder, etc., etc.... Es cierto que el Apóstol habla de que hemos sido constituidos *espectáculo* para el mundo, los ángeles y los hombres (1 Cor 4:9). Sin embargo, basta con leer el versículo en su totalidad, sin olvidar hacerlo también con los siguientes, para convencerse enseguida de que el concepto tiene en este caso un sentido absolutamente peyorativo y doloroso. También los cristianos fueron arrojados a las fieras en el circo romano, sirviendo de sangriento espectáculo para las muchedumbres. Asimismo, en la *Carta a los Hebreos* se exhortaba a los cristianos a recordar aquellos primeros días de su conversión *in quibus illuminati magnum certamen sustinuistis passionum; in altero quidem opprobriis et tribulationibus spectaculum facti...*[74]

La Madre Teresa de Calcuta, cuya condición de mujer extraordinaria no es objeto aquí de discusión, llevó a cabo en su vida diversos gestos cuyo carácter de testimonio cristiano, aun concediéndoles gustosamente la condición de bienintencionados, es sin embargo cuestionable. Como, por ejemplo, su discurso ante la ONU en favor de la Paz.

Es cierto que una mujer tan importante y universal como ella, Premio Nobel de la Paz, recibida con frecuencia y facilidad por los Jefes de Estado, o en audiencia

---

[73] Jn 15: 1–2.5–6.
[74] Heb 10: 32–33.

por el Papa, siempre podría contribuir favorablemente con sus palabras a una causa tan beneficiosa. Aunque el conjunto de circunstancias que suelen rodear esta clase de acontecimientos (y éste en particular) los hacen, por lo menos, dudosos en cuanto a los objetivos a lograr. Y como bastante endebles, en el mejor de los casos, en cuanto a su valor testimonial.

Todo el mundo sabe, por ejemplo, que la ONU es una cloaca infecta y un pozo sin fondo de corrupción. Donde a nadie le interesa el cristianismo, y donde se tomaría a chacota cualquier pretensión de reconocer el más mínimo valor, fundado en cualquier ética, por más que fuera meramente natural. Sin contar con que la gran mayoría de los oyentes son incluso enemigos declarados de los valores cristianos.[75] Creer que alguien allí iba a escuchar las palabras y exhortaciones de la Madre Teresa, o que se sentiría conmovido o convencido por ellas, es creer en los cuentos de hadas o en los fantasmas de los castillos.

Es lo cierto que nadie en su sano juicio, y con un mínimo de sentido común, estaría dispuesto a creer en un resultado positivo como consecuencia de tal conferencia. Haría falta una inconmensurable dosis de ingenuidad para creer que, a partir de ese momento, los líderes del Mundo, o iban a aceptar la Paz, o bien se pondrían inmediatamente a trabajar al respecto. Algunos tal vez pensarían que al menos se habrían allanado, siquiera en cierta medida, los caminos que conducen a tan feliz y deseada situación. Lo cual sería algo parecido a pretender conseguir el primer premio de una lotería, aunque sin molestarse siquiera en comprar boletos de participación.

Dicho lo cual, es necesario admitir que un evento, como es el de la tal conferencia, muestra un sentido enteramente ambiguo. ¿Qué es lo que podría haberse pretendido con ella...? ¿Convencer a los líderes mundiales...? Evidentemente no; y cualquiera que obre racionalmente no puede hacer otra cosa que reconocerlo así. Habrá que buscar, por lo tanto, otra explicación. ¿Se trata entonces de dar un testimonio de fe cristiana, exponiendo ante los Poderes del Mundo la necesidad de alcanzar la Paz, tal como se desprende de las enseñanzas y exigencias evangélicas...? Y la respuesta no puede ser de nuevo sino rotundamente negativa, puesto que también es imposible aceptar en modo alguno esta segunda justificación.

Ante todo, porque la Madre Teresa de Calcuta no hubiera podido hablar en esa ocasión *sino de la paz como la entiende el mundo, y en modo alguno como la*

---

[75]Claro que lo de *oyentes* es un modo de hablar, aunque aquí está dicho con cierta ironía. Es posible que tal vez la *oyeran*, aunque es muy dudoso que la *escucharan*. ¿No estará más cerca de la verdad pensar que la Madre Teresa, aunque sea doloroso decirlo, fue contemplada en esa ocasión de modo parecido a como se presencia un número de circo?

considera Jesucristo y la dejó a sus discípulos y seguidores (Jn 14:27).[76] Pretender otra cosa hubiera provocado un escándalo de carcajadas en el auditorio. Pero si eso es así, ¿qué significado podía tener la presencia en la ONU de la Madre Teresa...?

Pero hay algo más importante todavía. Pues sucede que *el Nuevo Testamento no habla nunca de la paz tal como la entiende el Mundo* (ausencia de guerras). Como no sea para desengañar a los ilusionados idealistas que, soñando con utopías, piensan que es posible acabar con las guerras en el presente eón (Mt 24: 6–7; Mc 13: 7–8; Lc 21: 9 y ss; 19: 43–44). O incluso para ironizar acerca de los ingenuos que, al fin de los tiempos, todavía seguirán hablando de la paz; y que sin embargo, en el momento menos imaginable y cuando más estén clamando por ella, serán sorprendidos por el más espantoso de los desastres (1 Te 5:3). De donde se deduce, si acaso todo esto es cierto y hablando ahora en román paladino: ¿De qué hablaba, y qué era exactamente lo que anunciaba ante la ONU la Madre Teresa...?

No queda sino pensar que la Madre Teresa, a pesar de las buenas intenciones que sin duda la animaban, hubo de ser otra víctima de los fuertes vientos de *show* que azotan a la Iglesia desde los tiempos del Vaticano II. Podemos estar seguros de que ella no fue consciente de la maniobra, aunque quizá ya no tanto con respecto a los que pudieron animarla. Todavía hay cristianos que piensan que el *show* es fuerza como argumento demostrativo, en la creencia de que el poder es siempre convincente. Olvidan que Jesucristo murió en una cruz, condenado por una humanidad que, en su mayor parte, lo sigue hoy despreciando. No quieren caer en la cuenta de que la fuerza del cristianismo, como único Poder a oponer al del Mundo, es la debilidad (*Mis caminos no son vuestros caminos*). Mientras que el verdadero discípulo de Jesucristo actúa siempre mirando a Dios, y nunca teniendo

---

[76]Lo que se desprende de ese texto es que Jesucristo parece desentenderse enteramente de la paz como la entiende el mundo; el Evangelio ya es un Cuerpo de Doctrina más que suficiente para que los hombres vivan en amorosa concordia. Por otra parte, textos como los de Mt 10: 34–35 y Lc 12: 51–53 (*non veni pacem mittere, sed gladium, etc.*), efectivamente no pueden referirse a la guerra o a la ausencia de guerras; pero es evidente que dejan claro que no es precisamente una *situación de tranquilidad* la que ha venido a establecer Jesucristo. San Agustín entendía la paz como la *tranquillitas ordinis* (en su *De Civ. Dei*, lib. 19, cap. 13); lo cual parece coincidir, por lo que respecta al orden, con el conocido *iustitia et pax osculatæ sunt* del Salmo 85:11. Pero el tal orden y la tal justicia con el consiguiente resultado de la paz, tan ansiados por la raza humana, no serán realidad para ella hasta que sean creados *unos cielos nuevos y una tierra nueva* (2 Pe 3:13).

en cuenta lo que pensarán o lo que dirán los hombres. Al contrario de los que viven según el Mundo: *Hacen todas sus obras para que les vean los hombres.*[77]

Habíamos dicho, en cuanto a la adquisición de *Riquezas* con vistas a la Evangelización, que el procedimiento podía llevarse a cabo de dos modos, aparentemente diferentes pero en el fondo coincidentes: mediante la acumulación de Dinero o por la adquisición de Poder. Ambos vienen a confluir en el mismo punto, como dijimos más arriba, al recordar el dicho de Quevedo según el cual *Poderoso Caballero es Don Dinero*; y al que podríamos dar la vuelta para decir que el Dinero apunta siempre hacia el Poder. Tampoco hace falta advertir que aquí nos referimos a conceptos y valores en su sentido más puramente mundano; como son el dinero, el poder, la influencia, etc. Pero, así como antes hemos hablado del dinero, como oposición a la pobreza y considerado como *objetivo primero* a conseguir; ahora, sin embargo, haremos lo mismo pero cambiando la perspectiva, la cual viene a ser en este caso la búsqueda del Poder como *objetivo más próximo* a lograr. Fácilmente se comprende que ambos propósitos buscan una sola y la misma cosa, a saber: el Poder, sin que sea necesario insistir en que todo ello se lleva a cabo con vistas a una mejor y más eficaz Evangelización. Solamente es cuestión de elegir uno de ellos como camino el más corto y fácil. Trataremos ahora de decir algo acerca del segundo.

Se puede pretender reunir un grupo de personas, lo más numeroso e influyente posible, con vistas a la Evangelización. Si el intento resulta exitoso, acaba consiguiendo un conjunto importante y *poderoso* de gente. Un gran ejército que en este caso sería de Jesucristo, si nos atenemos a las intenciones proclamadas por los organizadores.

---

[77]Mt 23:5.

La Gran Tentación 453

Algo parecido al intento de San Ignacio de Loyola, y aún más anteriormente al de San Francisco de Asís. Si bien debe anotarse la importante diferencia, entre uno y otro, de que *El Poverello* no pretendía ante todo formar un grupo *poderoso*, sino un conjunto *numeroso* de fieles imitadores de Jesucristo; aunque sin darse cuenta de momento, o tal vez lo hizo demasiado tarde, de la facilidad con que un grupo numeroso podría pasar a ser poderoso.

Pero ahora se trata de algo diferente. La mayor abundancia de medios y procedimientos permite proyectos más ambiciosos de aquéllos en los que soñaba, en su encendido amor a la Iglesia, el Fundador de la *Compañía*. Y de mucha más entidad de la que pudieron alcanzar las ingenuas ilusiones del Santo de Asís.

Sin embargo, es precisamente por esto último por lo que el problema adquiere tonalidades más graves. Las cuales seguramente serían merecedoras de una detenida y profunda reflexión; pero que no es de este lugar.

Ahora ya no resulta fácil suponer en tales proyectos el *a priori* de intenciones meramente evangelizadoras, a pesar de que las Familias Espirituales que siguen tales procedimientos lo proclaman con fuerza. Con todo, nos encontramos de entrada con la primera piedra de tropiezo. Pues *ahora sí que se pretende reunir un Cuerpo de Ejército poderoso*, aunque no se confiese de manera clara y explícita. Y de hecho ya existe alguna Familia Espiritual en la Iglesia que lo ha conseguido.

La dificultad en admitir el antedicho *a priori* se fundamenta sobre todo en la forma de proceder al enrolamiento de nuevos prosélitos. A los que se consigue alistar en gran número siguiendo un procedimiento de buen resultado. El cual consiste, como paso primero, en hacer tabla rasa de la Verdad Revelada y de todo lo que suponga impedimento para la nueva ideología, a saber: la Doctrina, la Tradición y el Magisterio de la Iglesia.

No es necesario decir que de esta forma se plantea un nuevo problema, todavía más grave y difícil de resolver. Ahora se trata de saber con exactitud cuál es el objetivo perseguido: si el de reunir un gran ejército como instrumento y arma eficaz de la Iglesia (estilo *Compañía* ignaciana, aunque con más poderío), o el de destruirla desde dentro. Otra nueva incógnita cuya solución tampoco es de este lugar.

El reclutamiento de grupos numerosos dentro de la Iglesia no es difícil de llevar a cabo. Para lo cual suelen utilizarse principalmente dos procedimientos, bastante efectivos aunque aparentemente antitéticos.

El primero de ellos, que ha dado lugar al enorme desarrollo y rápida expansión de ciertas Familias Espirituales, viene a consistir, en líneas generales, en la difusión de programas deslumbrantes y llamativos que comportan grados de exigencia bajo mínimos. Pregonan una espiritualidad de *aguachirle*, suficientemente descafeinada, y que suele tener gran éxito entre los que gustan de sentirse comprometidos a través de una espiritualidad que, en realidad, no exige nada. Pero que suena agradablemente, además de estar bien considerada en el mercado internacional de la teología *progre* y del catolicismo *liberado*. Por otra parte, los organizadores de estos Movimientos acostumbran a escribir libros de espiritualidad, más bien desnatada, *suave al paladar*, y un tanto desleida, en la que abundan los tópicos de moda: el amor (entendido sin problemas y al gusto de hoy), la solidaridad, el compromiso con los pobres, los valores humanos..., etc. Todos los cuales poseen la particularidad, como no podía ser de otro modo, de atraer a los partidarios de una religión no muy exigente y en absoluto comprometedora. La auténtica verdad es que en defi-

La Gran Tentación

nitiva estos Grupos carecen de entidad y de contenido, a excepción de su extraordinaria facilidad para reunir gente que intervenga (y haga bulto) en encuentros, paradas y espectáculos litúrgicos y pastorales de gran calado (*shows*). Además de las muchas prerrogativas y prebendas que, como es lógico, gozan sus organizadores; los cuales suelen ser nombrados Miembros Capitostes, Consejeros de Comisiones de Alta Burocracia Eclesiástica, Presidentes (con honor o sin él) de una barahúnda de Asociaciones inútiles, etc. Cualidad que, sin embargo, les proporciona el suficiente predicamento para ser solicitados de todas partes, a fin de ir proporcionando los beneficios de su *espiritualidad* y de su *experiencia* apostólica *urbi et orbi*.

El segundo procedimiento de alistamiento, de resultados mucho más prácticos que el anterior, tiene bastante que ver con los métodos seguidos por las sectas y herejías a través de los tiempos. Aparentemente contrario al precedente, se caracteriza por profesar vigorosas creencias y exigir fuertes compromisos. Conminando además a prestar a todos ellos una fe ciega que, sin embargo, guarda escasa relación con la correspondiente virtud teologal.[78]

Enarbolando la bandera de un cristianismo tanto más auténtico cuanto más radical, predican estos Grupos un catolicismo según ellos genuino y exigente, el cual pronto consigue por todas partes multitud de núcleos de adeptos incondicionales. Integrados por lo general por gente sencilla y bienintencionada, convencida de haber encontrado, por fin, la verdadera expresión y la vivencia de una fe que creía perdida para siempre. Fácilmente puede comprenderse que estos Movimientos se aprovechan del estado de crisis en el que se encuentra la Iglesia; y por cuya causa un pueblo sencillo, por lo de-

---

[78] La fe de que aquí se habla no es precisamente la virtud a la que se refiere Heb 11:1: *Est autem fides sperandorum substantia, rerum argumentum non apparentium*. Se trata más bien una creencia y confianza incondicionales, más bien próximas al fanatismo, en la persona del fundador del Grupo.

más casi desesperanzado, se siente impulsado a buscar algo seguro dondequiera que se encuentre.

Proponen estos Grupos, como solución, un catolicismo que en realidad viene a ser una nueva religión. Su éxito entre la gran masa de cristianos se fundamenta, como hemos dicho arriba, en la utilización de métodos y procedimientos que recuerdan a los empleados por las sectas y herejías. Con lo que se da lugar a la edificación de un conjunto de nuevas creencias, aparentemente más genuinas y más acordes con un cristianismo pretendidamente *primitivo*; pero en cuyo fondo se encuentra el aprovechamiento de argucias y métodos que, además de que parecen convenir mejor a la naturaleza humana, son aceptados más fácilmente por ella. Nos referimos a la naturaleza humana caída, por supuesto; la cual es justamente la misma que, a pesar de las reparaciones inducidas en ella por la gracia, es todavía víctima de la concupiscencia y conserva su tendencia al pecado. Así se hace posible erigir un conjunto de dogmas y prácticas cuyo fondo común no es otro que el alejamiento de la Cruz. Y sin vacilar para ello en fabricar la idea de un Dios nuevo, más Padre, más Bondadoso y Misericordioso, menos Justiciero y Vengador, y autor de una religión más acorde con un ser humano que huye por instinto del sacrificio y del esfuerzo. Por fin queda muy atrás el aviso de Jesucristo, según el cual, *¡qué angosta es la puerta y estrecho el camino que conduce a la Vida, y qué pocos son los que la encuentran!*[79] Por no hablar de la exhortación del Apóstol acerca del cuidado a poner en no dejar sin contenido (vaciar) la Cruz de Cristo (*ut non evacuetur crux Christi*).[80] Al final se viene a desembocar en un catolicismo de guitarra y de música pop, de exaltación de una Comunidad que ya no necesita de sacerdotes, en la práctica de un Culto que susti-

---

[79] Mt 7:14.
[80] 1 Cor 1:17.

tuye la idea del Sacrificio por la de la solidaridad entre los hombres, y en la proclamación de un Gozo en el Espíritu Santo (ahora convertido en instrumento a utilizar *self-service*) pero transmutado en los jolgorios y algaradas *místicas* de una comunidad *enfervorecida*, en la que el Dios de la Alegría ha sido sustituido en definitiva por el Dios de la Jarana.

El Movimiento del *Camino Neocatecumenal* es, sin duda alguna, la Familia Religiosa más influyente que existe hoy en la Iglesia, incluso a gran distancia de las restantes más conocidas y más extendidas. Algunos suelen decir (no sabemos hasta qué punto con exageración) que su fundador, Kiko Argüello, es más poderoso que el mismo Papa; puesto que cuenta con un inmenso número de seguidores en todo el mundo, todos ellos adictos *incondicionales*, y de una confianza tan ciega en el fundador como para no poner en modo alguno en tela de juicio cualquiera de sus consignas. A Kiko Argüello acompaña Carmen Hernández como cofundadora del Movimiento, de manera que ambos son considerados como los cerebros de la Organización a partes iguales; aunque suele ser Kiko Argüello quien acostumbra hacer de Cabeza visible.

No existe todavía, que sepamos nosotros, bibliografía suficiente acerca de la espiritualidad de este Movimiento. Por otra parte, los Documentos emanados de la propia Organización se encuentran celosamente protegidos, y son de imposible acceso a los profanos: un esoterismo que se parece bastante —es forzoso reconocerlo— a los procedimientos de las sectas; las cuales, al igual que el Movimiento del Camino Neocatecumenal, han reservado siempre sus escritos y Manuales de instrucción para los *iniciados*. De ahí que nos haya sido imposible consultar de primera mano las *Orientaciones a los Catequistas para la Fase de Formación*, Documento capital a lo que parece acerca de la espiritualidad del Movimiento.[81] Por lo que hemos tenido que acudir a las diversas declaraciones de Kiko Argüello (y de algún inmediato colaborador suyo), esparcidas aquí y allá en revistas y testimonios de ruedas de prensa. En cuanto a estudios más amplios, solamente hemos podido consultar una serie de artículos de Mark Alessio,[82] publicados en la revista norteamericana *Catholic Family News*, además de las referencias que hemos podido conseguir de

---

[81] Aquí lo vamos a designar con el nombre abreviado de *Catecismo*.

[82] Mark Alessio fue durante bastantes años un miembro destacado del Movimiento Neocatecumenal.

dos libros de Enrico Zoffoli: *Herejías del Movimiento Neocatecumenal* y *Catequesis Neocatecumenal y Ortodoxia del Papa.*[83] Algunos de estos testimonios han tenido que ser traducidos del inglés por nosotros mismos; si bien garantizamos la fidelidad a los originales y la veracidad de unos y otros.[84]

En su Carta Apostólica *Ecclesia in America*, del año 1999, el Papa Juan Pablo II explicaba los principios subyacentes a la Nueva Evangelización como *el compromiso de llevar a cabo, no una re-evangelización, sino una nueva evangelización: nueva en entusiasmo, en métodos y en su expresión.*

Donde es de notar el peligro de ambigüedad que acecha a unas palabras pronunciadas sin duda con la mejor voluntad. De hecho ya hubo quienes interpretaron lo de la *nueva evangelización* al pie de la letra. Aunque, en realidad, de todos es sabida la facilidad con que suele pasar la Lógica de lo *nuevo* a lo *diferente*. Enteramente diferente, aseguran algunos; a no ser que estemos dispuestos —así dicen— a resignarnos a lo mismo.

Sin embargo la Iglesia se ha visto empeñada, durante más de veinte siglos, en guardar el *Depósito* de una Revelación considerada siempre como intangible.[85] Es cierto que el buen escriba saca oportunamente de su tesoro *nova et vetera* (Mt 13:52); pero con tanto cuidado, sin embargo, como para procurar que las *nova* no ahoguen ni desplacen a las *vetera*. Quedarían invalidadas las unas y las otras. Por lo demás, *nihil innovetur nisi quod traditum est*, decía San Vicente de Lerins en el siglo V. Incluso antes parece que el tema ya le preocupaba a San Pablo: *O Timothee, depositum custodi.*[86] De donde no son de extrañar, por lo tanto, las graves advertencias del Apocalipsis: *Si alguien añade algo a ellas* [las palabras proféticas de este libro], *Dios enviará sobre él las plagas descritas en este libro. Y si alguien quita alguna de las palabras de este libro profético, Dios le quitará su parte en el árbol de la vida.*[87]

---

[83] Los libros del P. Enrico Zoffoli fueron presentados a varios Obispos y Cardenales y en las Altas Esferas Vaticanas, incluido el mismo Papa. Pero no fueron tenidos en cuenta.

[84] Añadamos la advertencia importante de que el presente escrito no pretende ser un estudio completo, ni aun siquiera medianamente resumido, acerca de la espiritualidad de este Movimiento. Intenta ser un mero y breve resumen, a modo de ilustración del presente capítulo del libro, en el que de intento hemos procurado extendernos lo menos posible. Entre otras cosas, por lo desagradable del tema.

[85] Es de notar que el vocablo *depósito* evoca la idea de algo que ha de ser guardado y mantenido como intocable, tanto en su integridad como en su esencia.

[86] 1 Tim 6:20.

[87] Ap 22: 18–19.

La Gran Tentación

En cuanto a la determinación y contenido exacto de las *vetera* y de las *nova*, o el modo y manera de manejarlas y su correcta interpretación, es algo que solamente compete al Magisterio auténtico de la Iglesia. De tal manera que ninguna persona individual, pero absolutamente ninguna, puede arrogarse el derecho de llevar a cabo tal operación. A pesar de lo mucho que se sienta a sí misma y se diga inspirada por el Espíritu Santo; de tal modo que aun admitiendo la (absurda) hipótesis de que tal cosa fuera cierta, sería de todos modos imposible de autenticar. Por lo que nadie podría sentirse obligado a aceptar tales cambios.

Sin embargo, el Movimiento llamado del *Camino Neo-Catecumenal* no ha tenido inconveniente en elaborar un nuevo concepto de la Historia de la Religión. E incluso acerca de algo más importante todavía, cual es el Sacrificio de la Misa; nada más y nada menos:

> *El hombre primitivo* —dicen los fundadores— *"ha conocido desde siempre fenómenos y cosas que le sobrepasaban: tormentas, enfermedades, muerte, etc., viéndose en la necesidad de encontrar algún refugio a fin de librarse, de alguna manera, de poderes que consideraba superiores a él". Mediante un esfuerzo para dominar a estas fuerzas superiores, el hombre "creó una religión; edificó un templo y un altar y puso ante ellos a un sacerdote". Con la legalización de la Cristiandad bajo el emperador Constantino, hordas de paganos defectuosamente catequizados irrumpieron tumultuosamente en la Iglesia, trayendo consigo sus creencias paganas; particularmente la idea, inducida por el temor, del sacrificio sangriento, capaz de conseguir el favor de los poderes más superiores. Estos casos de "religiosidad natural" corrompieron la celebración de la Misa; de tal manera que se convirtió en un modo de ofrecer cosas a Dios con el fin de apaciguarlo. Como consecuencia, "hay algo en estas misas de paganos que van a ser contempladas en la liturgia cristiana: la idea del sacrificio. Se trata de una regresión total al Antiguo Testamento, el cual había sido superado hasta por el mismo Israel".*[88]

Por si estos conceptos acerca de la Religión y de la Misa no hubieran quedado claros, veamos algún otro texto del *Catecismo*, documento principal, al fin y al cabo, expositor de la espiritualidad del Movimiento:

---

[88] Citado por Mark Alessio y traducido por nosotros del texto inglés.

"Así llegamos a un conjunto total de ideas introducidas en la liturgia desde la religión natural: el ofrecimiento de cosas a Dios con el fin de aplacarle, sacrificios, corderos, ofrendas, etc. También Israel llevó a cabo esta serie de cosas en su culto sacrificial; aunque poco a poco Dios lo fue conduciendo, desde los sacrificios y templos, a una liturgia de alabanza y glorificación y a la gran espiritualidad de la Pascua. El nuevo Pueblo de la Iglesia volvió a lo que el Pueblo de Israel había dejado atrás; y así fue como los ritos paganos aparecieron en la liturgia Cristiana".[89]

El rechazo del *Camino Neocatecumenal* al concepto de la Misa como *sacrificio incruento* es total:

"¿Acaso requiere Dios la sangre de Su Hijo y de Su Sacrificio para aplacarse a Sí mismo? Pero ¿qué clase de Dios hemos hecho? Hemos llegado a creer que Dios aplaca su ira con el sacrificio de su Hijo a la manera de los dioses paganos".[90]

Según la visión que comparten del mundo los fundadores del *Camino* —sigue diciendo Mark Alessio— la Misa degeneró rápidamente, desde un fervoroso e inspirado banquete de alabanza, hasta una rutina supersticiosa repleta de imágenes destructoras en las que entraba la idea de *sacrificio*. De ahí que los Neocatecumenales piensen haber encontrado el modo de traer de nuevo a la Iglesia al buen camino; sobre todo mediante la recuperación, entre otras cosas, de la primitiva alegría de los *banquetes* cristianos.

La descripción de las *Eucaristías* Catecumenales[91] nos llevaría de la mano a un conocimiento más pormenorizado de lo medular de la espiritualidad del Camino. Pero dado que tal cosa excedería los propósitos de este capítulo, nos vamos a limitar a enumerar un breve resumen de los puntos fundamentales del tema.

---

[89] Traducido por nosotros del texto inglés.

[90] Traducido por nosotros del texto inglés.

[91] El Movimiento Catecumenal evita con sumo cuidado la utilización de la palabra *Misa*, sustituyéndola por la de la *Eucaristía*. Si bien es justo reconocer que sigue en este punto las tendencias de toda la actual teología *progre*, inficionada de modernismo. En último término, se pretende borrar toda memoria de la Misa como el memorial del Sacrificio del Calvario, hecho realidad *hic et nunc* en forma incruenta y en modo alguno como mero recuerdo o símbolo.

La Gran Tentación

En términos generales, se trata de sustituir una Liturgia teocéntrica por otra antropocéntrica. Para lo cual todo ha sido estudiado y dispuesto con gran detalle. Las *Eucaristías* son asambleas festivas extraordinariamente bulliciosas y movidas. Jamás celebradas en el templo (y en las que no se permite la entrada a los profanos), la figura del sacerdote ha perdido en ellas toda relevancia (conforme a la doctrina de la negación de la constitución jerárquica de la Iglesia): la predicación ha sido sustituida por las intervenciones espontáneas de (casi todos) los presentes, en sucesión interminable de larga duración; mientras que al sacerdote quedan reservadas unas breves palabras finales, cuyo objeto no es otro que el de poner el broche final a los discursos de los laicos. En tales asambleas la Presencia de Cristo en el Sacramento Eucarístico ha dejado de ser creencia, y de ahí que haya perdido todo carácter de sacralidad; los fieles reciben sentados la Eucaristía, sin preocupación alguna por la significación del pecado, en la conciencia de que están celebrando meramente un acto de solidaridad comunitaria.[92] En definitiva, todo vestigio de sacralidad ha sido eliminado de estas asambleas, mientras que ha sido sustituido, en cambio, por la alegría de una Comunidad (guitarras, canciones, música pop, etc.) que se dice animada por el Espíritu, pero que en realidad ha convertido el Sacrificio del Calvario en una parranda bulliciosa. Y es que el hombre ya no necesita a Dios para sus ágapes: puede organizar sus cuchipandas por sí solo y a su exclusivo gusto.

De todas formas, puesto que la especificación de cada uno de estos puntos nos llevaría demasiado lejos, no hay sino limitarnos a redactar una lista, bastante resumida pero fidedigna, de *algunas* de las proposiciones que establecen las bases de la espiritualidad neocatecumenal. La lista está basada principalmente en el *Catecismo* neocatecumenal y no pretende ser exhaustiva:

1. Cristo no ha llevado a cabo ninguna redención.

2. El pecado no es posible, puesto que el hombre no puede evitarlo.

3. Jesús no puede haber satisfecho a la misericordia de Dios, puesto que Él es solamente misericordia que perdona.

4. Jesús no se ha ofrecido como víctima por los pecados del mundo. Sobre la cruz no ha realizado ningún "sacrificio".

5. La Iglesia no es una sociedad jerárquica jurídicamente constituida, sino una sociedad carismática.

---

[92]Para Kiko Argüello, las Eucaristías celebradas sin el concurso de Asamblea no son válidas. Y en cuanto a la Eucaristía recibida fuera de la Misa, no es otra cosa para él que una *comunión en conserva*.

6. En la Iglesia no se confiere un sacerdocio derivado del sacramento del Orden, puesto que el Bautismo basta para incorporar todo el mundo a Cristo, único y supremo sacerdote.

7. Sobre el altar no se ofrece ningún "sacrificio", puesto que no ha sido jamás celebrado por Jesús.

8. No hay Eucaristía sin la asamblea que la proclame... Es de esta asamblea de la que surge la Eucaristía.

9. La "transubstanciación" no es un dogma de fe; sino una mera tentativa de los teólogos destinada a explicar el "modo" de presencia de Cristo.

10. La presencia verdadera, real y substancial de Cristo en la Eucaristía no puede aceptarse; así como tampoco es creíble el pretendido prodigio de la "transubstanciación": las partículas que sobran o caen del altar no contienen tal presencia y por lo tanto no son merecedoras de adoración.

11. La confesión es pública y comunitaria.

Etc., pues ya hemos dicho que esta lista no pretende en modo alguno ser exhaustiva. Ni tampoco es de este lugar (ni somos los habilitados para hacerlo) llevar a cabo un estudio crítico de la espiritualidad, o de la teología, del Movimiento Neocatecumenal. Suponiendo que a tal ideología le puedan ser aplicados los calificativos de espiritualidad o de teología. Lo único que aquí interesa es lo referente al contenido del presente capítulo. Porque la elaboración de una religión, hecha por el hombre para el mismo hombre, en la que se prescinde de motivaciones sobrenaturales y sobre todo del alegato de la Cruz, y en la que se apela a las tendencias más peculiares que surgen de una naturaleza humana caída que prescinde de la Gracia (por más que se arrogue la posesión del Espíritu)..., es evidentemente una formidable herramienta para la adquisición del Poder. Como los hechos están demostrando de manera inequívoca.

Algo que llama poderosamente la atención, a primera vista y prescindiendo de cualquier espíritu crítico, es que el Cristianismo haya necesitado más de veinte siglos —hasta la venida al mundo de Kiko Argüello y de Carmen Hernández— para conocerse a sí mismo. Millones de cristianos han vivido durante todo ese tiempo engañados y viviendo en el mayor de los errores. Cabe preguntarse si Dios ha obrado justamente retardando la aparición de tales Guías de la Verdadera Cristiandad, impidiendo así que tantos seres humanos de buena voluntad hayan ignorado la verdad y dejado de saborear y vivir el auténtico Cristianismo: ¡Durante más de

La Gran Tentación 463

veinte siglos! No hay sino reconocerlo: sin duda alguna, la Historia de la Humanidad está plagada de misterios insolubles.

Otro motivo de extraordinaria admiración suscitado por el Movimiento Neocatecumenal, en su empeño en desterrar del Cristianismo todo vestigio de *Cruz* o de *Sacrificio* —la conversión del *Siervo Sufriente de Yavé* en el *Cristo del Jolgorio*[93]—, es la comprobación del hecho inaudito de que, durante tanto tiempo, la Cristiandad haya tenido como Apóstol e inspirado a un hombre tan equivocado como San Pablo. El Apóstol de los Gentiles llegó a sentirse molesto en alguna ocasión, y hasta reaccionó con impaciencia. Ante algunos que le acusaban de insistir en las prácticas de la circuncisión, y de volver a doctrinas ya superadas (algo que parece que suena, si se piensa en el tema que tratamos), exclamaba con furia: *En cuanto a mí, hermanos, si [dicen] que predico aún la circuncisión, ¿por qué me persiguen todavía? Entonces habría desaparecido el escándalo de la Cruz. ¡Ojalá se mutilaran los que os inquietan!*[94] Todavía andan por ahí algunas monjas *exegetas* que aseguran —a propósito del feminismo— que la Biblia, por supuesto, no es machista; pero que efectivamente sí que lo era el Apóstol. De acuerdo, porque hay gente para todo y hasta alguien podría ejercitar la paciencia y no darse por enterado. Sin embargo lo presente es mucho peor: ¡Empeñarse en defender a toda costa *el escándalo de la Cruz*!... E igualmente también andaba el Apóstol profundamente equivocado; queremos decir en cuanto al modo de llevar a cabo su ministerio: *Porque Cristo no me envió a bautizar, sino a evangelizar; y no con sabiduría de palabras, a fin de que no se desvirtúe la Cruz de Cristo.*[95] Algunos hablan de lo que ellos llaman la *suerte histórica*, refiriéndose a la fortuna de haber nacido antes que otros (o en otras ocasiones, en haber nacido después). Por lo cual, en lo referente a este caso, no hay sino compadecer a un Apóstol como San Pablo quien, habiendo sufrido la mala suerte de nacer con veinte siglos de anticipación, no pudo enterarse de que la cruz y el sacrificio son conceptos paganos que nada tienen que ver con el Cristianismo. Una lástima; porque en su locura llegó incluso a considerar como *enemigos de la Cruz*, y hasta como *vividores*, a aquéllos que la despreciaban: *Porque muchos (ésos de quienes con frecuencia os hablaba y os hablo ahora llorando) se comportan como enemigos de la cruz de Cristo: su fin es*

---

[93] El Cristo del Jolgorio no es una nueva advocación de Cristo venerada por los andaluces, ni una nueva Cofradía de la Semana Santa Sevillana; sino el Cristo de la Nueva Evangelización, cuya tarea tiene encomendada el Movimiento Neocatecumenal.

[94] Ga 5: 11–12.

[95] 1 Cor 1:17.

la perdición, y su dios es el vientre.[96] Y sin embargo (cosa inaudita) todavía hay quien cree que sus escritos son inspirados...

Según lo dicho más arriba, aquí no corresponde hacer un estudio teológico-crítico del *Camino*. Sería improcedente, sin embargo, dejar de citar los cánones del Concilio de Trento, donde aparecen *definiciones dogmáticas enteramente opuestas a las doctrinas del Movimiento Neocatecumenal*. Puede consultarse al respecto la Sesión XXII del Concilio (DS., 1738 y ss.), poniendo especial atención en los cánones 1 a 9 (DS., 1751–1759). Teniendo en cuenta además una advertencia importante. Porque si alguien se atreve a decir, como ahora suele hacer con frecuencia e impunidad la teología *progre*, que las declaraciones de Trento responden: o a circunstancias históricas y eventuales que ahora ya no tienen actualidad ni justificación; o que se expresaba en un lenguaje, propio de la filosofía de su tiempo, ahora ya obsoleto y que nadie admite..., *las consecuencias serían desastrosas*. En cuanto que las mismas consideraciones podrían hacerse, con respecto al futuro, para todos los Concilios de la Iglesia, incluidos los más modernos. *Con lo que habría dejado de tener credibilidad, y por lo tanto quedaría anulado, todo el Magisterio de la Iglesia.*

En vista de lo cual, y aun teniendo en cuenta que lo dicho aquí no es sino una breve sinopsis del ideario del *Camino*, no cabe sino formular una pregunta obligada que recaba, a su vez, una respuesta también de carácter obligatorio. Las doctrinas sostenidas por el Movimiento llamado el *Camino Neocatecumenal*, ¿pueden ser consideradas como ortodoxas, o son más bien de carácter herético?

Y la respuesta, evidentemente delicada, es sin embargo clara y contundente. Si nos atenemos a lo que los teólogos han conocido siempre bajo la denominación de *herejía material*, la respuesta es afirmativa. Los hechos son tan evidentes y rotundos que si alguien, no obstante, se empeña en negarlos es sencillamente porque quiere.

En cuanto a la también conocida por los teólogos con el nombre de *herejía formal* (la herejía obstinada y subjetivamente culpable), no nos corresponde a nosotros decidirlo, en cuanto que es una función que compete exclusivamente a la Jerarquía y al Magisterio de la Iglesia.

Con tanta más razón cuanto que el día 19 de Noviembre del 2005, el Papa Benedicto XVI recibió en audiencia privada a Kiko Argüello y Carmen Hernández. A resultas de la cual, el día 22 del mismo mes y año, el Movimiento Neocatecumenal emitió un comunicado en el que ambos fundadores afirmaban que *el Pontífice les había expresado el apoyo a sus esfuerzos; especialmente al proyecto de extender el Evangelio a las regiones más descristianizadas del mundo, y particularmente de Europa.*

---

[96] Flp 3: 18–19.

La Gran Tentación 465

Por otra parte, con fecha 1 de Diciembre del mismo año, el Prefecto de la Congregación para el Culto Divino y Disciplina de los Sacramentos, Cardenal Francis Arinze, publicó una Carta Documento dirigida al Movimiento Neocatecumenal. En ella se hacen varias concesiones, precisiones y observaciones al espíritu y a la liturgia del Movimiento. Tales concesiones, siempre con vistas a una posible aprobación futura del Movimiento, han sido otorgadas *ad experimentum* con validez para dos años. La respuesta oficial al Documento, llevada a cabo en forma de entrevista a la revista *Zenit* (1 de Enero del 2006) recayó sobre Giuseppe Gennarini, principal *Responsable* del Movimiento en los Estados Unidos; posee en general un aire triunfalista de congratulación y, tal como era de esperar, trata de hacer que aparezca como definitiva la posible aprobación de la Santa Sede.

A todo lo cual es justo añadir que el Movimiento cuenta con la simpatía de numerosos Cardenales y multitud de Obispos por todo el mundo. Además de mantener en la actualidad numerosos Seminarios, tanto en Europa como en América, destinados a la formación de candidatos al sacerdocio en número cada vez más creciente.

Como puede verse, y tal como siempre debe suceder, la palabra definitiva la tiene la Jerarquía de la Iglesia, única entidad a la que corresponde la responsable y delicada Misión Magisterial. Es cierto que mientras tanto, y dada la evidencia de hechos tan palpables aparentemente tan opuestos, tanto en doctrina como en práctica a un Cristianismo de veinte siglos, la actitud de numerosos católicos de buena voluntad no es otra que la de *perplejidad*.

Sin embargo, y aunque parezca increíble, hechos semejantes no es la primera vez que ocurren en el seno de la Iglesia. La cual, como no podía ser de otra manera, siempre ha salido adelante en medio de tan azarosos acontecimientos. En general, si los problemas parecen adquirir a veces tintes sombríos para muchos, tal cosa se debe a que la gran masa del Pueblo cristiano desconoce la Historia de la Iglesia.

A propósito de lo cual, tal vez convenga recordar los sucesos que conmovieron a la Iglesia a propósito del aragonés Miguel de Molinos (1627–1696), fundador del *quietismo* y condenado al fin como hereje por la Inquisición Romana y el Papa Inocencio XI. Aunque antes de lo cual gozó de inmensa fama y fue grandemente considerado en los más altos ambientes eclesiásticos. Dado lo revelador y ejemplarizante de los acontecimientos,[97] quizá sea suficiente citar aquí un texto de Marcelino

---

[97]Por no hablar de la rápida extensión con la que se propagó en toda la Iglesia Universal la herejía arriana (*un buen día, toda la Iglesia se vio a sí misma convertida en arriana*); o en España la del priscilianismo; y de nuevo en todo el mundo la Reforma Protestante, con la conmoción y tremendos acontecimientos que las acompañaron.

Menéndez Pelayo (en su *Historia de los Heterodoxos Españoles*, V, I–VIII, donde puede consultarse con abundantísima documentación histórica y que no vamos a repetir aquí). Al fin y al cabo, *Historia est Magistra Vitæ*:

> *No todos, ni a primera vista, descubrieron el veneno encerrado en la "Guía".*[98] *El Arzobispo de Palermo no tuvo reparo en ensalzarla y recomendarla a sus diocesanos en una pastoral que dio en 1687. Y entre los devotos de Roma y de Nápoles llegó Molinos a ser considerado como un oráculo. Continuamente recibía cartas de adhesión a su método. Declaráronse abiertamente por él los Cardenales Coloredi, Ciceri y, sobre todo, Petruzzi, Obispo de Iesi, a quien llamaban el "Timoteo" de Molinos. Otros Cardenales, v.g., Casanata, Carpegna, Azzolini y D´Estrées, sin haber hecho prolijo examen del libro, se honraban con la amistad del autor. Muchos eclesiásticos vinieron a Roma a aprender de él su método, y casi todas las monjas, excepto las que tenían confesores jesuitas, se dieron a la oración de "quietud", tal como se explica en la "Guía". El Cardenal D'Estrées, para mayor crédito de la doctrina, hizo trasladar en italiano un libro de Francisco Maraval: "Practique facile pour éléver l'ame a la contemplation, en forme de dialogue", obra que muchas veces había sido impresa en Francia y que parecía conforme con la doctrina de Santa Teresa. Petruzzi publicó al mismo tiempo muchos tratados y cartas en apoyo de Molinos. Si hubiéramos de creer algunas relaciones de aquel tiempo, el Papa mismo estaría prevenido en favor de Molinos, y pensó en darle el capelo.*

En definitiva, la preocupación por lo que el Evangelio engloba con el nombre de *Riquezas,* con las que llevar a cabo una mejor Evangelización, realizada a su vez con buenas o con malas intenciones (con buenas intenciones siempre, si hemos de creer a los que las procuran), suele acabar definitivamente en el desastre. Parece que la sentencia del Señor, pronunciada como a modo de maldición, se cierne sobre tales intentos: *No podéis servir a Dios y a las riquezas.* Todo parece indicar que el Poder, el Dinero, la Amistad con el

---

[98] *Guía Espiritual que desembaraza el alma y la conduce al interior camino para alcanzar la perfecta contemplación.* Es el Manual Ascético, escrito por Molinos y que viene a ser el *Catecismo* del quietismo.

Mundo y la utilización de sus procedimientos, no cuadran bien con el Evangelio.

Es algo así como si asistiéramos a la contemplación de un extraño fenómeno. Por un lado, el hombre empeñado en hacer que las cosas sean más *humanas*, más fáciles y más confortables: incluida la salvación; sin vacilar en fabricar una exclusiva *para este mundo*, en el caso de que la que pudiera llevar a otro fuera demasiado difícil. Por otro lado, está el Evangelio predicado por Jesucristo; del que es imposible remover las ideas del escándalo de la cruz y de la senda angosta y empinada, como únicos modos de salvación.

Por supuesto que la búsqueda de una segunda vía, o la del camino fácil, procede de tiempos mucho más remotos de lo que parece. Es tan antigua como el cristianismo mismo, aunque en realidad es incluso anterior; y ya el mismo Diablo se la había propuesto a Jesucristo:

El Diablo lo llevó a la Ciudad Santa y lo puso sobre el pináculo del Templo. Y le dijo: "Si eres Hijo de Dios, arrójate abajo. Pues escrito está:

> *Dará órdenes a sus ángeles sobre ti,*
> *para que te lleven en sus manos,*
> *no sea que tropiece tu pie con alguna piedra".*[99]

Es evidente que el Demonio, desde su punto de vista, tenía toda la razón. Un milagro espectacular, realizado en el mismo Templo en el momento de mayor concurrencia de gente, causaría tal estupefacción y tanto asombro que sería convincente por sí solo. Sin necesidad de sacrificios ni de más dificultades. En último término se pretendería facilitar las cosas a la gente, a fin de evitar hacer de la

---

[99] Mt 4: 5–6, citando el Salmo 91.

fe algo tan problemático y *oscuro* como es ahora. O dicho con otras palabras, salvación para todos y sin esfuerzo para nadie; ni siquiera para el Salvador.

Sin embargo, ¿sería tal milagro ciertamente convincente...? ¿Acaso se puede convencer acerca de las cosas de arriba utilizando como instrumento único y exclusivo las cosas de abajo...?

Lo más asombroso de este asunto es que la sugerencia del Diablo ante el pináculo del Templo, y los intentos de poner la confianza en los instrumentos mundanos —con las mejores intenciones, por supuesto— vienen a coincidir en lo mismo, a saber: en el empeño de hacer las cosas más fáciles y más asequibles, alejando del horizonte de la actividad humana todo lo que pudiera parecer molesto, hiriente o duro de realizar; sencillamente.

En último término, desde que el hombre ha conseguido ser dueño de sí mismo, ya no necesita de nada que le pueda estorbar como elemento alienante. Ahora en que al fin la religión se ha convertido en algo razonable y *racional*, ya no son necesarios la Cruz ni el Sacrificio. *Mis caminos no son vuestros caminos, dice el Señor*. En efecto; aunque para muchos hombres, los suyos propios sean los mejores.

La búsqueda de las *Riquezas*, o el empeño en emplear los mismos instrumentos que el mundo utiliza con resultados tan *efectivos*, tal vez se haga con la buena intención de hacer una Evangelización también más fácil y eficaz. Y efectivamente, pues los hombres siempre han tenido una predilección por lo más cómodo y sencillo. De ahí que la mayoría elija siempre las sendas anchas y fáciles, que son aquéllas por las que se camina con más holgura. Una observación *sociológica* que ya hizo Jesucristo, aludiendo una vez más al comportamiento humano. Y aun para complicar más las cosas, tuvo la ocurrencia de advertir que esa senda es precisamente la que conduce a la perdición; añadiendo además, como si eso no fuera suficiente, que la única que conduce a la vida es tan angosta y empinada que son muy pocos los que caminan por ella.

La verdad es que desde entonces los hombres habríamos hecho bien en desconfiar de lo fácil. Al menos por lo que respecta al camino o trayectoria que cada uno hemos de transitar en nuestra existencia. Desde el desaguisado del Paraíso Terrenal, y desde que Dios tuvo la ocurrencia de intervenir Él personalmente para arreglarlo, las cosas se pusieron bastante difíciles. Lo que en modo alguno quiere decir que se volvieron desafortunadas. Ambos conceptos son tremendamente distintos, si bien se examina. El vocablo *difícil* también puede aludir a cosas como arriesgado, emocionante, apasionante, dinámico, temerario, audaz, arrojado, resuelto, intrépido... En definitiva, una serie de condicionantes que, al integrarse dentro del conjunto de la vida humana, pueden convertirla en *abundante* (Jn 10:10), llena de sentido..., y extrañamente feliz: ahora el hombre puede compartir la existencia, la vida, la muerte y la inaudita y misteriosa *Aventura* del destino de Jesucristo. La única circunstancia que, tanto en este mundo como en el otro, es capaz de conducir al hombre al fruto más inmediato que se deriva del Amor: el de la Alegría Perfecta.

4. En el que, con sencillez no exenta de cierta ingenuidad, se habla de los métodos de Evangelización que Jesucristo consideraba como los mejores

Pero demos de lado definitivamente al problema de la maldad o bondad de las *Riquezas*. Por otra parte, las Riquezas *en sí mismas* no pueden ser malas. Al fin y al cabo, fue el mismo Apóstol quien dijo que *he aprendido a contentarme con lo que tengo: he aprendido a vivir en la pobreza, he aprendido a vivir en la abundancia, estoy acostumbrado a todo en todo lugar, a la hartura y a la escasez, a la riqueza y a la pobreza. Todo lo puedo en Aquél que me conforta.*[100] Tal parece, por lo tanto, que para calificarlas moralmente es necesario añadirles algunas especificaciones; y todavía algunas más para legitimarlas como medios para la Evangelización.

Quizá la clave del problema estribe en poner o no la confianza en ellas. Jesucristo proporciona ciertas claves de identificación: *No podéis servir a Dios y a las riquezas.*[101] Algunas de las cuales son particularmente duras: *Es más fácil a un camello pasar por el ojo de una aguja que a un rico entrar en el Reino de Dios.*[102] Y todavía existe alguna otra, específicamente dedicada a la Evangelización, que contribuye a complicar más nuestro problema: *Mirad que yo os envío como corderos en medio de lobos;*[103] que quizá venga a referirse a la debilidad del apóstol frente a la fortaleza del mundo al que ha de dirigirse. Es posible que San Pablo intentara hacerse eco de esta última sentencia cuando decía que *pienso que Dios, a nosotros los apóstoles, nos ha puesto los últimos, como condenados a muerte... Nosotros, necios por Cristo; vosotros, prudentes en Cristo; nosotros débiles, vosotros fuertes; vosotros honrados, nosotros despreciados.*[104] De donde, a lo mejor, el meollo del asunto venga a parar *en servir o en no servir* a las riquezas; lo que, dicho de manera más clara, equivale a utilizarlas como punto de apoyo y palanca..., o no hacerlo.

En caso afirmativo, el peligro surgiría si se pretende hacer de ellas un medio suficiente para la existencia humana; la misma que previamente ha renunciado a aspirar a fin alguno sobrenatural. O tal vez, lo que sería peor todavía, cuando se intenta emplearlas como

---

[100] Flp 4: 11–13.
[101] Lc 16:13.
[102] Mc 10:25.
[103] Lc 10:3; Mt 10:16.
[104] 1 Cor 4: 9–10.

medio importante (¿o acaso principal?) para conseguir fines sobrenaturales. Y todo apunta a que el *rico* de quien habla Jesucristo es aquél que adopta tales actitudes.

Entonces, ¿es posible, según todo lo que acabamos de decir, que una Familia Espiritual pueda hacer uso de las Riquezas *sin poner en ellas su confianza*?

Existen situaciones en la existencia humana a las que pueden formularse, por supuesto, preguntas comprometedoras. Pero a las que quizá no sea conveniente o posible suministrar una respuesta categórica o contundente. Al menos *desde fuera*. Tal vez se trate de preguntas peculiares, específicamente configuradas para ser formuladas y respondidas por aquéllos a quienes afecta el problema, bajo su única y exclusiva responsabilidad. Para lo cual, si es que honradamente se quiere proporcionar una respuesta cabal, será necesario despojarse previamente de prejuicios, de miras egoístas, de criterios meramente humanos..., y de cualquier cosa que, de un modo o de otro, suponga un obstáculo a la apertura amorosa y clara a la verdad.

Después de todo lo dicho con respecto a las Familias Espirituales, y en referencia al uso o no uso de las *Riquezas*, tal vez nos atreveríamos a formular una consideración final *desde fuera*, y a modo de *Epílogo* de este escrito. Aunque con la advertencia que acabamos de expresar. Porque a nosotros solamente nos correspondería una conclusión provisional, a modo tal vez de aviso movido por la caridad, y sujeto por supuesto a revisión. Puesto que, en realidad, la palabra definitiva solamente correspondería pronunciarla a las mismas Familias Espirituales.

Establecido esto, ya estaríamos en condiciones de formular nuestras propias conclusiones. Las cuales vendrían a ser, más o menos, como sigue:

Ante todo, diríamos a las Familias Espirituales que utilicen enhorabuena los bienes que tengan a su alcance. Máxime y sobre todo en cuanto que lo hacen con las buenas intenciones de las que dicen estar animadas. Al fin y al cabo, todo lo que Dios ha creado es bueno y para servicio del ser humano.

Solamente nos vamos a permitir formular, a modo de colofón, tres advertencias. Dos de ellas de carácter admonitorio y de tinte plenamente positivo, plenamente esperanzador, la tercera.

Primero. Siempre es conveniente dar una ojeada a la Historia, como *Magistra Vitæ* que es. Tener en cuenta lo que ha sucedido a quienes han puesto su confianza en las *Riquezas*, y lo que sigue sucediendo a quienes lo siguen haciendo, siempre es salutífero y beneficioso. Mientras que negar los hechos evidentes que muestra la Historia sería altamente peligroso.

Segundo. También es saludable leer y tener en cuenta la Escritura. Echar en saco roto las serias advertencias de Jesucristo sobre las *Riquezas* sería la mayor de las locuras. Las Familias Espirituales debieran tenerlas siempre ante sus ojos..., y sacar consecuencias.

Tercero. Ya puestos a considerar la Escritura, ¿por qué no tener en cuenta las enseñanzas del Maestro sobre los modos y métodos a utilizar en la Evangelización? Pongamos de momento entre paréntesis los avisos sobre el peligro de las *Riquezas*. Y concentremos nuestra atención en las palabras de Jesucristo acerca del modo de evangelizar: ¿Será posible que no sepamos deducir de ellas lo mejor y más práctico, lo más inteligente y efectivo en cuanto a la manera de llevar a cabo la Evangelización...?

Lo primero que viene a la mente al considerarlas, tal como suele suceder con frecuencia con las palabras del Maestro, es su carácter chocante y singular. En cuanto a nosotros, parece como si hubiera sido la última cosa que se nos habría ocurrido en una situación seme-

La Gran Tentación

jante: ¿Realmente era tan necesario, o al menos tan importante, que los apóstoles marcharan a realizar la tarea desprovistos de lo que parece imprescindible? Una vez más nos asalta el recuerdo de que *mis pensamientos no son vuestros pensamientos, ni mis caminos vuestros caminos*. Si se envía a alguien a cumplir una misión, parece lo más razonable proveer de los medios necesarios. El Evangelio, por el contrario, prescribe una forma de actuar extraña a la común manera de pensar. Habría que preguntar a algunos modernos evangelizadores si acaso estarían dispuestos a emprender su tarea *desprovistos de medios*. Y sin embargo, he aquí la consigna: *Los envió a predicar el Reino de Dios y a sanar a los enfermos. Y les dijo*:

—*No llevéis nada para el camino, ni bastón, ni alforja, ni pan, ni dinero, ni tengáis dos túnicas. En cualquier casa que entréis, quedaos allí hasta que de allí os vayáis. Y si nadie os acoge, al salir de aquella ciudad, sacudíos el polvo de los pies en testimonio contra ellos.*[105]

Hay que reconocer que esto parece exagerado, y hasta extravagante: *No llevéis nada; ni bastón, ni alforja, ni pan, ni dinero, ni dos túnicas...* ¡Ah, pero qué exigencias!... ¿Tampoco dos túnicas? ¿Ni siquiera la higiene, Maestro...?

Sin embargo, consideradas las cosas atentamente, pronto se descubre adónde va a parar el Maestro. Nos proporciona un aviso, *de modo muy serio*, acerca de la necesidad de no poner nunca la confianza, con respecto a la función evangelizadora, en los medios humanos; por más que parezcan convenientes, eficaces, e incluso indispensables. Somos de tal condición los seres humanos que, en determinadas ocasiones, necesitamos que se nos hable también de manera muy determinada. Está claro que aquí no se trata de prescribir extravagancias, sino de ponernos al tanto, utilizando un lenguaje fuerte, acerca de un problema que puede convertirse en grave.

---

[105] Lc 9: 2–5.

Tanto es así que el Maestro mismo, buen conocedor de nuestras perplejidades, se encarga de decirnos que *no pasa nada* cuando se procede de esa manera: *Y les dijo*:

—*Cuando os envié sin bolsa ni alforjas ni calzado, ¿acaso os faltó algo?*

—*Nada —le respondieron—*.[106]

Es evidente que se trata de un aviso que intenta disipar de antemano todos los temores. *Cuando os envié sin ninguna clase de medios, ¿acaso os faltó algo...? Nada*, respondieron los discípulos. Una pregunta, y una lacónica respuesta, que suponen todo un tratado de Evangelización. A partir de ese momento, una inmensa infinidad de Documentos Pastorales de laboratorio, los cuales habrían de emanar de tantas Curias y Oficinas Eclesiásticas a lo largo de los tiempos (más abundantemente en los modernos), redactados ordinariamente por quienes jamás habrían realizado labores pastorales, quedaron convertidos en innecesarios y superfluos.

Sería interesante saber lo que ocurriría en esa *Primavera de la Iglesia*, tan prometida y proclamada desde el Concilio Vaticano II pero que aún siguen esperando con ansia multitud de cristianos, si alguien con ardientes deseos de Evangelización —¿Familias Espirituales, hombres y mujeres enamorados de Jesucristo...?— creyera seriamente en las palabras del Señor. Ignoramos lo que sucedería, porque de nuevo volvemos a lo de siempre: la estrechez del entendimiento humano frente a la grandeza del corazón de Dios. Pero una cosa es segura, sin embargo: si alguna vez ha de llegar la prometida *Primavera de la Iglesia*, será precisamente por medio de los que creen firmemente en los caminos que traza el Evangelio.

¿Que esa forma de Evangelización no es factible...? ¿Que es imposible *organizar* una Familia Espiritual con tales criterios...? Tal

---

[106]Lc 22:35.

vez sea cierto. Pero, de todas formas, ahí quedan las palabras del Maestro. Aquéllas de las que Él mismo dijo que *las palabras que os he hablado son espíritu y son vida.*[107]

Evidentemente el problema plantea un desafío. Porque incluso es posible que tal vez no sea necesario *organizar* un gran montaje, o que haya que seguir más bien otros procedimientos. Por supuesto que supondría una locura por nuestra parte intentar aportar una fórmula mágica; nada menos que para resolver un problema que dura ya bastantes siglos. Cuando además el desafío dejaría ya de serlo, y siendo así que en la existencia cristiana nada tiene valor si no va impregnado del aroma de la Cruz.

Don Quijote fracasó en sus sueños de mejorar aquella su *depravada edad*. Al fin él mismo se dio cuenta de su locura. La menudencia e insignificancia de su persona, la fruslería de unas armas ya más que obsoletas e inoperantes, la inanidad de un penco viejo al que su dueño consideraba rocín, la compañía de un rústico escudero que jamás había presenciado una batalla... Además, ya no existían los Caballeros Andantes; si es que alguna vez habían existido. En suma: *medios y procedimientos absolutamente inadecuados* para una empresa que, si no por otras razones, ya por eso mismo aparecía como descabellada. De ahí que no haya habido jamás quien haya dudado de su locura, y su propio creador menos que nadie.

---

[107] Algunos nos acusarán de que preconizamos la ideología que sostuvieron algunos Movimientos *espirituales* de la Edad Media, los mismos que al fin fueron rechazados y condenados por la Iglesia. Sin embargo, tales Movimientos pusieron el acento en algunas virtudes, como la pobreza y el desprendimiento totales, con olvido de otras no menos importantes, como la obediencia y la humildad. Cuando, en realidad, la existencia cristiana es un todo orgánico que viene a resumirse en la participación en la *inmolación de Jesucristo*. Según esto, la pobreza sin la obediencia no es nada. Y tanto la una como la otra, o las dos juntas, o incluso todas las virtudes, sin la caridad, son menos que nada. Aquí no se contempla la vida cristiana desde un lado del prisma, sino desde el punto de vista de la *totalidad* del Evangelio. Ni se induce a un tipo de conducta determinada, sino a dejarse impregnar por el *espíritu* del Mensaje Evangélico.

Sin embargo su sueño no pudo morir con él. Un cristiano no puede admitir nunca que la *depravada edad* no tenga remedio, en cuanto que tal cosa supondría abandonar la lucha confesando una fatalista derrota. La *Primavera de la Iglesia* podría ser, quizá, un eslogan de fantasía para engaño de incautos; y probablemente acabe siéndolo si la Iglesia no se decide a ser fiel a sí misma. Pero la lucha continuará hasta el fin. Hasta un final que supondrá una victoria total y definitiva, cuando *ponga a tus enemigos como escabel de tus pies.*[108] En la nueva Era de los Santos, sin duda pronta a llegar, surgirán otra vez los Nuevos Campeones, o aquellos solos que siempre han salvado a la Iglesia. Los mismos que bajarán a la arena para vencer al mundo y humillarlo, además, con vergüenza y ludibrio; utilizando para ello medios que el mundo habría considerado como absolutamente inadecuados: *ni bolsa, ni sandalias, ni pan, ni dinero, ni dos túnicas, ni bastón...* Sí, en efecto; porque hay medios, métodos y maneras que, siendo enteramente inadecuados según el mundo, son los únicos garantes de la victoria final según Dios.

La Iglesia se enfrenta en la actualidad a una profunda crisis. La más grande, quizá, de toda su Historia y de la que participan, a pesar de su Poder e Influencia, las Familias Espirituales que viven en su seno. Impregnada de modernismo, cegada por el velo que los propagadores de la Mentira han extendido sobre ella, no solamente parece incapaz de ver el inmenso peligro al que se enfrenta, sino que incluso ha llegado a creer que goza de una floreciente *Primavera*. Don Quijote, en su locura, veía los Molinos de Viento como si fueran horribles y malvados Gigantes; mientras que los católicos de nuestro tiempo, convenientemente manipulados y vendados los ojos, ven a los peligrosos Gigantes como si fueran simpáticos y prácticos Molinos de Viento.

Pero la ansiada *Primavera* se hará realidad por fin. Pese a haber sido anunciada por algunos con falsedad consciente, la mentira al

---

[108] Heb 1:13.

fin se volverá contra ellos y se convertirá en verdad. Y llegará como vienen siempre todas las cosas de Dios: por los caminos que a los hombres se les antoja locura: *Porque lo necio de Dios es más sabio que los hombres, y lo débil de Dios es más fuerte que los hombres.*[109]

Don Quijote murió habiendo recobrado su cordura, aunque el espíritu de su *locura* no ha muerto. Si acaso locura se puede llamar al intento de salvar a su *depravada edad* mediante medios que, a los ojos del mundo y del sentido común humano eran, más que insuficientes, inoperantes. Sin embargo, demostrada la inutilidad del Poder, de la Influencia, del Dinero y de la Fuerza, la Iglesia saldrá adelante, como siempre; aunque por medio de algún o de algunos nuevos Quijotes que, dando de lado a los medios que el mundo considera como eficientes, tendrán a gala utilizar en cambio los que cree inoperantes. Revestidos en cambio de la *armadura de Dios* (Ef 6: 11.13), y de la *coraza de la fe y de la caridad* (1 Te 5:8), rescatarán de nuevo la integridad de la Verdad.

Mientras tanto, seguiremos esperando y rezando para que llegue pronto ese momento. Por supuesto que el mundo considerará vana e inútil nuestra espera; algo así como el sueño de una fantasía que nunca se hará realidad. Pero los cristianos hemos aprendido a *esperar contra toda esperanza* (Ro 4:18). Y por eso miramos al horizonte. Hasta que un día, cuando el mundo menos lo espere y nuestra ansia se encuentre al punto de ser colmada, dibujarán su figura por el horizonte, cabalgando por entre las colinas, los nuevos Caballeros Andantes que nos harán comprender que no fue vana nuestra esperanza.

---

[109] 1 Cor 1:25.

Índice de Citas del Nuevo Testamento

San Mateo

4: 5–6, **467**
5: 3, **406**
   9, **103**
   15, **52**
   16, **294**
   17, **165**
   29–30, **181**
   43, **182**
   48, **415, 429**
6: 1, **299, 448**
   1–4, **307**
   3, **299**
   16–18, **307**
   22–23, **356**
   24, **182, 413, 424**
   33, **76**
7: 14, **165, 312, 456**
   15, **83**
8: 5–13, **134**
   25, **303**
   26, **304**
9: 15, **194**
   24, **133**
   37–38, **74**
10: 9–10, **84**
   16, **165, 470**
   17–18, **297**
   22, **165**
   24, **217**
   24–25, **422**
   25, **160**
   34, **103, 134, 137**
   34–35, **451**
   37, **181**
   39, **151, 207, 331**
11: 27, **332, 367, 373**
12: 19, **50**
13: 52, **458**
14: 24–25, **177**
15: 24, **396**
16: 24, **417**
   24–25, **271**
   25, **165, 262**
17: 24, **134**
18: 15, **401**
   20, **263, 264**
19: 5, **345**
   5–6, **207**
   12, **127**
   17, **165, 402**
   27–29, **143**
   29, **406**
20: 25–28, **192**
   27, **421**
   28, **43, 165, 218, 370, 421**
22: 30, **128, 214**
   37, **181**

23: 5, **294, 452**
24: 6–7, **451**
    6–8, **135**
    11, **83**
    12, **304, 307**
    14, **396**
    22, **135**
    28, **122**
25: 5, **321**
    6, **177**
    11–12, **191**
    14, **190**
    21, **430**
26: 26, **264**
    33–35, **149**
    52, **133, 134**
    53–54, **134**
27: 52, **133**
28: 19, **396, 419**
    19–20, **281, 393**

San Marcos

3: 13–14, **55**
5: 39, **133**
6: 8–9, **84**
8: 35, **66, 165, 262**
9: 35, **192**
    43–45, **181**
10: 25, **470**

    28–30, **143**
    44, **421**
    45, **43, 370**
12: 28–33, **181**
13: 5–8, **135**
    7–8, **451**
    13, **165, 182**
    19–20, **304**
    35, **177**
14: 22, **264**

San Lucas

3: 14, **134**
4: 6, **267**
    23, **271**
6: 20, **406**
    22, **182**
    26, **83**
    27, **182**
    40, **217, 422**
8: 52, **133**
9: 2–5, **473**
    3, **84**
    21, **299**
    23, **417**
    24, **165, 262, 298**
    48, **192**
    58, **406**

10: 2, **74**
   3, **470**
   22, **367**
11: 34, **356**
12: 14, **279**
   32, **321**, **416**
   33, **406**
   37, **218**, **422**
   51–53, **451**
14: 23, **447**
   26, **181**
   31, **134**
   33, **206**, **406**, **413**
   34–35, **446**
15: 4, **283**
16: 13, **182**, **413**, **424**, **470**
17: 20–21, **312**
   37, **122**
18: 7, **382**
   8, **304**
   9, **307**
   22, **406**
   28–30, **143**
19: 10, **38**
   11, **190**
   43–44, **451**
21: 6–10, **135**
   9, 451
   17, **165**, **182**
22: 19, **264**
   26–27, **43**
   27, **218**, **370**, **421**
   30, **412**
   32, **402**
   35, **474**
23: 11, **38**
24: 38–39, **369**

San Juan

1: 5, **386**
   11, **47**, **51**
   14, **51**, **368**
   17, **140**
3: 8, **198**, **221**
   16, **183**, **206**
   19, **83**, **284**
   20, **182**
   21, **230**
   29, **168**, **194**, **344**
   31, **380**
   34, **190**, **338**
   35, **190**
4: 14, **136**
   19, **180**
   23, **160**
   23–24, **224**
5: 25, **160**
   41–44, **43**

6: 56, **208**
56–57, **151**, **331**
57, **208**
58, **215**
60–71, **5**
66, **8**
68, **141**
7: 7, **182**
18, **43**
8: 12, **170**
31–32, **230**
32, **441**
32–36, **272**
34, **271**
44, **99**, **238**, **291**
50, **43**
9: 1–3, **132**
4, **169**
5, **170**
10: _, **422**
3–5, **194**
10, **70**, **81**, **161**, **183**, **221**, **469**
20, **38**
30, **376**
38, **367**
11: 9–10, **169**
11, **133**
17, **177**
25, **222**

12: 24, **81**, **126**, **374**, **448**
25, **208**, **262**
31, **238**
35, **169**, **356**
43, **294**
48, **57**
13: 1, **183**, **206**, **421**
7, **148**, **376**
8, **189**, **216**, **370**, **375**
13–14, **218**, **421**
34, **281**
14: 2, **396**
3, **46**
4, **48**, **65**
6, **81**, **140**, **222**, **224**, **271**, **367**
9, **366**
10–11, **332**
17, **386**
25, **148**
27, **103**, **451**
28, **46**
15: 1–2, **449**
5, **367**
5–6, **449**
11, **187**
13, **68**, **207**, **344**, **370**
14, **422**
15, **188**, **216**, **341**, **344**, **422**

16, **55**
18, **297**
18–19, **46**
19, **448**
22, **57, 387**
16: 12, **148, 227**
12–13, **58**
13, **62, 386**
15, **332, 346, 373**
20, **187**
24, **187**
28, **46**
32, **160**
33, **382**
17: 10, **332, 346**
11, **47**
14, **46**
15, **47, 50, 298**
18, **42**
22, **368**
24, **189, 368**
18: 36, **267**
37, **271**
20: 21, **42, 419**
21: _, **422**
15, **412**
15–18, **201**

HECHOS DE LOS APÓSTOLES

1: 8, **393, 419**
20: 35, **147, 191, 218, 334, 347**

ROMANOS

1: 19–22, **77**
20, **296**
4: 18, **52, 325, 477**
19–20, **51**
5: 5, **184, 188, 198, 215, 326, 333, 338**
12, **132**
6: 3, **160**
3–5, **359**
3–9, **159**
4–5, **160, 323**
4–6, **168**
8: 6–7, **10**
17, **14**
19, **361**
20–23, **319**
23, **337**
24, **327, 429, 430**
24–25, **325**
32, **183**

9: 3, **294, 335**
11: 33, **77**
   35, **180**
12: 3, **416**
   4–5, **284**
   5, **262, 415**
14: 7–8, **66, 209**

1 Corintios

1: 17, **167, 260, 456, 463**
   18–20, **9**
   18–25, **39**
   21, **12, 418**
   23, **66, 167**
   23–25, **418**
   25, **64, 477**
   25–28, **408**
   27, **313**
   27–28, **73**
2: 5, **8**
   9, **157, 185**
   14, **82**
   16, **209**
3: 19–20, **9**
   22–23, **295**
4: 9, **54, 292, 297, 449**
   9–10, **470**
   10, **57**

10–13, **162, 292**
16, **162**
6: 20, **65, 416**
7: –, **127**
   1–2, **128**
   7–8, **127**
   31, **228**
   32–34, **127, 206**
8: 1, **76**
9: 22, **50**
   24, **136**
   26, **136**
10: 17, **262**
11: 7–9, **216**
   7–12, **213**
   11, **211**
   23–26, **264**
12: 7, **416**
   8, **77**
   11, **416**
   12, **262**
   18–22, **284**
   20, **262**
   27, **284**
13: 2, **76**
   5, **147**
   8, **128, 186**
   10, **297**
   12, **210, 296, 357**

14: 1, **297**
    5, **76**
    18–19, **76**
15: 8–9, **399**
    24, **361**
    28, **361**
    44–54, **323**
    49, **359**
    54, **359**
    55, **133**
16: 22, **321**

2 Corintios

1: 5, **44**
    7, **44**
3: 17, **71**, **155**, **335**
    18, **156**
4: 10, **160**
    10–11, **161**
    12, **67**
5: 2–5, **337**
6: 3–10, **78**
    14–15, **382**
8: 9, **190**, **295**, **430**
11: 23–27, **163**
    30, **163**
12: 4, **81**, **193**
    5, **75**, **314**

7, **399**
9, **75**, **314**
10, **75**

Gálatas

2: 11, **401**
    19, **14**
    20, **206**, **208**, **215**, **331**, **423**
3: 28, **282**, **284**
4: 6, **184**
    19, **66**
5: 11, **167**
    11–12, **463**
    22, **347**
6: 1, **401**
    7, **237**
    14, **52**
    17, **52**, **53**, **66**

Efesios

1: 9–10, **361**
    17, **76**
2: 4–7, **159**
4: 4, **262**
    7, **325**, **416**
    12, **262**

13, **159**, **325**
16, **262**, **284**
5: _, **127**
8, **356**
21–33, **192**
22–29, **213**
31, **207**, **345**
32, **211**
6: 11, **477**
13, **477**
17, **58**

Filipenses

1: 20, **65**
21, **67**
2: 5, **209**
7, **51**, **217**, **370**
7–8, **43**, **422**
3: 8, **67**
8–9, **227**
10, **44**, **160**, **168**
10–11, **160**
18–19, **464**
20–21, **323**, **361**
21, **359**
4: 11–13, **470**

Colosenses

1: 15, **222**
24, **44**, **160**, **262**
26, **360**
2: 3, **77**
12, **160**
19, **262**
3: 1, **408**
1–2, **384**
3, **161**, **298**
4, **81**, **361**, **383**
15, **262**
18, **213**

1 Tesalonicenses

4: 4–5, **356**
13, **133**
5: 3, **135**, **451**
8, **477**
19, **428**

2 Tesalonicenses

2: 3, **135**
7, **270**

1 Timoteo

1: 15, **399**
2: 4, **281, 392**
   11–15, **213**
6: 8, **414**
   20, **458**

2 Timoteo

3: 12, **297**
4: 3–4, **58**
   7, **429**
   7–8, **162**
   8, **320**

Tito

2: 13, **14**

Hebreos

1: 13, **476**
3: 18–19, **304**
4: 12, **58**
5: 1, **42, 45, 50**
   4, **45, 55**
9: 22, **44**
10: 32–33, **449**
    32–34, **163**
    38, **171**
11: 1, **52, 455**
    6, **148, 171**
    9, **51**
    13, **51**
12: 4, **51**
    29, **85**
13: 14, **106, 327**
    20, **422**

Santiago

3: 15, **10**

1 Pedro

1: 18–19, **416**
2: 11, **51**
   12, **294**
3: 1–7, **213**
4: 13, **44, 168**
5: 8, **408**

2 Pedro

1: 4, **212**
3: 13, **382, 451**

1 Juan

1: 1–4, **368**
   6, **356**
3: 1, **80**
   14, **281**
4: 5, **380, 448**
   8, **8, 281, 346, 347, 356**
   16, **346, 347, 356**
   19, **71**
5: 4, **171**
   4–5, **52**

13, **156**
15, **83, 100, 302**
18–19, **458**
20, **321, 383**

Apocalipsis

1: 4, **383**
   8, **156**
2: 4, **187**
   10, **161**
   23, **283**
3: 19, **133**
   20, **195, 376**
7: 14–17, **164**
9: 12, **15**
11: 14, **32**
14: 4, **129**
18: 23, **356**
21: 1, **382**
   6, **156**
22: 12, **147**

Siglas
de los
Libros Bíblicos

Ab, Abdías	**Ha**, Habacuc	**Mt**, Mateo
Ag, Ageo	**Heb**, Hebreos	**Na**, Nahúm
Am, Amós	**Hech**, Hechos de los Apóstoles	**Ne**, Nehemías
Ap, Apocalipsis		**Nú**, Números
Ba, Baruc	**Is**, Isaías	**Os**, Oseas
Ca, Cantar de los Cantares	**Jb**, Job	**1 Pe**, 1 Pedro
	Jds, Judas	**2 Pe**, 2 Pedro
Col, Colosenses	**Jdt**, Judit	**Pr**, Proverbios
1 Cor, 1 Corintios	**Jer**, Jeremías	**1 Re**, 1 Reyes
2 Cor, 2 Corintios	**Jl**, Joel	**2 Re**, 2 Reyes
1 Cr, 1 Crónicas	**Jn**, Juan	**Ro**, Romanos
2 Cr, 2 Crónicas	**1 Jn**, 1 Juan	**Rt**, Rut
Da, Daniel	**2 Jn**, 2 Juan	**Sab**, Sabiduría
De, Deuteronomio	**3 Jn**, 3 Juan	**Sal**, Salmos
Ece, Eclesiastés	**Jon**, Jonás	**1 Sam**, 1 Samuel
Eco, Eclesiástico	**Jos**, Josué	**2 Sam**, 2 Samuel
Ef, Efesios	**Ju**, Jueces	**San**, Santiago
Esd, Esdras	**La**, Lamentaciones	**So**, Sofonías
Est, Ester	**Lc**, Lucas	**1 Te**, 1 Tesalonicenses
Ex, Éxodo	**Le**, Levítico	**2 Te**, 2 Tesalonicenses
Ez, Ezequiel	**1 Mac**, 1 Macabeos	**1 Tim**, 1 Timoteo
Flm, Filemón	**2 Mac**, 2 Macabeos	**2 Tim**, 2 Timoteo
Flp, Filipenses	**Mal**, Malaquías	**Tit**, Tito
Ga, Gálatas	**Mc**, Marcos	**To**, Tobías
Ge, Génesis	**Mi**, Miqueas	**Za**, Zacarías

Índice General

**ESPERANDO
A
DON QUIJOTE**

Prólogo 7
I. La Lógica o la Gran Desconocida 13
II. Los Seglares al Poder 21
III. La Promoción de los Presbíteros
 (La Historia más Grande jamás Contada) 35
IV. Las Utopías, un Azote de la Humanidad 87
V. La Ínsula Barataria 143
VI. El Yelmo de Mambrino 229
VII. La Edad de Oro 315
VIII. La Gran Tentación
 (Historias Increíbles) 385

www.ingramcontent.com/pod-product-compliance
Lightning Source LLC
Chambersburg PA
CBHW060414010526
44107CB00006B/685